西夏学辑刊

Journal of Tangutology

第一辑

北方民族大学西夏研究所 编

宁夏回族自治区高等学校西夏历史文化研究
人文社科重点研究基地（建设）资助出版

黄河出版传媒集团
宁夏人民出版社

图书在版编目(CIP)数据

西夏学辑刊. 第一辑 / 北方民族大学西夏研究所编.
—银川:宁夏人民出版社,2016.12
ISBN 978-7-227-06590-6

Ⅰ. ①西… Ⅱ. ①北… Ⅲ. ①中国历史—西夏—文集
Ⅳ. ①K246.307-53

中国版本图书馆 CIP 数据核字(2016)第 326443 号

西夏学辑刊(第一辑) 北方民族大学西夏研究所 编

责任编辑 周淑芸
封面设计 小 勉
责任印制 肖 艳

黄河出版传媒集团
宁夏人民出版社 出版发行

出 版 人 王杨宝
地 址 宁夏银川市北京东路 139 号出版大厦 (750001)
网 址 http://www.nxpph.com http://www.yrpubm.com
网上书店 http://shop126547358.taobao.com http://www.hh-book.com
电子信箱 nxrmcbs@126.com renminshe@yrpubm.com
邮购电话 0951-5019391 5052104
经 销 全国新华书店
印刷装订 宁夏凤鸣彩印广告有限公司
印刷委托书号 (宁) 0003983

开本 787 mm × 1092 mm 1/16
印张 18 字数 350 千字
版次 2017 年 1 月第 1 版
印次 2017 年 1 月第 1 次印刷
书号 ISBN 978-7-227-06590-6
定价 68.00 元

目　录

在第五届中国少数民族古籍文献国际学术研讨会上的讲话

高岳林

各位专家、学者，女士们，先生们，朋友们：

大家上午好!

金秋九月，秋高气爽；塞上江南，瓜果飘香。在这样一个秋风醉人的日子里，来自俄罗斯、德国、澳大利亚、土耳其、蒙古、韩国、中国等国家和地区的60多位专家学者齐聚北方民族大学，召开“第五届中国少数民族古籍文献国际学术研讨会”，研讨近年来中国少数民族古籍文献整理研究取得的成就，这是我校的荣幸。值此盛会开幕之际，我谨代表会议主办单位北方民族大学，对各位专家学者莅临本次会议表示热烈的欢迎和诚挚的感谢!

北方民族大学是我国唯一一所建立在少数民族自治区的国家民委直属高校，始建于1984年，2008年由其前身西北第二民族学院更名为北方民族大学。北方民族大学始终坚持为少数民族和民族地区社会经济发展服务的办学宗旨，经过30多年的发展与建设，学科涵盖文学、理学、工学、法学、历史学、管理学、经济学、艺术学、教育学等九个学科门类，目前有24个学院，67个本科专业，6个一级学科硕士点，31个二级硕士学位点，16个省部级重点学科，4个国家级特色专业，有全国56个民族的硕士生、本科生、预科生2万余名在校生，其中少数民族学生60%以上。

北方民族大学以建校30周年为新的起点，通过全面深化综合改革，进一步实施质量立校、人才强校、科技强校、管理兴校四大战略，努力建设成高水平有特色的现代民族大学，为科教兴国战略的实施做出我们应有的贡献。

中国少数民族古籍文献是我国各少数民族传统文化的载体，是中华民族文化的重要组成部分。作为一所民族大学，我校一向重视和支持民族古籍的整理研究。众所周知，上个世纪初，我国甘肃敦煌莫高窟、内蒙古黑水城遗址等地的大批文献相继流失海外。20世纪90年代开始，我国的出版机构、科研单位和学者有感于大量文献资料流落他乡而不便于学术研究，纷纷行动起来与境外相关机构和学者合作，通过拍摄照片在国内编辑出版等方式，使大批敦煌遗书、西夏文献等回到国内，极人地便利了学者研究和使用。我校也是这个行列中的一员，2002~2011年，分别与大英博物馆、法国国家图书馆和日本收藏西夏文文献的机构和学者，以及上海古籍出版社、中华书局合作，收集整理出版了《英

作者简介：高岳林，北方民族大学副校长，教授。

藏黑水城文献》《法藏敦煌西夏文文献》和《日本藏西夏文文献》，为国内学者研究流失英国、法国和日本等地的西夏文献提供了便利。我校还有一批学者致力于回族古籍文献的整理与研究，校勘出版了《回族文献丛刊》。长期以来，我校把具有区域特色和民族特色的西夏学、回族学等作为学科建设和科研的主攻方向之一，学校设立了北方语言研究院、非物质文化遗产研究所、回族学研究院、社会学与人类学研究所和西夏研究所等5个校属人文社会科学研究机构，培养、聚集了一批在国内外具有影响的专家学者，初步形成了一定的特色和优势。当然，我们学校刚刚走过三十年的发展历程，还是一所年轻的民族高等院校，无论是办学经验还是科学研究都缺乏积淀，还需要兄弟院校和科研机构给予支持和帮助。值此国际学术研讨会在我校召开之际，我们诚切期盼各位专家学者能把学科建设，特别是民族古籍文献整理研究方面的好经验、好方法传授给我们，我们也会抓住这次难得机会，多听多学，力争为我国民族高等教育事业的发展以及少数民族古籍文献整理、挖掘、研究、传承、创新做出更大成绩。

最后，再次感谢各位专家学者莅临本次大会，祝愿您在银川期间身体安康、心情愉快！希望银川之行给您留下美好的印象！预祝本次研讨会圆满成功！

谢谢大家！

在第五届中国少数民族古籍文献国际学术研讨会上的发言

张铁山

尊敬的陈育宁先生，北方民族大学的高岳林校长，各位与会代表：

由北方民族大学、中央民族大学和中国民族古文字研究会共同举办、北方民族大学西夏研究所承办的“第五届中国少数民族古籍文献国际学术研讨会”在金秋九月的宁夏回族自治区北方民族大学召开了。在此，我谨代表中央民族大学中国少数民族语言与古籍研究所向研讨会的顺利召开表示热烈的祝贺，并向为此次国际学术研讨会顺利召开而给予大力支持和帮助的北方民族大学的领导和广大师生表示真诚的感谢。

截止此次会议，由中央民族大学中国少数民族语言与古籍研究所发起并与国内外有关学术单位和高校联合举办的“中国少数民族古籍文献国际学术研讨会”已经在国内外举办了五届，其中在国内的中央民族大学、西南民族大学和北方民族大学举办了三届，在国外的土耳其和蒙古国举办了两届。可以说，“中国少数民族古籍文献国际学术研讨会”已经逐步成为一个学术品牌，它为国内外民族古籍文献研究同行开展广泛学术交流提供了一个平台，对中国少数民族古文字与古籍研究起到了很好的推动作用。与会者一致认为历届国际学术研讨会规模宏大，是一个深入而有效的学术会议。通过共同组织举办学术研讨会的形式，很好地促进和保持了与国内外学术界的交流与合作，也为开展更广泛的国际学术合作打下了基础。会议的组织工作赢得了与会者的称赞。我希望在现有基础上不断总结经验，把这个国际学术研讨会继续办好，取得更大的成绩。

最后，我提议，让我们以热烈的掌声，对支持和帮助“第五届中国少数民族古籍文献国际学术研讨会”的北方民族大学的领导和师生再次表示衷心的感谢。

作者简介：张铁山，中央民族大学中国少数民族语言与古籍研究所副所长，教授。

在第五届中国少数民族古籍文献国际学术研讨会上的致辞

黄建明

尊敬的各位来宾：

上午好！

金秋十月，我们如约来到美丽的塞上江南——银川，如期举行“第五届中国少数民族古籍文献国际学术研讨会”，我代表中国民族古文字研究会向前来参会的中外来宾表示热烈的欢迎！

在这新老朋友欢聚一堂的时刻，我们感慨万千，对促成这次会议在宁夏召开的陈育宁教授表示崇高的敬意！对北方民族大学党政领导的支持表示衷心的感谢！对为这次盛会顺利召开而付出辛勤劳动的北方民族大学西夏研究所的同仁表示由衷的谢意！

中国少数民族古籍文献是千百年来积淀下来的文化，是中华民族的文化瑰宝，是东方文化的杰出代表，是人类共同的文化遗产。自2010年在北京召开“首届中国少数民族古籍文献国际学术研讨会”至今，分别在国内外召开了4次研讨会，每一次都增加了一些新面孔，每一次都有新的收获，我们的队伍越来越壮大。这个国际学术交流平台，对推动和促进中国少数民族古籍文献研究深入发展起到了积极作用，随着时间的推移，这个作用越来越明显。我们真诚地希望这个国际学术交流平台越走越远。

中国民族古文字研究会是专门研究中国少数民族古文字及其文献的学术团体，建会已有30余年的历史，是中国民族研究方面建立较早的学会之一，云集了中国少数民族古文字及其文献研究方面的众多专家。我们利用学会的优势，开展了一系列有意义、有影响的学术活动，我们愿与海内外学者密切合作，共同推动中国民族古文字及其文献研究向前发展。

银川不仅风光秀丽，民族文化底蕴也十分深厚，党项文化、回族文化在这里交相辉映。希望各位学者除会议收获外，在这座美丽的城市能够获得更多的收获。

祝各位学者身体健康，心情愉快！谢谢大家。

作者简介：黄建明，中国民族古文字研究会常务副会长，中央民族大学教授。

在第五届中国少数民族古籍文献国际学术研讨会上的发言

陈育宁

古籍文献是传统文化的重要组成部分，是人类共有的文化遗产，如何对待这笔宝贵的文化遗产，是一个国家一个民族文明程度的标志之一。中国古代丰富的古籍文献具有物质载体与思想意识相统一的特点，它既体现了特定时代、区域的文化构成，对文化起储存、传递作用，同时又直接影响到人们心理深层结构，体现着民族性格与民族精神。不同地区、不同民族的古籍文献记录了地区社会经济历史发展的进程和沧桑巨变，反映了各民族的发展轨迹，其丰富深广的历史内涵是中华各民族共同的精神和文化财富。保护好、传承好这些珍贵的文化遗产，对其文化价值进行深入研究、利用，有着深远的历史和现实意义。

在古籍文献中，各类少数民族古籍文献是重要的组成部分，其数量大、种类多、涉及面广泛、信息量极其丰富，与大量的汉文古籍文献和中原传承的各类文献资料共同构成了中华古籍文献浩瀚多彩的文化宝库。各国各地区都十分重视民族古籍的保护、收藏、整理、研究和利用。多年来，我国采取多项措施，做出规划、建立机构、组织队伍、投入资金，大力支持对传承中华文化、弘扬民族精神有重大作用的各民族古代文献典籍整理、研究和出版工作，每年都批准一定数量的文化典籍档案整理与研究重大项目。一些省区也启动了一批大型学术文化工程，少数民族古籍文献的整理研究，特别是一些濒危古籍文献的收集、整理与研究取得了重大进展。在这项工作中，中央民族大学中国少数民族语言与古籍研究所做了大量工作，取得了重要的成果。特别是连续举办国际交流会议，各国相互交流、借鉴，起到了非常好的作用。我本人参加了 2013 年在土耳其伊斯坦布尔召开的第三次会议，深感受益。

本次会议在北方民族大学召开，首先是对宁夏古籍文献工作的有力支持。宁夏作为以回族为主体的民族地区，历史上又曾经是党项族聚居的西夏政权所在地，有着丰富的民族古籍资源，保护、整理、研究这些民族古籍文献一直是我们在传统文化研究中的一项重要任务。北方民族大学在这方面是我们宁夏的主力军之一，他们把民族古籍文献整理研究当作重点学科建设的项目，在人力、财力诸方面予以支持，取得了一系列成果。这次交流一定会对我们起到很大的促进作用，也会创造新的学术合作机会。

近十年来，宁夏的民族古籍汇集、整理、出版和研究进入一个发展的新阶段，特别是在回族古文献、西夏文献（包括西夏文、汉文）领域，取得了一批重要的学术成果。我们虽然起步不是很早，但对于

作者简介：陈育宁，著名民族史学者，宁夏回族自治区政协原副主席，宁夏大学原党委书记、校长，教授。

每一项重大文献资料整理研究项目，都提出了打“持久战”的要求。因为古籍文献的收集、校勘整理、辨证判断、注解诠释等系列考证考据工作是极其严肃、严格、严谨的，不能操之过急、急于求成，不能赶工期交卷，不能把明知的疑难留下去，所以这是一项艰苦细致、要有耐心、忍得住寂寞的科学工作。首先要花时间去做大量认真的资料摸底、目录编纂工作，摸清家底之后，还要通过目录学、版本学、校勘学等传统学术方法，进行试验性整理，取得个案的整理实践经验，经过反复论证，取长补短，确保实施方案科学、规范、操作性强，然后再进行全面整理与研究。深入挖掘古籍文献的历史价值和学术价值，汲取营养，古为今用，让这一批宝贵的文化资源在今天发挥作用是我们的主要目的，所以还要坚持整理与研究并重。

据不完全了解，宁夏在回族古文献整理研究方面，首先进行的是文献目录提要的整理出版，这是一项基础工作，主要有2008年出版的《中国少数民族古籍总目提要·回族卷》（国家民委全国少数民族古籍整理研究室编，宁夏社科院牵头组织）；2010年出版的《回族典藏全书总目提要》（北方民族大学吴建伟和宁夏社科院张进海主编）；2010年出版的《宁夏地方文献暨回族伊斯兰教文献导藏书目》（宁夏图书馆丁力主编）等。文献汇集的丛书主要有2008年出版的《回族典藏全书》（宁夏社会科学院吴海鹰主编），这套丛书是迄今为止最完整的大型回族典籍汇集之作，共搜集五代至民国回族文献539种、3000余卷，全套235册，以影印方式出版。还有2008年出版的《回族文献丛刊》（北方民族大学李伟、吴建伟主编），共8册。另外，还先后出版了《回回药方》《清真释疑》等研究专著。

西夏研究是宁夏人文学科的重点，其中西夏文献整理研究是这些年来的一个主攻方向，作为整个西夏学的基础工作，在人才培养、学位点设置、课题设立、经费投入上都予以了大力支持，取得了突出成果。西夏原始文献影印整理是一项重要成果，主要有2007年出版的《中国藏西夏文献》（宁夏大学、中国国家图书馆、甘肃省古籍整理编译中心，史金波、陈育宁主编），共20册，全部影印原始文献，是迄今收集国内现存西夏文献最完整的大型文献丛书，将珍藏在国内八省区市四十多个文物与图书单位的10000余面西夏文献、碑刻、题记等汇集整理，有写本、刻本，有西夏文、汉文、藏文。这是西夏学研究的一项重要的学术基础工程，也是国内二十多个考古、文博、高校及研究单位众多专家学术大合作的一项成果。还有2008年出版的《中国藏黑水城汉文文献》（宁夏大学西夏研究中心、内蒙古自治区文物考古研究所、甘肃省古籍文献整理编译中心），共10册；2013年出版的《中国藏黑水城民族文字文献》（宁夏大学、内蒙古博物院）。国外收藏的西夏文献整理出版也取得了重要成果，主要有2007年出版的《法藏敦煌西夏文文献》1册（北方民族大学、上海古籍出版社、法国国家图书馆），2010年出版的《英藏黑水城文献》5册（北方民族大学），2011年出版的《日本藏西夏文文献》2册（北方民族大学、东京外国语大学）。文献研究的成果主要有2007年出版的《传统典籍中汉文西夏文献研究》（胡玉冰），2010年出版的《西夏社会文书研究》（杜建录、史金波），2011年出版的《党项西夏文献研究》（杜建录主编），2012年出版的《西夏文〈孟子〉整理研究》（彭向前），2013年出版的《黑水城西夏文献研究》（束锡红），2014年出版的《西夏书校补》（周春著，胡玉冰校补），2014年出版的《西夏文〈经律异相〉整理研究》（杨志高），2014年出版的《西夏〈功德宝集偈〉跨语言对勘研究》（段玉泉），2015年出版的《〈天盛律令〉研究》（杜建录等）。除此外，还有对文献专题如姓氏、汉文文献词汇、公文写作、钱币、钱粮文书等研究。工具书类有2012年出版的《简明夏汉字典》（李范文），2013年出版的《新编西夏文字典》（贾常业）。虽然在西夏古籍文献收集、整理、研究和出版上取得了显著成绩，但从西夏学学科建设的整体与未来发展的要求看，差距依然不小，特别是以精通西夏文为基础的西夏文文献研究方面，还有相当的领域尚未开展起来，任务还是繁重的。

民族古籍文献的收藏、保护、整理、研究是一项长期的、艰苦的、严谨的科学工作，需要我们一代人接着一代人的努力，也需要合作交流、相互借鉴。我们将珍惜这次会议的机会，进一步推动宁夏的工作，推动对外合作交流。

Notes on the Tangut Colophon and Votive Postscript Attached to the Sarva-tathāgata Akṣarāsataka Upadeśa

Nie Hongyin

Abstract: The present paper discusses the Tangut colophon and votive postscript attached to the *Sarva-tathāgata Akṣarāsataka Upadeśa* preserved in Russia (inv. № 7165). Both parts of the text are translated and commented in detail. It is also pointed out here that the unknown "A" in "Lotsaba Master A" proves to be an abbreviation name of the famous Xixia monk-official Ānandakīrti.

Key words: Tangut script; Buddhism; votive postscript; Lotsaba

1. Introduction

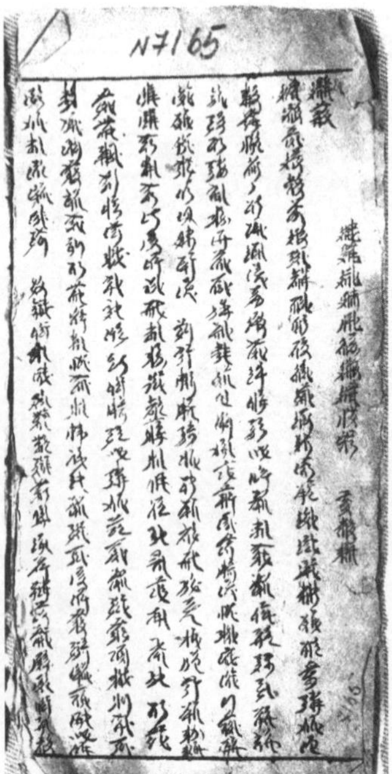

The colophon and postscript investigated in the present paper come from the last page of the Tangut version *Yiqie Rulai Baizi Yaomen* 一切如来百字要门 ([illegible], *Sarva-tathāgata Akṣarāsataka Upadeśa*)①. As the Tangut Buddhist votive writings are rarely surviving, this postscript can not only help us to recognize the feature of Tangut native literature, but can also test our ability on deciphering Tangut writings in cursive hand. Previous researches concerning cursive-hand Tangut were mainly focused on the Tangut version of *Classic of Filial Piety* 孝经 (Kolokolov and Kychanov 1966:134-135; Grinstead 1972:300-376; Nie 2007). Folk documents are partially studied recently (Shi 2012), but except Chinese translations the recent publications provided not any regular transcriptions and commentaries, thus the readers can not comprehend the author's judgment on the glyphs. Accordingly, some attempts will be offered in the present paper to decipher the Tangut cursive handwriting.

作者简介：聂鸿音（1954~ ），北方民族大学西夏研究所研究员，主要从事中国少数民族语言、文字和历史文献的整理与研究。

①I'd like to thank Irina Fedorovna Popova, director of the IOM, RAS, for kindly giving me permission to use the original photos.

The Tangut version Yiqie Rulai Baizi Yaomen (hereafter YRBY) excavated from the Khara-Khoto ruins in 1909, now preserved as inv. № 7165 in the Institute of Oriental Manuscripts, Russian Academy of Sciences, was first recorded by Nishida (1977:35). According to the description by Kychanov (1999:448~449), the original is a manuscript in 19×9 cm. single-sheet binding, the text survives on nine and a half sheets with five lines per page and eighteen characters per line. In addition, the photos taken by the Shanghai Chinese Classics Publishing House show that the main parts of the book are mantras and sadhanas in regular handwriting followed by four lines of its title and colophons of its transmission and translation masters, besides there is a cursive-hand votive postscript in nine lines attached to the volume with a mutilated ending.

2. Colophons

Nishida (1977:35) estimated that the YRBY was translated from a certain Chinese original, possibly because he noticed that in the text there was a sentence meaning "meditate a Luna Mandala (Chin. yuetan 月坛) with a yellow Chinese character A 阿 to the top of the head of himself" ([illegible]), but as shown in the colophon attached to the end of the volume, it seems more possible that the work should originate from Tibetan. The colophons might be translated and commented as the following①:

[illegible]。

me̱^{2} dweuer^{2} dzjwɨ^{1}-dzjij̱^{2} ljɨ̱^{1} lji^{0}-mə^{1} ŋwə^{1}-bju^{1} pã^{1}-bji̱^{2}-tja^{1} njɨ^{2} dej^{1}.

贤 觉 帝师 与 西天 五明 钵弥怛 等 传。

virtuous enlighten Imperial preceptor and India five-wisdom paṇḍita Pl. transmit.

贤觉帝师共西天五明钵弥怛传。

Transmission by the Virtuous-enlightenment Imperial Preceptor and the Indian Five-wisdom Paṇḍita.

The name of the Virtuous-enlightenment Imperial Preceptor is Poluo Xiansheng 波罗显胜, a famous monk-official in Xixia. His complete Chinese title, Xianjue Dishi Jiangjinglülun Gongdesi Zheng Piantan Dudatidian Guiwole Shamen 贤觉帝师讲经律论功德司正偏袒都大提点嚷卧勒沙门, can be found in a 12th century collated version Sheng Shenghui Daobi'an Gongdebao Jiji 圣胜慧到彼岸功德宝集偈 (Luo 1983, Chen 1983, hereafter SSD)②, which means "The Virtuous-enlightenment Imperial Preceptor, Explaining Sūtra, Vinaya and Abhidharmas, Chief of the Department of Merits and Virtues, Manager-in-chief of the Saxghas, Guiwole③ Śramaṇa". The title "Five-wisdom Paṇḍita" belongs to Jayānanda (Chin. Zaye'ananna 嘭也阿难捺), a 12th century Kashimir monk from Tibet among the Tangut (Kuijp 1993), whose complete Chinese title in SSD is Tianzhu Dabomida Wuming Xianmi Guoshi Jiangjinglülun Gongdesi Zheng Guinaijiang Shamen 天竺大钵弥怛五

①The Tangut phonetic transcriptions used here come from Hwang-cherng Gong's reconstruction cited by Li (1997).

② As for the correspondence between the collated Tangut and Chinese colophons, see Duan (2009a).

③ Guiwole and Guinaijiang, Guishangze, Guiwoying in the following lines are unknown special Tangut titles in Chinese transcription.

明显密国师讲经律论功德司正嚷乃将沙门, i.e., Great Indian Paṇḍita, Exoteric and Esoteric State Preceptor of Five-wisdom, Explaining Sūtra, Vinaya and Abhidharmas, Chief of the Department of Merits and Virtues, Guinaijiang Śramaṇa.

[illegible] [illegible] [illegible] [illegible] [illegible] [illegible] [illegible] [illegible]。

wo^{2} kjij^{1} tsji̱r^{1}-dzji̱j^{2} lu^{2}-tsã^{1}-wa^{1} dzji̱j^{2} gji^{1} xiwã^{1} lhɛ^{0}.

义 演 法师 路赞讹 师 遏① 梵 译。

connotation explicate dharma preceptor lotsaba master A Sanskrit translate.

演义法师路赞讹师遏梵译。

Sanskrit translation by the Dharma Preceptor of Explicating Connotations, Lotsaba Master A.

The Tibetan word Lotsaba or Lotsawa means "chief translator". The Chinese phonetic transcriptive A 遏 (reading e in Mandarin) comes from the first syllable of A'ananna Jilidi 遏啊难捺吃哩底 (Duan 2009b), the Chinese transcription of Sanskrit Ānandakīrti, just like the abbreviation Zhou 周 for Zhou Huihai (周慧海) in the next line. As one of the translators of SSD, the complete Chinese title of Ānandakīrti (Tang. [illegible]) was Yanyi Fashi Luzan'e Guishangze Shamen 演义法师路赞讹嚷赏则沙门, i.e., Dharma Preceptor of Explicating Connotations, Lotsaba, Guishangze Śramaṇa. According to the Fanyi 番译 (translation into Tangut) and Hanyi 汉译 (translation into Chinese) in the following lines, the phrase "Sanskrit translation" should be interpreted as "translation into Sanskrit", but it is evidently unreasonable. The only explanation to this might be that Poluo Xiansheng and Jayānanda transmitted the text in Sanskrit, and then Ānandakīrti translated it into Tibetan, in other words, the phrase "Sanskrit translation" here ought to be interpreted as "translation from Sanskrit [into Tibetan]"②.

[illegible] [illegible] [illegible] [illegible] [illegible] [illegible] [illegible] [illegible]。

dwu̱^{2} dźju^{1} tsji̱r^{1}-dzji̱j^{2} tśhja^{2}-io̱w^{1}-rjar^{1} bjij^{2} tśjiw^{1} mji^{2} lhɛ^{0}.

密 显 法师 德功司 副 周 番 译。

esoteric exoteric dharma preceptor virtues merits department assistant Zhou Tangut translate.

显密法师功德司副周番译。

Tangut translation by the Exoteric and Esoteric Dharma Preceptor, Assistant Chief of the Department of Merits and Virtues, Zhou.

Zhou Huihai 周慧海, a Xixia monk-official, was also the translator of SSD. His activities might be dated to the middle 12th century; one of his official title was Xianmi Fashi Gongdesi Fushi Guiwoying Shamen 显密

①The transcription of Chinese e 遏 for g- is a specific rule in Xixia. It seems that the Chinese character e 遏 had its pronunciation ga or ŋa in the Northwest dialect during 12th-13th century (Sun 2007). Here it is evident that the Tangut name gji^{1}-a^{0}-nja^{2}-dja̱^{1} kjɨ^{1}-ljɨ̱^{1}-tji^{2} [illegible] originated from Chinese Ga'ananna Jilidi 遏啊难捺吃哩底, not from the Sanskrit Ānandakīrti.

②The word fanben 梵本 (Sanskrit edition) is commonly seen in the Tangut Buddhist prefaces and postscripts, but it seems not always to take the meaning "sūtra written in Sanskrit". Certain signs show the possibility that the word fanben indicates Tibetan edition, at least the Sanskrit mantras in Tibetan transliteration.

法师功德司副使嚷卧英沙门嚷 Exoteric and Esoteric Dharma Preceptor, Assistant Chief of the Department of Merits and Virtues, Guiwoying Śramaṇa). Some of his translation works are survived at the present①.

[Tangut] [Tangut] [Tangut] [Tangut] [Tangut] [Tangut] [Tangut] [Tangut]

nji^{1} phji^{1} tśhja^{2}-io̱w^{1}-rjar^{1} tśjij^{1} nji^{2} dweuer^{2} djij^{2}-dzjij^{2} lji̠^{2} zar^{1} lhɛ^{0}

家 舍 德功司 正 至 觉 定师 李 汉 译

home left virtues merits department chief arrive enlighten chan master Li Chinese translate.

出家功德司正至觉禅师李汉译。

Chinese translation by the Chief of the Department of Left-home Merits and Virtues, Arriving-enlightenment Chan Master Li.

The "Chan Master Li" does not appear in the colophon of SSD. Available data suggest Li Huihu 李慧护, a monk-official in Xixia, whose abbreviated Tangut title can be found in inv. № 6761 preserved in the Institute of Oriental Manuscripts, Russian Academy of Sciences, reading Zhijue Guoshi Shamen 至觉国师沙门 (Arriving-enlightenment State Preceptor Śramaṇa). Li Huihu transmitted the Amitabhā Sūtra along with Virtuous-enlightenment Imperial Preceptor Xiansheng 显胜 and Five-wisdom State Preceptor Śramaṇa Jayānanda in the reign period of Renzong 仁宗 (Sun 2011).

According to the first three lines of the colophon, no matter how we identify the name of Chan Master Li, it will not prevent us from dating the transmission of YRBY in the early period of Emperor Renzong, i.e., the middle of the 12th century, that is to say, approximately at the same time with SSD. In consideration of the fact that the transmitter and translator are high level officials in the Xixia government, it may be estimated that the place of transmission was near Zhongxing Prefecture 中兴府, the capital of Xixia. We can also fathom a possibility that the translation of the text by high ranking scholarly monks was carried out under Imperial auspices.

3. Votive Postscript

Regular Tangut transcription, Chinese and English translation and commentaries of the votive postscript are given below. In the lines of decipherment, the Tangut prefixes of direction and aspect are marked according to Zhang (2004) and Jacques (2007:6). In addition, we use Sub., Gen. and Dat. for subjective, genitive and dative marks respectively.

[Tangut] [Tangut]: [Tangut] [Tangut] [Tangut], [Tangut] [Tangut] [Tangut] [Tangut] [Tangut];

sjij^{1} mji^{1}: dweuer^{2}- pjụ^{1} rjur^{1} to^{2}, sọ^{1}-kięj^{2} na^{1} nja̱^{1} go^{2} phji^{1};

今 闻：觉尊② 世 出，三界 夜 暗 除 令；

now hear: Buddha world appear, Three Realms night dark eliminate making;

① As for the detailed data about Zhou Huihai, see Dunnell (2009).

② [Tangut] dweuer^{2} pjụ^{1} (Chin. juezun 觉尊 = zunjue 尊觉) originates from Tibetan sangs-rgyas (Buddha).

今闻：佛陀出世，能除三界昏冥；

Now I hear that Buddha appeared in the world, making the dark night of Three Realms eliminated;

[illegible]

zər^{2}-ljij^{2} tsji̱r^{1}-tsə̣^{1}, ljir^{1}-we̱^{1} ·ji^{1} tśjị^{1} gju̱^{2} njwi^{2}.

露甘 法药， 四生 众 苦 济 能。

amrita dharma medicine, Four Beings numerous suffering save can.

甘露法药①，可济四生众苦。

Amrita-like dharma medicine can save the Four Beings from numerous sufferings.

[illegible]

thja^{1} kha^{1} thji^{2} mã^{1}-śju̱^{1} mər^{2}-tśhji^{2} ŋwə̣^{1} lji^{1} mjor^{1}-ljij^{2} ŋowr^{2}-ŋowr^{2} ·jij^{1} jir^{2}-dji^{2} tja^{1},

其 中 此 文 殊 根 本 咒 并 如 来 一切 之 百 字 者，

that among this Wenshu Genben Zhou and Rulai Yiqie Gen. Baizi Sub.,

其中此《文殊根本咒》并《一切如来百字》者②，

Among them the mantras of Wenshu Genben Zhou and Yiqie Rulai Baizi

[illegible]

śja^{1}-lijr^{2} rjur^{1} tha^{1} gu^{2} lhja^{1} wji^{1}, njij^{1}-tjij^{2} ŋwu^{2} nja^{1} tjij^{2};

十方 诸 佛 共 请 为，心印 以 Dir1 印；

Ten Directions every Buddha together invite as, mind seal with Dir1 seal,

共请十方诸佛，印以心印；

invite the Buddhas from Ten Directions together to transmit the seal of the mind,

[illegible]

ŋwə^{1}-sjij^{2} po^{1}-tjij^{1} ljạ^{1} rjir^{1} sji^{2}, kjij^{1} rjar^{1} mər^{2} ŋwu^{2}.

五智 菩提 证 得 能，Dir2 得 本 是。

Five Wisdoms Bodhi realize obtain Nom., Dir2 attain principle be.

①Ganlu Fayao 甘露法药, a variant title of Renwang Huguo Boruo Boluomiduo Jing 仁王护国般若波罗蜜多经, is used here as the collective nomenclature of Buddhist Canon. See Renwang Huguo Boruo Boluomiduo Jing：尔时波斯匿王白佛言：世尊！当何名此经？我等云何奉持？佛告：大王！此经名为仁王护国般若波罗蜜多，亦得名为甘露法药. 若有服行，能愈诸疾. 大王！般若波罗蜜多所有功德，犹如虚空不可测量. 若有受持读诵之者，所获功德能护仁王及诸众生. (Taishuō Tripitaka 8, p. 844)

②Wenshu Genben Zhou (Fundamental Mantra of Mañjuśrī) was also called Wenshu Genben Yizi Tuoluoni 文殊根本一字陀罗尼 (Fundamental One-akṣara Dharaṇi of Mañjuśrī). In the Xixia compilation Mizhou Yuanyin Wangsheng Ji 密咒圆因往生集, it is transcribed into Chinese as an chilin 唵齿𠻴 (Oṃ khrim, Taishuō Tripitaka 46, p. 1008). Yiqie Rulai Baizi 一切如来百字 (Hundred-akṣaras of All Tathāgatas) might be identified as Yiqie Rulai Baizi Tuoluoni 一切如来百字陀罗尼, but I can not find its Sanskrit origin. Accordingly, the votive publication in question is a coupled edition of practice sadhanas of Wenshu Genben Yizi Tuoluoni and Yiqie Rulai Baizi Tuoluoni.

能证五智菩提①，是得本原。

Realizing and obtaining the Bodhi of Five Wisdoms and attain the principle.

[illegible]

·a^{0}-dźjow^{1} nju^{1} zar^{2}, tśhjɨ^{2}-rjar^{2} sọ^{1}-niow^{2} ·jar^{1}-ŋjir^{1} bie^{2}-lhew^{2};

一遍 耳 闻，立即 三涂 八难 解脱；

once ear hear, immediately Three Paths Eight Difficulties liberate;

一遍耳闻，立即解脱三涂八难②；

People who hear it once will immediately liberate from the Three Paths and Eight Difficulties;

[illegible]

ɣ iwej^{1}-jịj^{1} kjụ^{1}-djọ^{2} tja^{1}, mji^{1}-khwa^{1} ŋowr^{2}-phju^{2} śjij^{2} tśja^{1} lja̱^{1} njwi^{2}.

受持 求修 者，不久 无上 圣 道 证 能。

accept practice people, shortly supreme sacred path realize can.

求修持受，须臾能证无上圣踪。

Those who accept and practice it will shortly realize supreme sacred path.

[illegible]

thjɨ^{2} sju^{2} ŋwer^{1}-mjij^{1} thjo̱^{1} io̱w^{1} dạ^{2} tja^{1},

是 如 比无 妙 功 语 者，

This as supreme wonderful function word Sub.,

如是无比妙功之语，

These words with supreme wonderful functions

[illegible]

dzjwɨ^{1}-dzjij^{2} lji^{0}-mə^{1} pā^{1}-bji̱^{2}-tja^{1} njɨ^{2} wjɨ^{2} dej^{1},

帝师 西天 钵弥怛 等 Dir1 传，

emperor preceptor India Paṇḍita Pl. Dir1 transmit,

帝师西天钵弥怛所传，

were transmitted by the Imperial Preceptor and the Indian Paṇḍita③,

---

①Wuzhi 五智 means the five wisdom possessed by Tathāgatas from five directions. See Jingangding Yuqie zhong Fa Anouduoluo Sanmiaosanputi Xin Lun 金刚顶瑜伽中发阿耨多罗三藐三菩提心论：五方佛位各表一智。东方阿閦佛，因成大圆镜智，亦名金刚智也。南方宝生佛，由成平等性智，亦名灌顶智也。西方阿弥陀佛，由成妙观察智，亦名莲华智，亦名转法轮智也。北方不空成就佛，由成成所作智，亦名羯磨智也。中方毘卢遮那佛，由成法界智。(Taishuō Tripitaka 32, p. 573).

②Santu 三涂 means the three paths of Hell-being, hungry ghost and animal. Buddhists believe that people who do not practice fine doctrines will at last transmigrate among the three paths and never obtain liberation. See Wenshushili Suoshuo Busiyi Fojingjie Jing 文殊师利所说不思议佛境界经：解脱三恶道。何者为三？所谓地狱道，畜生道，饿鬼道。（Taishuō Tripitaka 12, p. 113)Banan 八难 includes the Three Paths and other five difficulties. See Fanyi Mingyi Ji 翻译名义集卷：三恶道为三，四北洲，五长寿天，六佛前佛后，七世智辩聪，八诸根不具。（Taishuō Tripitaka 54, p. 1092)

③Dishi 帝师 (Imperial Preceptor) here indicates Boluo Xiansheng 波罗显胜，i.e., Xianjue Dishi 贤觉帝师 in the first line of the colophon.

[illegible]

tśjiw^{1}-źjɨr^{1}-ŋjow^{2} lhjịj^{0}-dzjịj^{2} njɨ^{2} ·a^{0} lhɛ^{0},

周慧海　　　　国师　　等 Dir1 译，

Zhou Huihai　State Preceptor Pl.　Dir1 translate,

国师周慧海等译。

and translated by the State Preceptor Zhou Huihai and others,

[illegible]

śji^{1}-ŋjij^{2} dzjịj^{2} ljɨ^{1} dzjịj^{2} zjịj^{2}, lạ^{1} sjij^{2} rjɨr^{2} dej^{1}.

往昔　师　与　师　做，手　写　Dir1 传。

previously master and master do, hand write Dir1 circulate.

曩者诸师造做，手写流传。

Previously done from master to master, circulating in manuscripts.

[illegible]

ŋwu^{2} ·a^{0}-njijr^{2} dza^{1}-lwụ^{1} mə^{2}-njijr^{2} jij^{1} wejr^{1}-ljij^{1} gjɨ^{2},

而　一面　杂混　种种　Dir2　兴盛　愿，

And one-face disordered various Dir2 flourish will

一厢愿兴盛种种杂经①，

For the willing to make the disordered items flourishing on the one hand,

[illegible]

ljɨ^{1} rjur^{1} zji^{1} ·jij^{1} njij^{2} mja^{1} dja^{2} ljwij^{1} rjɨr^{2} rjɨr^{2} ·we^{2},

与　诸　子　之　慈　母 Dir1 老 Dir1 终　为，

and every son Gen. benevolent mother Dir1 old Dir1 die become,

一厢诸子弟慈母老迈临终，

and for our brothers' benevolent mother is getting old and dying,

[illegible]

sji^{1} ·jar^{2} kji^{1} ? wji^{1}, ljou^{1} djo^{2} tshji^{1} wji^{1},

死　日　Dir1 近　为，福　修　要　以，

die day Dir1 approach 3sg, merits accumulate important as,

去日无多，修福为要，

and the dying day is approaching on the other, as it is important to accumulate merits,

[illegible]

mər^{2} tśhji^{1} rjɨr^{2} ber^{2}, tjij^{2}-njijr^{2} nja^{1} kụ^{1}.

①The sentence pattern "[illegible] ŋ wu^{2} ·a^{0}-njijr^{2}…… [illegible] lj ɨ^{1}……" is rarely seen in Tangut materials. I think that it should be recognized as "on the one hand……on the other". It seems that the Tangut word [illegible] dza^{1} lwụ^{1} meaning "disordered" here indicates some sūtras having not be well compiled and translated.

本　经 与 遇，印版　Dir1 镂。

this sūtra with meet, printing plate Dir1 engrave.

偶遇本经，乃镂印版。

when meeting this sūtra occasionally, I put it to engraving.

[illegible]

sji^{1} nji^{2}-·ja̱r^{2} tśhja̱^{1} ze̱w^{2}-jir^{2}　?　nja^{1}　tjij2,

死 日　于 三百　　卷 Dir1 印，

die day on three hundred volume Dir1 print,

于亡故日印三百卷。

On the day she passed away I not only printed three hundred volumes.

[illegible]

rjur^{1} mjir ·jij^{1} dja^{2} mji^{1} lji^{1} mji^{1}-dźjij^{1}, śjwo^{1} djo̱^{2} dzjij^{1} phji^{1},

诸　人 之 Dir1 施 及　不仅①，用　修　资 舍，

every person Dat. Dir1 give and not only, using practice money donate

施与诸人之外，另舍用度之资，

and gave people in charity, but also donated the expenditure

[illegible]

tjij^{2}-njijr^{2} tśhja̱^{1} la̱^{1} sjij^{2} nja^{1} rjar^{1}, tji̱^{1} śjwo^{1} ɣ ie^{1} wji^{1}.

印 版　于 手 写 Dir1 写，愿 发　力 依。

printing plate on hand write Dir1 write, desire express efforts with

亲手书写印版，勉力发愿。

and wrote on the printing plate with own hands in order to express the desires with efforts②.

[illegible]

thji^{2} ne̱w^{2} tśhji^{1} ŋwu^{2}, lew^{1}-tji̱^{1} ŋa^{2} wə^{1} me̱^{2} ljou^{1} tśjo^{0} wjij^{2} zjir^{2},

此 善 根 以，伏愿 我 主 御　寿 福 Dir2 长，

this benefaction with, wish I Lord imperial longevity felicity Dir2 long,

以兹胜善，伏愿我主御寿福长，

Based on these benefaction, I wish our Emperor enjoy his longevity and felicity,

[illegible]

ŋwər^{1}-dzow^{1} tha̱^{2}-no^{2} kię^{1} ba̱^{2} ·ju^{2} djij^{2} phu^{2},

皇后　　太子　金　枝　永 Dir2　茂，

empress prince gold branch always Dir2 exuberant,

皇后太子金枝永茂，

①The sentence pattern "…… [illegible] lj ɨ ^{1} mji1dźjij1 ……" here means "not only……, but also……".

②Accordingly we may decide that the inv. № 7165 is a draft before engraving.

the Empress and the Prince be as exuberant as golden foliage,

[illegible]

·jwɨr^{2} ɣ ạ^{1} bji^{2}-mjijr^{2} tśjo^{0} sjij^{2} twụ^{1}

文 武 臣 僚 福 智 忠

civil military ministers felicity intelligent faithful

文武臣僚福智忠……

civil and military ministers be intelligent and faithful ……

The original is mutilated after the character [illegible] twụ^{1} (faithful). Referring to the writing pattern of similar literary forms, it may be estimated that the absent part concerns the author's wishes to his parents and sentient beings in the Dharma Realm①.

4. Complementary notes

The colophon "Chinese translation by the Chief of the Department of Left-home Merits and Virtues, General-enlightenment Chan Master Li" attached to YRBY indicates that there must have existed a certain Chinese version at the same time as Tangut one, but not any Chinese parallels to the Tangut version were found in the materials survived (Nishida 1977:35). Moreover, suppose the original of YRBY is in Tibetan script, its title might be reconstructed as De-bzhin-gshegs-pa thams-cad-gyi yi-ge-brgya-pa'i man-ngag, in which the Tibetan genitive suffix -'i evidently corresponds to ·jij1 [illegible] (Chin. zhi 之) in the Tangut title. However, we have not yet found any possible originals of this text within the Tibetan canons②. It seems that this work should be a recompilation by Imperial Preceptor Boluo Xiansheng and the Five-wisdom Paṇḍita themselves on the base of a certain original in Sanskrit or Tibetan.

The votive postscript studied in the present paper is written in memoriam of the author's mother, for whose future rebirth the author wanted to accumulate the merits. The postscript shows that shortly before his mother passed away the author printed three hundred volumes of YRBY for donation③, and after her death he copied the text again. It appears that the author was not rich enough. Perhaps he belonged to the middle class at that time, for although being unable to go in for extravagance with great expenditure as the Royal members or

① For example, Xixia Empress Dowager Luo said in her desiring part of Huayanjing Puxian Xingyuan Pin Fayuanwen 华严经普贤行愿品发愿文（1196）：仍愿萝图巩固，长临万国之尊；宝历弥新，永耀阎浮之境．文臣武职，等灵椿以坚贞；玉叶金枝，并仙桂而郁翠．兆民贺尧天之庆，万姓享舜日之荣，四生悉运于慈航，八难咸沾于法雨。含灵抱识，普令真源矣。(Eluosi Kexueyuan Dongfang Yanjiusuo Shengbidebao Fensuo et. al. 1996a: 372~373).

②There is another possibility that the similar statement might be found in Tibetan works with different titles, but this task is out of my abilities.

③ Three hundred volumes are approximately the effective numbers printed by one set of block engravings.

dignitaries①, he was not yet so straitened as common people to donate only one volume of transcription from a huge sūtra②.

References

Chen Bingying 陈炳应 1983 Tiantishan Shiku Xixiawen Fojing Yishi 天梯山石窟西夏文佛经译释 (Translations and Commentaries of the Tangut Sūtras Excavated from the Tiantishan Grottos), Kaogu yu Wenwu 考古与文物 1983:3: 45-48.

Dunnell, Ruth W. 2009 Translating History from Tangut Buddhist Texts, Asia Major 22:1:41-78.

Duan Yuquan 段玉泉 2009a Xixiawen Sheng Shenghui Daobi'an Gongdebao Jiji Kaolun 西夏文《圣胜慧到彼岸功德宝集偈》考论 (Researches on the Tangut Version Sheng Shenghui Daobi'an Gongdebao Jiji), in Du Jianlu 杜建录 ed., Xixiaxue 西夏学 4:57-69, Yinchuan: Ningxia People's Publishing House.

—— 2009b Xixia Zangchuan Fojiao Wenxian Zhouhuihai Yiben Shulüe 西夏藏传佛教文献周慧海译本述略 (A Description of Zhou Huihai's Translations among the Tangut versions of Tibetan Tantrism), Zhongguo Zangxue 中国藏学 2009:3:121-132.

Eluosi Kexueyuan Dongfang Yanjiusuo Shengbidebao Fensuo 俄罗斯科学院东方研究所圣彼得堡分所, Zhongguo Shehui Kexueyuan Minzu Yanjiusuo 中国社会科学院民族研究所, Shanghai Guji Chubanshe 上海古籍出版社 1996a Ecang Heishuicheng Wenxian 俄藏黑水城文献 (Heishuicheng Manuscripts Collected in Russia) 2, Shanghai: Shanghai Chinese Classics Publishing House.

—— 1996b Ecang Heishuicheng Wenxian 俄藏黑水城文献 (Heishuicheng Manuscripts Collected in Russia) 3, Shanghai: Shanghai Chinese Classics Publishing House.

Grinstead, Eric 1972 Analysis of the Tangut Script, Lund: Studentlitteratur.

Jacques, Guillaume 2007 Textes tangoutes I, Le nouveau recueil sur l'amour parental et la piété filiale, Müchen: Lincom Europa.

Kolokolov V.S. and Kychanov E.I. 1966 Kitajskaya classika v tangutskom perevode [Lun' Yuj, Men Tzy, Syao Tzin] (Chinese Classics in Tangut translation [Lunyu, Mengzi, Xiaojing]), Moscow: Nauka.

Kuijp, Leonard W.J. van der 1993 Jayānanda, A twelfth Century Guoshi from Kashimir among the Tangut, Central Asian Journal 37:3-4:188-197.

Kychanov E.I. 1999 Katalog tangutskikh buddijskikh pamyatnikov (Catalogue of Tangut Buddhist Monuments), Kyoto: Kyoto University.

Li Fanwen 李范文 1997 Xiahan Zidian 夏汉字典 (A Xixia-Chinese Dictionary), Beijing: China Social Sciences Press.

Luo Zhao 罗炤 1983 Zanghan Hebi Sheng Shenghui Daobi'an Gongdebao Jiji Kaolüe 藏汉合璧《圣胜慧到彼岸功德宝集偈》考略 (A Brief Research on the Tibeto-Chinese Sheng Shenghui Daobi'an Gongdebao Jiji), Shijie Zongjiao Yanjiu 世界宗教研究 1983:4:4-36.

Nie Hongyin 聂鸿音 2007 Lü Zhu Xiaojing Kao 吕注孝经考 (A textual Research on the Classic of Filial Piety with Lü's Commentaries), Zhonghua Wenshi Luncong 中华文史论丛 86: 285-306.

Nishida Tatsuo 西田龙雄 1977 Seikabun Kagonkyō (The Hsi-Hsia Avatamska Sūtra) 3, Kyoto: Faculty of Letters, Kyoto University.

Shi Jinbo 史金波 2012 Heishuicheng Chutu Xixiawen Maidiqi Yanjiu 黑水城出土西夏文卖地契研究 (Researches on the Tangut Deeds for Selling lands discovered from Khara-Khoto), Lishi Yanjiu 历史研究 2012:2:45-67.

Sun Bojun 孙伯君 2007 Xixia Yijing de Fanhan Duiyin yu Hanyu Xibei Fangyin 西夏译经的梵汉对音与汉语西北方音 (The Sanskrit-Chinese Transcription and Northwest Chinese Dialect Reflected in the Xixia Buddhist Translation), Yuyan Yanjiu

①For example, Guagua 呱呱, the son of Xixia high official He Zongshou 贺宗寿, said in his votive article for Fumu Enzhong Jing 父母恩重经：遂以亡考中书相公累七至终，敬请禅师，提点，副判，承旨，座主，山林戒德，出在家僧众等七千余员，烧结灭恶趣坛各十座，开阐番汉大藏经各一遍，西番大藏经五遍，作《法华》《仁王》《孔雀》《观音》《金刚》《行愿》经，干陁般若等会各一遍，修设水陆道场三昼夜及作无遮大会一遍，圣容佛上金三遍，放神幡，伸净供，演忏法，救放生羊一千口，仍命工 ……(Eluosi Kexueyuan Dongfang Yanjiusuo Shengbidebao Fensuo et. al. 1996b:49).

②This is the case that in most Tangut manuscripts of Mahā-prajñāpāramitā sūtra found in Khara-khoto there are only donors' names recorded at the end of the volume.

语言研究 2007:1:12-19.

—— 2011 Foshuo Amituo Jing de Xixia Yiben《佛说阿弥陀经》的西夏译本 (Tangut Version of the Amitayus-sūtra), Xixia Yanjiu 西夏研究 2011:1:23-32.

Zhang Peiqi 张珮琪 2004 Xixiayu de Tifanchou 西夏语的体范畴 (Category of Aspects in the Tangut Language), in Hanzangyu Yanjiu: Gong Huangcheng Xiansheng Qizhi Shouqing Lunwenji 汉藏语研究：龚煌城先生七十寿庆论文集 ,Taipei: Institute of Linguistics, Academia Sinica, 457-482.

番汉 vs 华夷——
说《番汉合时掌中珠》领先时代的学术意义

林英津

摘　要：文章将西夏语文献放回所处的历史时空，以夏汉双语对译的《番汉合时掌中珠》为例，略谈西夏语文献领先时代的学术意义。除了“引言”，文分三节：（一）简单回顾古代中国的国家翻译事务。(二)速写中古庶民社会的翻译事功，特别标举《番汉合时掌中珠》。（三）以具体的对译文例指出：《番汉合时掌中珠》重新面世逾百年，我们对书中内容的理解，不论是西夏语或汉语都还不是很完整。换言之，西夏语文献的重新面世有其无可取代的学术意义。既然我们对其中的汉语也有理解的困难，显然这部书对认知古代汉人、汉语也有一定的作用。

关键词：《番汉合时掌中珠》；西夏语；“华夷译语”；语言转译

一、引　言

由于传世西夏语文献多数属于翻译文献，本文的重点在“语言翻译”，不在“语法解析”；聚焦于透过语言转译，说不同语言的人分享知识文化的经验。我想象将西夏语文献放回所处的历史时空，以《番汉合时掌中珠》（以下简称《掌中珠》）为例，谈一谈西夏语文献领先时代的学术意义。①

文分三节：首先，简单回顾古代中国的国家翻译事务。指出，中国很早就有成熟的历史书写，两汉史书虽然可以看到，不论中原或四裔，为了沟通不同的语言，需要通过翻译记述；但是看不到具体翻译过程的记述，或异语言对译的书面数据。历代图书目录可考的传世第一部书面翻译的文献是迟至元代的《至元译语》。以后才有明、清官方编纂的各种《译语》《杂字》《来文》，当代统称为“华夷译语”。

其次，速写东汉以来庶民社会的翻译事功，特别标举20世纪初出土面世之《掌中珠》。以汉人中国两度翻译事业的高潮和中世纪非汉民族的汉语学习，衬托西夏时代基础于语文教育的对译文献《掌中珠》，彰显不论就体例、内容及编纂立意，《掌中珠》都具有领先时代的学术意义。

最后，指出《掌中珠》重新面世逾百年，我们对书中内容的理解还不是很完整。主要讨论《掌中珠》

作者简介：林英津，台湾中央研究院语言学研究所研究员，主要从事语言学和文献学研究。

① 本文初稿宣读于“华夷译语”和西夏字符国际学术研讨会之专题讨论（北京，20131207–11）。感谢社会科学院民族学与人类学研究所与历史研究所的邀请，令我以西夏语文献为题，加入关于“华夷译语”的研讨社群。

的𗊱𘙌𗖻𗒛𗑠𗍳𗾺𗥉 wu² wu² thjw¹ wji¹ nw¹ gjɨ¹ bju² phji¹ “出与头子，令追知证”。指出西夏语的𗊱𘙌 wu² wu² 对应汉语的“头子”，而中古汉语的“头子”别有一义，指涉官府文书。与之相关的是西夏法典《天盛律令》多次出现的𗋃𘙌 wu² wu²，近代汉译本作“头字”。从上下文看，𗋃𘙌 wu² wu² 应该也指涉某种公文书，从而𗊱𘙌 wu² wu² 相对𗋃𘙌 wu² wu²，应该是西夏语用以表征中古汉语“头子”之同音词异写。

二、象胥鞮译，职在周官，輶轩问奇，载于汉史

这个标题取自《清实录》，为乾隆十三年（1748）阅读四译馆存书《西番译语》的谕令。其中，“輶轩问奇”隐括西汉时《方言》（约 53B.C.~18A.D.）编纂的背景理念。按，《方言》全称《輶轩使者绝代语释别国方言》，而东汉应劭自序《风俗通义》（189~220）曰：

周、秦常以岁八月遣輶轩之使，求异代方言，还奏籍之，藏于秘室。

按，“方言”指涉不同地域、时代的不同语言，未必局限于当代所说的“汉语方言”。自有人类以来，为了沟通不同的语言，需要通过翻译记述。而“翻译”在古代中国，属于国家事务，是所谓“职在周官”，亦即是为周代政府的对外事务。至若“象胥鞮译”，应该出自《礼记》《周礼》。以下，掉书袋可证“翻译”事业是古已有之。

五方之民，言语不通，嗜欲不同。达其志，通其欲：东方曰寄，南方曰象，西方曰狄鞮，北方曰译（《礼记·王制》）

象胥掌蛮夷闽貉戎狄之国使，掌传王之言而谕说焉，以和亲之。若以时入宾，则协其礼与其辞言传之（《周礼·秋官》）

凡冠带之国，舟车之所通，不用象译狄鞮，方三千里（《吕氏春秋·慎势》）

四夷入诸夏，因译而通。同形均气，语不相晓，虽五帝三王，不能去译独晓四夷（《论衡·变虚》）

交址之南有越裳国。周公居摄六年，制礼作乐，天下和平，越裳以三象重译而献白雉。曰，道路悠远，山川岨深，音使不通，故重译而朝（《后汉书·南蛮西南夷列传》）

然而，从这些历史记录中，不论中原或四裔，都看不到具体的翻译过程，[①]或异语言对译的书面数

① “越裳以三象重译而献白雉”一例，直译是“越裳国通过三个译人、辗转翻译，得以进贡白色的雉”，或勉强可谓翻译的过程？从某个角度看，也可以编一个“翻译”的故事。传统说是“辗转传抄”，至少有两个弦外之音：不可尽信及不是只有异语言之间有所谓“翻译”。感谢中国哲学书电子化计划网站的“相似段落”（Chinese text project: parallel passages）。

据。实际上，数据中透露的应该是口译（口语翻译），而非笔译（书面翻译）。①

据我所知，传世第一部书面翻译的文献一般认为应该是流传日本、收藏于日本的《至元译语》，即《四库全书》所载之永乐版《蒙古译语》。《至元译语》，根据日本学者石田干之助的推论，书名标题之“至元”，应为元世祖忽必烈的年号（1264~1294）②。然后，就是明代洪武年间（1368~1398。明洪武元年当元至正二十八年）火原洁等奉命编辑的蒙汉对译《华夷译语》。③

“华夷译语”又是当代对明、清官方编纂的各种《译语》《杂字》《来文》的统称。这些“华夷译语”将四裔之非汉语译为汉文的官方辞书、文书，附有外语词汇的汉语注释，并以汉字为外语词汇注音。以《至元译语》为例，该书共收录541个汉语词汇，分22门（天文、地理、人事、鞍马、车器、五谷、饮食、身体、衣服、器物、文字、珍宝、飞禽、走兽、虫鱼、草木、菜果、数目、时令、方隅、君官、颜色），

---

①《白狼歌》是西南少数民族仰慕汉朝的诗歌，似乎是唯一的例外。按范晔（398~445）《后汉书·南蛮西南夷列传》记东汉明帝永平年间（58~75），汶山白狼王“作诗三章”，“益州刺史梁国朱辅”令“犍为郡掾田恭……译其辞语”，遣“从事史李陵与恭护送诣阙，并上其乐诗”。明帝嘉许这个事功，交代史官“录其歌焉”。及唐代李贤（654~684）作注，将保留了原始数据的《东观记》“夷言”加载。我们才看到，汉语翻译、汉字记音，取名为〈远夷乐德 / 慕德 / 怀德〉的三首四言诗（斜体字相对正体字，是以汉字音写“远夷”语。应该注意，这个语言的否定副词之一读如“莫”）。

远夷乐德歌诗曰：

大汉是治，*堤官隗构*。与天合意。*魏冒踰糟*。吏译平端，*罔驿刘脾*。不从我来。*旁莫支留*。闻风向化，*徵衣随旅*。所见奇异。*知唐桑艾*。多赐缯布，*邪毗*𦅾𦆁。甘美酒食。*推潭仆远*。昌乐肉飞，*拓拒苏便*。屈申悉备。*局后仍离*。蛮夷贫薄，*偻让龙洞*。无所报嗣。*莫支度由*。愿主长寿，*阳雒僧鳞*。子孙昌炽。*莫稚角存*。

远夷慕德歌诗曰：

蛮夷所处，*偻让皮尼*。日入之部。*且交陵悟*。慕义向化，*绳动随旅*。归日出主。*路旦拣雒*。圣德深恩，*圣德渡诺*。与人富厚。*魏菌度洗*。冬多霜雪，*综邪流藩*。夏多和雨。*莋邪寻螺*。寒温时适，*藐浔泸漓*。部人多有。*菌补邪推*。涉危历险，*辟危归险*。不远万里。*莫受万柳*。去俗归德，*术迭附德*。心归慈母。*仍路孳摸*。

远夷怀德歌曰：

荒服之外，*荒服之仪*。土地硗埆。*犁籍怜怜*。食肉衣皮，*阻苏邪犁*。不见盐谷。*莫砀麤沐*。吏译传风，*罔译传微*。大汉安乐。*是汉夜拒*。携负归仁，*踪优路仁*。触冒险陕。*雷折险龙*。高山岐峻，*伦狼藏憧*。缘崖磻石。*扶路侧禄*。木薄发家，*息落服淫*。百宿到洛。*理历髭雒*。父子同赐，*捕莅菌毗*。怀抱匹帛。*怀稾匹漏*。传告种人，*传室呼敕*。长愿臣仆。*陵阳臣仆*。

事实上，古代四裔基本上都没有自己的书写系统，也是诉诸口译的主要原因。后来的“华夷译语”“西番译语”，多用回鹘式蒙文或藏文字母转写外语。

② 石田指出（我用的是贾敬彦、朱风1990年的译文。我认为，译文相当忠实日语）：

从宋元到明，曾刊行几次的类书《事林广记》的一种版本中，载有元世祖至元年间编纂的汉语和蒙古语对译语汇《至元译语》。这是同类语汇中最早的一种，也许可以成为在其后新编纂的明洪武年间的《华夷译语》在内的许多汉蒙或蒙汉对译辞汇的先驱……《至元译语》的“至元”，无疑乃是世祖的至元。

详细论述，请阅读石田干之助1934年《关于至元译语》。但是，根据《四库总目提要》之序录，《至元译语》似非由政府机构编辑的图书档案。

蒙古译语·一卷（永乐大典本）不着撰人名氏。前有《自序》，称“言语不通，非译者无以达其志。今详定译语一卷，好事者熟之，则问答之间，随叩随应，而无鲠喉之患”云云。似乎元代南人所记。然其书分类编辑，简略殊甚，对音尤似是而非，殊无足取。

③《明太祖实录》卷一四一记有：

洪武十五年春正月……丙戌，命翰林院侍讲火原洁等编华夷译语。上以前元素无文字，发号施令，但借高昌之书制为蒙古字，以通天下之言。至是乃命火原洁与编修马沙亦黑等以华言译其语，凡天文、地理、人事、物类、服食、器用，靡不具载。复取元秘史参考，纽切其字，以谐其声音。既成，诏刊行之。自是使臣往复朔漠，皆能通达其情。

对译以汉字书写蒙古语相应语汇的对音（根据贾敬彦 辑 1999）。清代的《西番译语》，大体沿用这个根据语义范畴分门别类之编排体例，各词条以汉字书写汉语、下记以藏文字母的外语及其汉语对音。①

不论是明初编的《华夷译语》，或继后由朝廷官方编纂的各种《译语》《杂字》《来文》，本质上都是以中原王朝（“华”）为主体，继承周秦两汉的传统，面向四裔（“夷”）所产出的图书文献。②政经外交事务需求的意义显豁，初意无关乎庶民社会、语文教育。这一点，由《四库全书》序录永乐版《蒙古译语》，贬抑该书内容为“其书分类编辑，简略殊甚，对音尤似是而非，殊无足取”，可以看得很清楚。

此外，这些文献也反映了以“汉字”为仰慕天朝上国的象征，因为非汉语采用汉语的书写系统仿佛是天经地义的事。虽然“华夷译语”命名取义不可谓明显有阶序的意识，我想说的是“语言文字”的诡异性质，有没有一个中性的字眼可以取代“夷”？我将“裔”代“夷”，其实只是徒劳。君不见“裔不谋夏，夷不乱华”，载在《左传·定公十年》。

当代中外学人纷纷根据《译语》考论少数民族语言（例如闻宥 1936，1940，西田 1970–90，Kane, Daniel 1989，孙宏开 1989，林庆勋 1992–3，孙伯君 1994，1997，2005，中村 2007，2013，铃木 2007，2009 等），将诸《译语》等同语言学的语料、辞典，其实是颠覆主体的作为。当然，也是对旧材料开发新议题的眼光。

三、基础于语文教育的对译语文文献《掌中珠》

这一节重点是庶民社会的翻译事功，要特别标举西夏时代的《番汉合时掌中珠》（以下简称《掌中珠》）。将完整的学术史考察留给来者，衬托《掌中珠》，我仅简单谈一谈：（一）汉人中国两度翻译事业的高潮。（二）中世纪非汉民族的汉语学习：东邻以日本与朝鲜王朝为例，西邻说吐蕃与西夏王国。我所说“庶民社会”，不见得与“朝廷官方”对立。古今中外的历史书写都不能不以政经权力为论述轴心。知识就是力量（权力），文字、书写、文献都是反映知识的实物。

西夏文献《掌中珠》，根据序尾题记，刊行于（西夏）乾祐庚戌二十一年（1190），是骨勒茂才编写的“西夏语—汉语”双语学习教材，以直接对译、对音的方式，提供了夏汉双语基本单字（词）及少量语句之语义、语音的资料。虽然《掌中珠》的形式体例完全可以视为“华夷译语”类文献，历代文献也不乏关于“西夏国书”的记载，《掌中珠》却不曾见诸宋元以后的图书目录。直到20世纪初年，俄国人在中国西北地区的考古发掘，才使《掌中珠》成为最受世人注目的西夏语文献之一。光看书名标题，称“番汉”，而不是倒序的“华夷”，便足以撼动文化优越的自我观感。

（一）汉人历史上非官方的翻译事业

汉人中国历史上翻译事业的第一次高潮，大致开启自东汉灵帝光和十年（179）支娄迦谶始译《道行般若经》以来的佛经翻译，至唐代末年逐渐衰微。推前，可以东汉明帝永平十年（67）白马驮《四十二

① 根据西田龙雄、孙宏开 1990 所附《九种西番译语对照本》书影。

② 如上引文之所谓“谕说”“晓”或“协其礼与其辞言传之”。唯称四裔为“夷”，至少清代是忌讳的，故改明代之“四夷馆”为“四译馆”；而清初策楞编修诸译语，则统称之为“西番译语”。“番”是否就比较中性？至少《掌中珠》的作者是不避自称“番”的。

章经》抵洛阳为参考坐标，与中国一样历史悠久、也有文字的印度佛教开始传入中国。佛教带来的不只是口语，而是大量的书写（梵文）[①]经典；所以翻译佛经不同于以前的外事口译，译经最终是将语音加以纸笔书写的翻译。也有文献为证：

> 安清，字世高，安息国王正后之太子也……以汉桓之初，始到中夏……至止未久，即通习华言，于是宣译众经改胡为汉……
>
> 支楼迦谶，亦直云支谶，本月支人……汉灵帝时游于洛阳以光和中平之间，传译梵文，出般若道行般舟首楞严等三经……
>
> 天竺沙门竺佛朔亦以汉灵之时，赍道行经，来适洛阳，即转梵为汉……朔又以光和二年于雒阳出般舟三昧，谶为传言，河南雒阳孟福张莲笔受（《梁释慧皎·高僧传·卷一》）

第二次高潮，一般说为明万历年间（1573~1620）到清代的“科学时期”，以徐光启（1562~1633）、利玛窦（1552~1610）、林纾（即林琴南，1852~1924）、严复（1854~1921）等为代表，译介西方科学、文学、哲学之译事。20世纪虽然早已走入历史，“科学”至今方兴未艾，为简省篇幅，可略过不表。[②]

我想说的是，第一期译经我们可以从文献记录中看到，可能相当于现在的“国家编译馆”的译场，却看不到异语言的高僧大德是如何学习汉语的。我们大抵知道，玄奘、义净法师游学印度、学习梵语；但是译场中助译诸人，是否也学习梵语、如何学习梵语？仿佛异语言的转换是不需通过学习的本能？

第二期译经比较明朗。外籍传教士，一般说，都有古典语文学的基本训练。他们的汉语确实是后来经过实地接触说汉语者而习得[③]。而且前后接引，先来者为后到诸人编写学习的工具书、教材。例如金尼阁（1577~1628）编写出版《西儒耳目资》（1625），以罗马字为汉字注音，供外籍人士学习汉语。[④]然而，诸如徐光启、李之藻（1571~1630）这些接受天主教洗礼、传布西学的汉人知识分子，如何学习外语，似乎就缺乏可资佐证的记述。到了清代，严复留学英国之前，想必已经学习英语。但是，林纾

---

① 佛教东传，专就佛经而言，不一定都是写定的文本，也可能未必都是梵文书写。此事无关“怀疑”，而是如实说历史现象：（1）相对“汉字”，梵文属于拼音文字，方便拼写诸多不同的语言。（2）初期传入汉地的佛经多自西域（今称“中亚”）诸国；译经者，如安世高是安息国的王子，支娄伽谶、支谦、竺法护是月氏人，鸠摩罗什出生于龟兹。（3）安世高是只身东来；若鸠摩罗什被吕光打劫到中原，能随身带几部纸本（或贝叶）经典？

② 其实，五四以前，真的离我们很远了。以我为例，不要说不曾读过徐光启与利玛窦合译的《几何原本》（1607），还可以说我不是数学物理出身；我也不曾读过林纾翻译的《伊索寓言》（*Aesop's Fables or the Aesopica*），不仅因为林译的语言深奥，儿童不宜，可能还因为我是城府深的孩子。按此书中译标题作“伊索寓言”，据说始于林纾1902。

③ 根据《澳门百科全书·天主教》所记：罗明坚神父1579年开始在澳门学习中文。其后利玛窦于1582年应召来华，也是先在澳门学习中文。但是，他们怎么学习，我还找不到明确的记录。

④《西儒耳目资》的罗马字，利玛窦在北京刊刻《西字奇迹》（1605）已经使用。《西儒耳目资》以韵分类，只用25个字母、5个声调记号，就能拼写一切汉字的读音，想必也震动当时传统汉语音韵学界。张问达写序（1626）如是说：

> 仅仅以二十五字母衍而成文。叶韵直截简易，绝无一毫勉强拘碍之弊。立总立全，分经分纬，才一纵横交罗，而万字万韵无不悉备于其中也。

然而，张问达似乎寂末世而名不称；后来也未见有汉人知识分子利用这套罗马字。按明万历十一年进士有名“张问达”者，天启三年致仕，五年卒。而《西》书序末题记作“天启六年丙寅夏五月癸亥日”。又根据相关记录，有一部按音序排列的汉拉词典（*Dictionarium Sinico-Latinum*）完稿于1598年，可惜没能出版。原书稿据说藏于梵蒂冈的耶稣会档案馆。

完全不能识读任何外语，却翻译了许多外文小说。我们知道，北京于同治元年（1862）设立同文馆，次年设立上海广方言馆，再一年则设立广东同文馆等，是官方为了西洋之船坚炮利，而正式将学习外语付诸实践。至于官方具体如何教外语、学生如何学外语，我们还是无有可以推论的数据。①

（二）中世纪东邻日韩的汉语学习

1. 日本

据载：遣唐使节团（630~894）随行职员（在各方面辅助遣唐使）包括知乘船事、造舶都匠、译语（即“翻译”）、主神、医师、阴阳师、卜部、射手、音声师等人（释东初，1970）。②不过，日本人学习汉语，理当不自隋唐始。盖奈良时代（710~794）及其以前，尚未有当代日语书写系统之前，即有借用汉字的音读与训读来表记古代日语音节之“万叶假名”文献。也就是说，早于日译吴音、汉音之前，中世纪初期日本的知识分子已经熟习汉语。③

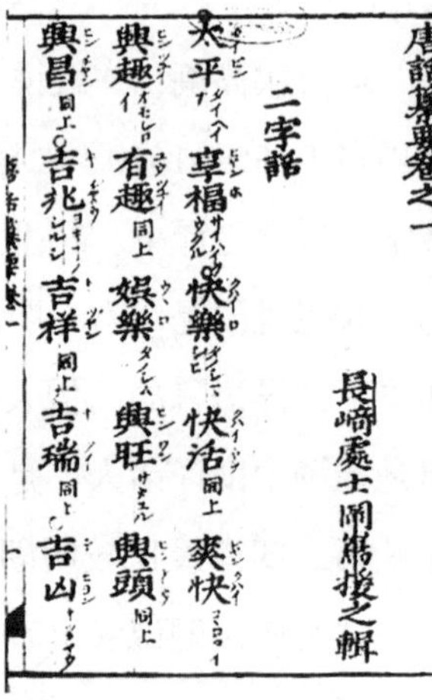
唐話纂要卷之一
長崎處士岡嶋援之輯
二字話
太平 享福 快樂 快活同上 爽快
興趣 有趣同上 娛樂 興旺 興頭同上
興昌同上 吉兆 吉祥同上 吉瑞同上

日本有悠久的汉语教学历史，尤其是江户时代（1603~1867），已经出现了教学者个人编写的教材。以冈嶋冠山编辑的六卷本《唐话纂要》为中心的唐话教本据说是日本最早的汉语教本，在日本汉语教学史上有着重要地位。④我们可以看到，汉语的“太平”右侧以假名注汉音，下方则以假名释义。⑤

《唐话纂要》各卷内容大体如后：⑥

卷一　二字话，三字话

卷二　四字话

卷三　五字话，六字话

卷四　长短话

卷五　亲族，器用，畜兽，虫介，禽鸟，龙鱼，米穀，菜蔬，果瓜，树竹，花艸，船具，数目，小曲，

① 根据《清史稿·志八十二》记李鸿章建言：

京师同文馆之设，实为良法。惟洋人总汇地，以上海、广东两口为最。拟仿照同文馆例，于上海添设外国语言文字学馆，选近郡年十四岁以下资禀颖悟、根器端静之文童，聘西人教习，并聘内地品学兼优之举、贡生员，课以经、史、文艺。学成送本省督、抚考验，作为该县附学生。其候补、佐杂等官，年少聪慧者，许入馆一体学习，学成酌给升途。三五年后，有此一种读书明理之人，精通番语，凡通商、督、抚衙署及海关监督，应设翻译官承办洋务者，即于馆中遴选派充。庶关税、军需可期核实；无赖通事，亦稍敛迹。且能尽阅西人未译专书，探赜索隐，一切轮船、火器等巧技，由渐通晓，于自强之道，不无裨助。

学的人要具备“资禀颖悟、根器端静”之抽象品质；教的人，只说“聘西人教习”。而称西人语曰“番语”，凡“通事”皆无赖？

② 唐代之前就有“遣隋使”，但记录有限。

③《万叶集》收录了4世纪至8世纪的日语诗歌。而712年写成进献天皇的《古事记》也是用汉字书写日语。

④ 我无法确定冈嶋冠山何时编成六卷本《唐话纂要》，可信应该在江户中期。以下图文件取自网络：http://www.taigu.org/forum/viewtopic.php?t=312。

⑤ 如果比较注音与释义假名，也可以说タイヘイナ（太平），是日语的汉语借词。似乎视汉语“快活”为“快乐”的同义词，“有趣”为“兴趣”的同义词，故释义均作“同上”？此外，“兴头、兴昌”同上“兴旺”，“吉瑞、吉祥”同上“吉兆”，其中也许反映早期汉语不同方言的措辞不同？

⑥ 带有工具书性质的语言学习教材，语料的编排方式涉及编制者拟想的学习路径，也是教材讯息内容很重要的成分。此书看来编制者已经有按音节多寡循序渐进的思考，同时又保留了第五卷的根据语义范畴给语汇分门别类的形式。

青山，崔莺，张君，桃花，一爱，一更，二更，三更，四更，五更，疋头

卷六　和汉奇谈

2. 韩国

根据一般的说法，朝鲜三国时代（18 B.C.~668 A.D.）晚期已有“吏读文”，以汉字表记朝鲜语。[①] 可以想见，韩国学习汉语汉字，也有长久的历史。

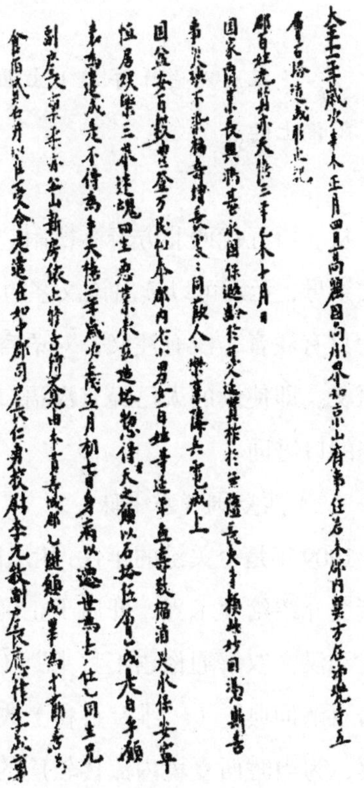

图版一　若木淨兜寺五層塔造成形止記

朝鮮總督府所藏

闻名的《老乞大》和《朴通事》（1346~1368。根据朱德熙 1958），则可能是传世最早的正规汉语教材（张德鑫 2005:65）：[②]

> 不仅是东方国家中最全面具备外语或第二语言教学特点的汉语教材，还可被视作是世界上已发现的最早的比较正规、完整的华语文教材。

但是《老乞大》和《朴通事》最初仅以汉字写汉语。将两书内容翻译为韩语，并用“训民正音”（即后来的“谚文”）给汉字注音，已经是一百多年后的崔世珍（约 1515《老朴辑览》）。最后 1670–7《老乞大谚解》和《朴通事谚解》问世，才是今天我们看到的，汉语每字下有谚文注音，每句后有谚文释义，并就音、义、字、句各方面给予注释的语文教学用书。

3. 西邻的藏缅民族

（1）吐蕃王朝

我们不知道中古时期的吐蕃王朝是否学习汉语、汉文化，史料不足征。[③] 只存在一些间接推论，如据传松赞干布（617~650，629 年即位）统治期间，派遣了 16 名聪颖的儿童前往印度学习，后来以梵文为蓝本而创制了藏文。又如根据书写系统的表征，大抵西邻的藏人与印度民族文化的关系比较密切。

但是，松赞干布迎娶唐朝的文成公主（641），受唐封“驸马都尉・西海郡工”（649）及赤德祖赞迎娶金城公主（710），都是见于汉文史书（《唐书》）的记录。加以敦煌文献的发现，我们实际上知道，除了闻名中外的“长庆会盟碑（唐蕃会盟碑）”（823），历史上确实还有其他藏汉语言对译的文献（罗常培 1933、Li 1963、Li and Coblin 1987）。

---

① 下面所附书影，取自木松保和 1938 卷首图版。完整录文，可见该书“附录”之页 12–6。文首“太平十一年岁次辛未正月”，应为辽圣宗年号，时当北宋仁宗天圣九年（高丽显宗二十二年、日本平安时代后一条天皇长元四年，公元 1031 年时，西夏尚未正式建国）。按《辽史・列传四十五》谓：

> 高丽自有国以来，传次久近，人民土田，历代各有其志，然高丽与辽相为终始二百余年。

② 其实，后来的《谚解》对说汉语的人而言也有学习韩语的功能。

③ 松赞干布之前，藏文尚未创制，吐蕃赞普的许多传说很难肯定其真实性。

罗常培指出（1933: 3）[①]

> （汉藏对音千字文）上面的注音也许是当吐蕃占据陇右时代其人民为习读汉字的便利而附记上的。

从《唐五代西北方音》所附“汉藏对音千字文”书影中，我们很清楚地看到，根据汉字右边所注藏文字母，无疑可以读出该汉字的发音。然而，单倚赖这样的对音数据，要学会汉语恐怕是有困难的。因为只有注音，没有注义，对语言的学习是不够的。汉字固然是表意文字，目视汉字，实无法直接联想语义。即使读的人已经有汉语口语的能力，由于语言中同音词很多，未必能就个别单字的读音联结对当的口语词。

（2）西夏国《掌中珠》

1909年是个关键的年代，伊凤阁（Ivanov）首先从科兹洛夫的黑水城发掘品物中发现《掌中珠》残页，并撰文介绍给学术界，开启了正确解读西夏语音义的门径。后来的学者纷纷将《掌中珠》定位为“西夏文和汉文双解通俗语汇辞书”（史金波，1980。又收入《中国大百科全书》第二版）、“西夏文和汉语双解词典”（《维基百科》改写）、“西夏文、汉文音意的合璧辞书，相当于西夏文、汉文对音字典，为当时西夏境内流传较广的一部沟通西夏语、汉语的常用辞书”（史金波，2000）、“西夏文汉文对照工具书”（2004《中国出版史料·古代部分》）。

但是，这只是基于解读西夏语文献的工具意义立论。如果我们读一读“序文”，作者自有与众不同的胸襟、理念：

> 今时人者，番汉语言可以具备。不学番言，则岂和番人之众；不会汉语，则岂入汉人之数。番有智者，汉人不敬；汉有贤士，番人不崇。若此者，由语言不通故也……故茂才稍学番汉文字，[②] 曷敢默然而弗言？不避惭怍，准三才，集成番汉语节略一本。言音分辨，语句昭然。言音未切，教者能整；语句虽俗，学人易会。号为合时掌中珠。

显然，作者立意是编写语言教材、分享自己的语文知识。我们可以看到《掌中珠》不仅具有“通

---

① 另据敦煌石室所藏“注音本开蒙要训”之一的尾题，罗常培推论（页 13）：

> 这些注音所代表的当然就是后唐明宗时代（天成四年即 929 年）的敦煌方音了。

作者的说法其实是模棱两可的。以藏文拼读汉字音，是为识字还是学说话，给什么样的人学哪个语言的？中世纪的敦煌常住居民究竟使用什么语言沟通？来来去去的商旅、武装部队又带来哪些语言信息？为什么会在那片地方存在如此繁多的蒙书（小学、识汉字的教材），而且很多是中原汉地后世不传的佚书？

② 序文也是夏汉对译。其中，小写上移的“茂才”，相对的西夏语是[illegible][illegible] rjijr^{2} phuu^{2}（这两个西夏字，个别的，[illegible]可对当汉语的“才、士、儒……”，[illegible]对当“崇、增、长”，所以是译义词）。不过，罗抄本汉文序作“愚”，而西夏文本另一种亦有作[illegible] we̱^{1}（相当于汉语的“愚”）者（参看黄振华等整理 1989，林 2010）。此“茂才”也用在序末，作“骨勒茂才”、[illegible][illegible][illegible][illegible]（[illegible][illegible]读 kwe̱^{1} le^{2}，应是汉语“骨勒”的对音）。值得注意的是，“茂才”究竟是“署名”，还是“自称”？按照一般中式书信末署名的格式，“自称”通常以缩小字体写在署名的右上。若人以“茂才”联想《掌中珠》的作者是有功名的人，等于认为序文末署名以小写字的“自称”置于“署名”的右下。

俗语汇辞书”“双解词典”“合璧辞书”或“对音字典”的性质与功能。《掌中珠》的语料，形式上以“三才”分部，每部再分上中下三篇；实质内容大体是语义范畴的分门别类，也有循序渐进的考虑。因为最后一部分“人事下”的内容已经有完整的语句，收入描述人从初生、学习渐长、成家立业，乃至老死的叙事语料。而且诸多语句，形式上虽然是4个字一组，有些已经是连贯的复杂长句（或语篇）。

下面的书影为《掌中珠》第30面的内容（取自景永时2013）。很可以呈现《掌中珠》作为语文教材的规模。我们可以看到，每一组对译语料都以四行呈现：第二行的西夏语与第三行的汉语是语义相当的翻译，第一行为以方块汉字标注第二行的西夏字音，第四行则以西夏字为第三行的汉字注音。这样的编写格式，同时呈现夏汉语言的音义对应，远非“汉藏对音千字文”所可比拟。《掌中珠》确实具备充分的双语学习功能。

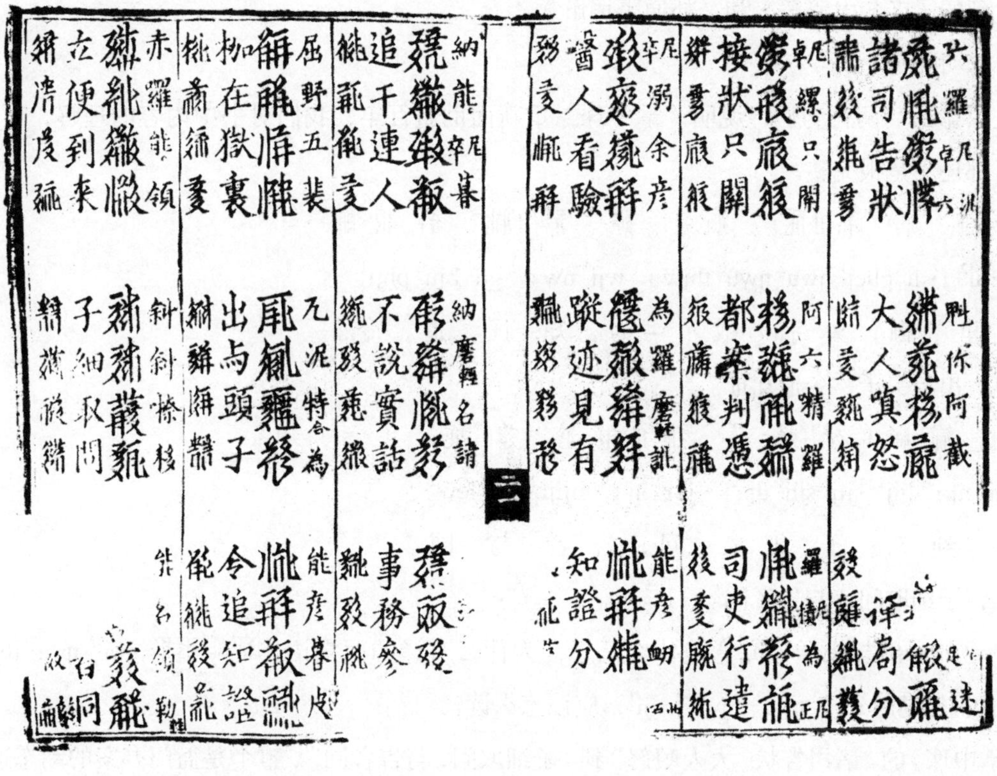

四、代结语：明珠耀眼

（一）明珠耀眼

将东亚文明的历史时空排一排：

929年（以前）敦煌的汉藏对音千字文、注音本《开蒙要训》。根据罗常培1933的推论，似为吐蕃人民习读汉字之用。

1190年骨勒茂才编写的西夏语—汉语双语学习教材《掌中珠》。以直接对译、对音的方式，提供了夏汉双语基本单字（词）及不算少量的生活化语句之语义、语音的资料。

1264~1294年的《至元译语》，根据《四库提要》以为系元代南人所编，意在使用者不需通过翻译，而能与异语言者“问答之间，随叩随应”。

1346~1368 年朝鲜王朝的《老乞大》《朴通事》以汉字书写汉语；至 1670–7《老乞大谚解》和《朴通事谚解》问世，汉语每字下有谚文注音，每句后有谚文释义，并就音、义、字、句各方面给予注释。对说韩语的人而言，确实是提供了相当完备的汉语学习教材。

1603~1867 年《唐话纂要》以日语假名为汉语词汇、长短句注音、注义，为日人学习汉语的教材。

1625 年《西儒耳目资》以罗马字为汉字注音，书名标题已经明示，此书提供西人学习汉字汉语之用。①

《掌中珠》虽然还不算严格意义的第二语言或对外汉语教材，但不论就其体例、内容及编纂立意，都具有领先时代的学术意义。在《掌中珠》之后的《至元译语》乃至“华夷译语”诸文献，分量一概不如《掌中珠》。② 而《老乞大》和《朴通事》固然突出以中国旅行、经商、庶民日常生活、风俗习惯为话题，编写会话课文，成书不仅晚于《掌中珠》，而且是经过三百余年政府介入之增补注释，才成为今天我们看到的《老乞大谚解》和《朴通事谚解》。

（二）解识明珠意？

试以上文书影最后两行为例，说明《掌中珠》重新面世逾百年，我们对书中内容的理解，不论是西夏语或汉语都还不是很完整。

[illegible] [illegible] [illegible] [illegible] ‖ [illegible] [illegible] [illegible] [illegible] ‖ [illegible] [illegible] [illegible] [illegible]

khjwɨ^{2} ·u^{2} ·u^{2} phej^{1} ŋwu^{2} ŋwu^{2} thjwɨ^{1} wji^{1} nwə^{1} gjĩ^{1} bju^{2} phji^{1}

狱 里 枷，头 字 成 –为，知 证，追，令。

枷在狱里，出与头子，令追知证。③

[illegible] [illegible] [illegible] [illegible] ‖ [illegible] [illegible] [illegible] [illegible] ‖ [illegible] [illegible] [illegible] [illegible]

tśhjɨ^{2} rjar^{2} njɨ^{2} ljịj^{2} sjij^{1} sjij^{1} dja^{2} ·jɨr^{2} njɨ̱^{1} mjijr^{2} rjir^{2} lew^{2}

立 便 到，来；子 细 △ 问，告 者 与 同。

立便到来；子细取问，与告者同。

问题：汉语的“出与头子”究竟是什么意思，为什么对译的西夏语作[illegible] ŋwu^{2} ŋwu^{2} thjwɨ^{1} wji^{1}？西夏语的[illegible] ŋwu^{2} ŋwu^{2} thjwɨ^{1} wji^{1}，应该怎么读？

首先，《掌中珠》的“诸司告状，大人嗔怒”到“子细取问，与告者同”，整个是衙门办案的动态速写。其中的“头子”，孤立的可能意指众罪犯的“头领”。此一义可由涉前语境排除，因为众罪犯已经“枷

① 此书有汉语书写的自序，说道：

幸至中华，朝夕讲求，欲以言字通相同之理……故表之曰《耳目资》也……见昭代同文之治。旅人聊述其便于我初学者云尔。

所以，传说“意在使中国人能在三天内通晓西方文字体系”，虽然有点夸张，想来，作者确实有会通中西文的意识。

② 此“相对”而言。事实上，任何传世文献都是人类知识文明的载体，都具有“绝对”的价值。

③（1）“与”这个字最后的一横，其实作四点“灬”；当年罗福成手抄，这个字也照写四点的“与”。我虽颇怀疑，这个字是“写”的异体字；但《掌中珠》以汉字“写”为注音字（173，176），并不作四点“与”。而且根据注音西夏字作[illegible] ju^{2}，此字应是汉语表示“给予”义“与”的异体字；同书多次用到“与”（不作四点“与”，295，306，343，344），都用[illegible] ju^{2} 注音。（2）西夏语的[illegible] gjĩ^{1}，可信是汉语“验”的借词；这里对当的字眼理应是“证”。然而，我不确定汉语的“知证”或西夏语的[illegible] nwə^{1} gjĩ^{1}，精准的结构语义为何。（3）西夏语的[illegible] bju^{2}，也可以对译汉语的“唤、召”（例见《金光明经》）。因为参考同书前面一栏的“追干连人”，故以“追”对注。我认为，这里的[illegible] bju^{2} 用的是“唤、召”义，相当于现代白话的“传唤（证人、关系人）”。所以，后面接着“立便到来”。

在狱里”。“头子”也可能指涉衙门捕快的领头人。此一义若参考其他对译语料，西夏语之于“领头人”似不作砨飒 ŋwu² ŋwu²，多作䋠蕤ɣu¹ ka̱¹。① 中古汉语的“头子”别有一义指涉官府文书，是旧时的下行公文。② 因此，我认为西夏语砨飒𗀔𘋩 ŋwu² ŋwu² thjwɨ¹ wji¹ 是解释性的翻译，意思是“写成书状（或令状）”③。西夏语的砨 ŋwu² 单用，同书个别可对“程”（132）、“领”（251）；在这里，我以为，砨 ŋwu² 对的是“头”，取其与汉语“领”有语义联系。④ 考虑到砨 ŋwu² 与后面的飒 ŋwu²“字”读同音，也许两字为西夏语习惯连用的准专有名词。因此，飒 ŋwu² 不必然取汉语“字”之本义，不能因此改原书对译汉语之“头子”为“头字”。或者，西夏语的砨 ŋwu² 字面直译“头子”之“头”，飒 ŋwu²“字”则用以解释砨 ŋwu² 与人的头部无关，而是某种书写文字之品物。⑤

与此相关，孙继民 2012 提道：

> 汉译的《天盛改旧新定律令》多见“头字”一语……疑……相对应的西夏文文字本来就是参照宋朝的“头子”而来。

我认为应该是对的。不过，《掌中珠》的砨飒 ŋwu² ŋwu²，与单以西夏文书写的《天盛律令》写法不同，《天

---

① 案，西夏语的ɣu¹ 通常实指人体的头部。西夏文本《孙子兵法》四用ɣu¹ ka̱¹ 翻译“（队）长”，《慈孝传》两见ɣu¹ ka̱¹，相当于汉语的“吏”。此外，《孙子兵法》有以ɣu¹ dzju² 翻译“首领”者。

② 中古汉语的“头子”指涉官府文书，有许多文献记录。如《梦溪笔谈·卷一·故事一》：

后唐庄宗复枢密使，使郭崇韬、安重诲为之，始分领政事，不关由中书直行下者谓之“宣”，如中书之“敕”。小事则发头子，拟堂帖也。至今枢密院用宣及头子，本朝枢密院亦用札子。但中书札子，宰相押字在上，次相及参政以次向下；枢密院札子，枢长押字在下，副贰以次向上：以此为别。头子唯给驿马之类用之。

又如《新五代史·杂传第三十四》：

太祖怒，即日以头子命文珂代守恩为留守……若文珂、守恩皆位兼将相，汉大臣也，而周太祖以一枢密使头子易置之，如更戍卒。

③ 西夏语的𗀔 thjwɨ¹，此无有可以对当的汉语字眼。我以“成：写成、作成”对注，根据《类林》390–1，392–7，403–5。𗀔 thjwɨ¹ 后接𘋩 wji¹，则赋予𗀔 thjwɨ¹“作动”的语法意义。

④ 参看林英津 1994，vol. 1: 4–137。ŋwu²《孙子兵法》55A–5 有可参考的对译文例：

覝 䂖 敍 绶 砨 敍 𘋩 𗗙

khiee¹ tʂhiow¹ phie² kie̱j² ŋwu² ·ju² wji¹ lew²

乱 结 解，欲， 求 –为，应。

此一复杂句段，翻译汉语的“（夫）解杂乱纷纠者不控卷”，用砨 ŋwu² 就有“端（绪）、头（绪）”之义。此外，西夏文本《论语全解·卷八》有（在《俄藏黑水城文献》第 11 册：55, L. 9–10）：

𗀀 𗏁 𗕒 𗗙 𗕒 𗗚 𗐯 砨 𘝞 𗫂 𗕑 𗗟 𗉔 𗗷 𗊢 𗀚

ʂjow¹ mjɨr¹ ŋa² jij¹ ·jɨr¹ ŋa² njɨɨ¹ ŋwu² dʑjwa¹ ŋwu² tshjiij¹ tja¹ djɨj² gu² tʂja¹ njaa² ljɨ¹

小 人 我 于 问，我 两 尽，而，说 者；定 中 道 非 矣。

相当于汉文本的“鄙夫问我，则不必中道矣”。其中西夏文本插入的𗕒𗐯砨𘝞𗫂𗕑，应系根据《论语·子罕》“有鄙夫问于我……我叩其两端而竭焉”补的；西夏语的𗐯砨 njɨɨ¹ ŋwu² 对当“两端”，砨 ŋwu² 的用法、语义都与上引《孙子兵法》一致。

⑤ 比较聂 2014：112。

盛律令》写的是[illegible] ŋwu^2 ŋwu^2。① 从上下文看，《天盛律令》的[illegible] ŋwu^2 ŋwu^2 应该也是指涉某种公文书。[illegible] ŋwu^2 ŋwu^2 相对[illegible] ŋwu^2 ŋwu^2，应系同音词异写。②

如上，除了作为夏汉双语教学的教材，《掌中珠》里还有许多类似的语料，都值得令人细细思考。《掌中珠》带给我们的语言信息，不仅是考究“12 世纪末汉语的西北方音”。如同上面讨论的“出与头子”，《掌中珠》的许多词汇、语句未必是西夏社会的生活写照，反倒是从某一个侧面提供我们重新思考中世纪华北汉人的社会文化、工艺技术的水平。

参考文献

Coblin, W. South and Levi, Joseph A. edited 2000 Francisco Varo's grammar of the mandarin language （1703）: An English translation of 'Arte de la lengua Mandarina' （with an introduction by Sandra Breitenbach）, Amsterdam, Philadelphia: John Benjamins Pub. Co..

Kane, Daniel 1989 The Sino–Jurchen Vocabulary of the Bureau of Interpreters. Bloomington: IndianaUniversity Press.

Kwanten, Luc 1982 The Timely Pearl: A 12th centry Tangut–Chinese glossary （Uralic and Altaic series） vol. 142,

---

① 以下可略举数例如后：按《天盛律令》1987 已有 Kychanov 出版的俄文译本，1988 李仲三随即根据 Kychanov 之俄文译本再译为汉译本；而 1999 史金波等则直接从西夏文本翻译，又出版第二种汉译本。然而，即使只是观察以下几个句段的对注汉字，我认为，3 个译本都未能确实符合西夏原文语义。因此，我暂时不拟给出第四行的翻译，仅撷取现有汉译本相当的译文，提供参考。

[illegible]

ljɨ^1 piã^1 sa^2 ɣu^1 sjwi^2 ŋewr^2 gja^1 zjɨɨr^1 tha^2 śjwo^1 ŋwu^2 ŋwu^2 lja^1 źjij^1

※ 辅 连 头 牵 数 军 大 小 生，______ 传 时

此例原文引自《俄藏黑水城文献·卷六》：137。李仲三 1988 根据 Kychanov 的俄译再译为“每当军事头领接到动员令时”（p. 153），史金波 等 1999 汉译文作“比邻各首领发大小军头字来时”（p. 246）。

[illegible] □ [illegible]

tjij^1 dzjij^1 mji^1 tśju^1 ·jwɨr^2 ŋwu^2 dźjij^2 dźji^2 ·o^1 dzjwo^2 dja^2 ku^1 wja^2 ku^1 ·jwɨr^2 ŋwu^2

若 度，不 事，文 字 行，罪 有，人，△ 释 放，则，文 字

[illegible] □……

dźjij^2 mjijr^2 tśju^1 ljij^1 śio^1 ŋwu^2 ŋwu^2

行 者，局 分 导____

引自《俄藏黑水城文献·卷九》：185。1999 汉译文作“若违律失职行文书，放逸有罪人，则行文书者局分导头字”（p. 316）。

[illegible]

ljɨ^1 rjur^1 rjar^1 mee^2 dzju^1 ŋwu^2 ŋwu^2 tśhjij^1 phji^1 tja^1 ljo^2 dźjij^2 wo^2

※诸 司 圣 旨 ______ 持，令，者；岂 行，宜

引自《俄藏黑水城文献·卷九》：188。1999 汉译文作“诸司知执圣旨头字者，应如何行”（p. 320）。

[illegible]

ljɨ^1 bji^1 zow^2 ŋwu^2 ŋwu^2 ɣa^2 kjaa^1 lju^2 ŋewr^2 sjwij^1 mji^1 wjij^1 kjaa^1 gjij^1 lju^2 mjijr^2

※ 符 执，________ 于 脚 补，数 明，不 有，脚 出，补，者

[illegible]

dju^1 źjij^1

有 时

引自《俄藏黑水城文献·卷十三》：290。1999 汉译文作“执符除头字上补骑数以外，有超补骑者时”（p. 469）。

②（1）看注 29，30。不过，我也不认为，汉译本《天盛律令》作“头字”的“字”是误译。西夏语的[illegible] ŋwu^2 确实有汉语“字”的语义，也有许多可靠的对译语料。我们尚未确认《天盛律令》直接翻译自某一特定汉籍，则暂时以“字”译[illegible] ŋwu^2，是可以接受的。（2）西夏语的[illegible] ŋwu^2 以“头”对注，由于[illegible] ŋwu^2 罕见用于其他对译文献，似乎是根据《文海》以[illegible] ŋwu^2 为[illegible] ɣu^1 之释义字，及[illegible] ɣu^1、[illegible] ŋwu^2 同为[illegible] dźjwa^1“（舌）头、（齿）头”之释义字；应该也可以接受。

Bloomington: Research Institute for Inner Asian Studies, Indiana University.

Кычанова, Е. И. (Kychanov) 1987 Измененный и Заново Утвержденный Кодекс Девиза Царствования Небесное Процветаие (1149–1169), Москва: Издательство 《Наука》.

Lalou, M. 1939 Inventaire des manuscrits tib é tains de Touen–houang conserv é s à la Biblioth è que Nationale（Fonds Pelliot Tib é tain）Nos 1–849（I）, Paris: Librairie d' Amerique et d' Orient, Adrien–Maisonneuve.

Lalou, M. 1950 Inventaire des manuscrits tib é tains de Touen–houang conserv é s à la Biblioth è que nationale（Fonds Pelliot–tib é tain）, Nos 850–1282, Paris: Biblioth è que nationale.

Lalou, M. 1961 Inventaire des manuscrits tib é tains de Touen–houang conserv é s à la Biblioth è que nationale, Paris: Biblioth è que nationale.

Li, Fang–kuei 1963 'A Sino–Tibetan Glossary from Tun–hung', T'oung Pao 49–4–5: 233–356.

Li, Fang–kuei and Coblin W. S. 1987 A Study of the Old Tibetan Inscriptions, IHP, AS, Special Publication No. 91.

中村雅之 2007《〈華夷訳語（甲種）〉漢字音訳の基礎方言》，KOTONOHA，53：1–3。

中村雅之 2013《〈華夷訳語（甲種）〉漢字音訳の基礎方言（再論）》，KOTONOHA，122：26–30。

王宪明 2005《语言、翻译与政治：严复译〈社会通诠〉研究》，北京：北京大学出版社。

孔慧怡 2005《重写翻译史》，香港：香港中文大学翻译研究中心。

石田干之助 1934《〈至元譯語〉に就いて》，石田干之助、石滨纯太郎编《东洋学丛编》1：1–26．东京：刀江书院。

石田干之助 1973《东亚文化史丛考》，东京：东洋文库（东洋文库论丛 54）。

平田昌司 2001《制度化される清代官話》，《明清時代の音韻學》：31–59。

史金波 1980《简论西夏文词书》，《辞书研究》，1980.2。

史金波 2000《敦煌莫高窟北区出土西夏文文献初探》，《敦煌研究》第 3 期。

史金波、聂鸿音、白滨 译注 1999《中华传世法典：天盛改旧新定律令》，北京：法律出版社。

末松保和编 1938《吏讀集成・吏文》，서울特別市：民俗苑 1992 重印。

末松保和编（前间恭作遗稿）1942《训读吏文・吏文辑览》，서울特別市：民俗苑 1992 重印。

古伟瀛编 2005《东西交流史的新局：以基督宗教为中心》，《东亚文明研究丛书》45，台北：台湾大学出版中心。

朱德熙 1958《〈老乞大谚解〉、〈朴通事谚解〉书后》，《北京大学学报（人文科学）》第二期：69–75。

西田龙雄 1970《西番館譯語の研究：チベット言語學序說（A study of the Tibetan–Chinese vocabulary : Hsi–fan–kuan i–yu）》，京都市：松香堂。

西田龙雄、孙宏开 1990《白馬譯語の研究（A study of the Baima–Chinese vocabulary : Baima i–yu）》，京都市：松香堂。

李仲三 汉译、罗矛昆 校订（克恰诺夫 俄译）1988《西夏法典——天盛年改旧定新律令（第 1–7 章》，银川：宁夏人民出版社。

长田夏树 1953《元代の中・蒙對譯語彙〈至元譯語〉》，《神戸外大論叢》4–2/3：91–118。

长田夏树 2000《长田夏树论述集》（2 vols），京都：ナカニシヤ出版。

姚小平 2012《西方语法理论与中国语言事实的初始遭遇——卫匡国〈中国文法〉序》，个人网页：http://www.yaoxiaoping.org/news/newslist.asp?class=3。

林英津 1994《夏译〈孙子兵法〉研究》（2 vols），中研院史语所单刊之二十八。

林英津 2015《三读〈番汉合时掌中珠・序〉》，《梅祖麟先生祝寿论文集》：188–211。

林英津 2015《从高丽译音（Sino–Korean）看汉语音韵史上的送气清声母》，第十四届国际暨第三十三届全国声韵学研讨会论文（台北，2015,10/23）修订稿。

俄罗斯科学院东方研究所圣彼得堡分所、中国社会科学院民族研究所、上海古籍出版社 合编 1996《俄藏黑水城文献》，上海：上海古籍出版社。

骨勒茂才著 1190《番汉合时掌中珠》，1924 罗福成手抄，天津：贻安堂经籍铺。

乌云高娃 2001《东亚译语考——兼论元明与朝鲜时代译语之演变》，《元史及民族史研究集刊》第 14 辑（用 2006 网络版）。

高田时雄 2004《明末官话调值小考》《语言学论丛》vol. 29: 145–150。

栗林均编 2003《華夷訳語》（甲種本）モンゴル（蒙古語）語全単語・語尾索引》，仙台市：东北大学东北アジア研究センタ。

孙宏开 1989《西番译语考辨》，《中国民族史研究》2：327–342。

孙伯君 1994《〈西番译语〉藏文前加字的对音》，《中国民族古文字研究》4：195–201。

孙伯君 1997《从〈西番译语〉看藏语安多方言辅音韵尾的演化》，《民族语文》1997.6：58–62。

孙伯君 2005《胡汉对音和古代北方汉语》，《语言研究》25.1：66–72。

孙继民 2012《西夏汉文〈南边榷场使文书〉再研究》，《新疆哲学社会科学网》20120605, 18:45:31（http://www.xjass.com）。

程相文 2004《汉语作为第二语言教材发展的三种形态》，《语言教学与研究》2004.1。

策楞等 编修 1738~1819《松潘属包子寺等各西番译语》，清抄初编本（二册）。

张美兰 2006《美国传教士狄考文对十九世纪末汉语官话研究的贡献：〈官话类编〉专题研究》，LEWI Working Paper Series（香港：林思齐东西学术交流研究所研究报告系列），No. 54（http://lewi.hkbu.edu.hk/WPS/54_Zhang.pdf）。

张涌泉 2001《从语言文字的角度看敦煌文献的价值》，《中国社会科学》2001.2。

张德鑫 2005《〈老乞大〉和〈朴通事〉在华语文教材史上的历史定位及现实意义》，《师大学报（人文与社会类）》，vol. 50, No. 1: 65–74

景永时 2013《〈番汉合时掌中珠〉俄藏编号内容复原与版本考证》，20130919 北京第三届西夏学国际学术论坛会议论文。

黄振华、聂鸿音、史金波 整理（骨勒茂才著）1989《番汉合时掌中珠》，银川：宁夏人民出版社。

铃木博之 2007《清代木坪土司所管地区的藏语方言》，《康定民族师范高等专科学校学报》2007.3：1–5。

铃木博之 2009《〈西番譯語〉〈川七〉18 世紀チベット語打箭爐方言の性格について》，《京都大学言語学研究》28：33–63。

贾敬颜、朱风 辑 1990《蒙古译语、女真译语汇编》，天津：天津古籍出版社（感谢 http://book.xuexi365.com/ebook/read_10221049.html“超星学习中心”的网络阅读版）。

福盛贵弘、远藤光晓编 2007《语学教育フォーラム 13 華夷訳語論文集》，东京：大东文化大学语学教育研究所。

远藤光晓、竹越孝、更科慎一、冯蒸合编 2007《華夷訳語関係文献目録》，福盛贵弘、远藤光晓编《语学教育フォーラム 13 華夷訳語論文集》：197–228。

闻宥 1936《广西太平府属土州县司译语考》，《中研院史语所集刊》第 6 本第 4 分：497–552。

闻宥 1940《倮罗译语考》，《华西协和大学中国文化研究所集刊》1.1：77–97。

聂鸿音 1992《西夏译本〈论语全解〉考释》，《西夏文史论丛》第 1 辑：46–71。收入《西夏文献论稿》：10–20。

聂鸿音 2002a《〈河西译语〉简介》，《文津流觞》3：18–19。

聂鸿音 2002b《〈河西译语〉探析》，《宁夏大学学报（人文社会科学版）》2002.1：24–27。

聂鸿音 2012《西夏文献论稿》，上海：上海古籍出版社。

聂鸿音 2014《打开西夏文字之门》，北京：国家图书馆出版社。

聂鸿音、孙伯君 编著 2010《〈西番译语〉校录及汇编》，北京：社会科学出版社。

释东初 1970《中日佛教交通史》（1985 再版），台北：东初出版社。

罗常培 1933《唐五代西北方音》，中研院史语所单刊甲种之十二（1991 在台影印一版）。

龚煌城 1981《12 世纪末汉语的西北方音（声母部分）》，《中研院史语所集刊》52.1: 37–78。又收入 2002《汉藏语言研究论文集》：243–281，台北市：中研院语言所筹备处。

龚煌城 1989《12 世纪末汉语的西北方音（韵尾部分）》，《中研院第二届国际汉学会议论文集（语言与文字组）》145–190。又收入 2002《汉藏语言研究论文集》：283–330，台北市：中研院语言所筹备处。

龚煌城 1995《12 世纪末汉语的西北方音韵母系统的构拟》（原文发表于 The Joint Meeting of the 4th ICCL and 7th NACCL），收入 2002《汉藏语言研究论文集》：331–372，台北市：中研院语言所筹备处。

西夏文《金光明最胜王经·卷九·长者子流水品》解读

景永时

一、引　言

西夏文《金光明最胜王经》（[illegible]）译自唐义净同名汉译本，共10卷，西夏文译者不明。现存有多种写本，为科兹洛夫于1909年从黑水城遗址中所得，现藏俄罗斯科学院东方文献研究所，原件尚未刊布，著录见《西夏文佛教文献目录》页401~407。另有元刻本，20世纪初出土于宁夏灵武，今分藏中国国家图书馆及台湾中央研究院。王静如先生著有《金光明最胜王经夏藏汉合璧考释》（载《西夏研究》第2、3辑，国立中央研究院历史语言研究所单刊甲种之十一、十三，1933年）。今将国家图书馆藏元刊本中的《长者子流水品》予以誊录，并参考汉文本以及王静如先生的解读，试就其中西夏文与汉文互译之关系等问题略陈管见。

二、关于西夏文文献解读的程序及意义

当今在各国学者和西夏文文献收藏单位的共同努力下，西夏文文献的公布已取得巨大成就，令人欣慰。相当多的学者投入西夏文文献的解读之中，已有大量文章见诸期刊。综观之，对西夏文文献的解读有两类，一类是西夏人撰写的文献，另一类是西夏人译自其他文种的文献。解读程序基本上是西夏文原文或转写—注音—汉文对译—意译，或者是上述程序的简化，即仅有原文和中译文，也还有整本西夏文文献的译文，如《天盛律令》。如果是西夏人撰写的文献，上述程序是没有问题的，因为解读的意义在于弄清楚文献所表达的内容，并且将用于研究西夏人的历史及社会生活状况，或为其他研究提供材料。如果是西夏人译自其他文种的文献，特别是其他文种原文存在的情况下，上述解读程序是否合适呢？解读这类西夏文文献的意义又在哪里呢？这是我在阅读王静如先生的著作后所引发的思考。

王静如先生对西夏文《金光明最胜王经》的解读，先是进行西夏文与汉文直译和注音，另附藏文译文（罗马字转写）和汉译文，其解读程序基本如上所述。我们将其中的汉译文与传世的义净译本核对，除陀罗尼咒语部分用字稍异外，其他文字完全相同，也应是西夏文译本的底本的传世本。这样一来就

作者简介：景永时（1959~　），北方民族大学西夏研究所研究员，主要从事西夏史、西夏文数字化以及西夏文献的整理与研究。

可以认为，中译文只是抄录而已。至于西夏文原文的汉文直译，只是生硬地采用现代人识读的西夏文字义，似乎在解读中意义不大。因为有无此项，汉文译文是不会出错的。本人认为，如果西夏文译本和汉文底本均存在的情况下，对于西夏文文献的解读就不能按照前述的程序进行，而是要把解读的重点放在西夏文字义与西夏语法方面。其程序就当是汉文原文—西夏文译文—西夏文的汉文直译，此直译一方面要参考已经考定的西夏文字义，同时要参考汉文原文，如果两者字义相同或近似可直接采用，如果两者字义差别大或完全不同，那说明前人的识读是不准确的，应该重新或者增加该西夏文的字义，如[西夏字] mji^{1}，各种现代人所编西夏文字典和王静如先生均直译为“施”，而在本佛经中，[西夏字] mji^{1} 与[西夏字] zjɨr^{2} 组成[西夏字][西夏字] zjɨr^{2} mji^{1}，汉文直译“水流”，为印度长者子流水（Jalav ā hana）之名，由此我们得知[西夏字] zjɨr^{2} 字义除了“施”外，还应有“流”，至少可以与[西夏字] zjɨr^{2} 合在一起为汉语“流水”意思。如果这里仍然将[西夏字] mji^{1} 译作“施”而在意译中又为“流”的话，其中直译就没有价值了，因为西夏文原文和汉文原文都存在，应当说它们之间的互译在西夏时期已经完成，而且为西夏人所为，现在只是把两种文本拼放在一起而已，即便是[西夏字] zjɨr^{2} 被释义成随便什么，都对意译不会有影响。这里还有一例，《金光明最胜王经·卷九·长者子流水品》中有一句“令得平复受安隐乐”，西夏文译为[西夏字][西夏字][西夏字][西夏字][西夏字][西夏字][西夏字][西夏字]（śji^{1}sju^{2} dja^{2} we^{2} źji^{2} no^{2} lhejr^{2}lhj^{2}），王先生直译为“先如进为皆安乐受”，各家字典的释义也与之相同。如果没有汉文原文，仅凭上述字面直译，恐怕任何人也不会译出“令得平复”的字句来。既然汉文“令得平复受安隐乐”被译成[西夏字][西夏字][西夏字][西夏字][西夏字][西夏字][西夏字][西夏字]（śji^{1}sju^{2}dja^{2} we^{2}źji^{2}no^{2} lhejr^{2}lhj^{2}），那么西夏文就应有相应的字义，而这些目前还未能解读出来的，这应是解读该佛经的价值与意义所在。所以笔者认为，西夏文文本和汉文文本都存在的情况下，我们的解读应该致力于研究西夏人是如何将汉文译成西夏文，亦即研究西夏文字义与语法方面的问题，这样就会使西夏文及西夏语的字义与语料不断丰富，使以后的西夏文献解读能够更为精准。正是本着这一目标，本文就其中与现在的西夏文文义缺失者进行补释。

三、文本誊录与字义考订

说明：1. 本汉文原文采用《大正藏》（第 16 册 No. 0665）文本；

2. 西夏文注音采用龚煌城先生的拟音；

3. 西夏文的汉文直译以王静如先生著作为主，对字义有异者加注考订，字义不误但不准确者予以纠正并用括号标明。

金光明最胜王经

[西夏字] [西夏字] [西夏字] [西夏字] [西夏字] [西夏字] [西夏字] [西夏字]①

kię^{1} bji^{1} swew^{1} źji^{2} bu^{2} njij^{2} lwər^{2} lhejr^{2}

金 光 明 最 胜 王 经 典

① [西夏字][西夏字] lw ə r^{2} lhejr^{2} 为汉文“经”的西夏文翻译。汉文“经”即指佛经，西夏文[西夏字] lw ə r^{2}，《夏汉字典》与《西夏文小字典》皆释作经典。《同音》中[西夏字] lw ə r^{2} 与[西夏字] lhejr^{2} 构词，意为“经、经卷、经典”。

长者子流水品第二十五

[illegible]①

bjij^{1} bjịj^{1} gji^{2} zjɨr^{2} mji^{1} tjij^{1} njɨ̱^{1} ɣạ^{2} ŋwə^{1} tsew^{2}

长 者 子 水 施[流] 品 二 十 五 第

尔时佛告菩提树神

[illegible]②

tśhjɨ^{1} zjọ^{2} tha^{1} po^{1} tjịj^{1} phu^{2} njạ^{1} ·jij^{1} da^{2} ·jɨ^{2}

尔 时 佛 菩 提 树 神 之 言[告] 说

善女天尔时长者子流水

[illegible]

new^{2} mjạj^{1} mə^{1} tśhjɨ^{1} zjọ^{2} phə^{1} bjịj^{1} gji^{2} zjɨr^{2} mji^{1}

善 女 天 尔 时 长 者 子 水 施[流]

于往昔时在天自在光王国内

[illegible]③ [illegible]

njwo^{2} mə^{1} ·jij^{1} ? bji^{1} njij^{2} lhjij^{2} iọ^{1} ·u^{2}

昔 天 自 在 光 王 国 土 内

疗诸众生所有病苦

[illegible]④

rjur^{1} ·ji^{1} wẹ^{1} ·jij^{1} ŋo^{2} tśjị^{1} tser^{1} dji^{2}

诸 众 生 为 病 苦 医药[治][疗]

令得平复受安隐乐

[illegible]

śji^{1} sju^{2} dja^{2} we^{2} źji^{2} no^{2} lhejr^{2} lhj^{2}

前 如 所 为 皆 安 乐 受

---

① [illegible] mji^{1} 意为“施、赐”，本文西夏文译文中与[illegible] zjɨr^{2} 构词[illegible] zjɨr^{2}mji^{1}，为汉文流水的西夏译文，据此，[illegible] mji^{1} 有流水之流的意思。以下径改为“流”。另王先生释文又将[illegible] mji^{1} 释为“旋”者，当为“施”之误，故也径改为“流”。

② [illegible] ·jij^{1} 字义有言、话，[illegible] da^{2} 字义为谓、云、说、曰、白，本文中[illegible] ·jij^{1} 与[illegible] da^{2} 构词，为“告”，即告诉之译文，据此可知，[illegible] ·jij^{1} 与[illegible] da^{2} 可构成词组，作为告或告诉之译文。

③ 各家字典中无此字，在西夏文中为古印度王之名“天自在光”（Sureśvaraprabh ā̆sa）中汉文“自”的西夏文译文，应为“[illegible]”的讹体。

④ [illegible] tser^{1}，《夏汉字典》释义医、治，《西夏文小字典》释义为医治。[illegible] dji^{2}《夏汉字典》释义医治。本文献中[illegible] tser^{1} 与[illegible] dji^{2} 构词为“疗”即治疗的译文。

时诸众生以病除故

[illegible]

dźjɨj^{1} rjur^{1} dźjij^{2} we^{1} ŋo^{2} ŋwər^{2} niow^{1} mjor^{1}

时 诸 众 生 病 除 缘 故

多修福业广行惠施

[illegible]

rejr^{2} ljo^{1} sjwɨj^{1} djọ^{2} wạ^{2} zji^{1} mji^{1} dźjɨj^{1}

多 福 业 修 广 布 施 行

以自欢娱

[illegible]

·jij^{1} twụ^{1} khej^{1} lhejr^{2}

自 以 娱 乐

即共往诣长者子所咸生尊敬

[illegible]

źji^{2} gu^{2} phə^{1} bjɨj^{1} gji^{2} do^{2} mja^{2} sji^{2} bju^{1} dzjwɨ^{1} njij^{1} śjwo^{2}

皆 共 长 者 子 处 所 往 恭[尊] 敬 心 生

作如是言善哉善哉

[illegible]

thjɨ^{2} sju^{2} da^{2} ·jɨ^{1} tha^{2} rjijr^{2} tha^{2} rjijr^{2}

是 如 言 说 善 哉 善 哉

大长者子善能滋长福德之事

[illegible]

ljɨj^{2} phə^{1} bjɨj^{1} gji^{2} rjur^{1} ljo^{1} tśhja^{2} dạ^{2} ·jir^{2} ljɨj^{1} njwi^{2}

大 长 者 子 诸 福 德 事 长 增 能

增益我等安隐寿命

[illegible]

nja^{2} lew^{2} njɨ^{2} ·jij^{1} no^{2} nej^{2} zjọ^{2} ką^{1} tsjɨ^{1} dźjo^{2} zjir^{2}

使 我 等 之 安 隐 寿 命 亦 长 远

仁令实是大力医王

[西夏文]

phji^{1} njwi^{2} dźjwu^{1} mjijr^{2} ljij^{2} ɣie^{1} dji^{2} njij^{2}

令 能 仁 者 大 力 医 王

慈悲菩萨妙闲医药

[西夏文]

wju^{2} njij^{1} nia^{2} tsjis^{2} ɣiej^{1} ŋwu^{2} dji^{2} djwu^{1} na^{1} tsjij^{2}

慈 悲 菩 萨 真 是 医 法 深 解

善疗众生无量病苦

[西夏文]

rjur^{2} ·ji^{1} we^{1} ·jij^{1} mji^{1} pju̠^{1} ŋo^{2} tśji̠^{1} dji^{2} njwi^{2}

诸 众 生 之 无 量 病 苦 医 能

如是称叹周遍城邑善女天

[西夏文]

thji^{2} sju^{2} ·jow^{2} śja^{2} we^{2} dzjwi^{1} zjir^{2} nji^{2} ne̠w^{2} mjij^{1} mə^{1}

此 如 赞 叹 城 邑 野[遍] 遍[周] 善 女 天

时长者子妻名水肩藏

[西夏文]

thja^{1} phə^{1} bjij^{1} gji^{2} ·jij^{1} gji bjij^{2} mji̠j^{2} tja^{1} zji̠r^{2} wa̠^{1} ·u̠^{2}

彼 长 者 子 之 妻 眷 名 者 水 肩 藏

有其二子一名水满二名水藏

[西夏文]①

nji̠^{1} tji̠^{1} gji^{2} ·ji^{1} lji^{1} mji̠j^{2} zji̠r^{2} sə^{1} lji^{1} mjij zji̠r^{2} ·u̠^{2}

二 ?[孩] 子 众 一 名 水 满 一 名 水 藏

是时流水将其二子

[西夏文]

tśhji^{1} zjọ^{2} zjir^{2} mji^{1} nji^{1} gji^{2} rjir^{2} khie̠^{1}

尔 时 水 施[流] 二 子 将[所] 领

① [西夏文] tji̠^{1}，《夏汉字典》释为“儿童”，据汉文此当与下一字构成“孩子”或“儿子”。

渐次游行城邑聚落

[illegible]

gie^{1} bju^{1} we ^{1} dzjwɨ̣^{1} wjụ^{2} tśiow^{1} zjir^{2} xow^{1}

次 以 城 邑 聚 落 远 游

过空泽中深险之处

[illegible]

bjij^{2} ŋa^{1} kjur^{2} kha^{1} rar^{2} bjịj^{1} gu^{1} twụ^{1} njɨ^{2}

逝 空 泽 中 过 险 深 处 至

见诸禽兽豺狼狐玃雕鹫之属食血肉者

[illegible]

we^{2} wjijr^{1} nə^{2} dźiə^{1} ɣjɨr^{1} lạ^{1} njɨ^{2} djịj^{1} tśhji^{1} dzji^{1} sjij^{1} thji^{1} rjur^{1} ljwɨ^{1}

狼 豺 玃 狐 鹏 鹫 等 类 肉 食 血 饮 诸 禽[飞]

皆悉奔飞一向而去

[illegible]

dźjwow^{1} ŋwer^{2} ·ja rjijr^{2} ɣu^{1} tshwew^{2} du^{1} du^{1} djij^{2} ljij^{2}

飞[禽] 数 一 方 头 向 沈 沈 惯 见

时长者子作如是念

[illegible] ①

dzjij phə^{1} bjịj^{1} gji^{2} njij^{1} khju^{1} ljɨr^{2} wji^{1}

时 长 者 子 心 间 念 作

此诸禽兽何因缘故一向飞走

[illegible]

wa^{2} ·jiw^{1} nio̱w^{1} bju^{1} thjɨ^{2} rjur^{1} ljwɨ^{1} dźjwow^{1} ·ja rjijr^{2} ɣu^{1} tshwew^{2}

何 因 缘 以 是 诸 [飞] [禽] 一 方 头 向

我当随后暂往观之即便随去

[illegible]

ŋa^{2} sjij^{1} thja^{2} pha^{1} tsej ·ju^{1} śji^{1} lew^{2} ·jɨ^{2} tśhjɨ^{2} rjar^{2} thja^{2} pha^{1} rjɨr^{2} śji^{2}

我 今 其 随 暂 看 往 应 说 立 便 其 随 所 往

---

① 汉语“作如是念”，西夏文译作“[illegible]”（njij^{1} khju^{1} ljɨr^{2} wji^{1}，心间念作），意为“心间作念”，与“作如是语”译为“[illegible]”（thjɨ^{2} sju^{2} da^{2} ·jɨ^{1}，是如语说）稍有不同，前者取其大意，后者更接近原文。

见有大池名曰野生

[illegible]

ljịj^{2} dźiəj^{2} gji^{2} ljij^{2} mjij^{2} tja^{1} we^{2} to^{2}

大 池 有 见 名 曰 野 生

其水将尽于此池中多有众鱼

[illegible]

zji̠r^{2} kji^{1} mjij^{2} sa^{2} thja^{1} ljịj^{2} dźiəj^{2} ·u^{2} zji̠r^{2} rejr^{2} zjịj^{1} tśhju^{1}

水 其 未 尽 彼[其]大 池 中 水 多[众]鱼 众[有]

流水见已生大悲心

[illegible]

zji̠r^{2} mji^{1} ljij^{2} niow^{1} ljịj^{2} njij njij^{1} śjow^{1}

水 施[流]见 复[后] 大 悲 心 发[生]

时有树神示现半身

[illegible]

dzjịj^{1} phu^{2} nja̱ gji^{2} lju̱^{2} khwə^{1} wji^{2} śja^{2}

时 树 神 一 身 半 示 现

作如是语善哉善哉

[illegible]

thji^{2} sju^{2} da^{2} ·ji^{1} tha^{2} rjijr^{2} tha^{2} rjijr^{2}

是 如 语 说 善 哉 善 哉

善男子汝有实义名流水者

[illegible]

tha^{2} go̠r^{1} gji^{2} nji^{2} źji̠r^{1} wo^{2} bju^{1} zji̠r^{2} mji^{1} mjij^{2}

善 男 子 汝 实 义 以 水 施[流]名

可愍此鱼应与其水

[illegible]

rjir^{1} thji^{2} zjịj^{2} ·jij^{1} wju̠^{2} thji^{2} zjirv^{1} dja^{2} khjij^{1} lew

得 此 鱼 为 慈 愍 水 所 给 使

有二因缘名为流水

[illegible]

njɨ^{2} ·jiw^{1} nio̱w^{1} bju^{1} zjɨ̱r^{2} mji^{1} mji̱j^{2} rjir^{1}

二 因 缘 以 水 施[流]名 得

一能流水二能与水

[illegible]

lew^{1} tja^{1} zjɨ̱r^{2} wjạ^{2} njwi^{2} njɨ̱^{1} tja^{1} zjɨ̱r^{2} khjow^{1} njwi^{2}

一 曰 水 施[流]能 二 曰 水 与 能

汝今应当随名而作

[illegible]

nji^{2} sjij^{1} mjij^{2} bju^{1} wji^{1} lew^{2}

汝 今 名 随 作 应

是时流水问树神言

[illegible]

tśhjɨ^{1} zjo^{2} zjɨ̱r^{2} mji^{1} phu^{2} njạ^{1} ·jij^{1} ·jɨ̱r^{1}

尔 时 水 施[流]树 神 之 问

此鱼头数为有几何

[illegible]

thjɨ^{2} zjọj^{2} nju^{2} ŋewr^{2} zjɨ̱ rjijr^{2} zji̱j^{1} ŋwu^{2}

此 鱼 头 数 ？[几]？[何]许 是

树神答曰数满十千善女天

[illegible]

phu^{2} njạ kụ^{2} dạ^{2} ɣạ^{2} tụ^{1} ŋwu^{2} new^{2} mji̱j źji mə^{1}

树 神 答 言 十 千 鱼 是 善 女 天

时长者子闻是数已倍益悲心

[illegible]

dzjɨj^{1} phə^{1} bjɨj^{1} gji^{2} thja^{1} ŋewr^{2} mji^{1} niow^{1} njij njij^{1} gjij^{1} ljij

时 长 者 子 其 数 闻 及[后] 悲 心 殊 增

时此大池为日所曝余水无几

[illegible]

dzjij^{1} thja^{1} ljij^{2} dźiij^{2} zjɨr^{2} ɣiə^{1} njij^{2} tśhju^{1} be^{2} kjɨ^{1} njɨ^{1} lio^{1}

时 彼 大 池 水 稀 少 生 日 所 曝 故

是十千鱼将入死门旋身婉转

[illegible]

thja^{1} ɣạ^{2} tụ^{1} źju^{2} kjɨ^{1} dụ^{2} sjɨ^{1} ·jij^{1} ·jij^{1} ljụ^{2} khjwi^{2} dźiej^{2}

彼 十 千 鱼 所[已]未 死 门[将]自 身 宛 转

见是长者心有所悕

[illegible]

thja^{1} phə^{1} bjij^{1} ljij^{2} kjụ^{1} lew^{2} lwã^{1} sju^{2}

彼 长 者 见 求 应 有 如

随逐瞻视目未曾舍

[illegible]

bjij^{1} ·jij^{1} lhjɨ^{2} ·ju^{1} mej^{1} mjɨ^{1} tśhjɨ^{1} lhjɨ^{1}

其 之 观 看 目 无 尔 退

时长者子见是事已驰趣四方

[illegible]

dzjij^{1} phə^{1} bjij^{1} gjɨ^{2} thja^{1} da^{2} ljij^{2} niow^{1} ljij^{1} rjijr^{2} ljwɨ^{1} ljwɨ^{1}

时 长 者 子 彼 事 见 复[后]四 方 驰 趣

欲觅于水竟不能得

[illegible]

zjɨr^{2} tjo^{1} ·ju^{2} śjɨ^{2} zjɨr^{2} rjir^{1} tjị^{2} mjij^{1}

水 觅 寻 往 水 得 可 不

复望一边见有大树

[illegible]

niow^{1} ·ja mjɨ^{2} twụ^{1} phu^{2} ljij^{2} dzjiw^{1} ljij^{2}

复 一 望 处 树 大 有 见

即便升上折取枝叶为作荫凉

[illegible]

tśhjɨ^{2} rjar^{2} phu^{2} tśhja̱^{1} ·ja^{1} śji^{2} śiew^{1} war^{2} wji^{1} ljij^{2} śju̱^{1} tjị^{2} wjɨ^{2} wji^{1}

即 便 树 上 一 往 叶 枝 作 荫 凉 可 过 作

复更推求是池中水从何处来

[illegible]

niow^{1} rjɨr^{2} sew^{2} me̱j^{2} thjɨ^{2} dźiəj^{2} ·u^{2} zjɨ̱r^{2} mər^{2} ljọ^{2} twụ^{2} ljij^{2}

复 更 想 推 是 池 中 水 根 何 处 来

寻觅不已见一大河名曰水生

[illegible]

ŋạ^{2} ŋạ^{2} tjo^{1} ·ju^{2} ljij^{2} mja^{1} zjɨ̱r^{2} gjɨ^{2} ljij^{2} mjij^{2} tja^{1} zjɨ̱r^{2} tśhju

寻 寻 觅 何 大 河 水 一 见 名 曰 水 生

时此河边有诸渔人为取鱼故

[illegible]

thja^{1} zjɨ̱r^{2} rewr^{2} ɣa^{2} rjur^{1} źju^{2} lju^{2} mjijr^{2} źju^{2} lju^{2} tsjij^{1} niow^{1}

彼 水 边 中 诸 鱼 捕 者 鱼 捕 故 缘

于河上流悬险之处决弃其水不令下过

[illegible]

thja^{1} zjɨ̱r^{2} ljij^{1} tjị^{2} bjɨ^{1} bjij^{2} nja^{1} wjar^{1} bjɨ^{1} bjɨ̱^{2} mjij^{1} ljij^{1} phji^{1}

彼 水 来 可 ?[上] 高 新 决 向 下 不 来 令

于所决处卒难修补便作是念

[illegible]

hja^{1} nja wjar^{1} twụ^{1} xja^{1} tjɨj^{1} kjij^{1} gie^{1} njij^{1} khju^{1} wjɨ ^{2} ljɨr^{2}

彼 新 决 处 即 闭 填 问[难]心 间 是 念

此崖深峻设百千人

[illegible]

thjɨ^{2} do^{2} bjịj^{1} na^{1} ·jir^{2} tụ^{1} mjịj^{2} ɣie^{1}

是 处 险 深 百 千 人[体]力

时经三月亦未能断

[illegible]

sọ^{1} lhjị^{2} phow^{1} zjịj^{1} tśju^{1} rjijr^{2} wji^{1} tsjɨ^{1} tjɨj^{1} kjịj^{1} mjɨ^{1}

三 月 经 许 分 至 为 亦 塞 断 无

况我一身而堪济办

[illegible]

wjị^{2} niow^{1} ŋa^{2} dzjwo^{2} tjịj^{1} tjịj^{1} ljọ^{2} ljɨ^{1} ŋa^{2} ·jɨ^{1}

随 复 我 人 独 塞 增[岂]堪 我 说

时长者子速还本城

[illegible]

zjọ^{1} phə^{1} bjịj^{1} gji^{2} xja^{1} we^{2} ·u^{2} lhjwo^{1}

时 长 者 子 疾 城 中 转[还]

至大王所头面礼足却住一面

[illegible]

lhjij^{2} njij^{2} do^{2} njɨ^{2} ljụ^{2} njijr^{2} rewr^{2} tshwew^{1} ·ja njijr^{2} wjɨ^{2} ·jar

国 王 处 至 头 面 足 礼 一 面 过[所]往[立]

合掌恭敬作如是言

[illegible]

pjạ^{1} phjo̱^{2} sjịj^{2} ba^{1} thjɨ^{2} sju^{2} dạ^{2} ·jɨ^{1}

掌 合 敬 恭 是 如 言 说

我为大王国土人民

[illegible]

ŋa^{2} njij^{2} ljị j^{2} ·jij^{1} lhjị j^{2} iọ^{1} sjij^{2} ·ju^{2}

我 王 大 为 国 土 人 民

治种种病悉令安隐

[illegible]

mə^{2} mə^{2} rjar^{1} ŋo^{2} kjɨ^{1} djị^{2} wji^{1} nja^{2} źji^{2} lhower^{2} lhejr^{2} rjir^{2}

种 种 疾 病 已 医 为 宜[使]皆 安 隐[乐]得

渐次游行至其空泽

[illegible]

tjśɨ^{1} bju^{1} dźjij^{1} bjɨ̣j^{2} ŋa^{1} rewr^{1} low^{2} śji^{2}

次 依 游 行 空 泽 遍[至] 至[往]

见有一池名曰野生其水欲涸

[illegible]

ljɨ̣j^{2} dźiəj^{2} gjɨ^{2} ljij^{2} mjɨ̣j^{2} tja^{1} njijr^{1} to^{2} źjɨ̠^{2} kjɨ^{1} mjij^{2} sa^{2}

大 池 一 见 名 曰 野 生 水 已 未 涸

有十千鱼为日所曝将死不久

[illegible]

vạ^{2} tụ^{1} źju^{2} tśhju^{2} be^{2} kjɨ^{1} njɨ̠^{1} bju^{1} mji^{1} kia^{1} sjɨ^{1} ·jij^{1}

十 千 鱼 生[有]日 已 曝 以 不 久 死 尽[将]

惟愿大王慈悲愍念

[illegible]

lew^{1} tjị^{1} njij^{2} ljɨ̣j^{2} njij^{2} wju^{1} njij^{2} thjɨ^{2}

惟 愿 王 大 慈 悲 慈 愍

与二十大象暂往负水

[illegible]

njɨ̠^{1} vạ^{2} ljɨ̣j^{2} bju^{2} ŋa^{2} ·jij^{1} thjɨ̠^{2} ŋwu^{2} tsej^{2} źjɨ̣j^{1} źjɨ̠r^{2} viẹj^{2}

二 十 大 象 ?[我]之 资[助] 以 暂 许 水 负

济彼鱼命如我与诸病人寿命

[illegible]

thja^{1} źju^{2} kạ^{1} rer^{2} rjur^{1} ŋo^{2} dzjwo^{2} ·jij^{1} źjọ^{2} kạ^{1} gju^{2} rjir^{2} ·ja^{1} gur^{1} djij^{2} we^{1} ·jɨ̠^{1}

彼 鱼 命 救 诸 病 人 之 寿 命 救 与 一 样 当 作 说

尔时大王即敕大臣

[illegible]

śjwa^{1} źjọ^{2} njij^{2} ljɨ̣j^{2} ljɨ̣j^{2} bji^{2} dźju^{1} bji^{2}

尔 时 王 大 大 臣 勅 即[示]

速疾与此医王大象

[illegible]

thjɨ^{2} djị^{2} njij^{2} ·jij^{1} xja^{1} ljịj^{2} bju^{2} ·jɨ^{1} pjạ^{2} ·jɨ^{1}

是 医 王 之 疾 大 象 取 给[与] 说

时彼大臣奉王敕已

[illegible]

śjwa^{1} źjọ^{2} ljịj^{2} bji^{2} njij^{2} bju^{2} dạ^{2} bju^{1}

尔 时 大 臣 王 诏 言 依

白长者子善哉大士

[illegible]

phə^{1} bjịj^{1} gji^{2} ·jij^{1} dạ^{2} ·jɨ^{1} tha^{2} rjijr^{2} ljịj^{2} mjijr^{2}

长 者 子 之 言 说 善 哉 大 士

仁今自可至象厩中随意选取二十大象

[illegible]

nji^{2} sjij^{1} śja^{1} bju^{2} ·jar^{2} ·u^{2} phji^{1} bju^{1} njɨ^{1} vạ^{2} ljịj^{2} bju^{2} wjɨ^{2} tsji^{1}

汝 今 香 象 厩 中 意 随 二 十 大 象 去 选

利益众生令得安乐

[illegible]

śjɨ^{1} nja^{2} dźjij tsar^{1} ·jij^{1} gjịj^{1} vie^{2} no^{2} lhejr^{2} djɨ^{2} rjir^{1} phjo^{2} ·jɨ^{1}

往 使 众 生 为[之]益 利 安 隐[乐] 取[与] 得 予 说

是时流水及其二子将二十大象

[illegible]

śjwa^{1} źjọ^{2} źjɨ^{2} mji^{1} niow^{1} thja^{1} njɨ^{1} gji^{2} njɨ^{1} vạ^{2} ljịj^{2} bju^{2} tśhjij^{2}

尔 时 水 施[流]及 彼 二 子 二 十 大 象 持

又从酒家多借皮囊往决水处

[illegible]①[illegible]

niow^{1} ·o^{2} kjɨr^{2} zjir^{2} lhə̱l lwa^{2} njir^{2} khwə źjịj^{2} nja^{1} wjar^{1} twụ^{1} rjɨr^{2} śji^{2}

及 酒 室 甲[皮]囊 精[有]借 乞 鱼[水] 新[于] 决 处 所 往

---

① [illegible] zjir^{2} 此经文中为“皮囊”之“皮”字的译文，但《夏汉字典》和《西夏文小字典》皆无此字义，王静如先生释之为“甲”，虽然[illegible] zjir^{2} 有此义，但与原文不相符，故[illegible] zjir^{2} 应有“皮”的意思。

以囊盛水象负至池泻置池中

[illegible]

lhə̣^{1} ·u^{2} źji̱^{2} kjur^{1} bju^{2} tśhja^{1} nja^{1} tśji^{2} dźiəj^{2} ·u^{2} nja^{1} lju^{2}

囊 中 水 盛 象 上 盈[于] 负 池 中 新[于] 散

水即弥满还复如故善女天

[illegible]

tśhji^{2} rjar^{2} nja^{1} swu^{2} no^{2} tśhja̱^{1} dja^{2} we^{2} tha^{2} mjij^{1} mə^{1}

立 便[即] 新[弥] 满 先 如 进[已] 作 善 女 天

时长者子于池四边周旋而视

[illegible]

thja^{1} phə^{1} bjij^{2} gji^{2} dźiəj^{2} ·jij^{1} ·wio̱^{1} tśji̱^{1} ljir^{1} bju^{2} va^{2} lhji̱^{2}

彼 长 者 子 池 之 围 绕 四 边 中[而] 观

时彼众鱼亦复随逐循岸而行

[illegible]

thja^{1} rjur^{1} źju^{2} tsji^{1} ·ju̱ va^{2} nji^{2} śio^{1}

彼 诸 鱼 亦 岸 中[而] 各 随

时长者子复作是念

[illegible]

zjo^{1} phə^{1} bjij^{1} gji^{2} niow^{2} thji^{2} lji̱r^{2} wji^{1}

时 长 者 子 复 是 念 作

众鱼何故随我而行

[illegible]

·ji^{1} źju^{2} thjij^{2} sjo^{2} lew^{2} niow^{1} rjijr^{2} śio^{1}

众 鱼 云[何] 何[云] 我 后 方 随

必为饥火之所恼逼

[illegible]

kji^{1} djij dźjwiw mə̣^{1} kji^{1} tha dzjij^{1} niow^{1}

定[必] 必[定] 饥 火 所 逼 ？[安] 缘

复欲从我求索于食我今当与

[illegible]

lew^{2} twụ^{2} tjị^{1} śjij^{2} ŋa^{2} sjij^{2} ljị^{1} lew^{2} ·jɨ^{1}

我 处 食 索 我 今 与 应 说

尔时长者子流水告其子言

[illegible]

tśhjɨ^{1} zjo^{2} phə bjịj^{1} gji^{2} źjɨ^{2} mji^{1} gji^{2} ·jij^{1} dạ^{2} ·jɨ^{1}

尔 时 长 者 子 水 施[流]子 为[之]言 说

汝取一象最大力者速至家中

[illegible]

nji^{2} njɨ^{2} źji^{2} kha^{1} vie^{1} ljịj^{2} bju^{2} gjɨ^{2} tśhjij^{1} xja^{1} nji^{1} kha^{1} śjɨ^{1}

汝 等 最 中 力 大 象 一 持 疾 家 中 往

启父长者家中所有可食之物

[illegible]

wja^{1} phə bjịj^{1} do^{2} rjɨr^{2} ·jɨ^{1} tsjɨ^{1} va^{1} khju^{1} dzji^{1} lew^{2} va^{1} lwã^{1} yowr^{2} yowr^{2}

父 长 者 处 所 说 亦 所[家]间[中]食 当 何 有 一 切

乃至父母食啖之分及以妻子

[illegible]

rjɨr^{2} njɨ^{2} wja^{1} tjọ^{1} gji^{1} gji^{2} gji^{1} bjij^{2} sju̱^{1}

所 处[至]父 母 妻[孩]子 妻 眷 ?[仆]

奴婢之分悉皆收取即可持来①

[illegible]

mjɨ̱^{1} ·jur^{2} njɨ^{2} dzji^{1} lew^{2} tjị^{1} tjị^{1} źji^{2} djɨ^{2} lja^{1} nji^{2}

婢[奴]仆[婢]等 食 当 所 置 皆 取 收 可[汝]

尔时二子受父教已乘最大象速往家中

[illegible]

tśhjɨ^{1} zjo^{2} njɨ̱^{1} gji^{2} wja^{1} dzju^{1} dạ^{2} bju^{1} ljịj^{2} śja^{1} bju^{2} pjọ^{2}

尔 时 二 子 父 授 言 以 大 香 象 乘

---

① 西夏文漏译此句。

至祖父所说如上事

[illegible]

xja^{1} nji^{1} do^{2} njɨ^{2} wja^{1} ·o^{1} ·ju^{2} rjir^{2} śji^{1} dạ^{2} rjɨr^{2} ·jɨ^{1}

疾 家 处 至 父 祖 前 对[方]先 事 所 说

收取家中可食之物

[illegible]

nji^{1} do^{2} dzji^{1} lew^{2} rjɨr^{1} rjɨr^{1} thjwɨ^{2} ljị^{2}

家 处 食 当 所 置 收 取

置于象上疾还父所至彼池边

[illegible]

źji^{2} bju^{2} tśhja^{1} tji^{2} dźi əj^{2} bju^{2} wja^{1} do^{2} wji^{2} lhjwo^{1}

皆 象 上 负 池 边 父 处 去[所] 转[归]

是时流水见其子来

[illegible]

tśhjɨ^{1} zjo^{2} zjɨ̠r^{2} mji^{1} dźji dow^{2} ljɨ̠j^{2} ljij^{2}

尔 时 水 施[流]自[己] 子 来 见

身心喜跃遂取饼食

[illegible]

ljụ^{2} njij^{1} de^{2} ljɨ̠j^{2} xja^{1} ljị^{1} ŋjạ^{2} lhjwi^{1}

身 心 欢 喜 即 食 饼 取

遍散池中鱼得食已

[illegible]

dźiəj^{2} ·u^{2} sar^{2} lju^{2} źju^{2} tjị^{1} rjir^{2} niow^{1}

池 中 散 洒 鱼 食 得 复[后]

悉皆饱足便作是念

[illegible]

to^{2} źji^{2} kjwị^{1} zjijr^{1} niow^{1} thjɨ^{2} ljɨ̠r^{2} we^{1}

悉 皆 饱 足 复 是 念 作

我今施食令鱼得命

[illegible]①

lew^{2} sjij^{1} tjị^{1} mji^{1} źju^{2} ką^{2} thjij^{2} phji^{1}

我 今 食 施 鱼 命 脱[得]令

愿于来世当施法食

[illegible]

kụ^{1} lja^{1} dwer^{2} tsji^{1} tsjir^{1} tjị^{1} mji^{1} ŋwu^{2}

后 来 世 亦 法 食 施 以

充济无边复更思惟

[illegible]

bju^{2} mjij^{1} ·jij^{1} rer^{2} niow^{1} njij^{1} khju^{1} ljịr^{2}

边 无 之 救 复 心 间 念

我先曾于空闲林处见一苾刍读大乘经

[illegible]

lew^{2} śji^{1} ŋa^{1} mjij^{1} bo^{1} kha^{1} phji^{1} ·jwi^{2} gji^{2} ljij^{2} ·ụ^{2} lwər^{2} lhejr^{2} do^{1}

我 先 空 寂 林 中 苾 刍 一 大 乘 经 典 读

说十二缘生甚深法要

[illegible]

tshji^{1} niow^{1} ɣạ^{2} nji^{1} niow^{1} śjwo^{1} źji^{2} na^{1} tsjir^{1} tshji^{1}

诵 复 十 二 缘 生 甚 深 法 要

又经中说

[illegible]

dew^{2} djij^{2} lji^{2} lew^{2} niow^{1} lwər^{2} lhejr^{2} kha^{1}

说 习 见 我 复 经 典 中

若有众生临命终时

[illegible]

tji^{1} tjij^{1} ·ji^{1} tsar^{1} ką^{1} bja^{2} ·jij^{1} zjo^{2}

但 若 众 生 命 断 临 时

① [illegible] thjij^{2},《夏汉字典》释为“解脱”，西田《西夏文小字典》为“脱”。此处据上下文应释为“得”，否则语音相反。

得闻宝髻如来名者即生天上

[illegible]

lji1 dzja1 ku1 ljij2 ·jij1 mjij2 mji1 ku1 tśhjə2 rjar2 mə1 tśhja2 tsar1

宝 髻 如 来 之 名 闻 故 立 便[即]天 上 生

我今当为是十千鱼

[illegible]

rjir1 dew2 djij2 lew2 sjij1 thjɨ2 ɣạ2 tụ1 źju2

得 说 惯 我 今 是 十 千 鱼

演说甚深十二缘起

[illegible]

·jij1 źji2 na1 ɣạ2 njɨ̱1 nio̱w1 śjwo1

之 甚 深 十 二 缘 起

亦当称说宝髻佛名

[illegible]

phie2 dew2 niow1 lji1 dzja1 tha1 ·jij1 mjij2 we2 tshjɨ1 lew2

解 说 复 宝 髻 佛 之 名 号 诵 当

然赡部洲有二种人

[illegible]①[illegible]

thjɨ2 śja2 phu1 mja1 iọ1 ·u2 njɨ̱1 mə2 dzjwo2 dźjij1

是 瞻 部 河 土 中 二 种 人 有

一者深信大乘二者不信毁呰

[illegible]

lew1 tja1 ljij2 ·ụ2 na1 dźjej2 njɨ̱1 tja1 pjo1 tsjij2 mji1 dźiej2

一 者 大 乘 深 信 二 者 毁 呰 不 信

亦当为彼增长信心

[illegible]

thja2 njɨ̱2 ·jij1 tsjɨ1 dźiej2 njij1 phə2 ·ji1 sjij1 lew2 dew2

彼 等 之 亦 信 心 长 增 今 当 说

① [illegible] mja1 iọ1·u2 本经文中为“洲”的译文，“洲”此处为河中高出水面的陆地，西夏文作[illegible]（mja1 iọ1·u2，河土中）使语意更为明确。

时长者子作如是念

[illegible]

zjo2 phə1 bjij1 gji2 thjɨ2 sju2 ljɨ̠r2 wji1

时 长 者 子 是 如 念 作

我入池中可为众鱼说深妙法

[illegible]

lew2 dźiəj2 ·u2 śjɨ1 thjɨ2 rjur1 źju2 ·jij1 na1 thjo̠1 tsjir1 dew2

我 池 中 往 是 诸 鱼 之 深 妙 法 说

作是念已即便入水唱言

[illegible]

wji1 lew2 dew2 thjɨ2 ljɨ̠r2 dźjwa1 niow1 xja1 zjɨ̠r2 ·u2 śjɨ1 thjɨ2 sju2 dạ2 dew2

作 当 说 是 念 已 复 即 水 中 往 是 如 言 说

南谟过去宝髻如来

[illegible]

na1 mu2 wjɨ2 phia1 ljɨ1 dzja1 ku1 ljij2

南 谟 过 去 宝 髻 如 来

应正遍知明行足善逝

[illegible]

bju1 wo2 tśhja2 njɨ2 nwə1 phɨr1 dźjɨ iọ1 sə1 new2 bjij2

依 应 正 遍 知 明 行 圆 满 善 逝

世间解无上士调御丈夫

[illegible]

rjur1 kha1 tsjij2 gor1 kiej2 rjur1 ·jar2 źji2 tśhja2 mjijr2

世 间 解 丈 夫 调 伏 最 上 者

天人师佛世尊

[illegible]

ŋwə1 dzjwo2 dzjij2 tha1 rjur1 pjụ1

天 人 师 佛 世 尊

此佛往昔修菩萨行时

[illegible]

thji^{2} tha^{1} śji^{1} dzjụ^{2} nia^{2} tsjis^{2} dźji rjɨr^{2} djọ^{2} zjo^{2}

是 佛 往 昔 菩 萨 行 所 修 时

作是誓愿于十方界所有众生

[illegible]

ŋwụ^{1} tjị^{1} ja śjwa^{1} śja^{1} rjijr^{2} kięj^{2} ·u^{2} rjwr^{1} ·ji^{1} we^{1}

誓 愿 一 生 十 方 界 中 诸 众 生

临命终时闻我名者命终之后

[illegible]

njɨ^{2} kạ^{1} bja^{2} ·jij^{1} zjo^{2} lew^{2} mjij^{2} mji^{1} ku^{1} kạ^{1} bja^{2} niow^{1} rjijr^{2}

等 命 断 终 时 我 名 闻 故 命 断 复 后

得生三十三天

[illegible]

sọ^{1} ɣạ^{2} sọ^{1} mə^{1} tśhja^{2} wjij^{2} we^{1} ·ji^{1}

三 十 三 天 上 以 生 说

尔时流水复为池鱼

[illegible]

tśhji^{1} zjo^{2} zjɨr^{2} mji^{1} niow^{1} thja^{2} dźiəj^{2} ·u^{2} źju^{2} ·jij^{1}

尔 时 水 施[流] 复 彼 池 中 鱼 为

演说如是甚深妙法

[illegible]

thji^{2} sju^{2} źji^{2} na^{1} thjo^{1} tsjir^{1} dew^{2} wji^{1}

是 如 最[甚]深 妙 法 说 作

此有故彼有此生故彼生

[illegible]

thji^{2} dźjij^{1} ku^{1} thja^{1} dźjij^{1} thji^{2} we^{1} ku^{1} thja^{1} we^{1}

此 有 故 彼 有 此 生 故 彼 生

所谓无明缘行行缘识

[illegible]

thjɨ^{2} tja^{1} bju^{1} mjij^{1} nio̱w^{1} dźjɨ dźjɨ nio̱w^{1} mə^{1}

此 者 明 无 缘 行 行 缘 识

识缘名色名色缘六处

[illegible]

sjij^{2} niow^{1} mjij^{2} tsə^{1} mjij^{2} tsə^{1} niow^{1} tśhjiw^{1} do^{2}

识 缘 名 色 名 色 缘 六 处

六处缘触触缘受受缘爱

[illegible]

tśhjiw^{1} do^{2} nio̱w^{1} tsjụ^{1} tsjụ^{1} nio̱w^{1} tjij^{2} tjij^{2} nio̱w^{1} dzu^{1}

六 处 缘 击[触] 触 缘 受 受 缘 爱

爱缘取取缘有有缘生

[illegible]

dzu^{1} niow^{1} lhjwi^{1} lhjwi^{1} niow^{1} dźjij^{1} dźjij^{1} niow^{1} we^{1}

爱 缘 取 取 缘 有 有 缘 生

生缘老死忧悲苦恼

[illegible]

we̱^{1} niow^{1} nar^{2} sjɨ^{1} sjwị^{1} ɣa^{1} tśjị^{1} źjị^{1} ŋwu^{2}

生 缘 老 死 忧 悲 苦 恼 是

此灭故彼灭所谓无明灭则行灭

[illegible]

thjɨ dzjar^{2} lio^{1} thja^{1} dzjar^{2} ŋwu^{2} tja^{1} bju^{1} mjij^{1} dzjar^{2} lio^{1} dźjɨ dzjar^{2}

此 灭 故 彼 灭 是 谓 明 无 灭 故 行 灭

行灭则识灭识灭则名色灭

[illegible]

dźjɨ dzjar^{2} lio^{1} sjij^{2} dzjar^{2} sjij^{2} dzjar^{2} lio^{1} mjij^{2} tsə^{1} dzjar^{2}

行 灭 则 识 灭 识 灭 则 名 色 灭

名色灭则六处灭六处灭则触灭

[illegible]

mjij^{2} tsə^{1} dzjar^{2} lio^{1} tśhjiw^{1} do^{2} dzjar^{2} tśhjiw^{1} do^{2} dzjar^{2} lio tsjụ^{1} dzjar^{2}

名 色 灭 则 六 处 灭 六 处 灭 则 触 灭

触灭则受灭受灭则爱灭

[illegible]

tsjụ^{1} dzjar^{2} lio^{1} tjij^{2} dzjar^{2} tjij^{2} dzjar^{2} lio^{1} dzu^{1} dzjar^{2}

触 灭 则 受 灭 受 灭 则 爱 灭

爱灭则取灭取灭则有灭

[illegible]

dzu^{1} dzjar^{2} lio^{1} lhjwi^{1} dzjar^{2} lhjwi^{1} dzjar^{2} lio^{1} dźjij^{1} dzjar^{2}

爱 灭 则 取 灭 取 灭 则 有 灭

有灭则生灭生灭则老死灭

[illegible]

dźjij^{1} dzjar^{2} lio^{1} we^{1} dzjar^{2} we^{1} dzjar^{2} lio^{1} nar^{2} sji^{1} dzjar^{2}

有 灭 则 生 灭 生 灭 则 老 死 灭

老死灭则忧悲苦恼灭

[illegible]

nar^{2} sji^{1} dzjar^{2} lio^{1} sjwị^{1} ɣa^{1} tśjị^{1} źjị^{1} dzjar^{2}

老 死 灭 则 忧 悲 苦 恼 灭

如是纯极苦蕴悉皆除灭

[illegible]

thji^{2} tsew^{2} źji^{2} ɣar^{1} tśjị^{1} ŋur to^{2} źji^{2} dzjar^{2} dew^{2}

是 如 最 极 苦 蕴 悉 皆 灭 说

参考文献

[1] 王静如：《西夏研究》第二、三辑，国立中央研究院历史语言研究所单刊甲种之十一、十三，1933 年。
[2] 李范文：《夏汉字典》（增订本），北京：中国社会科学出版社，2008 年。
[3] 西田龙雄：《西夏语之研究 Ⅱ》，东京：座右宝刊行会，1966 年。

Re-analysis of the "Double-prefix" in the Tangut Verb Phrase

ARAKAWA Shintaro

Abstract: The Tangut language has a variety of verb-prefixes with different functions. They are 1) "Prefix series 1": "direction of action" or "perfective", 2) "Prefix series 2": "optative", 3) Negation or prohibition, 4) Interrogative, and 5) Demonstrative pronominal. The aim of this paper is to analyze the unique samples of "double-prefix" including the co-occurrence of Prefix series 1/2, that is, Pref1- Pref1, Pref1- Pref2, Pref2- Pref1, and Pref2- Pref2. It also discusses the possibility that some sequences are not "double-prefix" but "case-marker and prefix".

Keywords: Tangut, verb-prefix, verb phrase

1. Verb prefixes of Tangut

1.1 Verb construction

In the previous works on the Tangut[①], the structure of the verb phrase is considered as:

Prefix (negative, perfect, and so on)-Verb stem-Auxiliary verb-Pronominal suffix-Particle

From some samples, we can induce the principles of the order of prefixes such as Prefix 1/2 < Neg < Dem. From the tentative view of mine (Arakawa 2014), the construction of the verb phrase which has respect to this paper is;

[PrefA-PrefB-PrefC-] Verb stem [-Auxiliary verb-Suffix-Particle]

PrefA : perfect, optative, question

PrefB: negation

PrefC: demonstrative

[ ] means "not obligatery".

1.2 Prefix series 1 and 2

The prefixes preceding the verb are divided into following groups according to their meaning:

(1) So-called "Prefix series 1": 6 types, indicative of the "direction of action" or "perfective"

(2) So-called "Prefix series 2": 6 types, with "optative" meaning

---

作者简介：荒川慎太郎（1971~　），日本东京外国语大学亚非语言文化研究所副教授，主要从事语言学、西夏语和西夏文字研究。

①See Nishida (1989), Gong (2003) for the outline of the Tangut.

(3) Negation (㤥 [1]mi:-, 𗅋 [2]me:-, and 𗢳 [1]mI:-) or prohibition (𗍫 [1]ti:-)①

(4) Interrogative (the same form as one of the "Prefix1" 𗏁 [1]'a?-)

(5) Demonstrative pronominal 𗗙 [1]chI: occurring with negation or interrogative

Tangut prefixes are grouped into pairs with similar initial consonants. The first series of the prefixes indicate the direction or perfective, and the second series represents the "optative" meaning. The former series is usually called "Prefix series 1" (hereafter "Pref1") and the latter "Prefix series 2" (hereafter "Pref2"). The set of Pref1 and 2 from Nishida's previous works② is shown below.

Table 1 The set of verb prefixes

(Expected direction, Tangut script, phonetic reconstruction③, and marks for Table2)

Direction	Pref1 Perfect (or Direction)		Pref2 Optative	
upward	𗏁 [1]'a?-	1A	𗅉 [1]'e:-	2E
downward	𗖵 [1]na:-	1N	𗒘 [2]ne:-	2N
to here	𗍪 [1]kI:-	1K	𗧓 [1]ke:-	2K
over there	𗦇 [2]wI:-	1W	𗅁 [2]we:-	2W
inward	𗰜 [2]da:-	1D	𗐱 [2]de:-	2D
outward	𗆐 [2]rI:r-	1R	𗗚 [2]ryeq'2-	2R

According to some scholars' and my opinion④,one "irregular" prefix, namely 𗄊 [2]dI:-, belongs to Pref1.

Table 2 presents the correspondence of some scholars' views on the direction indicated by these prefixes.

Table 2 The correlation of the scholar's view

Nishida 1989		Kepping 1994		Gong 2003	
1A-2E	upward	1A-2E	upward	1A-2E	upward
1N-2N	downward	1N-2N	downward	1N-2N	downward
1K-2K	here	1K-2K	here, inside	1K-2K	here, inside
1W-2W	there	1W-2W	there, outside	1W-2W	there, outside
1D-2D	inside	3D-2D	towards the speaker	3D-2D	toward the speaker
—	—	1D	away from the speaker	1D-2D	away from the speaker
1R-2R	outside	1R-2R	(direction not found)	1R-2R	(direction not found)

Nishida (1989: 420l) supposed that Pref2 is derived from Pref1. The table 3 shows the schema.

Table 3 The derivation of the verb prefixes (Nishida's hypothesis)

Structure	Function
Pref1 + Verb Stem	> Directional marker > Aspect marker (perfect)
Pref2 (<Pref1 + 'e:) + Verb Stem	> Optative marker

①Concerning the negation/prohibition/interrogative sentences of Tangut, see Arakawa (2013).

②See Nishida (1989: 419r).

③The system of phonetic transcription is given according to Arakawa (2002: 59~61). "1" means "high-level tone" and "2" means "low-rising tone".

④Кепинг (1985), Gong (2003), and Arakawa (2012). In Nishida (1989: 420r), it is regards as an "optative" marker which is out of the set.

2. Double-prefix

2.1 Complicated verb phrases

In the recent studies, we examine that Tangut has "prefix cluster" in some verb phrases. In the following samples①, two elements (negative and demonstrative pronoun marker) are inserted between Pref1/2 and the verb stem.

(1)

[Tangut characters] (*Tiansheng* Ch. 9, HM8_201Al8)②

^{1}te: $^{?}$ny'i? ^{1}tswyuq ^{2}myeq'2 ^{2}rI:r ^{1}mI: ^{1}chI: ^{2}wenq

if crime commit who Pref1 Neg Dem dispatch

"If someone would commit a crime, never dispatch him…"

(2)

[Tangut characters] (*Tiansheng* Ch. 13, HM8_283Bl8)

^{2}ldwi:q' $^{1'}$onq $^{2'}$u $^{1'}$e: ^{1}mI: ^{1}chI: ^{1}je:

land circle in Pref2 Neg Dem go

"In the area, (someone) does not hope to go there."

In the cases above, as many as three prefixes: Pref1/2, Neg, and Dem precede the verb-stem. Though the verb structure seems complicated, each prefix is independent as a function.

2.2 Irregular prefix-cluster

In some texts, we observe the quite irregular cluster of prefixes, according to the previous schema. The sequence in question is: Pref1/2 - Pref1/2 - Verb stem. Hereafter, we call the structure "double-prefix". Nishida collected such unique samples.

(3)

[Tangut characters] (Nishida 2012: 210)

^{1}ne:' ^{1}kI: ^{2}de: ^{1}dyu

mind Pref1? Pref2? own

"(He) will keep the mind?"

In the Table 1, [Tangut character] ^{1}kI: and [Tangut character] ^{2}de: are Pref1 and Pref2 respectively. How can we analyze the sequence: Pref1-Pref2? Logically, the following four types are assumed: Type A: [Pref1- Pref1-verb], Type B: [Pref1-Pref2-verb], Type C: [Pref2- Pref1-verb], and Type D: [Pref2- Pref2-verb]. We can examine all the types. See the following samples.

Type A: [Pref1- Pref1-verb]

①Arakawa (2012: 64-65).

②Hereafter, we show the point where the prefix appears. For example, "Tiansheng Ch. 8, HM8_162Ar2" means "In chapter No. 7 of the Tiansheng 天盛 Codes, in the 2nd line of right page, Plate A (the upper plate), p. 162 of *Heishuicheng Manuscripts Collected in the St, Petersburg Branch of the Institute of Oriental Studies of Russian Academy of Sciences*.vol.8". About these Tangut codes, see Кычанов (1987~1989).

(4)

[illegible] (Nishida 2012: 276)

?kya? 2seu 1kI: 2wI: 2rar 2de:

kalpa small Pref1 Pref1 undergo though

"Though a little kalpa underwent, "

Type B: [Pref1- Pref2-verb]

(5)

[illegible] (Nishida 2012: 275)

2ni: 2da: 2de: 1shI: 2na:

2sg Pref1 Pref2 go Suf2

"You, go away (anywhere)."

Type C: [Pref2- Pref1-verb]

(6)

[illegible] (*Tiansheng* Ch. 12, HM8_267Bl3)

1tha: 2ni: 1'e: 1ny'e:' 1thyen 2ti:q 2ryeq'2 2wI: 1wi:

that Pl CM live place Pref2 Pref1 make

"Their living place, made (it)…"

Type D: [Pref2- Pref2-verb]

(7)

[illegible] (*Tiansheng* Ch. 10, HM8_225Bl7)

2wa 1dyu 1byu ?ji? 2wi:q 2ryeq'2 1ke: 1wi:

what own follow do can Pref2 Pref2 do, make

"According to what (he) has, a person capable will be done(?)."

It is difficult to induce some principles from a few samples. However, from the viewpoint on the form;

1) the same prefixes do not co-occur (such as [illegible]),

2) the prefixes which have the same "direction" are of rare co-occurrence [such as [illegible] in (5)].

3. Re-analysis of the "double-prefix"

3.1 Reconsideration on the function of [illegible]

In the cases such as Type A and B, the prefix [illegible] 1kI:① appears frequently. In fact, the element [illegible] 1kI: has some usage. Though its function is unclear in some cases, except for the usage as a prefix, the function is divided into two;

A) as the case marker (especially, object marker)?

①The general meanings of [illegible] 1kI: in previous works are in Li's code 1326.

(8)

[illegible] (Li 1997, 2008: code 4435)

^{1}ld:q' ^{1}kI:

what X

"What is …(idiomatic)"

(9)

[illegible] (Nishida 2012: 283)

^{2}wa ^{1}no" ^{1}non ^{2}le: ^{1}ni: ^{1}kha ^{2}wI: ^{1}wi' ^{1}kI: ^{2}'I:

what cause wrong view house inside Pref2 bear X say

"It is said 'Why was he born in the house of the misunderstandings①?' "

B) as the end of verb/sentence②

(10)

[illegible] … [illegible] … (AV77, 002-5③ Arakawa2011: 155)

^{2}nga ^{1}nI: … ^{1}lda:q ^{1}ri:r ^{1}kI: ^{2}thI: ^{2}byi ^{2}lheu ^{2}ri:r ^{1}kI: …

1sg Pl explain get X this deliverance get X

"We … have explained (Pl?) got the deliverance (Pl?)…"

(11)

[illegible] … (AV77, 004-4 Arakawa2011: 157)

^{1}vi:q' ^{1}byu ^{1}shyen ^{1}lI: ^{2}le: ^{1}kI: ^{2}neu' ^{1}gwoq2 ^{2}gi: …

illusion by accomplish P watch X good-man

"(They) … watched (it is) accomplished by illusion, (Pl?) Good-man! …"

3.2 Reconsideration on the first element [illegible]

We can re-analyze the meaning of the sentences, if the element [illegible] ^{1}kI: is considered as not prefix but case marker (Object marking).

(12)

[illegible] (Nishida 2012: 209)

^{1}dzi: ^{2}daq ^{1}kI: ^{2}de: ^{1}nwI

fault X want know

NOUN CM Pref2 VERB (grammatical category)

"(He) wanted to know the fault." → "(He) wants to know the fault."

① [illegible] ^{1}non ^{2}le: is the Buddhist term from Sanskrit: mithyā-dṛṣṭi misunderstanding, misconception (Chinese: 邪见)

②We are not concerned here with the problem of pattern B, though it is important to note that Nishida (2012: 282) presents " [illegible] shows the dual of agent".

③"AV77" is Volume 77 of the Tangut version "Avataṃsaka sutra" 大方広仏華厳経 , preserved in Princeton University, USA. 002-5 means "in page 2, line 5".

(13)

(Nishida 2012: 210)

^{1}ngwI ^{2}kyeq ^{2}ryeq2^{1}kI: ^{2}we: $^{?}$lhe?

five desire X want receive

NOUN PHRASE CM Pref2 VERB (grammatical category)

"(He) want<u>ed</u> to receive the five desires." → "(He) wants to receive the five desires."

The syntactic construction of the sentences is;

Previous view: Object – [Pref1 - Pref2 – Verb]VP

Tentative view: [Object - Case marker]NP – [Pref2 – Verb]VP

The brackets [ ] mean syntactic union (=phrase).

In my previous work (Arakawa 2011), I pointed out three sample of "double-prefixes" (^{1}kI: ^{2}wI:). If we consider the ^{1}kI: not as prefix but as "case marker", the sentences are re-analyzed rationally. For example, in (14), ^{2}ngo:r ^{2}ngo:r is the object and it is marked by the object marker ^{1}kI:.

(14)

… (AV77, 064-6 Arakawa2011: 206)

^{2}ngo:r ^{2}ngo:r ^{1}kI: ^{2}wI: 2ka …

everything CM Pref1 leave

"(He) left from everything…"

In fact, the Nishida's samples of the double-prefixes which include ^{1}kI: can be re-analyzed.

(15)(=3)

(Nishida 2012: 210)

^{1}ne:' ^{1}kI: ^{2}de: ^{1}dyu

mind CM Pref2 own

"(He) will keep the mind."

As well-known, the previous studies did not regard the ^{1}kI: as one of the case markers. The author suggest the usage of the element might reflect colloquial expressions in Tangut.

4. Conclusion

In this paper, we examined the unique phenomenon, "double-prefix": Pref1/2-Pref1/2. For some cases, if we re-analyze the sequence as not double-prefixes: Pref-Pref but case marker and prefix: object marker-Pref', some sentences seem natural. On the other hand, the unaccountable sequences still remain. From this point we might go on to an even more detailed examination of sample sentences.

Abbreviations

CM: case marker, Dem: demonstrative (pronoun), Neg: negation, O: object, P: particle, Pl: plural (morpheme), Pref1/2: prefix series 1, 2 , S: subject, Suf: suffix, V: verb, 1sg: first person singular, 2sg: second person singular

References

Arakawa, Shintarō (荒川慎太郎). 2002. Seika-bun Kongō-kyō no kenkyū (西夏文金剛経の研究) [Studies on the Tangut Version of the Vajracchedikā Prajñāpāramitā]. Ph. D. Litt dissertation of Kyoto University.

____2011. Princeton Daigaku shozō Seika-bun Kegon-kyō Kan nana-jū-nana Yaku-chū (プリンストン大学所蔵西夏文華厳経巻七十七訳注) [An Annotated Japanese Translation of the Tangut version of Avatamsaka sūtra vol. 77 in Princeton University Collection]. Journal of Asian and African Studies 81: 147-305.

____2012. On the Tangut Verb Prefixes in "Tiansheng Code". Тангуты в Центральной Азии – Сборник статей в честь 80-летия профессора Е. И. Кычанова, Moscow: Издательская фирма «Восточная литература»: 58-71.

____2013. Seika-go no Bun ni tsuite (西夏語の文について) [On Tangut sentences]. Grammatical Phenomena of Tibeto-Burman languages 2 (チベット＝ビルマ系言語の文法現象 2 述語と発話行為のタイプからみた文の下位分類). Ed. by H. Sawada. Tokyo: Research Institute for the Languages and Culture of Asia and Africa, Tokyo University of Foreign Studies: 151-173.

____2014. Re-analysis of the Tangut verb phrase based on a study of the word order. Xixiaxue (西夏学) (forthcoming).

Gong, Hwang-Cherng (龚煌城). 2003. Tangut. The Sino-Tibetan Languages. Ed. by G. Thurgood and R. J. LaPolla. London: Routledge: 602-620.

Кепинг, Ксениа Б. 1985. Тангутский язык. Морфология, Moscow: Наука.

Kepping, Ksenia B. 1994. The category of directedness of action in Tangut. St. Petersburg Jornal of Oriental Studies 5: 267-291.

Кычанов, Евгений И. 1987-1989. Измененный и заново утвержденный кодекс девиза царствования Небесное процветание (1149–1169). В 4-х книгах. Издание текста, перевод с тангутского, исследование и примечания Е. И. Кычанова (Памятники письменности Востока LXXXI, 1-4). Moscow: «Наука».

Li Fanwen (李范文). 1997. Xi-Xia-Han zidian (夏汉字典) [Tangut-Chinese Dictionary]. Beijing: Chinese Social Science Publisher (2nd edition 2008).

Nishida, Tatsuo (西田龙雄). 1989. Seika-go (西夏语) [The Tangut Language]. Gengogaku Daijiten (言语学大辞典) [The Sanseidō Encyclopedia of Linguistics] Vol. 2 (The World Languages, Part Two). Ed. by T. Kamei, R. Kono, and E. Chino. Tokyo: Sanseidō: 408-429.

____2012. Seika-go Kenkyū shinron (西夏语研究新论) [Newly Studies on the Tangut Language] Eds. by S. Arakawa et al. Kyoto: Shōkadō.

Ecang Heishuicheng wenxian [Heishuicheng Manuscripts Collected in the St, Petersburg Branch of the Institute of Oriental Studies of Russian Academy of Sciences] 俄藏黑水城文献 . Vol. 8. Ed. by Shi Jinbo and E. I. Kychanov. Shanghai: Shanghai Chinese Classics Publishing House 上海：上海古籍出版社 , 1998.

西夏藏文写本初探

徐丽华

摘　要：目前所见西夏藏文写本有乌坚体的两种、乌曼体的两种，涉及佛经、抄经和祭祀等内容。文章对写本的字体源流、特点和内容等做了初步解读。

关键词：西夏藏文；藏文写本；初探

唐代藏文文献以敦煌文献为主，在吐蕃本土出土的极少，宋时藏文文献存世也不多，而西夏黑水城等地出土的西夏藏文文献，正好弥补了这一缺憾，其中黑水城出土藏文文献共41件，包括写本和刻本。1996年台湾出版《丝路上消失的王国——西夏黑水城的佛教艺术》[①]（以下简称《丝路》）刊出两种，《后吐蕃时代藏语文在西域河西西夏的行用与影响》[②]和《文献研究》[③]各刊出一种。这4种西夏藏文写本虽然与重大的历史事件和人物无关，但它们是宋元之间涉及吐蕃文献学的珍贵史料。

一、XT-5

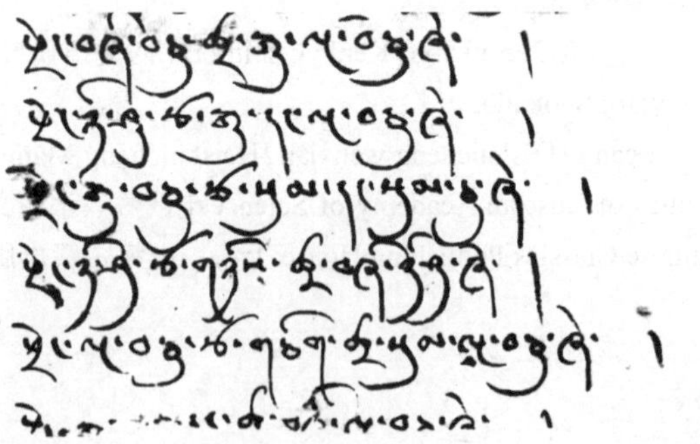

图1　XT-5号书影

《丝路》对XT-5（见图1）的介绍是：“13世纪初，抄本，1页，24.8×12.7公分（纸幅规格），东方研究所、俄罗斯科学院、圣彼得堡藏。此乃一抄本的断片，又，此抄本或许是曾经列出所定咒语数字的手册，或甚至是一列出物品数量的清单。左半部及经文已经被截掉，如此，更不易确定此文件的内容。纸薄，介于0.5~0.6公分。书写所用的字体介于楷书与草书之间，但接近后者。抄写员的这个抄本，笔迹稳健，流畅不拘。用木条或芦茎书写，以及中国墨书写。（对此）人们几乎不可能做出任何一个结论。最上一行译为：‘如

作者简介：徐丽华（1957~　），中央民族大学图书馆研究馆员，主要从事文献学研究。

① 台湾国立历史博物馆编译小组：《丝路上消失的王国——西夏黑水城的佛教艺术（汉译本）》，台湾国立历史博物馆，1996年，第55~65页。[米哈伊·彼奥特洛夫斯基：Lost Empire of the Silk Road–Buddhisr Art from Khara Khoro（X–XIIIth century），意大利米兰爱利克塔出版公司，1993年。]

② 武内绍人著，杨富学译：《后吐蕃时代藏语文在西域河西西夏的行用与影响》，《敦煌研究》2011年第5期。

③ 甘肃省古籍文献整理编译中心：《文献研究》，北京：学苑出版社，2014年，封底图片。

果九次取四十，则将有五十四。’此翻译显然很清楚，却很不合理。此文件需要进一步研究。”①

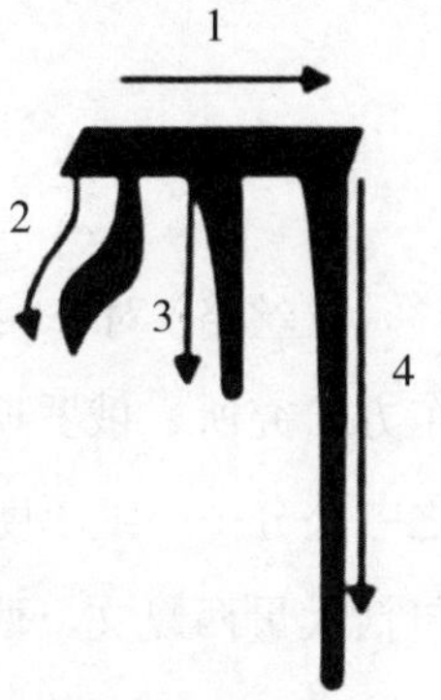

图2　笔画顺序

XT-5的字体是吐蕃分裂时期典型的乌曼体，并非“介于楷书与草书之间”的字体。乌曼体意即笔画里没有“头”的字体，因此，有的直译为无头字、无头体，有的译为草书。笔画里的“头”是指乌坚体字母的头笔，即每个字母的第一笔都要从横笔开始，如图2所示。

乌曼体（草书）一般只用于草稿、杂记，不能抄经。吐蕃时期以来草书一直用于佛经之外的文献，自己有一套独特的草书规则，也可以称为缩写规则。因为草书包括简化字母、元音符号和缩写部分字母两方面的内容。如《丝路》中的“གུ”（གུ）和“ཚར”（ཚ），既是草字，但也是两个缩写字，前者是“དགུ”（九）的缩写，后者是“ཚར”（套、次）的缩写。《丝路》的转写中多了“bzhi-nyi”（བཞི་ཉི）两字。“ཕྲེང”（ཕྲེང）有字里行间的“行”和串珠的“串”两义。“ཞེ”有“说”“四”两义。该残片除这3个字外其余均为数字，所以这3个字是解读该残片的关键词。残片全文试读如下：

原文：1. ཕྲེང་བཞི་བཅུ་ཚར་དགུ་ལྔ་བཅུ་ཞེ།（ཞེས）

直译：　行　四十　九套 五十　是

意译：四十行者九套，五十也

原文：2. ཕྲེང་ཉི་ཤུ་རྩ་དགུ་དང་ལྔ་བཅུ་ཞེ།

直译：　行　二十九 和　五十 是

意译：二十九行者和五十行者

原文：3. ཕྲེང་དགུ་བཅུ་རྩ་གསུམ་དང་གསུམ་ཅུ་ཞེ།

直译：　行　九十三　　和　三十是

意译：九十三行者和三十行者

原文：4. ཕྲེང་ཉི་ཤུ་རྩ་གཉིས་ཚར་བཞི་ཉི་ཤུ་ཞེ།

直译：　行 二十二　四套 二十 是

意译：以及二十二行者四套，二十也

原文：5. ཕྲེང་ལྔ་བཅུ་རྩ་གཅིག་ཚར་གསུམ་ལྔ་བཅུ་ཞེ།

直译：　行　五十一　三套　五十 是

意译：五十一行者三套，五十也

原文：6. ཕྲེང་དགུ་××ཚར་བཞི་ལྔ་བཅུ་ཞེ།

直译：行　九□ 四套　五十 是

意译：九□行者四套，五十也

“□”表示认不清的字，从以上的译文可以窥见这段文字与抄经或文字数量有关。从残片上下两端残留的笔迹看，残片是中间的一段文字，是册页纸。要彻底解读这张残片，还需要其他辅助材料。

① 台湾国立历史博物馆编译小组：前揭文，第271页。

二、XT-16b

《丝路》对XT-16b（见图3、图4）的简介是：“12世纪末，西藏书籍，抄本，18页，22.5×9公分，东方研究所、俄罗斯科学院、圣彼得堡藏。白纸，但带淡棕色泽，或许是年代久远所致。网纹为八分之一公分……纸厚度不等，0.14公厘到0.16公厘。黑水城出土……抄本完成日期介于1150~1227年……包括大量西夏文、西藏文和中文的文件，已被放在‘辉煌的’舍利塔中了。残存下来的有18页（3、14、16、17、19~22）……西藏文的经名是《འཕགས་པ་ཤེས་རབ་ཀྱི་ཕ་རོལ་ཏུ་ཕྱིན་པ་སྡུད་པ་ཚིགས་སུ་བཅད་པ།》……此经收于纳塘版《甘珠尔》之‘ཁྲི་སྣ་ཚོགས།’……德格版《甘珠尔》见于‘般若部’……此经汉译为《圣般若波罗蜜》……楷书体写成，笔迹坚挺、井然、优美，出自一职业抄写员之手……XT-16中的某些西藏文字的形式，雷同于9~10世纪在东北土耳其斯坦，自敦煌出土的抄本。例如，在二者中我们发现myed而非后来的med，myi取代mi。在纳塘《甘珠尔》中早已见到med与mi的形式。”① 以上介绍已经很全面了，故本处仅论述其格式、书法和意义。

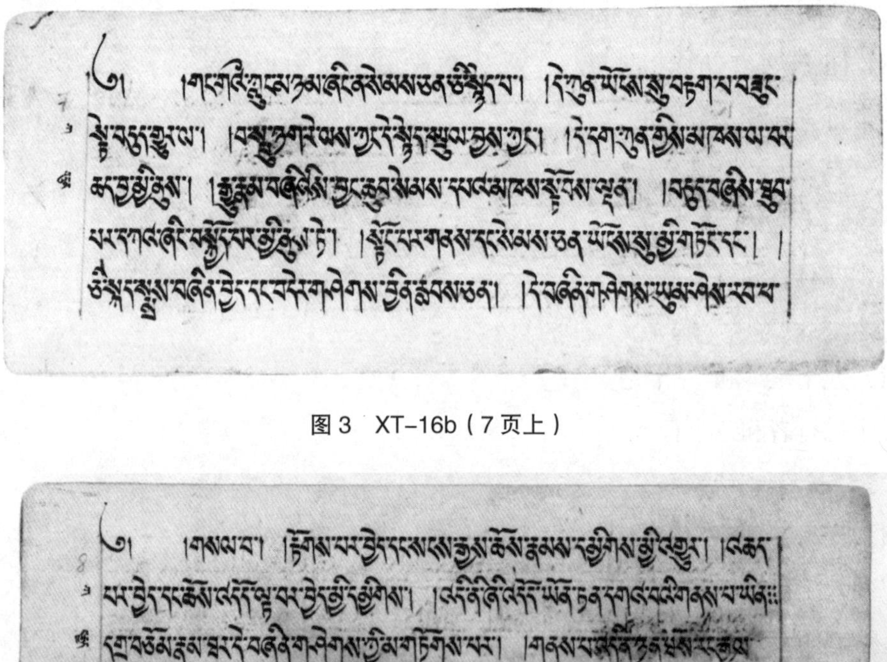

图3　XT-16b（7页上）

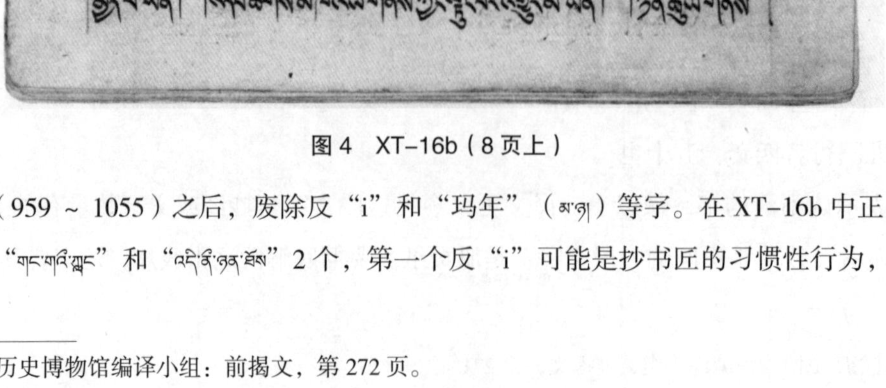

图4　XT-16b（8页上）

仁钦桑布（959 ~ 1055）之后，废除反“i”和“玛年”（ས་ཉྀ）等字。在XT-16b中正“i”多而反“i”少，只有“གང་གའྀ་ཀླུང”和“འདི་ནྀ་ཉན་ཐོས”2个，第一个反“i”可能是抄书匠的习惯性行为，第二个可能

① 台湾国立历史博物馆编译小组：前揭文，第272页。

是因为两个“i”在一起，为防止产生出现双“i”过于密集而改写的，这种情况至今存在。

2 页中的“玛年”有“བྱ་མི་ནུས།”“དམིགས་མི་འགྱུར།”“བྱེད་མི་དམིགས།”5 个，出现的次数应该算是多的。这又是为什么呢？虽然仁钦桑布之后取缔了“玛年”，但使用“玛年”的习惯直到元代还有。因此，不能以为有 2 个反“i”和“玛年”就认为这是仁钦桑布之前的抄本。

西夏写本和刻本的句末都带分字符，还有带“擦拉”的“ཉ”字，这种写法一直保留在苯教仓巴的明清写本之中。敦煌写本中部分“ཉ”字带“擦拉”，如པ་ཅོག་ཉིད·（法 pel.tib0008、PI.594~65）。

这 2 页的版式是典型的左右界栏，是一种自吐蕃延续至今的普通写本的版式。从元代八思巴开始，精抄本的卷首前 1~2 页或 1~3 页改为四周界栏，其余保持左右界栏的格式，而普通抄本则保持左右界栏不变。明代开始，精抄本大多使用四周界栏，大部分普通抄本的前几页均改为四周界栏，其余保持左右界栏。元代所刻藏文古籍均按左右双线栏雕版，明代开始采用四周界栏版式雕刻。

从 XT–16b 的字体分析，其字体属于萨劳四方体（གསེར་ལེབ་གྲུ་བཞི།）之后发展出来的乌坚体，这种字体的特点是头笔呈平行四边形，其余笔画则基本延续吐蕃时期的写法。藏族书法理论著作中把这种头笔为平行四边形的书法排在第二位，属于中等书法水平。

这两页写经是迄今为止发现的较完整的精写本之一，其字体与西藏阿里近年出土的宋代藏文写本残页（图 5）字体完全一致，在那个交通不发达的年代，这两件相隔数千里的文献竟然能够书写出同一种字体，令人惊奇，这也说明这种字体在宋代曾经广泛流行，这个实物资料是研究元以前的藏文书法和文献的最好史料，弥补了分裂后期乌坚体精抄本的空白，弥足珍贵。

敦煌、于阗、吐蕃时期留下的藏文抄本大多数都是普通抄本和速抄本，只有这两页佛经算得上是精抄本。

图 5　西藏阿里宋代藏文写本残页

三、XT–87

XT–87 藏文[①]（见图 6）的版式为左右界栏，页 7 行，书影上的文字虽然不太清晰，但可以看出是用细笔书写的，笔法工整，文中有“玛年”，但没有反“i”，字体基本与 XT–16b 一致。XT–16b 和 XT–87 中都存在吐蕃时期带擦拉的“ཉ”字，《后吐蕃时代藏语文在西域河西西夏的行用与影响》认为，这页“藏文内容最可能的时间是在 11 世纪。然而，藏文文字呈现出与古藏文文献不同的书法特征，有可能写成于敦煌，而后才被携至西夏境内。”此说根据仁钦桑布（959 ~ 1055）取消反“i”和“玛年”

① 武内绍人著，杨富学译：《后吐蕃时代藏语文在西域河西西夏的行用与影响》，《敦煌研究》2011 年第 5 期。

的时间，把书写时间推测为 11 世纪或稍后是合适的，虽然文中还有少数“玛年”字的存在，但这并不意外，因为元代抄本刻本中也有保留，这可能是一种怀旧情结所致。从 XT-16b 与 XT-87 的字体分析，西夏完全有能力抄写这类经书，如果从敦煌带至西夏，那么西夏写本 XT-87 就无法解释了。西夏人中精通藏文者众多，此外还有许多西藏僧人和寺院，藏文写本、刻本以及藏式版画都离不开他们。

图 6　XT-87

四、《文献研究》封底藏文

甘肃省古籍文献整理编译中心于 2014 年 12 月出版的《文献研究》封底有一页“古藏文”图片（见图 7）。[①] 这是一页乌曼体（草书）藏文，10 行，13 句话。这种字体与吐蕃后期和分裂时期的乌曼体一致，书写都很正规，文中有用藏文数码替代文字的现象，这种做法吐蕃时期就已经存在，元明清各代的苯教仓巴的《昴宿星历》和经书中很常见，而敦煌文献中较少。《文献研究》封底记述了国王产生怀疑，算师为尸体施放法术以及杀死格斯妻儿老小等事情。

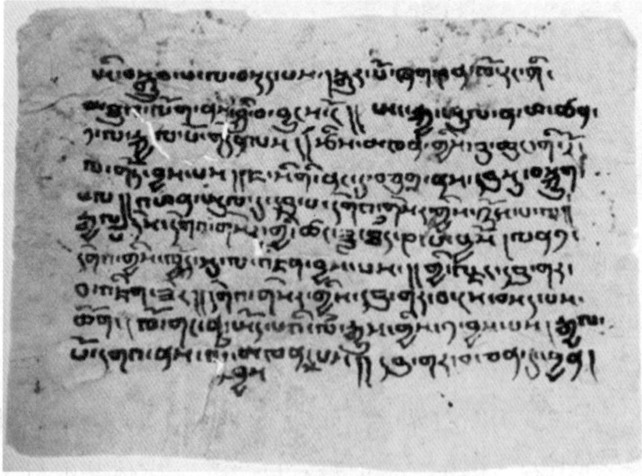

图 7　《文献研究》封底

① 甘肃省古籍文献整理编译中心：《文献研究》，北京：学苑出版社，2014 年第 12 期封底图片。

西夏文藏传佛经《吉祥遍至口合本续》勘误

孙昌盛

摘　要： 西夏文佛经《吉祥遍至口合本续》是国内现存西夏文佛经中少有的译自藏文的藏传佛教密宗经典，涉及大量西夏语和西夏藏传佛教方面资料。但是文献中的印刷错误颇多，常见的错误为形近字混淆，如[illegible]（门）误为[illegible]（苦）；其次为文字重复；再就是文字前后颠倒。《吉祥遍至口合本续》这些错误特点完全可以作为该文献是活字印刷品的证据之一。

关键词： 西夏文；《吉祥遍至口合本续》；藏文本；勘误

西夏文佛经《吉祥遍至口合本续》（以下简称《本续》）是宁夏文物考古研究所于 1991 年在贺兰山腹地西夏方塔中发掘出土，是国内现存西夏文佛经中少有的译自藏文的藏传佛教密宗经典。① 自从《本续》出土以来，曾引起学界的广泛关注，宁夏文物考古研究所和中国藏西夏文献编纂委员会分别在《拜寺沟西夏方塔》和《中国藏西夏文献·宁夏文物考古研究所卷》中全文影印刊布，2002 年又被国家文物局列为第一批禁止出国境展览的善本文献之一。该佛经在 11 世纪后期由天竺僧人迦耶达啰（Gāyadhara）和吐蕃僧人桂·枯巴拉拶（vgos khug pa lhas btsas）从梵文译成藏文，约在 12 世纪后期由吐蕃僧人弥啰·不动金刚（mi bskyod rdo rje）传到西夏，由西夏僧人毗菩提福译成西夏文。② 它的藏文底本在《西藏大藏经》中没有收录，与其内容一致的藏文本为《真实相应大本续》（yang dag par sbyor ba zhes bya bavi rgyud chen po）③。西夏文《本续》足本为 5 卷，现存 3 卷，即第三卷至第五卷。

无论是《本续》西夏文音义方面，还是佛经内容方面，都涉及了大量西夏语和西夏藏传佛教资料，理应受到足够的重视，并给予必要的研究。我们都知道，文献资料的整理以及甄别勘误是历史文化学术领域最基础的也是首要的课题。《本续》的整理研究也不例外。毋庸讳言，《本续》中也存在一些错误和不足，其中最大的不足是校勘不精，印刷错误颇多。由于该文献为深奥难懂的藏传密教佛典，再加上人们受西夏语认知程度的局限，仅仅依据西夏文本进行整理是难以发现其中有误的。结果是，这些错字使得这部原本就难懂的西夏文文献更增添了一层神秘的面纱。如《本续》中[illegible][illegible][illegible]，译为“花方部分”，此表何意，令人费解。我们再看藏文本，[illegible][illegible][illegible]在《真实相应大本续》中对应作 g-yas pavi

作者简介： 孙昌盛（1968~　），北方民族大学西夏研究所研究员，主要从事西夏文献和民族考古研究。

① 宁夏文物考古研究所编著：《拜寺沟西夏方塔》，文物出版社，2005 年，第 11~77 页。

② 聂鸿音：《贺兰山拜寺沟方塔所出〈吉祥遍至口和本续〉的译传者》，《宁夏社会科学》2004 年第 1 期。孙昌盛：《西夏文佛经〈吉祥遍至口合本续〉题记译考》，《西藏研究》2004 年第 2 期。

③ 孙昌盛：《西夏文〈吉祥遍至口合本续〉（第四卷）研究》，南京大学博士论文，2006 年 4 月，第 8~10 页。

cha，译为“右方部分”。夏藏文本的区别在于一“花”一“右”，显然两者之一有误。鉴于藏文是一种字母文字，在正常情况下 me tog（花）和 g-yas pa（右）不可能相混。而西夏文与汉字一样属于方块字，[illegible]（花）和[illegible]（右）字形又非常接近，这由不得让人怀疑《本续》中的[illegible]（花）是[illegible]（右）之误。类似错误在《本续》中大量存在，粗略统计，在 3 卷西夏文本中共发现数 10 处之多，有的页全页文字不到 150 个，就发现有 5 处错误。可见其失误率是不低的。

一、《本续》勘误

第三卷第 4 页 13 行：[illegible] [illegible]，译作“知方门内令盛时　彼数下方真实居”。[illegible]（知方门）为何意？其在《真实相应大本续》中作 steng gi sgos[①]，译作“上方门”。由于西夏文[illegible]（知道、理解）与[illegible]（上）字形相近，西夏本此处的[illegible]（知道、理解）应是[illegible]（上）之误。该句正确作[illegible] [illegible]，译为“上方门内使盛时　彼数下方真实居”。

第 5 页第 9 行：[illegible]，汉译成“顶轮是卢喇答啰”。[illegible]（音卢喇答啰）在《真实相应大本续》中作 vbar ba vdzin[②]，义为“持燃烧”“持火”，对应梵文作 Jālandhara（义为“持燃烧”）[③]。Jālandhara 又是古印度国名，位于北天竺，汉文文献中音译为“阇烂达罗”[④]、“阇兰达”[⑤]、“阇兰陀”[⑥]等，方塔出土汉文藏传佛经“修持仪轨”中音译为“捞兰怛啰”[⑦]，密教传说中的二十四圣地之一，其地在今印度旁遮普邦的朱隆杜尔（Jullundur）[⑧]。也就是说《本续》中的[illegible]当音译梵文 Jālandhara，但是西夏文[illegible]（音卢）与梵音 Jā 不合，疑西夏文[illegible]为[illegible]（音捞）之误。该句正确作[illegible]，汉译“顶轮是捞喇答啰”。另外，在《本续》后文中该地名多次出现，均作[illegible]（音捞喇呢答啰），这一译名是梵文 Jālandhara 的准确译音，它与上面的[illegible]相比，多了一个小字[illegible]（音呢）的音节，精准地译出了梵语 Jālandhara 中的鼻音韵尾 n。

第 5 页 12 行：[illegible]，译为“眼者是孤韦拘吒”。[illegible]（音孤韦拘吒）在《真实相应大本续》中作 lha mo mkhar[⑨]，译为“天女城”。lha mo mkhar 梵文作 Devīkota，为东天竺地名，在汉文藏传密典《上乐金刚坛城修证仪轨》中音译作“的微戈吒”[⑩]，密教传说中的二十四圣地之一，具体位置不详。因此，西夏本中的[illegible]应是音译梵文 Devīkota，但是[illegible]（孤）与梵音 De 不合，疑西夏本中的[illegible]（孤）为[illegible]（提）之误。该句正确作[illegible]，译为“眼者是提韦拘吒”。

①《西藏大藏经》第 2 卷，261 页，第 1 栏，大谷大学（日本）西藏大藏经研究会编辑并影印出版，1955 年。

②⑨《西藏大藏经》第 2 卷，261 页，第 2 栏。

③本文中梵文词汇的拼写及词义解释参考了榊亮三郎编：《梵藏汉和四译对校翻译名义大集》，京都大学（日本），1925 年；林光明，林怡馨：《梵汉大辞典》，嘉丰出版社（台北），2005 年；安世兴编：《梵藏汉对照词典》，民族出版社，1993 年。

④（唐）玄奘，辩机：《大唐西域记》卷四，季羡林等校注本，中华书局，2000 年，第 370 页。

⑤（唐）慧立，彦悰：《大慈恩寺三藏法师传》卷五，孙毓棠、谢方点校本，中华书局，2000 年，第 114 页。

⑥（唐）义净：《大唐西域求法高僧传》卷上，王邦维校注本，中华书局，1988 年，第 10 页。

⑦宁夏文物考古研究所编著：《拜寺沟西夏方塔》，文物出版社，2005 年，第 223 页。

⑧《大唐西域记》卷四，季羡林等校注本，第 371 页；《大唐西域求法高僧传》卷上，王邦维校注本，第 20 页。

⑩《中国藏密宝典》（4），民族出版社，2002 年，第 164 页。

第 7 页第 5 行：[illegible] [illegible]，译为“因身语意之差别　于三种苦生起也”。其中[illegible]（三种苦）在《真实相应大本续》中对应作 sgo ni rnam gsum[①]，译为“三种门”。西夏文[illegible]（苦）与[illegible]（门）字形极近，无疑[illegible]（苦）是[illegible]（门）之误。该句正确为[illegible]，译为“于三种门生起也”。

第 8 页第 3 行：[illegible]，译为“谓流到诈和指甲”。此意不通。这里的[illegible]（诈及又指甲）在《真实相应大本续》中对应作 so dang sen mo[②]，译为“牙齿和指甲”。西夏文[illegible]（虚妄、诈）与[illegible]（牙齿）字形相近，《本续》中的[illegible]（虚妄、诈）应是[illegible]（牙齿）之误。该句正确作[illegible]，译为“谓流到齿和指甲”。

第 8 页第 4 行：[illegible]，汉译“细母是摎喇呢答啰”。西夏文[illegible]（字面义为“细母”）在《真实相应大本续》中对应作 phra gzugs ma[③]，此字面义为“细形”，藏文又作 phra ma，指藏传密教修法中人体内的细脉，即人体心间八脉分入顶门之脉名。西夏本中的[illegible]（细母）肯定是直译藏文 phra ma。西夏本的这种译法，译者可能犯了一个比较低级的错误。藏文 phra ma 字面对译是“细母”，但是此处的 ma 并非表阴性的人称词，而是构成名词的后缀，指名词“细脉”。所以，西夏文该句准确译文应作[illegible]，译为“细脉是摎喇呢答啰”。这种失误在《本续》后文中还有二十余处，如[illegible]（显脉，rtse ba ma）、[illegible]（左方脉，g-yon pa ma）、[illegible]（施凉脉，bsil sbyin ma）、[illegible]（夜脉，mtshan mo ma）、[illegible]（施因脉，rab sbyin ma）、[illegible]（成脉，grub ma）、[illegible]（离脉，sbyor bral ma）、[illegible]（美脉，sdu gu ma）等，都是如此。

第 16 页第 3 行：[illegible]　[illegible]，译为“母[④]者彼如是作师　顶间合掌恭敬礼”。此处[illegible]（作师）中的[illegible]在西夏语中是表示动作的助词，[illegible]与[illegible]组合在一起，在语义和语法上均不通。[illegible]（作师）在《真实相应大本续》中作 mkhan po[⑤]，佛书中译为“亲近师”“亲教师”，即学习戒律的和尚。疑西夏本中[illegible]（作）为[illegible]（亲近）之误。该句正确作[illegible]，译为“母者彼如亲近师”。

第 16 页第 19 行：[illegible]，译为“山居具叶母与阎摩呤等”。其中的[illegible]，音译为“阎摩呤”，此意不解。“阎摩”是梵文 Yama 之音译，佛书中常音译为阎摩、阎罗、阎魔、夜摩等，即地狱主，义为“戒条”“律仪”。[illegible]在《真实相应大本续》中作 sdom pa ma[⑥]，译为“戒律母”“禁戒母”，指阎摩母，为狱帝阎摩之眷属，与“山居具叶母”等均是密教菩萨名。所以，西夏本中[illegible]（音阎摩呤）应为[illegible]（阎摩母）之误。

第 21 页第 15 行：[illegible]　[illegible]，译为“所谓摩者是母也　瑜者彼如是大妻”[⑦]。这里的[illegible]（大妻）当有误。西夏语中[illegible]常与[illegible]一起组成词组，译为“妻眷”。另外，[illegible]（大妻）

①《西藏大藏经》第 2 卷，261 页，第 4 栏。

②③《西藏大藏经》第 2 卷，261 页，第 5 栏。

④《本续》经文中的“母”与“父”指母续与父续。藏传佛教中的父续表示方便，母续表示智慧，即方便续与智慧续。

⑤《西藏大藏经》第 2 卷，263 页，第 1 栏。

⑥《西藏大藏经》第 2 卷，263 页，第 2 栏。

⑦该句中的“摩”和“瑜”均为西夏文音译字，梵文种字。

在《真实相应大本续》中作 chung ma①，译为“妻眷”。西夏本中的繉（大、太）应是繎（妻眷）之误。该句正确作蕔繾秂琡繿繎黻，译为“瑜者彼如是妻眷”。

第 22 页第 18 行：豙豥皝繾秮黻，译为“阿利迦者是遗留”。其在《真实相应大本续》中作 alika ni phyugs so②，译为“阿利迦者是畜”。藏文 alika 当是音转梵文 Alikam，西夏文豙豥皝（音阿利迦）是其之音译，义为“狡猾”“诳”，指牲畜。由于西夏文秮（遗留）与秝（畜）字形相近，疑西夏本中秮（遗留）为秝（畜）之误。该句正确作豙豥皝繾秝黻，译为“阿利迦者是畜”。

第 22 页第 20 行及第 23 页第 1 行有：皉豧豥豨豹繾繾豦黻，译为“嘎怛伐呬者者是喜爱”。很显然，这里多一个繾（者）字，应是皉豧豥豨豹繾豦黻，译为“嘎怛伐呬者是喜爱”。其在《真实相应大本续》中对应作 ghandabahi ni sred pavo③，译为“嘎怛伐呬者是喜爱”。

第 23 页第 4 行：𘋨𘂤繾𘟔黻，译为“跋达者是次数”。其在《真实相应大本续》中作 badanaṃ ni khavo④，译为“跋达那者是口”。藏文 badanaṃ 应是音转梵文 Badanaṃ，又作 Bada，西夏文𘋨𘂤（跋达）当为其之音译，义为“口”“嘴”。西夏文𘟔（次数、遍）与𘟕（口、嘴）字形相近，疑此处的𘟔为𘟕之误。该句正确作𘋨𘂤繾𘟕黻，译为“跋达者是口”。

第 23 页第 15 行：𘏐𘃡𘊝𘕿𘟣𘅞黻，译为“花方部分是勾召”。其在《真实相应大本续》中作 g-yas pavi cha la dgug pa nyid⑤，译为“右边部分是勾召”，疑西夏本中𘏐（花）为𘏑（右）之误。该句正确作𘏑𘃡𘊝𘕿𘟣𘅞黻，译为“右方部分是勾召”。

第 23 页第 16 行：𘜶𘜷𘟀𘟁𘟂𘟃𘟄，译为“观察双方鼻牛上”。其中𘟀𘟁（鼻牛）不易理解。𘟀𘟁（鼻牛）在《真实相应大本续》中对应作 sna yi rtse mo⑥，译为“鼻梢”“鼻尖”。西夏本同页第 17 行还有𘜶𘜷𘟀𘟅𘟂𘟃𘟆，译为“令观双方鼻尖上”。因此，这里的𘟀𘟁（鼻牛）当是𘟀𘟅（鼻尖）之误。

第 24 页第 7 行：𘟇𘟈𘟉𘟆𘅞𘟊𘟋，译为“使左界动故成就”。其中𘟇𘟈𘟉（左界动）在《真实相应大本续》中对应作 g-yon pavi mig bsgul⑦，译为“左眼动”，疑西夏本中𘟈（界）为𘟌（眼）之误。该句正确作𘟇𘟌𘟉𘟆𘅞𘟊𘟋，译为“使左眼动故成就”。此外，在同页第 8 行中有𘏑𘟈𘟉𘟆（令右界动），其中的𘟈（界）亦为𘟌（眼）之误。

第 24 页第 14 行：𘃡𘟍𘟈𘟎𘟏𘟐𘟑𘟒𘟓𘟈𘟎，译为“方隅界限，轮空及大地界限”。其中𘟏𘟐（轮空）在《真实相应大本续》中作 nam mkhav⑧，译为“虚空”，疑西夏本𘟏（轮）为𘟔（虚）之误。该句正确作𘃡𘟍𘟈𘟎𘟔𘟐𘟑𘟒𘟓𘟈𘟎，译为“方隅界限，虚空及大地界限”。

第 25 页第 14 行：𘟕𘟖𘟗𘟘𘟙𘟑𘟚𘟛𘟜，译为“新脱换的蛇实与孔雀羽”。其中的𘟘𘟙（蛇实）不易理解，其在《真实相应大本续》对应作 lto vphyevi dbang povi shun pa sar pa⑨，此直译是“腹行主之新皮”（藏文中的“腹行主”指蛇），译为“蛇之新皮”。显然西夏本中的𘟙（实）为𘟝（皮）之误。该句正确作𘟕𘟖𘟗𘟘𘟝𘟑𘟚𘟛𘟜，译为“新脱换的蛇皮与孔雀羽”。

第 25 页第 16 行：𘟞𘟟𘟠𘟆𘟡𘟢，译为“施碍（即夜叉）、令谓之舌”。其中的𘟠𘟆（令谓）令人

①⑨《西藏大藏经》第 2 卷，264 页，第 1 栏。

②③④⑤⑥《西藏大藏经》第 2 卷，264 页，第 3 栏。

⑦⑧《西藏大藏经》第 2 卷，264 页，第 4 栏。

费解。该句在《真实相应大本续》对应作 gnod sbyin smyon pavi lce[①]，译为“施碍（夜叉）、疯狂鬼之舌”。藏文 smyon pa（疯狂者）指佛教中的异类，是饿鬼的一种。西夏文[西夏文]（疯狂）与[西夏文]（谓、说）字形相近，疑此处的[西夏文]（谓、说）为[西夏文]（疯狂）之误。该句正确作[西夏文]，译为“施碍（夜叉）、令狂鬼之舌”。

第 27 页第 15 行：[西夏文]，译为“又老水牛之金木鼻穿”。其在《真实相应大本续》中对应作 ma he la bcings pavi sna thag[②]，译为“拴水牛之鼻穿”。两者之间的区别在于，藏文作“拴水牛”，西夏本作“老水牛”。西夏文[西夏文]（老）与[西夏文]（拴）字形相近，疑西夏本[西夏文]（老）为[西夏文]（拴）之误。该句正确作[西夏文]，译为“又拴水牛之金木鼻穿”。

第 28 页第 3 行：[西夏文]，译为“伐呢度迦迦花”。[西夏文]（音伐呢度迦迦）在《真实相应大本续》中记音为 bhan du ka[③]，梵文作 Bandhuka，义为“具根枝”，是一种树名。西夏文[西夏文]当为梵藏文之音译，显然西夏本中多一个[西夏文]（音迦）的音节，正确应是[西夏文]（伐呢度迦花）。

第四卷第 4 页第 13 行：[西夏文]，译为“又狗肉与金刚水一起以何之名奴烧”。很明显，该句中的[西夏文]（何之名奴）有误。[西夏文]（何之名奴）在《真实相应大本续》中对应作 gang gi ming[④]，译为“何之名号”。再者，西夏文[西夏文]（何之名号、何之名称）在《本续》中出现频率相当高，唯此处作[西夏文]（何之名奴），显然[西夏文]（奴）是[西夏文]（名号）之误。该句正确作[西夏文]，译为“又狗肉与金刚水一起以何之名号烧”。

第 4 页第 19 行：[西夏文]，译为“以何（助）名号烧”。西夏文[西夏文]在西夏语里是一个表动作时态的助词，而此处应该是一个表示领属的助词，如[西夏文]（之、的）。根据上下文，其应是[西夏文]，译为“以何之名号烧”。

第 10 页第 14 行：[西夏文]，译为“彼如大鼓、沟鼓母”。其中的[西夏文]（沟鼓母）在藏传密教中并没有相应的佛母名，疑[西夏文]字可能有误，正确应作[西夏文]字。[西夏文]字在现有西夏文辞书中多用为一个表音字，音“楞”“陵”。但是，该字在《文海》中解释其构字方式为“［硬］下泥右”[⑤]。顾名思义，[西夏文]有［硬］之音，也有泥之义。[西夏文]在《真实相应大本续》中又对应作 rdza rnga ma[⑥]，译为“罐鼓母”“陶鼓母”。藏文 rdza 义为“瓦”“陶”，与《文海》中释[西夏文]字为“［硬］下泥右”一致。所以，西夏文[西夏文]字不仅表音，也是一个表义字，义为“瓦”“陶”。该句正确为[西夏文]，译为“彼如大鼓母、罐鼓母”。

第 11 页第 13 行：[西夏文]，译为“持故诸天自在乌”。西夏文[西夏文]字面直译为“主悟”“主知”，其在《真实相应大本续》中对应作 dbang du byed[⑦]（字面义为“主作”），佛书中译为“调伏”“自在”。《本续》中[西夏文]多次出现，在《真实相应大本续》中均对应为 dbang du byed，所以，[西夏文]亦可译为调伏、制服、自在等。但是，西夏文[西夏文]（主悟乌）组合在一起则令人费解，且语义不通。在

①《西藏大藏经》第 2 卷，265 页，第 1 栏。
②《西藏大藏经》第 2 卷，265 页，第 3 栏。
③《西藏大藏经》第 2 卷，265 页，第 4 栏。
④《西藏大藏经》第 2 卷，268 页，第 1 栏。
⑤ 史金波，白滨，黄振华：《文海研究》，中国社会科学出版社，1983 年，第 169 页。
⑥《西藏大藏经》第 2 卷，269 页，第 1 栏。
⑦《西藏大藏经》第 2 卷，269 页，第 2 栏。

本页前行有[西夏文]，译为“能调伏、能自在”，疑此处的[西夏文]（音乌）为[西夏文]（能、可以）之误。该句正确作[西夏文]，译为“持故诸天能自在”。

第 17 页第 13 行：[西夏文]，译为“又日坛城上画八辐遣轮”。其中[西夏文]（遣）当为讹字。“八辐轮”一词在《本续》上下文多次出现，均作[西夏文]，直译为“八辐有轮”，即有八辐的轮。西夏文[西夏文]（遣、释放）与[西夏文]（有、垂悬）字形相近，疑此处的[西夏文]（遣、释放）为[西夏文]（有、垂悬）之误。该句正确作[西夏文]，译为“又日坛城上画八辐轮”。

第 18 页第 10 行：□（[西夏文]）[西夏文]，译为“第□（五）应布列界上”。该句在《真实相应大本续》作 mig la lnga par gyur pa yin[1]，直译为“第五列作于眼睛”。西夏本中的[西夏文]（界）与前文一样，应是[西夏文]（眼睛）之误。该句正确作□（[西夏文]）[西夏文]，译为“第□（五）应布列眼上”。

第 29 页第 16 行：[西夏文]，译为“日暖围者当思虑”。其中的[西夏文]（日暖围）不解。其在《真实相应大本续》中对应作 nyi mavi dkyil vkhor[2]，直译是“日中围”。藏文 dkyil vkhor，直译为“中围”，佛书中译为坛城、曼荼罗等，在西夏文中常对译为[西夏文]（中围）。所以，此处的[西夏文]（日暖围）应是[西夏文]（日中围）之误。[西夏文]（日中围）即日坛城、日轮。

第 36 页第 15 行：[西夏文]，译为“次欲破他河”。其中[西夏文]（他河）在《真实相应大本续》中对应作 pha rol gyi dpung[3]，译为“他方之兵”，即他兵、他军，指敌兵。西夏文[西夏文]（河）与[西夏文]（军、兵）字形相近，疑西夏本中的[西夏文]（河）是[西夏文]（军、兵）之误。该句正确作[西夏文]，译为“次欲破他兵”。

第 37 页第 4 行：[西夏文]，译为“那伽伽怛嘛之液”。该句在《真实相应大本续》中对应作 klu vdul bavi khu ba[4]，译为“调伏龙之液”。藏文 klu vdul ba 对应梵文是 Nāga dama。西夏文[西夏文]（那伽伽怛嘛）应是音译梵文 Nāga dama，不过这里多一个兽字，正确作[西夏文]，译为“那伽怛嘛之液”，即“调伏龙之液”。

第 37 页第 15 行：[西夏文]，译为“阿利嘎阇之梢”。其中“阿利嘎阇”是[西夏文]之音译。此处[西夏文]中的[西夏文]（嘎阇）可能前后颠倒，正确为[西夏文]（阿利阇嘎）。[西夏文]是梵文 Arjaka 之音译，义为“兰香”。阿利阇嘎之梢，即兰香梢，汉文佛经中译作“阿利树枝”或“兰香梢”。如《翻译名义集》曰：“阿梨，或云此方无，故不翻。其树似兰，枝若落时必为七分。义净译《孔雀经》：头破作七分，犹如兰香梢”[5]。

第五卷第 8 页第 13 行：[西夏文]，译为“实安住于莲花王”。其中[西夏文]（莲花王）在《真实相应大本续》中对应作 pad mavi gdan[6]，译为“莲花座”。西夏文[西夏文]（王）和[西夏文]（座）字形相近，疑西夏本中的[西夏文]（王）为[西夏文]（座）之误。该句正确作[西夏文]，译为“实安住于莲花座”。

第 8 页第 14 行：[西夏文] [西夏文]，译为“取空行者自观想，是表面及又六手”。该句在《真实相应大本续》中对应作 ye shes mkhav vgro bdag nyid bsam/zhal gsum pa la phyag drug

①《西藏大藏经》第 2 卷，270 页，第 3 栏。

②《西藏大藏经》第 2 卷，272 页，第 5 栏。

③④《西藏大藏经》第 2 卷，274 页，第 3 栏。

⑤（宋）法云：《翻译名义集》卷三，《大正新修大藏经》第 54 卷，第 1102 页，台北：佛陀教育基金会出版社，1992 年。

⑥《西藏大藏经》第 2 卷，275 页，第 4 栏。

nyid[①]，译为“智慧空行自观想，是三面及六手”。经勘对，西夏本中的𦫼𦾔𧂀（取空行）和𦻨𦿏（表面）肯定有误。𦫼𦾔𧂀（取空行）在《真实相应大本续》中作 ye shes mkhav vgro（智慧空行），𦻨𦿏（表面）在《真实相应大本续》中作 zhal gsum pa（三面）。西夏文𦫼（取）与𦬀（智慧）字形相近，疑西夏本中的𦫼（取）为𦬀（智慧）之误。另外，三面六手是描述密教神灵常见的造型，从未见过有“表面及六手”的。所以，西夏本中的𦻨𦿏（表面）应是𦷑𦿏（三面）之误。该句正确作𦬀𦾔𧂀𧄼𦺘𦻃𦾓 𦷑𦿏𦽿𦺓𦻧𦺭𦽆，译为“智慧空行自观想，是三面及又六手”。

第 12 页第 1 行：𦸵𦼖𦾑𦺏𦽀𦽇𦽆，译为“是布西迦之咒颂”。𦸵𦼖𦾑（布西迦）在《真实相应大本续》中作 pu kka sī[②]，是音转梵文 Pukkasī，西夏文当为其之音译。很明显，西夏文𦸵𦼖𦾑（布西迦）中的𦼖𦾑（西迦）前后颠倒，正确应为𦸵𦾑𦼖（布迦西）。Pukkasī 是梵文 Pukkasa 的阴性词，原指古代印度低级种姓阶层的女子，汉文文献中常音译为卜羯娑女等，这里为藏传佛教佛母名。

第 14 页第 7 行：𦾦𦻩𦽜𦿭𦺜𦿛，音译为“唵利我引索诃”。该咒是藏传密教妙音天女之咒颂，《真实相应大本续》记梵音为：Oṃ līṃ svāhā[③]。经与藏文本审音，发现西夏文密咒中的两个小字𦽜𦿭（我引）前后颠倒了。𦻩𦽜𦿭（利我引）不仅与梵音 līṃ 不切，而且也不符合西夏语译梵语的译音规则。前面的小字𦽜（我）显然是鼻音韵尾，𦿭（引）是指长元音。鼻音韵尾𦽜理应位于韵尾，不该在表长元音𦿭之前。我们知道，梵语元音有长短之别，汉语和西夏语里则没有长短元音之分。古代人们在翻译梵语中的长元音时多在该音节译字后加一个小字“引”，如“利引”表示梵音 li 的长元音 lī。西夏人在翻译梵语长元音时借鉴了汉语译经办法，亦采用小字𦿭来表示梵语中的长元音[④]。另外，因为西夏语中没有汉梵藏语中的鼻音韵尾[⑤]，更没有梵语中韵尾鼻音的辅助音 ṃ。所以，西夏语在音译梵语韵尾鼻音的辅助音 ṃ 时用小字𦹑（弥）来表示，如梵文 daṃ，西夏语译作𦺧𦹑（哆弥）。《真实相应大本续》中梵语韵尾鼻音的辅助音 ṃ 有数百处，奇怪的是在《本续》中绝大多数用西夏文小字𦽜[⑥]来表示或者干脆不译，仅在个别地方用小字𦹑来表示。其中的原因不是本文讨论的重点，这里仅据《本续》多用𦽜来表梵语辅助音 ṃ 音的习惯，上述藏文本中的 Oṃ līṃ svāhā 译成西夏文应该是𦾦𦻩𦿭𦽜𦺜𦿛（唵利引我索诃），而不是𦾦𦻩𦽜𦿭𦺜𦿛。

第 27 页第 12 行：𦸗𦺶𦼗𦻅𦽥𦽿𦾪，译为“彼如裹以猕猴实”。其中的𦼗𦻅𦽥（猕猴实）又令人难以理解。𦼗𦻅𦽥（猕猴实）在《真实相应大本续》中对应作 sprevuvi lpags pa[⑦]，译为“猕猴皮”。显然西夏本中的𦽥（实）为𦾁（皮）之误。该句正确应作𦸗𦺶𦼗𦻅𦾁𦽿𦾪，译为“彼如裹以猕猴皮”。

第 29 页第 17 行：𦼌𦿁𦺎𦺲 𦾆，译为“经王第四 终”。根据《本续》和《真实相应大本续》上下文，此处是第九节终，而不是第四节终。该句正确作𦼌𦿁𦻀𦺲 𦾆，译为“经王第九 终”。

第 32 页第 3 行：𦾴𦽿𦿷𦽪𦻃𦹑𦽕，译为“笛和琵琶、咕牟哆”。其在《真实相应大本续》中

①《西藏大藏经》第 2 卷，275 页，第 4 栏。

②《西藏大藏经》第 2 卷，276 页，第 3 栏。

③《西藏大藏经》第 2 卷，276 页，第 4 栏。

④ 聂鸿音：《西夏文〈吉祥遍至口和本续〉密咒释例》，载《拜寺沟西夏方塔》，第 434 页。

⑤ 王静如：《西夏文汉藏译音释略》，《国立中央研究院历史语言研究所集刊》第二本第二分，1930 年。

⑥ 西夏文音译梵藏语小字𦽜（我）常表示梵藏语中的辅音 -ń（-ng），按汉语切韵习惯，-ń（-ng）属于鼻音韵尾。

⑦《西藏大藏经》第 2 卷，278 页，第 4 栏。

作 pi wang dang/gling bu dang/mukuṇṭa[①]，此译为“琵琶、笛和 mukuṇṭa”。藏文 mukunta 是音转梵文 Mukuṇṭa，译为“圆鼓”，是一种佛教乐器。依据藏文，西夏本[illegible]（咕牟哆）中的[illegible]（咕牟）二字毫无疑问前后颠倒了。该句正确应作[illegible]，译为“笛和琵琶、牟咕哆（圆鼓）”。

第 32 页第 4 行：[illegible]，译为“螺及铜螺、张怛诃及罐鼓等”。其在《真实相应大本续》中作 dung dang/zangs dung dang /pa ta ha dang /rdza rngas[②]，译为“螺、铜螺、pa ta ha 及罐鼓”。很明显，西夏文[illegible]（张怛诃）对应藏文 pa ta ha，但是[illegible]（张）与 pa 音不切。西夏文[illegible]（张）与[illegible]（钵）字形相近，疑西夏本中的[illegible]为[illegible]之误。[illegible]（钵怛诃）则与藏文 pa ta ha 音完全相合，译为“鼓、锅形鼓”。

此外，《本续》中还有页码上的错误。如第五卷西夏本页码标为“十三”，《拜寺口西夏方塔》等著作中均把该页认作第 13 页。根据《本续》和《真实相应大本续》上下文，该页起首与西夏本第 11 页末尾相接，末尾又与第 12 页相接。所以，西夏本页码编为“十三”的不是第 13 页，它在第 11 页和第 12 页之间。

二、《本续》错误之特点及成因分析

《本续》上述错讹，最突出的特点是形近字混淆。如[illegible]（上）误为[illegible]（知、理解），[illegible]（音提）误为[illegible]（音孤），[illegible]（门）误为[illegible]（苦），[illegible]（牙齿）误为[illegible]（虚妄、诈），[illegible]（亲近）误为[illegible]（作），[illegible]（妻眷）误为[illegible]（大、太），[illegible]（畜）误为[illegible]（遗留），[illegible]（右）误为[illegible]（花），[illegible]（眼）误为[illegible]（界），[illegible]（虚空）误为[illegible]（轮），[illegible]（疯狂）误为[illegible]（谓、说），[illegible]（拴）误为[illegible]（老），[illegible]（名号）误为[illegible]（奴），[illegible]（陶、瓦）误为[illegible]（沟），[illegible]（有、垂悬）误为[illegible]（遣、释放），[illegible]（军、兵）误为[illegible]（河），[illegible]（座）误为[illegible]（王），[illegible]（智慧）误为[illegible]（取），等等。这种错误不应该是西夏本译者翻译书写之误，多数是在印刷过程中形成的。《本续》是我国现存西夏时期的木活字印刷品，这一点已被学术界所肯定[③]。鉴于雕版印刷和活字印刷各自在排版印刷工艺上的特点与区别，这种错误完全可以作为是活字印刷品的证据之一。《本续》作为木活字印刷品的结论，是学术界通过它的版面特征来认定的，并没有考虑到文献内容中的活字印刷特征。我们知道，雕版印刷和活字印刷是两种完全不同的印刷工艺。雕版印刷是整页正面书写，反贴样稿镌刻[④]，形近字混淆一般不会出现。而活字印书法则是先制作所需字丁，然后按书稿内容再逐字逐行排版[⑤]。由于每个字丁上的字均是反刻，检字排版过程中稍有不慎，形近字很容易混淆，出现的几率要比雕版印书法高得多。《本续》中形近字常出现混淆的特点，再一次证明它是活字印刷品。

其次，《本续》还有印字重复和前后颠倒等错误，这也应是活字印本的特征之一。如[illegible]（阿利阇嘎之梢）颠倒为[illegible]（阿利嘎阇之梢），[illegible]（音布迦西）颠倒为[illegible]（布

①②《西藏大藏经》第 2 卷，279 页，第 3 栏。

③牛达生：《我国最早的木活字印刷品——西夏文佛经〈吉祥遍至口和本续〉》，《中国印刷》1994 年第 2 期。史金波：《现存世界上最早的活字印刷品——西夏活字本考》，《北京图书馆馆刊》1997 年第 1 期。

④张树栋，庞多益，郑如斯等：《中华印刷通史》，台北：财团法人印刷传播兴才文教基金会，2004 年，第 105~108 页。

⑤张树栋，庞多益，郑如斯等：《中华印刷通史》，台北：财团法人印刷传播兴才文教基金会，2004 年，第 128~130 页。

西迦）等。不仅如此，《本续》中还有排版错乱现象。如卷五第 12 页第 14 行和 15 行有：[西夏文]，此为藏传密教金刚亥母之咒颂，音译为“唵 折啰 哆弥悉怛 伐啰诃母咎 底啰弥伐底啰伐吽”。该咒在《真实相应大本续》中记音为：Oṃ bajra daṃstaṃ barāhamukhi trāṃbatrāṃhūṃ①。经两者对比审音，发现西夏本密咒起始的“唵 折啰”，藏文记音为 om bajra，西夏本中缺一个 ba（音伐）的音节；而西夏本密咒末尾“底啰弥伐底啰伐吽”，藏文记音为 trāmbatrām hūm，西夏本中又多一个“伐”（ba）的音节。如果我们把西夏本密咒末尾多余的“伐”字移至起首的“唵 折啰”中成“唵 伐折啰”，则西夏本密咒和藏文记音完全相合。之所以要把西夏本密咒后面的“伐”字移至“唵 折啰”处，是因为我们在西夏本和藏文本音译词审音中，不仅要看二者的译音是否相合，还要看音译词所表达的意义。梵文经咒不仅仅表音，它们也都有特定的含义。如“伐折啰”表示梵文 Vajra（藏文译音均作 bajra），义为“金刚”。所以，该句西夏文经咒正确应作[西夏文]（唵 伐折啰 哆弥悉怛 伐啰诃母咎 底啰弥伐底啰吽）。《本续》中的这种排版错乱现象应该是由活字排版不精所致，而雕版印刷中则完全不会出现。古代活字印刷一般有检字和排版两个程序，检字者按文检字，检好之字悉数交由排版者排印②。这一过程中，即使检字者所检之字准确无误，如果排版者排版不精，再加上校对不细，极易出现类似上述西夏文密咒前后颠倒，甚至错乱的现象。这一现象进一步证明《本续》就是活字印本。

由于笔者对西夏文《本续》仅是进行初步的整理研究，再加上受西夏语和藏语认知程度所限，其中可能还有许多错讹没有发现，或者本人所做的勘误本身就是错误。所以，敬请学界谅解和指正。

①《藏文大藏经》第 2 卷，276 页，第 3 栏。

②张树栋，庞多益，郑如斯等:《中华印刷通史》，台北：财团法人印刷传播兴才文教基金会，2004 年，第 128~130 页。

俄藏黑水城 XT67 号藏文文献再考察

段玉泉

摘　要：俄藏黑水城 XT67 号藏文文献包括《圣观自在大悲心总持功能依经录》《胜相顶尊总持功能依经录》及《御制后序发愿文》三部分。文献采用左右横排形式刻印以及蝴蝶装方式装帧。依据同题夏、汉文本经题中的音译梵文经题构拟出的梵文经题与德格本藏文经题稍有差别，依据同题西夏文、汉文经题，并参照 XT67 号《胜相顶尊总持功能依经录》藏文经题构拟出的《圣观自在大悲心总持功能依经录》藏文经题与德格本卓弥大师译本经题也有明显差别。XT67 号藏文本与卓弥大师译本不多的差别又多与西夏文本相合。《御制后序发愿文》之前又附有西夏国师嘚也阿难捺与某位“路赞讹”师之信息。俄藏 XT67 号藏文本应是在西夏时期重新译出之本。

关键词：黑水城藏文文献；大悲心总持；西夏译经

在俄藏黑水城藏文文献中，有《圣观自在大悲心总持功能依经录》及《胜相顶尊总持功能依经录》的合刻本，编号为 XT67。俄国学者萨维茨基（Lev Savitsky）最早关注到这一文献，并指出其中之一可能与佛顶尊胜母崇拜有关。[①] 此后白井聪子先生、史金波先生、沈卫荣先生相继对这一文献投入关注并做介绍。这里依据此上诸位前辈的介绍并参照图版[②] 对这件文献再做些描述。

XT67 号藏文文献，原本蝴蝶装，左右横排。版心无经题，有页码。纸面高 13.0 厘米、宽 17.5 厘米；版框高 9.4 厘米，宽 15.8 厘米。存 31 页。其中 15 页完整，计 30 面；余皆半页，16 面。共 46 面。全部页面保存如下。

2 页右	3 页全	4 页全	5 页全	6 页左	9 页右	10 页全	11 页全
12 页全	13 页左	23 页全	24 页全	25 页右	26 页全	27 页左	34 页右
35 页左	37 页右	38 页左	49 页右	50 页全	51 页全	52 页全	53 页全
54 页左	56 页右	57 页全	58 页全	59 页左	60 页右	61 页左	

作者简介：段玉泉（1973～　），宁夏大学西夏学研究院副研究员，主要从事西夏语言文字、汉语言文字以及历史文献的整理与研究。

①L. Savitsky. "Ancient Tibetan documents of the 11th~12th centuries from Khara Khotto in the collection of the Institute of Oriental Studies of the Russian Academy of science, St. Peters burg", Lost Empire of the Silk Road—Buddhist Art from Khara Khoto（X-XIIth Century）, Millan: Elcta, 1993, pp. 278. 汉译文由许洋主翻译：《俄罗斯科学院东方研究所所收藏的黑水城出土的 11、12 世纪古西藏文件》，载《丝路上消失的王国——西夏黑水城的佛教艺术》，台北国立历史博物馆，1996 年，第 278 页。

② 此文献图版影件蒙史金波先生惠赐，特致谢意！

与黑水城文献中常见的汉文本、西夏文本蝴蝶装采用竖排不同，XT67藏文本采用了横排刻印。而且不是按照自右往左，而是自左至右的阅读顺序排列，中间虽有版心隔开，但蝴蝶装左面一行文字与右面的同行文字文本内容却是相连的。这样刻印实际上保留了藏文的传统阅读和书写方式，而以另一种书版形式表现出来。①

关于XT67藏文文献的文本内容，日本学者白井聪子认为包括三部佛经，并将其中一件与《西藏大藏经》中的 'phags pa spyan ras gzigs dbang phyug thugs rje chen po'i gzungs phan yon mdor bsdus pa zhes bya ba 同定②，即《圣观自在大悲心总持功能依经录》。黄明信先生则判定另一件为《顶髻尊胜佛母陀罗尼功德依经摄略》③，即《胜相顶尊总持功能依经录》。沈卫荣先生进一步明确了此藏文文献与俄藏黑水城汉文文献TK164、165之间的对应关系，并指出其中第三部分并非佛经，而是一篇《御制后序发愿文》。④

至此，学界对这部文献有了大致比较清楚的认识，其与俄藏黑水城汉文文献TK164、165存在对应关系。事实上，其亦与俄藏黑水城西夏文文献Инв.№6796（6821）构成对应关系，后者是天盛己巳元年（1149）的合刻本，同样由两部陀罗尼经及后序发愿文三部分组成，只是因为残损而缺失较多。而且这3种文本的合刻本都是采用了蝴蝶装的装帧方式，极有可能是同一时段刻印出来的结果。XT67 3个部分涉及的页面今整理如下：

《圣观自在大悲心总持功能依经录》包括：2页右、3页、4页、5页、6页左、9页右、10页、12页、13页左、23页、24页、25页右、26页、27页左。

《胜相顶尊总持功能依经录》包括：34页右、35页左、37页右、38页左、49页右、50页、51页、52页、53页。

《御制后序发愿文》包括：54页左、56页右、57页全、58页全、59页左、60页右、61页左。

虽然学术界已将XT67号藏文本与俄藏黑水城汉文文献TK164、165之间建立了对应关系，但是《圣观自在大悲心总持功能依经录》《胜相顶尊总持功能依经录》的翻译底本——俄藏XT67号藏文本也还有详细讨论的余地。特别是这里的《圣观自在大悲心总持功能依经录》，它与《西藏大藏经》中卓弥大师释智所译 'phags pa spyan ras gzigs dbang phyug thugs rje chen po'i gzungs phan yon mdor bsdus pa zhes bya ba 是否为同一译本，可能还需要进一步探讨。

首先，《圣观自在大悲心总持功能依经录》两个藏文本经题应有所不同。俄藏XT67号所存《圣观自在大悲心总持功能依经录》藏文本虽然残缺了经题部分，但借助有关材料不难对其做出复原。这里先探讨一下它的梵语经题。

XT67号《圣观自在大悲心总持功能依经录》藏文本虽无梵语经题，然夏、汉两种文本皆存留了两种文字转写的梵语经题，兹移录如下：

①③史金波：《最早的藏文木刻本考略》，《中国藏学》2005年第4期，第75~76页。

② 白井聡子：《ロシア蔵チベット语袖珍本について》（1），《京都大学言语学研究》（卷23），2004年，第167~190页。

④沈卫荣：《汉、藏文版〈圣观自在大悲心总持功能依经录〉之比较研究——以俄藏黑水城汉文TK164、165号、藏文X67号文书为中心》，载黄绎勋，William Magee主编：《第五届中华国际佛学会议论文集——观世音菩萨与现代社会》，台北：法鼓文化，2007年，第307~347页。

[西夏文]

麻诃引葛歙祢葛 捺啜 啊呤拽 阿斡浪鸡帝说呤 嚓呤祢 啊歎切身蟾萨 萨兮怛 须引嘚啰二合引怛

三鬜哩兮怛

两种文本音译的梵语经题基本一致，唯“[西夏文]”之“[西夏文]（sja[1]）”对梵文 saṁgṛhīta 之“saṁ”稍有不合。然《胜相顶尊总持功能依经录》西夏译本中，“[西夏文]”作“[西夏文]”，这里以“[西夏文]（sja[1]bji[1]）”对 saṁ，二音甚合，故疑此“[西夏文]”后有脱文。依据夏、汉两种文字音译的梵语经题，可以对原梵文经题做出复原。这里将复原后的经题（以拉丁体转写）与《西藏大藏经》卓弥大师译本所载梵文经题对照如下：

mahākāruṇika-nāma-ārya-avalokiteśvaradhāraṇī-anuśaṁsasahitasūtrāt saṁgṛhīta.

mahākāruṇika-nāma-ārya-avalokiteśvaradhāraṇī-anuśaṁsāhitasūtrāt saṁgṛhīta.

两者比较稍有不同，卓弥大师译本中的 anuśaṁsāhita，夏、汉两种译本分别作“[西夏文]”“啊歎切身蟾萨 萨兮怛”，对应的梵文则为 anuśaṁsasahita。既然夏、汉文本自 XT67 号藏文本翻译而来，即可推知 XT67 中残缺的《圣观自在大悲心总持功能依经录》梵语经题为：

mahākāruṇika-nāma-ārya-avalokiteśvaradhāraṇī-anuśaṁsasahitasūtrāt saṁgṛhīta。

下面再探讨它的藏文经题。

XT67 号中另一部陀罗尼经《胜相顶尊总持功能依经录》存留下了尾题，其文为 gtsug tor rnam par rgyal ma'i gzungs phan yon dang bcas pa' mdo ltar bsdus pa。比较《圣观自在大悲心总持功能依经录》与《胜相顶尊总持功能依经录》两部文献经题，其汉译本汉文经题中有相同的部分“总持功能依经录”，汉文音译的梵文经题中亦有相同的部分“嚓呤祢 啊歎切身蟾萨 萨兮怛 须引嘚啰二合引怛 三鬜哩兮怛”；其西夏文译本西夏语经题中有相同的部分“[西夏文]”，西夏音译的梵文经题中亦有相同的部分“[西夏文]”。既然如此，《圣观自在大悲心总持功能依经录》与《胜相顶尊总持功能依经录》的藏文本中必然也有相同的一部分内容，这部分即是 gzungs phan yon dang bcas pa' mdo ltar bsdus pa（总持功能依经录）。而余下的与“圣观自在大悲心”相对应的部分可通过卓弥大师译本补出，即是 'phags pa spyan ras gzigs dbang phyug thugs rje chen po。这样，就可以将 XT67 号《圣观自在大悲心总持功能依经录》藏文本经题完整地复原出来，即 'phags pa spyan ras gzigs dbang phyug thugs rje chen po'i gzungs phan yon dang bcas pa' mdo ltar bsdus pa。

这与卓弥大师译本 'phags pa spyan ras gzigs dbang phyug thugs rje chen po'i gzungs phan yon mdor bsdus pa zhes bya ba 有所差别，非是同名佛经。

其次，如同房山云居寺《圣胜慧到彼岸功德宝集偈》之藏文本与《西藏大藏经》中吉祥积藏文本内容几乎接近，XT67 号《圣观自在大悲心总持功能依经录》藏文本亦与《西藏大藏经》中卓弥大师译本内容非常接近。二者内容虽然非常接近，但是还不足于认定 XT67 号《圣观自在大悲心总持功能依经录》藏文本就是卓弥大师译本，它们应该属于同一部佛教文献的两个异译本。事实上，两者间的一些细微差别恰恰可以表明 XT67 号藏文本与周慧海西夏文译本更为紧密。例如，汉文的“大悲咒”，藏文本中北京版作 thugs rje chen po'i rig sngags，XT67 本作 thugs rje chen po'i rigs sngags，西夏文译本作“[illegible]”，其中“[illegible]”（种咒）正是对藏文 rigs sngags 逐字的翻译。再如，汉文的“变其毒食成甘露”句，藏文北京版作 dug ni zil dngar zas skom nyid du 'gyur，XT67 号藏文本作 dug ni zas skom zil dngar nyid du 'gyur，西夏文译本作“[illegible]”（毒有食水变以露甘成），从句子内部顺序看，西夏文译本更与 XT67 号接近。通过与西夏文译本对勘，不难发现 XT67 号藏文本与卓弥大师译本还是有所差别，尽管这些差别在数量上有限，但却与西夏文译本更为接近。

概言之，俄藏 XT67 号《圣观自在大悲心总持功能依经录》藏文本与《西藏大藏经》中卓弥大师译本不仅经题不同，文本内容也表现出细微的差别，二者不是同一译本，而是同一部佛教文献的异译本，或者 XT67 号的译出是在旧译基础上做了适当的参考。那么俄藏 XT67 号 'phags pa spyan ras gzigs dbang phyug thugs rje chen po'i gzungs phan yon dang bcas pa' mdo ltar bsdus pa 究竟是谁翻译而来的呢？

藏文文献通常将译经题记放在文章末尾，XT67 号两部陀罗尼经之后、施经发愿文之前，亦残存半页内容的译经题记，兹将这段文字转录如下：

54:1 rig pa'i gnas lnga la mkhas-[ ]

54:2 bghe ne ga dzi dzha ya an na ta-[ ]

54:3 // //sgyur byed kyi lo tsa ba-[ ]

54:4 gse blbu/ 'gang-[ ]

54:5 spya nga lung gis bsgyur-[ ]

由于只保留了半页，只能从中读出零零散散的一些信息。其中前两行所指当是五明显密国师啰也阿难捺，其第 1 行 rig pa'i gnas lnga（五明处），mkhas（智）或与“五明般弥怛”相关联，第 2 行的 bghe ne ga 似与“嚷乃将”音合，dzha ya an na ta 即与“啰也阿难捺”音合。第 3 行出现了 lo tsa ba 一词，这是藏语中对“译师”的一个专门称呼，通常也音译作“路赞讹”。在藏文史料中，通常与啰也阿难捺合作者有朵德拔（mdo-rde-'bar）和贡噶扎（Kun-dga'-grags）；在西夏文献中，与啰也阿难捺合作并获有“路赞讹”称号者只有贡噶扎（Kun-dga'-grags）。贡噶扎在西夏文献中全称是“演义法师、路赞讹、嚷赏则沙门遏啊难捺吃哩底”，上述题记第 3 行首词 sgyur 有“转”义，此或即与“演义法师”之“演”相关联。因此，这里的“路赞讹”很有可能是演义法师贡噶扎。

根据以上材料，本文倾向于俄藏 XT67 藏文文献是由五明显密国师啰也阿难捺与某位“路赞讹”师合作完成的，这位“路赞讹”师极有可能就是演义法师遏啊难捺吃哩底。题记中的 bghe ne ga（嚷乃将）是西夏设立的官阶封号之一，故 XT67 藏文本无疑是在西夏重新翻译而出的。

附：XT67《圣观自在大悲心总持功能依经录》藏文转写[①]

2:1 [ ]-spyan ras gzigs dbang phyug gi

2:2 [ ]-grangs myed dpag tu myed pa'i

2:3 [ ]-tshe 'phags pa spyan ras gzigs

2:4 [ ]-nas thal mo sbyar zhing bcom

2:5 [ ]-gsol to//nga la 'di lta bu

2:6 [ ]-chen po zhes zer sems

3:1 can kun gyis mi dge ba'i sdig pa shin tu lci ba'i sgrib pa bdud

3:2 dang sgrib pa 'jigs pa thams cad zhi bar byed pa 'dod pa thams cad

3:3 rab tu tshim par byed pa'i phyir ngas bshad do// bcom

3:4 ldan 'das la bshad pa'i gnang pa zhus nas de

3:5 nas bcom ldan 'das kyis rigs kyi bu khyod kyis thugs

3:6 rje chen po'i sgo nas gzungs bshad bar 'dod pa'i dus la

4:1 bab po//myur bar bshad du gsol// nga dang sangs rgyas

4:2 thams cad kyis kyang rjes su yid rang ngo//byang chub sems dpa'

4:3 'phags pa spyan ras gzigs kyi dbang phyug gis bcom ldan

4:4 'das la 'di skad ces gsol to//gal te dge slong 'am/ dge

4:5 slong ma 'am/ dge bsnyen nam/ dge bsnyen ma 'am/khye'u 'am bu mo

4:6 'don pa dang/ 'chang bar 'don bas sems can thams cad kyi ched

5:1 du thugs rje chen po'i sgo nas thog mar 'di lta bu yi sems bskyed

5:2 par bya'o//spyan ras gzigs dbang phyug thugs rje che la phyag 'tshal

5:3 lo//bdag gis chos rnams thams cad myur tu rtogs par shog/

5:4 spyan ras gzigs dbang phyug thugs rje che la phyag 'tshal lo/

5:5 bdag gis ye shes mig ni myur du thob par shog/ spyan ras

5:6 gzigs dbang phyug thugs rje che la phyag 'tshal lo/ bdag gis

6:1 sems can thams cad myur du-[ ]

6:2 gzigs dbang phyug thugs rje che la- [ ]

6:3 thabs mkhas pa dag myur du thob- [ ]

6:4 dbang phyug thugs rje che la phyag-[ ]

6:5 shes rab gru yis sgrol bar-[ ]

6:6 dbang phyug thugs rje che la phyag 'tshal-[ ]

9:1 [ ] -ngan sems rang nyid dul bar

9:2 [ ] -phyin nas / rang nyid shes rab che

① 此部分沈卫荣先生已录，参沈卫荣上文。不同之处出校说明。

9:3 [ ]-btab nas / sems rtse gcig du

9:4 [ ]-rjes su dran bar bgyi'o//

9:5 [ ]-de bzhin gshegs pa 'od dpag

9:6 [ ]-gzungs lan gcig① gam lan

10:1 bdun gyi bar du bton na// bskal ba② 'bum phrag③ brgya stong snyed du

10:2 'khor bar 'gyur ba'i kha na ma tho ba'i lci ba rnams bsal cing

10:3 'byang bar 'gyur④ lags so//gal te thugs rje chen po 'di

10:4 'don cing 'chang na/ 'chi ba'i dus kyi tshe/ phyogs bcu'i de

10:5 bzhin gshegs pa rnams der gshegs nas phyag rkyong bar

10:6 'gyur bas/ bsams pa bzhin du sangs rgyas kyi zhing

11:1 gang dang gang du skye bar 'gyur lags so// bcom ldan 'das la yang

11:2 'di skad ces gsol to// bcom ldan 'das sems can gang la

11:3 la zhig thugs rje chen po'i rigs sngags⑤ 'di 'don cing yongs su

11:4 'dzin pa dag/ gal te ngan 'gro gsum po dag tu ltung bar gyur

11:5 na/ bdag nam yang mngon par rdzogs par sangs rgya bar myi

11:6 bgyi'o// thugs rje chen po'i rigs sngags 'di 'don cing

12:1 yongs su 'dzin pa dag gal te ting nge 'dzin dang spobs pa tshad

12:2 myed pa de snyed thob par ma gyur na bdag nam yang mngon bar rdzogs

12:3 par 'tshang rgya bar mi bgyi'o/--/thugs rje chen po'i rigs sngags

12:4 'di 'don cing yongs su 'dzin pa dag/ gal te tshe 'di nyid la

12:5 smon pa thams cad ji ltar smon pa bzhin du grub par ma gyur na

12:6 thugs rje chen po'i sems kyi gzungs zhes mi bgyid lags

13:1 ste/ mi dge ba rnams dang/ sems-[ ]

13:2 gtogs lags so// bud myed gang-[ ]

13:3 su skyo nas skyes pa'i lus thob-[ ]

13:4 thugs rje chen po'i sems kyis-[ ]

13:5 yongs su bzung bas gal te-[ ]

13:6 gyur te skyes pa'i lus thob par-[ ]

---

① 沈文作 cig，误；白井、松泽作 gcig，是。

② 原文作 gcig，白井、松泽依原文录；沈文作 bskal ba，当依北京本改，甚是。按 bskal ba 意为“劫”，与夏、汉文本皆合，skal ba 意“勘、勘任”，当有脱文。

③ 松泽作 'bum pharag，误。

④ 沈文作 'byung bar 'gyur，当依北京版误。不过其在脚注中已指明，“对照汉文相应处作‘超越［生死重罪］’，则知此当作 'byang bar 'gyur，意为‘除净’”。此说甚是。

⑤ 原文不误，但沈先生据北京版作 rig sngags，指出“与 thugs rje chen po'i rig sngags 对应的汉文作‘大悲咒’，故此应当作 rig sngags，意为‘明咒’”。然考西夏文，此应为“瘸俐”(种咒)，故 rigs sngags(种咒)不误。

23:1 [ ] -gzungs 'di 'don cing yongs su

23:2 [ ] -pa dang/ bgregs yongs su bsal

23:3 [ ] -su bcad pa 'di dag smras so//

23:4 [ ] -ba las// stag dang spyang ki

23:5 [ ] -pa sbrul dang 'dre srin 'phrad

23:6 [ ] -pa thos nas gnod myi nus//

24:1 gang zhig chu bo rgya mtsho zhugs pa las// gdug pa'i klu dang chu srin

24:2 ma rungs dang// gnod sbyin srin po nya dang ru sbal dag// gzungs

24:3'di thos nas so sor byer par 'gyur // gang zhig g.yul sprad

24:4 dgra yis bskor ba'am/ chom rkun ma rungs nor ni 'phrog pa'i

24:5 tshe// rtse gcig thugs rje chen po'i gzungs bzlas na/ de dag brtse

24:6 sems skyes nas ldog par 'gyur// gang zhig rgyal po'i gyod la thogs

25:1 pa dang/ lcags sgrog khong sgril btson rar chud pa'i tshe// rtse gcig

25:2 thugs rje chen po'i gzungs bzlas na// rgyal po brtse sems kyis ni

25:3 gtong bar 'gyur// gang zhig byad stem dug mi khyim zhugs te//

25:4 zas skom dug can gis ni gsod pa'i tshe// rtse gcig thugs rje

25:5 chen po gzungs bzlas na// dug ni zas skom zil dngar nyid du

25:6 'gyur// bud myed① sbrum ma bu ni btsa' ba'i tshe// bdud kyis bgegs

26:1 byas sdug bsngal myi bzod tshe// rtse gcig thugs rje chen po'i gzungs

26:2 bzlas na// 'dre gdon byer nas bde bar btsa' bar 'gyur// klu

26:3 gdon gtum pos gdug pa'i dbugs btang bas// tsha ba'i nad kyis nyen

26:4 nas 'chir nye tshe// rtse gcig thugs rje chen po'i gzungs bzlas

26:5 na// rims nad bsal nas tshe ni ring bar 'gyur// klu gdon rgyu

26:6 bas gtses te skrangs pa dang// shu 'bras mi bzad rnag khrag 'dzag

27:1 pa'i tshe// rtse gcig thugs rje- [ ]

27:2 ma lan gsum byugs pas skrangs- [ ]

27:3 bskyod pas na// byad stem sngags- [ ]

27:4 gcig thugs rje chen po'i gzungs- [ ]

27:5 gdon de gtong ba'i mi la 'dud/ sdig- [ ]

27:6 pa' tshe// 'dod pa'i me mched sems- [ ]

①bud myed，北京版、德格版作 bud med。

故宫藏西夏文《高王观世音经》考释

孙伯君

摘　要：北京故宫博物院所藏西夏文刻本《高王观世音经》是目前存世的有确切纪年的最晚的西夏文物之一，文章对西夏文本做了全文解读，并通过与俄藏汉文本和《大正藏》所收汉文本的对比，指出西夏文本与俄藏汉文本有渊源关系。夏、汉两种文本卷首所绘版画风格迥异，又显示由西夏后裔传承至明代的《高王观世音经》信仰已非西夏时期的国王诏敕、举国诵持，而纯粹是一种民间修行。

关键词：高王观世音经；西夏学；明代佛教

一

北京故宫博物院所藏西夏文刻本《高王观世音经》是目前存世的有确切纪年的最晚的西夏文物之一，对确定西夏文的使用下限和西夏后裔在明朝的宗教活动以及《高王观世音经》的传行情况均具有重要意义。据《中国藏西夏文献》题录，西夏文《高王观世音经》编号 B51.002，卷子装刻本，上下双栏，纸幅高 17 厘米，长 260 厘米，版框高 12.5 厘米。卷首有版画，所反映的是序言所述故事。卷尾有发愿文，共 34 行，内容包括刊刻时间，即“大明朝壬子宣德五年（1430）正月十五日”，“发愿者缘旦监剉”，以及众多助缘人的名字。卷首有“肇祥鉴藏”，卷中朱印也有“周肇祥”字样，卷末有“百镜庵藏古雕刻记”钤记，说明此本曾为周肇祥所收藏。周肇祥（1880~1945），浙江人，近代著名的书画家和鉴藏家，著述甚丰，曾著有《琉璃厂杂记》《百镜庵镜异录》《辽金元古德录》《寿安山志》《婆罗花树馆题记》《辽金元官印考》等。[①] 此前，西夏文《高王观世音经》只有史金波、白滨、李范文、聂鸿音等学者对卷尾发愿文进行过研究和讨论，迄今未见全文释读。

关于此本的刊刻时间，史金波和白滨在《明代西夏文经卷和石幢初探》一文中曾通过对卷尾发愿文的初步翻译，判断其刊刻于洪武五年（1372）；[②] 李范文则指出西夏文“[illegible]”实为明代汉语“宣德”年号的音译，从而认定其刊刻于宣德五年（1430）。[③] 聂鸿音在《明刻本西夏文〈高王观世音经〉补议》一文中成功地释读了“[illegible]”实为藏语人名 Yon-tan rgya-mtsho（缘旦监剉）的音译，

作者简介：孙伯君（1966~　），中国社会科学院民族学与人类学研究所研究员，博士生导师，北方民族大学西夏研究所兼职研究员，主要从事西夏学研究。

① 参考周肇祥撰，赵珩，海波点校：《琉璃厂杂记》之“史树青序”，北京：燕山出版社，1995 年。

② 史金波，白滨：《明代西夏文经卷和石幢初探》，《考古学报》1977 年第 1 期。

③ 李范文：《关于明代西夏文经卷的年代和石幢的名称问题》，《考古》1979 年第 5 期。

从而结合《明实录》“永乐十三年二月庚午”条的记载“命禅师缘旦监剉为灌顶慈慧妙智大国师，领占端竹为灌顶慧应弘济国师，皆赐诰、印”，进一步认定这部经的刊行时间为宣德五年（1430）。[①]

黑水城出土文献中存有几种汉文本《高王观世音经》，现藏于俄罗斯科学院东方文献研究所。其中俄藏TK117为经折装刻本，且清晰完整。[②]通过对照翻译，故宫藏西夏文本与俄藏汉文本非常接近，可以判断两种文本有渊源关系。值得注意的是，西夏文本卷首版画与黑水城汉文本颇有不同，黑城本卷首版画（见图1）画面右侧主体是观音像，国王与王后在左侧顶礼，而作为故事主角的孙敬德和拿着断刀的行刑武士则只在左侧远处有所勾勒。显然，版画所反映内容不只是与序分内容相呼应，而强调的是国王和王后顶礼观音的场面，极具西夏绘画风格，尤其是国王和王后的服饰与水月观音像等与黑水城出土佛画中的服饰和形象颇为相似。[③]

西夏文本卷首版画（见图2）内容分四组，中间有西夏文榜题，分别是“[illegible]”（梦中诵众经可解）、“[illegible]，[illegible]”（敬德审处，不能损身）、“[illegible]”（千卷经）、“[illegible]，[illegible]”（何有感通，王问敬德），所反映的内容与序言所述故事更为贴切。从绘画风格来看，显示了中原佛画的典型特征，尤其是国王和行刑武士，其服饰均具有明代汉族服饰的特点。说明明代西夏后裔所信仰的《高王观世音经》，已非西夏时期的国王诏敕、举国诵持，而纯粹是一种民间修行。

图1　黑水城出土汉文本《高王观世音经》卷首版画（俄藏TK117）

① 聂鸿音：《明刻本西夏文〈高王观世音经〉补议》，《宁夏社会科学》2003年第2期。

② 俄罗斯科学院东方研究所圣彼得堡分所，中国社会科学院民族研究所，上海古籍出版社编：《俄藏黑水城文献》第3册，上海古籍出版社，1996年，第36~38页。

③ 国立历史博物馆编译小组编辑，许洋主译：《丝路上消失的王国——西夏黑水城的佛教艺术》，台北：国立历史博物馆，1996年，第180、199页。

图 2　故宫博物院藏西夏文本《高王观世音经》卷首版画

我们知道，《高王观世音经》是南北朝东魏天平年间（534~537）开始流行的一部经典，其由来是元魏定州募士孙敬德因冤获罪，临刑梦沙门开示而诵《观世音经》千遍得以免刑的感应故事，道宣《大唐内典录》卷十“历代众经应感兴敬录”曰：[①]

昔元魏天平年中，定州募士孙敬德，在防造观音像。年满将还，在家礼事。后为贼所引，不堪拷楚，遂妄承罪。明日将决，其夜礼忏流泪，忽如睡梦，见一沙门教诵《救生观世音经》。经有诸佛名，令诵千遍得免苦难。敬德如梦所缘，了无参错，遂诵一百遍。有司执缚向市，且行且诵，临刑满千。刀下斫之，折为三段，皮肉不伤。易刀又斫，凡经三换，刀折如初。监司问之，具陈本末。以状闻丞相高欢，乃为表请免死。因此广行于世，所谓《高王观世音》也。敬还，设斋迎像，乃见项上有三刀痕。

存世《高王观世音经》的汉文本版本众多，最早的是房山石经本，敦煌文献中有也几个版本，《大正藏》所收为其中一种，编号 2898。[②] 在这些文本中，上述孙敬德诵经感应故事均没有与经文一起刊行。而在俄藏汉文本中，上述故事则作为序分加在了经文之前，且感应故事也被铺陈演绎，如把孙敬德籍贯换成了相州，高欢变成了国王，孙敬德的身份演绎成了宝藏宫的看守，临刑前已诵经 100 遍变成了 900 遍等，还增加了孙敬德与监守的对话、高欢对监狱合死犯人的试验，以及高欢诏敕诵经等内容。此外，《大止藏》卷尾的一段文字，即从“高王观世音，能救诸苦危”至“诵满一千遍，重罪皆消灭”，未

① 道宣：《大唐内典录》，《大正藏》卷五十五，第 2149 号，第 339 页上栏。

②《高王观世音经》，《大正藏》卷八十五，No.2898，第 1425 中栏至 1426 页上栏。

见于俄藏本。[1]

二

下面我们拟对西夏文《高王观世音经》序分和经文内容加以对译和翻译，对译部分凡遇西夏虚词，有对应词语的以对应词语标示，没有对应词语的以△号标示。译文部分遇西夏文与俄藏 TK117 汉文本不同之处在注释中加以指出。

[illegible]

高王世音观经契通功序

[illegible]

今高欢国王朝，一人名孙敬德，官仓事上△住，丢失因大罪△犯，监狱△囚。△未死时，日夜不

[illegible]

辍以《世音观普门品》△持。梦中一僧有△梦和尚曰：汝此经持，通功而多有中。此刻《高王世音观

[illegible]

经契》千遍诵足，则此祸即脱。敬德曰：我监狱内囚，《高王世音观经契》怎得？我和尚言语以受令

[illegible]

账，多数未足。王△△杀者△任，敬德怕惧，使人之曰：汝等我之慈悲因，徐徐令执，我道半急速以百汝，

[illegible]

△睡觉，九百遍已诵，遍已诵。数一足上，王敕依当杀谓，剑拔敬德身损不能，剑三段△成。王处△

[illegible]

呈，王惊讶以敬德之问：何术行依，此如通功已现？真实以乃说。敬德曰：梦中一和尚有见，我之《高王

[illegible]

世音观经契》有△示，千遍已诵，其功力是。王敬德之手恭赞叹。王人令又杀应数亦此经急千遍敬诵谓，

[illegible]

国敕已行后，杀时皆身损不能。此如特殊胜功有依，后人经闻见。

[illegible]！

今如皇帝万万岁！

[illegible]

高王世音观经契

[illegible]

南无世音观菩萨，南无佛，南无法，南无僧。佛国缘有，佛法相因。常乐我净，缘有佛法。南无

① 此前，李小荣曾经指出过俄藏汉文本的序分内容与中原文献记载之间的差异，参考李小荣：《〈高王观世音经〉考析》，《敦煌研究》2003 年第 1 期，第 104~108 页。

[illegible]
摩诃般若波罗蜜，大神咒是。南无摩诃般若波罗蜜，大明咒是。南无摩诃般若波罗蜜，无上咒是。南
[illegible]
无摩诃般若波罗蜜，等无等咒是。南无净光秘密佛，法藏佛，师子吼佛，神足幽王佛，佛告须弥登王佛，
[illegible]
法护佛，金刚藏师子游戏佛，宝胜佛，药师琉璃光佛，普光功德山王佛，善住功德宝王佛，过去七佛，
[illegible]
未来贤劫千佛，千五百佛，万五千佛，五百花胜佛，百亿金刚藏佛，定光佛，六方六佛名号，东方宝
[illegible]
光月殿妙尊音王佛，南方树根花王佛，西方石王神通焰花王佛，北方月殿清净佛，上方数无清净宝首
[illegible]
佛，下方善寂月音王佛，无量诸佛，多宝佛，释迦牟尼佛，弥勒佛，阿閦佛，弥陁佛。中央众生一切
[illegible]
佛土界中住者，地上行住及又虚空中住者，众生一切之慈忧，自各安稳休息。昼夜修持，心常此经诵
[illegible]
求，则死生苦灭能，毒害消伏令。那摩大明世音观，明观世音观，高明世音观，开明观世音，药王菩萨，
[illegible]
药上菩萨，虚空藏菩萨，地藏菩萨，普王如来，华胜菩萨。念念此偈诵。

[illegible]

七佛世尊，即咒说令曰：

[illegible]

离波离波帝，求诃求诃帝，陁罗尼帝，尼诃罗帝，毗离尼帝，娑婆诃。

[illegible]

十方世音观，诸菩萨一切。誓愿众生救，名称悉解脱。福薄者有时，殷重解脱所。但因缘有者，
[illegible]
读诵口不辍。经诵千遍满，念念心不绝。火焰伤不能，刀杖立摧折。恚怒欢喜生，死者变活成。此

[illegible]

事虚莫言，诸佛妄不说。

[illegible]

高王世音观经契 竟

汉译文：

《高王观世音经》感通序[1]

今高欢国王朝，一人名孙敬德，主事官仓。[2]因失窃而犯大罪，被囚监狱。未行刑时，日夜不辍

以持诵《观世音普门品》。梦中有一僧对和尚曰：汝持此经，多有感通。此刻若将《高王观世音经》诵足千遍，则即脱此祸。敬德曰：我囚监狱内，怎得《高王观世音经》？曰：我以言语授予和尚，汝睡觉，即诵九百遍。余数未足，王任杀者。敬德惧怕，对使人曰：汝等怜悯我，慢慢执行，我半路急诵百遍。数足时，（使）依王敕斩之，剑拔不能损敬德身，　剑断三段。呈王，王惊讶问敬德：依行何术，现如此感应？乃以真实陈说，敬德曰：梦中见一和尚，《高王观世音经》开示于我，令诵千遍，是其功力。王恭手赞叹敬德。王又令合杀数人急诵此经千遍，国敕行后，杀时皆不能损身。有如此殊胜功德，后人闻见。

当今皇帝万万岁！[3]

《高王观世音经》

南无观世音菩萨，南无佛，南无法，南无僧。佛国有缘，佛法相因。常乐我净，有缘佛法。南无摩诃般若波罗蜜，是大神咒。南无摩诃般若波罗蜜，是大明咒。南无摩诃般若波罗蜜，是无上咒。南无摩诃般若波罗蜜，是无等等咒。南无净光秘密佛，法藏佛，师子吼佛，神足幽王佛。佛告须弥登王佛，法护佛，金刚藏师子游戏佛，宝胜佛，药师琉璃光佛[4]，普光功德山王佛，善住功德宝王佛，过去七佛，未来贤劫千佛，千五百佛，万五千佛，五百花胜佛，百亿金刚藏佛，定光佛，六方六佛名号，东方宝光月殿妙尊音王佛[5]，南方树根花王佛，西方石王[6]神通焰花王佛，北方月殿清净佛，上方无数清净宝首佛，下方善寂月音王佛，无量诸佛，多宝佛，释迦牟尼佛，弥勒佛，阿閦佛，弥陁佛。中央众生一切佛土界中住者，地上行住及又虚空中住者，一切众生之慈忧，各自安稳休息。昼夜修持，心常诵求此经，则能灭生死苦，令毒害消伏。那摩大明观世音，明观观世音，高明观世音，开明观世音，药王菩萨，药上菩萨，虚空藏菩萨，地藏菩萨，普王如来，化胜菩萨。念念此偈诵。七佛世尊，即令说咒曰：

离波离波帝，求诃求诃帝，陁罗尼帝，尼诃罗帝，毗离尼帝，娑婆诃。

十方观世音，一切诸菩萨。誓愿救众生，称名悉解脱。时有福薄者[7]，殷重为解脱。但有因缘者，读诵口不辍。诵经满千遍，念念心不绝。火焰不能伤，刀杖立摧折。恚怒生欢喜，死者变成活。莫言此事虚，诸佛不妄说。

《高王观世音经》 竟

注释：

［1］俄藏汉文本无“感通”（[illegible]）两字，且以下序分内容并非与俄藏汉文本逐字对应。

［2］今高欢国王朝，一人名孙敬德，主事官仓，俄藏汉文本作“昔高欢国王在相州为郡，有一孙敬德，为主宝藏宫”。

［3］当今皇帝万万岁，俄藏汉文本与《大正藏》本均无，为西夏文本所加，这句话在明代佛经卷首较为常见。

［4］药师琉璃光佛，俄藏汉文本与《大正藏》本均作“药师琉璃光王佛”。

［5］东方宝光月殿妙尊音王佛，俄藏汉文本作“东方宝光月殿妙音尊王佛”，而《大正藏》本作“东方宝光月妙尊音王佛”。

［6］石王（[illegible]），俄藏汉文本与《大正藏》本均作“皂王”。

［7］时有福薄者，俄藏汉文本作“恐有福薄者”。

由西夏文内容可知，此本与俄藏汉文本颇为一致。首先，夏、汉两种文本序分内容基本一致，尤其是孙敬德感应故事被铺陈演绎部分，如西夏文本也称高欢为国王，临刑前已诵经亦作900遍，增加了孙敬德与监守的对话、高欢对监狱合死犯人的试验，以及高欢诏敕诵经等内容。其次，《大正藏》卷尾的一段文字，即从“高王观世音，能救诸苦危”至“诵满一千遍，重罪皆消灭”，亦未见于西夏文本。再次，经文部分俄藏汉文本与《大正藏》本出入之处，西夏文本也有出入。上述特征均显示西夏文本与俄藏汉文本之间有渊源关系。

三

西夏文本卷尾还存有一篇发愿文，史金波和白滨在《明代西夏文经卷和石幢初探》一文中曾对发愿文有过初步翻译[①]，后来史金波在《西夏佛教史略》中又做了全文译释[②]，但囿于当时条件，译文还有不尽如人意的地方，尤其是对文中出现的年号和人名的翻译，由于没有遵从大字、小字并用的拼合原理加以复原，只是照搬《番汉合时掌中珠》的对音字，故未能确切还原真正的年号和历史人物，使得其中的很多历史信息没有被揭示出来。

李范文曾指出西夏文《高王观世音经》发愿文中所用的音译方法是仿照汉语的“反切法”而来，并首次把小字作为前一大字的韵尾加以拼合，认定西夏文“[illegible]”实为明代汉语“宣德”年号的音译。[③]史金波和白滨在《明代西夏文经卷和石幢再探》一文中虽然坚持把西夏文“[illegible]”译作“须能斗盈”，却承认《高王观世音经》中西夏字后所加小字实际表示前一字的韵尾，并指出元代遗存西夏文文献为梵语和汉语标音均使用这种方法。[④]聂鸿音在《明刻本西夏文〈高王观世音经〉补议》一文中则进一步揭示了发愿文中人名的拼合实际上遵从了西夏时期为梵文、藏文和汉字标音的做法，并用大字和小字，小字代表元音和辅音韵尾，例如“[illegible]”代表 -n，“[illegible]”代表 -m，等等。[⑤]

由于西夏语的元音和辅音韵尾不如藏语、蒙古语和明代北方汉语发达，因此，《高王观世音经》发愿文在翻译藏族、蒙古族和汉族人名时，为求准确，遇到元音和辅音韵尾时，便采用了大字加注小字的拼合形式，小字往往代表的是大字的韵尾。这种注音形式是西夏人创立的。12世纪下半叶，西夏仁宗（1139~1193年在位）曾主持翻译了大量的西夏文佛经，并为准确标定陀罗尼中的梵文音节重新确立的一套规则，西田龙雄、聂鸿音、孙伯君等均在相关论著中总结过这套梵汉对音规则。[⑥]其核心是遇到梵文与西夏文不同的复辅音、长元音和辅音韵尾时，用大字加小字的拼合形式，如：1. 表示梵语的复辅音时，使用一个大字和一个小字的组合，以替代中原梵汉对音中的“二合”形式，如梵文 tra，

① 史金波，白滨：《明代西夏文经卷和石幢初探》，《考古学报》1977年第1期。

② 史金波：《西夏佛教史略》，银川：宁夏人民出版社，1988年，第327~328页。

③ 李范文：《关于明代西夏文经卷的年代和石幢的名称问题》，《考古》1979年第5期。

④ 史金波，白滨：《明代西夏文经卷和石幢再探》，载《西夏史论文集》，银川：宁夏人民出版社，第605页。

⑤ 聂鸿音：《明刻本西夏文〈高王观世音经〉补议》，《宁夏社会科学》2003年第2期。

⑥ 参考西田龙雄：《西夏语研究と法华经》（I），《东洋学术研究》第44卷第1号，2004年；聂鸿音：《〈仁王经〉的西夏译本》，《民族研究》2010年第3期；孙伯君：《西夏佛经翻译的用字特点与译经时代的判定》，《中华文史论丛》86，2007年。

法国吉美博物馆藏西夏文《法华经》校译本译作“笄蚼”，唐代密宗经师习惯在音节后面用小字注“二合”，不空译作“怛啰二合”；2. 表示梵文长元音时，在音节后加注小字“[illegible]”，如梵文 nā，西夏文译作“[illegible][illegible]”，与唐代不空等加注“引”字，即 nā 译作“娜引”的做法相应；3. 表示梵文中的收尾辅音 -n、-m、-n、-t、-r，分别在音节后加注小字“[illegible]”“[illegible]”“[illegible]”“[illegible]”“[illegible]”等。

正如学者在前述论文中指出过的，西夏时期创立的这套标音规则在元代得以沿用，元代刊行的《金光明最胜王经》和居庸关六体石刻中西夏文《佛顶尊胜陀罗尼》《如来心陀罗尼》的梵夏对音，以及东壁题记中人名、职衔的翻译均沿袭了这一规则。如：

《金光明最胜王经》卷四有梵文 vitohanti，西夏文对音作“[illegible] bji^{2} [illegible] ror^{2} [illegible] xã^{1} [illegible] nji̠^{2} [illegible] tjij^{1}”，其中 han，用大字“[illegible] xã^{1}”加小字“[illegible] nji̠^{2}”来注音。①

居庸关西壁《如来心陀罗尼》中梵文 saṃ，西夏文对音作“[illegible] sja1 [illegible] ŋə^{1}”。②

东壁汉文《造塔功德记》有“大都留守安赛罕资政院使金刚义太府太卿”，相应的西夏文翻译如下：③

[illegible] thej^{1} [illegible] tu^{1} [illegible] lji^{1} [illegible] ·u^{2} [illegible] śji^{1} [illegible] ·u^{2} [illegible] ŋa^{2} [illegible] ŋə^{1} [illegible] sã^{1} [illegible] ·jij^{1} [illegible] khia^{1} [illegible] nji̠^{2} □ [illegible] tśhji^{2}

大　都　留　守　安　赛　罕　资政

[illegible] ŋə^{1} [illegible] ɣjwã^{1} [illegible] rji̠r^{2} [illegible] kji^{1} [illegible] ŋə^{1} [illegible] kja̠^{1} [illegible] gji̠^{1} [illegible] thej^{1} [illegible] xu^{1} [illegible] thej^{1} [illegible] khji^{2} [illegible] nji̠^{2}。

院　使　金　刚　义　太　府　太　卿

其中“留”对音作“[illegible] lji^{1} [illegible] ·u^{2}”、“守”对“[illegible] śji^{1} [illegible] ·u^{2}”、“安”对“[illegible] ŋa^{2} [illegible] ŋə^{1}”、“赛”对“[illegible] sã^{1} [illegible] ·jij^{1}”、“罕”对“[illegible] khia^{1} [illegible] nji̠^{2}”等，均沿用大字加小字的对音形式。

明代编订的《华夷译语》和《蒙古秘史》中用汉字为蒙古语标音也巧妙地运用了这一方法。我们知道，洪武十五年（1382），翰林院侍讲火源洁和编修马沙亦黑奉命编译了蒙汉对照词汇集《华夷译语》，于二十二年（1389）刊行。该书凡 17 门，存 840 条词语。卷首刘三吾之序详言编写功用，其后有凡例六，特别说明了几则汉字译写蒙古语的拼合体例，即涉及“用汉字译写胡语，其中间有有声无字者”，悉采用大字加小字的形式，曰：

> 用汉字译写胡语，其中间有有声无字者，今特借声音相近字样，立例于后。读者依例求之，则无不谐矣。
>
> 字傍小注中字者，乃喉内音也。如中合、中忽之类。
>
> 字傍小注舌字者，乃舌头音也，必弹舌读之。如舌儿、舌里、舌剌、舌鲁、舌仑之类。
>
> 字傍小注丁字者，顶舌音也，以舌尖顶上齶（音鄂）读之。如丁温、丁兀、丁豁、丁斡之类。
>
> 字下小注勒字者，亦与顶舌同。如冰呼莫勒孙之类。

① 王静如：《金光明最胜王经卷四夏藏汉合璧考释》，《西夏研究》第二辑，银川：宁夏人民出版社。
② 村田治郎编著：《居庸关》第一卷，京都大学工学部，1957 年，第 184 页。
③ 村田治郎编著：《居庸关》第一卷，京都大学工学部，1957 年，第 292 页。

字下小注黑字者、惕字、克字者，皆急读带过音也，不用读出。

字下小注卜字、必字者，皆急读合口音也，亦不用读出。

同样，汉字音写本《蒙古秘史》的标音也采用了与《华夷译语》一致的原则。可以想象，西夏时期创立的这套严谨的标定外族语的规则，随着西夏后裔在元朝的任职而被带到中原，并启发了《华夷译语》和《蒙古秘史》的编写者，为后世用本族文字音写外族语提供了很好的规范，自然，明代刊行的西夏文《高王观世音经》也遵循了这套标音规则。

事实上，这种大字加小字的译写规则一直到清朝均有所遵循，清朝编定的《同文韵统》卷一《天竺字母后说》规定：①

其有本字呼声应长者，三经内用“引”字为记。今照十二字头内有余音字例，将本字叠书，而下一字微小，合为一字。其本字下带别音者，即于本字下将别音字细书，合为一字。其汉字内有音无字者，照释典本身切例，将所切二字并书，合为一字。其一字有二音者，如上音分数多、下音分数少，或下音分数多、上音分数少，则将分数多之字正书，分数少之字细书，合为一字，照国书合声切法急读之，即成一音。

其中的“正书”即指用大字，“细书”即指用小字。具体而言，涉及梵文长元音和复辅音等这类无法用单个汉字标音的情况时，均须用大字加小字的形式加以标注，如：ā 译作“阿阿”，kā 译作“嘎阿”，kri 译作“基唎”，kla 译作“嘎拉”等。②

四

由于卷尾发愿文对确定西夏后裔在明朝的宗教活动以及《高王观世音经》的传行情况均具有重要意义，下面我们把西夏文本卷尾发愿文加以重译，文末所现人名根据对音规则和西夏文相关资料加以构拟。

西夏文：

[illegible]

今闻：如来世出，四生恼病之治；菩萨重现，三界愚暗中照。其中世音观菩萨者，誓愿深广，

[illegible]

大海水与匹；罔极苦救，须弥山等高。故写则必定神现，受持者殑沙福有。śiə^{2}lji^{1}źjiw^{1}tśhjij^{1}ŋə^{1}sja^{1}，

[illegible]

大法处心重。此经通功多有，闻依实信心生。净钱已舍，写者乃请新写版开，千部敬印世人施。此

①《钦定同文韵统》卷一，文渊阁“四库全书”本，第一〇页。

② 参考聂鸿音：《〈同文韵统〉中的梵字读音和汉语官话》，《满语研究》2014 年第 1 期。

[illegible]

善根以，四恩普报，三有遍益。死生苦海△渡，一乘真义乃了。大觉妙缘凭以，涅槃胜果经证。惟愿：

[illegible]

今当皇帝万岁与来，皇子太子千秋经见。国本坚固，民庶当安。文武臣僚，忠正与行。又愿：

[illegible]

恩有父母，永当吉祥；法界在贤，佛道当成。

[illegible]

大明朝壬子 sju2 nji2 tew1·jij1 五年正月十五日。发愿者 ·ju2 nji2 tja1nji2·jar1mji1tshọ2 及共众自之净钱施舍刻令者。

[illegible]

zjị2·o1·ji2rjir2kja1thja1·jij1tu1 tu1。

[illegible]

zjị2·o1mior1·u2ka1 nji2、zji2·o1ŋjow·u2lja2·jij1、zjị2·o1 氏 dźjị2 rjir2ɣia1śji2rjijr2、·ja2xwa1sji2gji1 ·ja2xwa1bu1ɣa2tja1·jij1 ·ja2xwa1khja1 bja1kjiw1thjij1mo2 rjir2 ·ja2xwa1tjij1 ŋə1pã1·u2、phjij1śjo2khia1rar2dźia2 ŋə1、tow1ba2la1、tow1so2no1·jar1、tow1rjir1kə1ta1 bu1ɣa2、lji2mja1ŋə1 kja1·jij1、lji2 bu1da2·jij1、ŋa2nji2khow1to2tśji2、ŋa2nji2na1·ja2nji2thjij1mo2rjir2、na1·jij1mja1tji1tśhjo2lji1gja2、wow1·ji2khja2、wow1tow1kə1ta1ka1nji2、phjij1ŋə1bu1ɣa2thjij1mo2rjir2、·o1gji1rar1thow1ɣa2tśji2、·o1gji1rar1dźia2gji1·o1gji1rar1thow1la1nji2、

[illegible]

·o1gji1rar1bia2bu1kja1 等围绕住住。

[illegible]

法界内情有一切，现在时短灾间断害事，谗舌毁坏，及身老时上，最乐净土内往生。

[illegible]

nwə1ŋə1zjĩ nji2tśjow1·u2·ja2nji2lji2ŋə1 刻印。

汉译文：

今闻：如来出世，恤治四生恼病；菩萨重现，光照三界愚暗。观世音菩萨者，誓愿深广，与大海水相匹；罔极救苦，与须弥山等高。敬写则必定神现，受持有殑沙之福。苏勒柔丞思[1]，心重大法。此经多有神功，听闻心生实信。乃舍净钱，请写者新开印版，敬印千部布施世人。以此善根，四恩普报，三有遍益。渡离生死苦海，全了一乘真义。依凭大觉妙缘，得证涅槃胜果。惟愿：

当今皇帝与来万岁，皇子太子经见千秋。国本坚固，民庶当安。文武臣僚，所行忠正。又愿：有恩父母，永当吉祥；法界贤在，佛道当成。

大明朝壬子宣德[2]五年正月十五日。发愿者缘旦监剉[3]与众友施舍体己净钱令刻者。

哆讹[4]亦儿坚大都督。

哆讹庙监、哆讹卧来、哆讹氏知儿哈实哩、野货[5]斯义、野货不花歹、野货恰巴克帖木儿、野货丁保、并尚[6]卡剌张、多把拉、多桑那延、多哩疙瘩不花[7]、李[8]忙该、李部歹、安郭斗智、安那延帖木儿、乃马得楚里嘎、王[9]依迦、王杜疙瘩敢、平不花帖木儿、讹义剌达花赤、讹义剌扎义、讹义剌达兰、讹义剌八部迦等处处围绕。

法界内一切有情，现在灾害禁断，谗舌毁坏以及身死时最乐净土往生。

能仁[10]周彦陵刻印。

注释：

[1] 西夏文“[illegible] śiə^{2} [illegible] lji^{1} [illegible] źjiw^{1} [illegible] tśhjij^{1} [illegible] ŋə^{1} [illegible] sja^{1}”，可对译作“苏勒柔丞思”，待考。

[2] 据李范文考证，西夏文“[illegible]”（sju^{2} njɨ^{2} tew^{1}·jij^{1}）为明宣宗年号“宣德”（1426~1435）的音译，宣德五年，即1430年。实际上，按照干支推算，明代宣德五年是庚戌年，宣德七年（1432）才是壬子年。

[3] 据聂鸿音考证，西夏文“[illegible]”（·ju^{2} njɨ^{2}tja^{1}njɨ^{2}·jar^{1} mjɨ^{1} tshọ^{2}）为藏文Yon-tan rgya-mtsho的音译，明代译作“缘旦监剉”，华言“功德海”，永乐十三年（1415）被敕封为“灌顶慈慧妙智大国师”。

[4] “[illegible]”（zjị-·o）为西夏姓氏，见西夏文《三才杂字》“番姓氏”第42，李范文等译作“哆讹”。①

[5] “[illegible]”（·ja-xwa）为西夏姓氏，见西夏文《三才杂字》“番姓氏”第175，李范文等根据黑水城出土元代遗存文献译作“耶和”。②孙伯君曾据黑水城出土汉文《杂字》“番姓名”第10译作“野货”。③汉字“野”“耶”古代同为余母字；汉字“货”，《广韵》呼卧切，晓母果摄过韵字，与西夏字[illegible]（xwa）音近。

[6] “[illegible]”（phjij-śjo）为西夏姓氏，见西夏文《三才杂字》“番姓氏”第115，李范文等曾译作“平尚”，可以与黑水城出土汉文《杂字》“番姓氏”第49“並尚”勘同。④另，保定西夏文经幢中有此姓。汉字“並”，《广韵》蒲迥切，並母梗摄迥韵字，西夏时期河西方音並母清化读为送气清音，与“平”同音，两字在河西方音中失落-ŋ韵尾。

[7] 按，西夏文《三才杂字》“人名”第23有“[illegible]”（kə-ta-djij），李范文译作“格怛贤”。⑤

[8] “[illegible]”（lji）为西夏汉姓“李”的音译，见西夏文《三才杂字》“汉姓氏”第3。西夏皇族曾被唐朝赐姓“李”。

[9] “[illegible]”（wow）为西夏汉姓“王”的音译。见西夏文《三才杂字》“汉姓氏”第2。

[10] 能仁（[illegible]），当指大能仁寺，是明代藏传佛教著名的寺院。据记载，大能仁寺，建于元代延祐中，初名能仁寺，明洪熙元年（1425）修，加赐大能仁寺额。该寺与大慈恩寺、大隆善护国寺并称京师三大寺院。该寺在今北京西城兵马司胡同北。⑥

余　论

如上所述，明代《高王观世音经》的刊行当是由大能仁寺的喇嘛组织的。我们知道，明代对西藏实施“多封众建”政策，使得大批藏族僧人来到内地并得到朝廷供养，历代诸帝更是纷纷赐给高僧大

① 李范文，中岛干起：《电脑处理西夏文杂字研究》，东京：国立亚非语言文化研究所，1997年，第82、118页。

② 李范文，中岛干起：《电脑处理西夏文杂字研究》，东京：国立亚非语言文化研究所，1997年，第83、121页。

③④ 孙伯君：《西夏番姓译正》，《民族研究》2009年第5期，第83~90页。

⑤ 李范文，中岛干起：《电脑处理西夏文杂字研究》，东京：国立亚非语言文化研究所，1997年，第83、123页。

⑥ 黄颢：《在北京的藏族文物》，北京：民族出版社，1993年，第15页。

德各种封号。据考证，住持大能仁寺的喇嘛曾先后受封法王的有西天佛子索南监参（bsod nams rgyal mtshan）和结斡领占（rje bo rin chen），受封佛子的有扎巴藏播（grags pa bzang po），受封灌顶国师的有索南加（bsod nams rgyal）等。北京西郊翠微山明代《法海禅寺记》碑阴就记载了很多受赐法王、西天佛子的著名僧人捐助了该寺的修建，曰：①

敕赐法海禅寺助缘法王、尚师、国师、僧官、剌麻、僧众、官员人等。

万行妙明真如上胜清净般若弘照普应辅国显教至善大慈法王西天正觉如来自在大圆通佛释迦也失，妙法清修净慈普应辅国阐教灌顶弘善西天佛子大国师哑蒙葛，弘通妙戒普慧善应辅国阐教灌顶净觉西天佛子大国师班丹扎释，净修弘智灌顶国师锁南释利，弘善妙智国师舍剌巴，妙胜禅师锁南藏□□□大师，戒行禅师班卓儿。

僧录司左善世大旺，右觉义南浦。右善世祖渊。诸山长老道观怀闰（等十人略）。官员人等王琦、梁真（等三百七十六人略）。

开山第一代主持福寿。同开山剌麻领占巴，扎失乳奴，扎失远丹。

正统八年岁次癸亥十月望日。建寺功德主太监李福善、董士中、贵贺佛信、阮觉保等立石。

其中班丹扎释即是于正统十二年（1447）主持重刊《圣胜慧到彼岸功德宝集偈》（房山云居寺本）的著名僧人班丹箚释巴藏卜（dpal ldan bkra shris dpal bzang po），史载他是波忒国三叠人，世代在甘肃岷州为官，其传记见载于正统十二年编纂的《金刚乘起信庄严宝鬘西天佛子源流录》。② 而戒行禅师班卓儿，即班卓儿藏卜（dpal 'byor dpal bzang po），也作班卓尔藏卜、班卓巴藏卜，他曾于明正统十年受封为“清心戒行国师”，是班丹扎释的侄子，《西天佛子源流录》的校正者，同时也是把《圣胜慧到彼岸功德宝集偈》付梓刊行的僧人也释巴的老师。③ 此外，法海寺的“同开山剌麻”领占巴原是甘肃河州普纲寺、永昌寺僧人，其祖端月坚藏曾于洪武六年（1373）赴南京朝觐，洪武二十六年（1393）被任命为河州卫番僧纲司都纲。领占巴则继任为第二任都纲，扎失巴则为第三任。④可见，明代的著名藏传佛教高僧中不乏来自河西地区的僧人。而从西夏文《高王观世音经》的刊布、发愿文的助缘人中出现了很多西夏姓氏，以及《圣胜慧到彼岸功德宝集偈》采用西夏时期鲜卑宝源所译汉文本为底本这些迹象看，明代在北京各寺院住持的僧人中一定有西夏后裔。正如元代藏传佛教在内地的传播与西夏遗僧有千丝万缕的联系一样，西夏后裔也是明代藏传佛教得以兴盛的一股不可小觑的力量。

附录：俄藏黑水城出土汉文本《高王观世音经》

高王观世音经序[1]

昔高欢国王在相州为郡，有一孙敬德，为主宝藏宫，犯法囚禁在狱中。知虚就死，持诵《观世音普门品经》，日夜不辍。於睡中梦僧言曰：汝持此经不能免死，持取《高王观世音经》

①④ 黄颢：《在北京的藏族文物》，北京：民族出版社，1993 年，第 31 页。
② 张润平、苏航、罗炤编著：《西天佛子源流录——文献与初步研究》，北京：中国社会科学出版社，2012 年。
③ 罗炤：《藏汉合璧〈圣胜慧到彼岸功德宝集偈〉考略》，《世界宗教研究》1983 年第 4 期，第 4~36 页。

一千遍，当离刑戮。敬德曰：今在狱中，何时见本？僧曰：口受与汝，睡觉无遗失。志心诵持，得九百遍。文案已成，付都市斩之。敬德怕惧，问使人曰：都市近远？使曰：何故？敬德曰：昨夜梦一僧，令教受持《高王观世音经》一千遍，当得免死，今欠一百遍，请求使慢行。随路急念，持经一千遍，数满使乃令斩之。敬德身不损，其刀为三段。将刀呈王，王宣敬德问曰：汝有何术得如此？敬德曰：实无术，狱中怕死，持《观世音普门品经》，梦见一僧令持《高王观世音经》一千遍，获福如是。王谓敬德：汝胜于我，与圣何异？王处分狱中更有合死之人，将此经各令持诵一千遍，斩之，是人悉得如此。王勑下，国人悉令持诵此经，普寿百岁，水陆怨债，讬化梵文，更无轮报矣。

《高王观世音经》

观世音菩萨，南无佛，南无法，南无僧。佛国有缘，佛法相因。常乐我净，有缘佛法。南无摩诃般若波罗蜜，是大神咒。南无摩诃般若波罗蜜，是大明咒。南无摩诃般若波罗蜜，是无上咒。南无摩诃般若波罗蜜，是无等等咒。南无净光秘密佛，法藏佛，师子吼佛[2]，神足幽王[3]佛。佛告须弥登王佛，法护佛，金刚藏师子游戏佛，宝胜佛，[4]药师琉璃光王佛，普光功德山王佛，善住功德宝王佛，过去七佛，未来贤劫千佛，千五百佛，万五千佛，五百花胜佛，百亿金刚藏佛，定光佛，六方六佛名号，东方宝光月殿妙音尊王佛[5]，南方树根花王佛，西方皂王神通焰花王佛，北方月殿清净佛，上方无数清净[6]宝首佛，下方善寂月音王佛，无量诸佛，多宝佛，释迦牟尼佛，弥勒佛，阿閦佛，弥陁[7]佛。中央一切众生在佛土界[8]中者，行住于地上，及在虚空中慈忧于一切众生，各令安稳休息。昼夜修持，心常求诵此经，能灭生死苦，消伏于毒害。那摩大明观世音，观明观世音，高明观世音，开明观世音，药王菩萨，药上菩萨，[9]虚空藏菩萨，地藏菩萨，[10]普王[11]如来化胜菩萨，念念诵此偈。七佛世尊，即说咒曰：

离波离波帝，求诃求诃帝，陁罗尼帝，尼诃罗帝，毗[12]离尼帝，[13]娑婆诃。

十方观世音，一切诸菩萨。誓愿救众生，称名悉解脱。恐有薄福者，殷重为解脱。[14]但是有因缘，读诵口不辍。诵经满千遍，念念心不绝。火焰不能伤，刀兵立摧折。恚怒生欢喜，死者变成活。莫言此是虚，诸佛不妄说。

《佛说高王观世音经》

注释：

［1］此段“高王观世音经序”，《大正藏》本无。

［2］《大正藏》本无“佛”字。

［3］幽王，《大正藏》本作“由王”。

［4］《大正藏》本“宝胜佛”之后有“神通佛”。

［5］月殿妙音尊王佛，《大正藏》本作“月妙尊音王佛”。

［6］清净，《大正藏》本作“精进”。

［7］陁，《大正藏》本作“陀”，下同。

［8］土界，《大正藏》本作“世界”。

［9］“药上菩萨”之后，《大正藏》本有“文殊师利菩萨，普贤菩萨”。

[10] “地藏菩萨”之后，《大正藏》本有“清凉宝山亿万菩萨”。

[11] 普王，《大正藏》本作“普光”。

[12] 毗，《大正藏》本作“毘”。

[13] “毗离尼帝”之后，《大正藏》本有“摩诃迦帝，真灵虔帝”。

[14] 此句《大正藏》本作“若有智慧者，殷懃为解脱”。

中国古代的男女九宫及其在残历定年中的作用

彭向前

摘　要：男女九宫和年九宫都是从九宫衍化而来的。男九宫和年九宫一样，与纪年地支之间有相同的对应关系。敦煌、西夏出土历日表明，古代男女九宫的推算方法与《三元经》所载并不完全一致：女宫推算方法相同，男宫则整个提前一个甲子，但并不改变男九宫同纪年地支之间的对应关系。根据这一原则，把男女九宫用于残历定年，是对残历定年方法的又一拓展。

关键词：男女九宫；年九宫；残历定年

男女九宫与《吕才合婚法》有关。合婚之说起源于唐代。随着西方异族大量进入中原，他们向唐王室及大臣们求婚的人很多，于是唐太宗命吕才编造“合婚法”，意在减少与他们的通婚，故又称为《减蛮经》。中国古代历注内容十分丰富，男女九宫即是其一，在出土的敦煌、西夏历日文献中，往往标有这方面的内容。西夏历日文献中有关于男女九宫的记载，是笔者首次披露的。

一、男女九宫与年九宫

男女九宫和年九宫都是从九宫衍化而来的。马王堆帛书表明，九宫最晚产生于汉代。九宫共有九幅图，其中五宫图形为基本图形，布局为“二四为肩，六八为足，左三右七，戴九履一，五居中央”。

五宫图形

4	9	2
3	5	7
8	1	6

其中的数字如用八卦表示，即坎一、坤二、震三、巽四、中五、乾六、兑七、艮八、离九。

巽	离	坤
震	中	兑
艮	坎	乾

此法见《俄藏黑水城文献》第5册，称之为“九宫法”：“坎一宫、坤二宫、震三宫、巽四宫、中五宫、

作者简介：彭向前（1968~　），宁夏大学西夏学研究院研究员，主要从事西夏学和中国古代民族关系史研究。

乾六宫、兑七宫、艮八宫、离九宫。”①

唐人又用颜色代数字，即一白、二黑、三碧、四绿、五黄、六白、七赤、八白、九紫。

绿	紫	黑
碧	黄	赤
白	白	白

“五居中央”的五宫图形为基本图形，将每格的数字依次加一或减一，即可得其余八宫图形。

一宫图形

9	5	7
8	1	3
4	6	2

二宫图形

1	6	8
9	2	4
5	7	3

三宫图形

2	7	9
1	3	5
6	8	4

四宫图形

3	8	1
2	4	6
7	9	5

六宫图形

5	1	3
4	6	8
9	2	7

七宫图形

6	2	4
5	7	9
1	3	8

八宫图形

7	3	5
6	8	1
2	4	9

九宫图形

8	4	6
7	9	2
3	5	1

九宫图形在历书中如何使用？先看三元甲子年。三元甲子规定，以隋仁寿四年（604）甲子配一宫，次年（605）起，以“九、八、七、六、五、四、三、二、一”的次序配入九宫，反复无穷。因 9 与 60 的最小公倍数是 180，合 3 个甲子，分别称之为上元、中元、下元。隋仁寿四年甲子岁（604）为上元，664 年为中元，724 年为下元，784 年又为上元，以此循环不绝。见下表：

三元甲子首年表

上元	中元	下元
604	664	724
784	844	904
964	1024	1084
1144	1204	1264
1324	1384	1444
1504	1564	1624
1684	1744	1804
1864	1924	1984

① 俄罗斯科学院东方研究所圣彼得堡分所，中国社会科学院民族研究所，上海古籍出版社：《俄藏黑水城文献》第 5 册，上海古籍出版社，1999 年，第 121 页。

历书中年九宫的起算点，以隋仁寿四年上元甲子（604）为坎一，之后以“九、八、七、六、五、四、三、二、一”的次序倒转，依次下排。掌握了这个规律，我们就可在历史年表上添注该年的九宫（仅为该年的中宫数字）。年九宫同纪年地支之间有固定的对应关系[①]，见下表：

年九宫同纪年地支对应关系

年九宫（中宫）	对应年地支
一、四、七	子、卯、午、酉（仲年）
二、五、八	巳、亥、寅、申（孟年）
三、六、九	丑、未、辰、戌（季年）

关于男女九宫的推算方法，我们先来看清《钦定协纪辨方书》引《三元经》中的记载：

九宫建宅，男命上元甲子起坎一，中元甲子起巽四，下元甲子起兑七，逆行九宫。女命上元甲子起中五，中元甲子起坤二，下元甲子起艮八，顺行九宫。[②]

表列于下：

《三元经》三元甲子男女命宫起点

	上元	中元	下元
男宫起点	一	四	七
女宫起点	五	二	八

通过比较不难发现，《三元经》所载男九宫的算法与年九宫的算法完全一致：（1）起点相同，皆为上元甲子（604）为坎一。（2）皆以“九、八、七、六、五、四、三、二、一”的次序，逆行九宫。也就是说，男九宫与年九宫一样，同纪年地支有相同的固定的对应关系。

二、中国古代男女九宫的推算方法不一致

出土历日表明，中国古代男女九宫的推算方法与《三元经》所载并不完全一致。инв. № 8085 历书 1908-1909 年在黑水城遗址（今属内蒙古额济纳旗）出土，现藏于俄罗斯科学院东方文献研究所，迄今尚未刊布。该部历书跨西夏崇宗、仁宗、桓宗、襄宗四朝，连续 88 年[③]，是目前所知中国保存至今历时最长的古历书，在中国古代史上绝无仅有。但不知什么原因，已经出版的《俄藏黑水城文献》并未收录该件文献。笔者于 2013 年利用赴俄罗斯科学院做访问学者开展科研工作的机会，始在东方所“绿厅”阅览室一睹该件历日文书的庐山真面目。инв. № 8085 历书内容十分丰富，不仅涉及朔日、闰月、月大小、二十四节气、二十八宿注历、九曜星宿的运行周期等天文历法知识，还涉及一些术数知识，如纳音五行、八卦配年以及本文要讨论的男女九宫等。

① 邓文宽：《敦煌古历丛识》，载《敦煌吐鲁番天文历法研究》，兰州：甘肃教育出版社，2002 年，第 108 页。
②《钦定协纪辨方书》卷三十五《男女九宫》。
③ 彭向前：《出土历日文献考证四题》，《中国自然科学史杂志》2015 年第 2 期。

инв. № 8085 历书中，标有男女九宫的年历共计有 25 年：夏崇宗元德二年（1120）至夏崇宗元德三年（1121）；夏崇宗元德六年（1124）至夏仁宗人庆元年（1144）；夏桓宗天庆十三年（1206）至夏襄宗应天二年（1207）。从中可以求得：（1）上元甲子男女九宫起点。夏仁宗人庆元年（1144）为上元甲子起点，该年男起七宫，女起五宫。（2）下元甲子男女九宫起点。夏崇宗元德七年（1125）属下元年，该年男起八宫，女起四宫。从此年往上推，可得 1084 年下元甲子为男起四宫，女起八宫。（3）中元甲子男女九宫起点。夏襄宗应天二年（1207）属中元年，该年男起七宫，女起五宫。从此年往上推，可得 1204 年中元甲子为男起一宫，女起二宫。

инв. № 8085 历日文献三元甲子男女命宫起点

	上元	中元	下元
男宫起点	七	一	四
女宫起点	五	二	八

与《三元经》相比较，女宫推算方法相同，男宫则整个提前了一个甲子。

无独有偶，邓文宽先生在敦煌出土的唐、宋历日文献中发现，男女九宫的推算方法也是如此，转引如下：①

（1）P.6《唐乾符四年丁酉岁（877）具注历日》中的《六十甲子宫宿法》记载：唐兴元元年（784）为上元甲子，男起七宫，女起五宫；会昌四年 (844) 为中元甲子，男起一宫，女起二宫；再往下排，唐天复四年（904）下元甲子为男起四宫，女起八宫。

（2）S.612《宋太平兴国三年（978) 应天具注历日》之《六十相属宫宿法》云："一岁戊寅土，太平兴国三年，男二宫，女一宫。"

（3）S.1473《宋太平兴国七年壬午岁（982）具注历日》序云："今年生男起七宫，女起五宫。"

（4）P.3403《宋雍熙三年丙戌岁（986）具注历日》序云："今年生男起三宫，女起九宫。"

若以太平兴国三年（978）"男起二宫"为起点，逆行九宫，则太平兴国七年适得"男起七宫"，雍熙三年适得"男起三宫"；若以太平兴国三年"女起一宫"为起点，顺行九宫，则太平兴国七年适得"女起五宫"，雍熙三年适得"女起九宫"。再以太平兴国三年"男二宫，女一宫"反推回去，则乾德二年上元甲子（964）为男七宫，女五宫；再往上推，可得唐天复四年下元甲子（904）男四宫，女八宫；唐会昌四年中元甲子（844）为男一宫，女二宫。总之，敦煌出土的唐、宋历日文献表明，其男女九宫的排列方法与西夏历日文献完全一致，二者女宫推算方法皆与《三元经》相同，男宫皆比《三元经》所载提前一个甲子。

敦煌、西夏男宫提前一个甲子示意表

1	4	7	1	4	7	1	4	7
5	2	8	5	2	8	5	2	8

我们可以模仿《三元经》中的记载，把敦煌、西夏男女命宫的推算方法用文字表述为：

① 邓文宽：《敦煌古历丛识》，载《敦煌吐鲁番天文历法研究》，兰州：甘肃教育出版社，2002 年，第 114~115 页。

九宫建宅，男命上元甲子起兑七，中元甲子起坎一，下元甲子起巽四，逆行九宫。女命上元甲子起中五，中元甲子起坤二，下元甲子起艮八，顺行九宫。

出土历日文献与《三元经》在男女九宫排列方法上的差异，究竟是何种原因造成的，有待研究。

三、男女九宫在残历定年中的作用

虽然敦煌、西夏男宫提前了一个甲子，但并不改变男九宫同纪年地支之间固定的对应关系。男九宫同纪年地支之间对应关系等同于年九宫同纪年地支之间对应关系。

男九宫同纪年地支对应关系

男九官（中宫）	对应年地支
一、四、七	子、卯、午、酉（仲年）
二、五、八	巳、亥、寅、申（孟年）
三、六、九	丑、未、辰、戌（季年）

也就是说男九宫在残历定年中可以给我们提供有价值的信息，对确定年干支有一定的帮助。

例一：инв. № 8085 历日文献中夏崇宗元德七年（1125）年历。纪年干支为“乙巳”，本年各月的朔日干支为“癸酉、癸卯、癸酉、壬寅、壬申、辛丑、庚午、庚子、己巳、戊戌、戊辰、戊戌”。根据纪年干支、每月的朔日，查《二十史朔闰表》，只有宋徽宗宣和七年乙巳（1125）与之相符[①]，该年系夏崇宗元德七年。我们可以根据本年历中男女九宫的记载对求出的残历年代加以验证。本年历右部表头第一列“八、四”，为男女命宫，其具体含义为“今年生男起八宫，女起四宫”。夏崇宗元德七年（1125）属下元。从 1084 年进入下元年，按敦煌、西夏男女九宫的算法，当年男起四宫，女起八宫，以男逆女顺运行，可推得 1125 年是男八宫、女四宫，恰与本年历记载相符。又男九宫与年九宫一样，同纪年地支有相同的对应关系。据《年九宫同纪年地支对应关系》表，年九宫为二、五、八，对应的年地支为巳、亥、寅、申，本年历纪年干支为乙巳，“巳”恰在其中。综上所述，此年历当为夏崇宗元德七年（1125）乙巳年历。

例二：инв. № 8085 历日文献中夏襄宗应天二年(1207)年历。干支纪年缺，幸有西夏文二十八宿“昴”值年。本书二十八宿值年始于夏桓宗天庆七年庚申（1200），值宿为虚，而本年历值宿为昴，由虚到昴跨 8 年，恰为 1207 年丁卯。演禽术“二元甲子起奎”，丁卯年恰为昴宿值年，可以互证。此外我们还可以利用男女九宫的记载进一步对之加以验证。夏襄宗应天二年（1207）男起七宫，也就是说当年的年九宫也为七宫。据《年九宫同纪年地支对应关系》表，年九宫为一、四、七者，对应年地支必为子、卯、午、酉。利用二十八宿值年的记载求得本年为丁卯年，有“卯”字，与之相符。综上所述，此年历当为夏襄宗应天二年（1207）丁卯年历。

当然，我们反过来也可以利用纪年干支对错误的男女九宫记载加以订正。инв. № 8085 历日文献中

① 陈垣：《二十史朔闰表》，北京：中华书局，1999 年，第 134 页。

夏崇宗元德二年（1120）庚子年历，右部表头记有“九女、二男”，为男女九宫，具体含义为“今年生女起九宫，男起二宫”。但本年历中男女九宫的记载是错误的。如果男九宫为二、五、八，对应的年地支当为巳、亥、寅、申，本年的年地支为“子”，与之不符，知其必误。夏崇宗元德二年（1120）属下元。从1084年进入下元年，按敦煌、西夏男女九宫的算法，当年男起四宫，女起八宫，以男逆女顺运行，可推得1120年是男四宫，女八宫。次年即夏崇宗元德三年辛丑（1121）历日文献记载“男三宫，女九宫”可证。又年九宫为一、四、七，对应的年地支为子、卯、午、酉，“子”恰在其中，亦可佐证。

关于残历定年的方法，邓文宽、席泽宗先生做过专门总结，方法有七：（1）有明确纪年，一望即知；（2）由年九宫决定年干支；（3）由月九宫求年地支；（4）由月天干求年天干；（5）朔闰对比；（6）星期对比；（7）利用年神方位定年干支。[①] 随着研究的深入，又有一些新的方法不断被总结出来，如利用“建除十二客”可知残历所在月份，利用二十四节气对残历定年加以验证，利用行星位置注历对古代历日文献进行定年，等等。利用男九宫与年九宫一样同纪年地支之间有相同的对应关系这一原则，把男女九宫用来验证残历定年，是对残历定年方法的又一拓展。实际上，在对残历进行定年的过程中，单独依靠某种方法难以奏效，往往需要对若干个方法加以综合运用。

① 邓文宽，席泽宗：《敦煌残历定年》，《中国历史博物馆馆刊》1989年第12期。

中国国家图书馆藏西夏文《修习止观坐禅法要》残件考释

孙飞鹏

摘　要：文章对中国国家图书馆藏西夏文《大般若波罗蜜多经》封面、封底裱糊纸张中的几件西夏文残页进行了释读，考证出这几个残页出自《修习止观坐禅法要》。此为西夏文《修习止观坐禅法要》的首次发现，丰富了西夏文佛教文献目录的内容。此外，通过对残页中某一别字的分析，认为该别字极可能是拣选活字模时误选造成，故此版本《修习止观坐禅法要》可能为活字印本。

关键词：西夏文；佛经；修习止观坐禅法要

国家图书馆藏有若干卷西夏文写本《大般若波罗蜜多经》，该批文献出土于黑水城。2003 年，馆方在对所藏西夏文文献修复的过程中，在一些文献的封面、封底裱糊纸张中发现了许多西夏文、汉文文献页面。[①] 本文考证的这几件残页当为从西夏文《大般若波罗蜜多经》卷二十二封底和卷一百四裱糊纸张中所清理出。残件相应图录刊于 2005 年出版的《中国藏西夏文献》中，中藏及馆藏编号同相应卷的《大般若波罗蜜多经》；编号及图版号分别为 B11·005［7.16］（49–31）、B11·005［7.16］–01P（49–34）、B11·005［7.16］–10P（49–43）、B11·016［4.12–3］（96–38P）[②]，其中 B11·005［7.16］（49–31）包含了 3 段佛经残件。B11·005［7.16］–01P（49–34）对应 B11·005［7.16］（49–31）的左、中段；B11·005［7.16］–10P（49–43）对应 B11·005［7.16］（49–31）的右段，此两件应为从 B11·005［7.16］（49–31）中进一步清理而出。上述几件残片的西夏文录文、对译及文献名称考释分述如下。

一、B11·005［7.16］–01P（49–34）右，即 B11·005［7.16］（49–31）中段

残存 4 行，行存 9 字左右，残件下部有单栏线，原题“西夏文刻本佛经残页”。录文及对译如下：

作者简介：孙飞鹏（1977～　），西安交通大学人居环境与建筑工程学院讲师，主要从事西夏文献研究。

① 宁夏大学西夏学研究中心等编：《中国藏西夏文献》（1），兰州：甘肃人民出版社、敦煌文艺出版社，2005 年，第 1~14 页。

② 宁夏大学西夏学研究中心等编：《中国藏西夏文献》（1），甘肃人民出版社、敦煌文艺出版社，2005 年，第 115~118 页；《中国藏西夏文献》（2），甘肃人民出版社、敦煌文艺出版社，2005 年，第 152 页。

▭[illegible]

▭令△者若或座中诸善

▭[illegible]

▭法修以养长令当何云

▭[illegible]

▭止修当是若观与和则

▭[illegible]

▭纲矢△略△说是

上录文及对译中，“▭”表示上缺，“△”对应西夏文助词（下同）。经解读比对，我们发现此残件出自《修习止观坐禅法要》卷下之《善根发第七》，相应汉文原文如下：

［三明用止观长养诸善根］者。若于坐中诸善［根发时，］应用［止观二］法修令增进。［若宜用止，则以］止修之；若宜用观，则以观修之。［具如前］说略示大意矣。①

二、B11·005［7.16］-01P（49-34）左，即B11·005［7.16］（49-31）左段

B11·005［7.16］-01P（49-34）左残存两行，其与B11·005［7.16］-01P（49-34）右内容间距较大且有纸张黏连痕迹，故内容也可能为不相接续的两件，为此当分释考。与B11·005［7.16］（49-31）左段相对比，B11·005［7.16］-01P（49-34）左增加了一行，这应为修复过程中对裱糊的文献进一步展开所获。此残存两行录文及对译如下：

▭[illegible]

▭观修时诸法一切皆心

▭[illegible]▭

▭实□空是知能▭

上录文及对译中，“▭”表示下缺，“□”表示残缺单字，“[illegible]”为根据内容补字（下同）。经解读比对，此残件出自《修习止观坐禅法要》卷下之《证果第十》，相应汉文原文如下：

［若行者如是］修［止］观时，能了知一切诸法皆由心［生因缘虚假不］实故空。②

三、B11·016［4.12-3］（96-38P）

该件残存6行，每行较完整，可判断为16字，上部有单栏线，原题“西夏文刻本佛经残页”。行

①《中华大藏经（汉文部分）》（第95册），北京：中华书局，1995年，第770页。

②《中华大藏经（汉文部分）》（第95册），北京：中华书局，1995年，第773页。

字补足后西夏文录文及汉文对译如下：

□□□ [illegible]

□□□ 诸根性欲亦分别能根性欲无量

[illegible]

依无量法说若无量辩才成就能则六道

[illegible]

苦受众生△利益作能此者方便故□□

[illegible]

止修名为空起假入观亦谓复平等观亦

[illegible]

谓复法眼亦谓道彩智亦谓此观中住智

[illegible]

慧力强依佛性△见明了者非菩萨□□

经解读比对，此残件亦出自《修习止观坐禅法要》卷下之《证果第十》，相应汉文原文如下：

亦能分别［众生］诸根性欲，［无量］故则说法无量。若能成就无碍辩才，则能利益［六道］众生。是名方便［随］缘止。［乃是］从空入假观，［亦］名平等观，亦名法眼，亦名道种智。住此观中［智］慧力多故，虽见佛性而不明了。菩萨［虽复成就此二种观］。[1]

西夏文同现存汉文本也略有所差别，如汉文本中“六道众生”，在西夏本中或作“六道苦受众生”。另汉文本“道种智”，西夏本作“[illegible]”，“[illegible]”意为彩、色，或为“[illegible]”（种）之误。

四、B11·005［7.16］ -10P （49-43），即 B11·005［7.16］（49-31）右段

残存 8 行，左右可见版框线，其中右侧为双栏，左侧为单栏；下亦存粗单栏线。该件原题“西夏文写本佛经残页”。可据上下文内容对残缺补足后，西夏文录文及汉文对译如下：

[illegible]

▭ 诸法一切于染著无及

[illegible]

若诸法一切于染著无则诸佛一切悉前

[illegible]

现及若诸佛一切悉前现则佛念三昧成

[1]《中华大藏经（汉文部分）》（第 95 册），北京：中华书局，1995 年，第 773 页。

[illegible]
就及若佛念三昧成就则首楞严定于安
[illegible]
住及若首楞严定于安住则色身普现三
[illegible]
昧得若色身普现三昧得则十方世界普
[illegible]
入众生教化及若十方世界普入众生教
[illegible]
化则佛刹一切悉严净若佛刹一切严净

汉文意译如下：

□，于一切诸法无染著；若于一切诸法无染著，则一切诸佛悉现前；若一切诸佛悉现前，则成就念佛三昧；若成就念佛三昧，则安住首楞严定；若安住首楞严定，则得色身普现三昧；若得色身普现三昧，则普入十方世界，教化众生；若普入十方世界，教化众生，则一切佛刹悉严净，若一切佛刹严净……

经解读比对，此残件亦出自《修习止观坐禅法要》卷下之《证果第十》，相应汉文原文如下：

于一切法无所染着，一切佛法皆现在前，成就念佛三昧，安住首楞严定，则是普现色身三昧，普入十方佛土，教化众生，严净一切佛刹。[①]

与现存汉文本相比，西夏文本语言虽显繁琐，但对经义的表达阐述却似更为清晰。

上述几个残件字体俊逸、略显瘦长；以字体相若，判断应出自同一版本。其版本特征为：刻本，蝴蝶或经背装，单面8行，行16字，上下单栏。此版本是否为活字刻本呢？我们认为也存在着很大可能。如前述“[illegible]”误为“[illegible]”，此两字有明显的差别，故在书写或雕刻时混用的可能性不大；而“[illegible]”分别为“[illegible]”“[illegible]”的左偏旁及右偏旁，所以两字误用的最大可能是在拣选活字字模时发生混淆。我们曾以灵武所出西夏文《华严经》为例，提出通过图像分析比对鉴别活字模的方法；然而此处因字符数量所限，可容比较的样本数量偏少。我们期待能发现更多的西夏文该版本《修习止观坐禅法要》或字体相若的其他西夏文刻本文献，以能通过图像分析方法对其是否属于活字本做出鉴别。

《修习止观坐禅法要》，亦称《童蒙止观》《小止观》，天台山修禅寺沙门智顗撰；上下二卷，正文先论述止观的意义，而后分具缘、诃欲、弃盖、调和、方便（行）、正修（行）、善（根）发、觉魔（觉知魔事）、治病、证果等10章[②]。智顗（538~597），南朝陈、隋间僧人，是佛教天台宗的实

①《中华大藏经（汉文部分）》（第95册），北京：中华书局，1995年，第774页。
②《中华大藏经（汉文部分）》（第95册），北京：中华书局，1995年，第757页。

际创始人，其述撰的《法华文句》《法华玄义》《摩诃止观》号称天台“三大部”[①]。智𫖮所述撰《修习止观坐禅法要》虽被称作《小止观》，却是《法华》之精髓，亦为《摩诃止观》之撮要，是认识和理解天台宗佛教修行方法的方便之门[②]。本文所述几件西夏文残页分别出自《修习止观坐禅法要》的“善（根）发”与“证果”两章。这是西夏文《修习止观坐禅法要》的首次发现，该经的发现丰富了西夏文佛经目录，为全面认识西夏佛教史提供了新材料。

① 任继愈主编：《佛教大辞典》，南京：凤凰出版社，2002 年，第 1180 页。

② 张荣明：《信仰的考古：中国宗教思想史纲要》，天津：南开大学出版社，2010 年，第 200 页。

西夏文《妙法圣念处经》残卷考释

麻晓芳

摘　要： 文章指出俄藏西夏文 инв. № 6039 为《妙法圣念处经》与其他 4 部佛经残片拼凑的杂集，并非如此前著录的全部出自一种佛经。同时，参考法天所译汉文本，文章对杂集所收《妙法圣念处经》进行了翻译。目的是增益学界对№ 6039 这一编号所收佛经文本的认识，并为西夏语研究提供语料。

关键词： 妙法圣念处经；西夏文；西夏学

一

俄藏黑水城出土 инв.№ 6039 西夏文佛经，1909 年出土于内蒙古额济纳旗的黑水城遗址，现藏于俄罗斯科学院东方文献研究所，迄今未获刊布。该编号文献首见戈尔巴乔娃和克恰诺夫合著的《西夏文写本和刊本》后附的佛经目录，标题著录为“四法圣□存经”①。西田龙雄《西夏文佛经目录》231 号将此经著录为“妙法圣胜住经”（颁禐纠祧綖璱菽），并认为此经译自汉文佛经。② 克恰诺夫在《西夏佛典目录》中也将该文献著录为“妙法圣胜住经”，并对其版本形制做了如下描述：即写本，经折装，31 × 12 厘米，板框高 23 厘米。残存 29 折，每折 6 行，行 18 字。卷尾重复经题。佚名译自宋法天汉译本《妙法圣念处经》。③

对照上海古籍出版社蒋维崧、严克勤两位先生从俄国摄回照片，目前所见№ 6039 的形制和内容与此前学者所著录的略有不同。文献图版有多处残断之处，明显经过整理者的重新粘连拼合。这不禁让人怀疑该编号文献是否只含《妙法圣念处经》一种。西田龙雄也曾注意到这一问题，在《西夏语佛典目录编纂诸问题》一文中指出：俄藏 инв.№ 6039 佛经为《妙法圣念处经》卷一的后半部分，在《大正藏》卷十七第 421 页上栏之首“（一）切（诸惑）不能伏除”开始，到下栏尾题，有存。1 折到 18 折是另一种或几种经典。④

作者简介： 麻晓芳（1982~　），中国社会科学院语言研究所博士后，主要从事西夏文献和西夏语言文字研究。

①З.И. Горбачева и Е.И. Кычанов, Тангутские рукописи и ксилографы, Москва: Издательство восточной литературы, 1963, стр. 107.

② 西田龙雄：《西夏文华严经 III》，京都大学文学部，1977 年，第 46 页。因经题中的“懦”（念）误录为“祧”（胜），故致著录失当，克恰诺夫《西夏佛典目录》沿用了西田龙雄的著录。

③ Е.И. Кычанов, Каталог тангутских буддийских памятников, Киото: Университет Киото, 1999, стр410.

④ 西田龙雄著，刘红军译：《西夏语佛典目录编纂诸问题》，《西夏学》第四辑，银川：宁夏人民出版社，2009 年，第 19 页。

№ 6039 实为经折装 30 折，而非此前所著录的 29 折。通过仔细比对各叶残片的字迹及行款，可确知这一杂集包含 6 种不同的经卷残叶。其中有明确经题标示的《妙法圣念处经》处于卷尾，共计 12 折，行 18 字，其余各叶行 17 至 19 字不等。经过对经文的逐叶解读对译可知，инв.№ 6039 其余残片分属《大般涅槃经》《大般若波罗蜜多经》《七佛八菩萨所说大陀罗尼神咒经》及《增一阿含经》。具体如下：

第 1 ~ 3 折，出自《大般涅槃经》第二十九卷；

第 4 ~ 8 折，出自《大般涅槃经》第十一卷；

第 9 折，出自《大般若波罗蜜多经》第三百一十四卷；①

第 10 ~ 13 折，出自《七佛八菩萨所说大陀罗尼神咒经》第四卷；

第 14 ~ 18 折，出自《增一阿含经》第四十一卷；

第 19 ~ 30 折，出自《妙法圣念处经》第一卷。

《大般涅槃经》全经 40 卷。西夏本 1909 年出土于内蒙古黑水城遗址，今绝大部分经卷藏于俄罗斯科学院东方文献研究所。俄藏著录见克恰诺夫《西夏佛典目录》页 356~378，共计 150 余个编号。②共如下几种版本：（1）第 110 号，写本，卷子装，共 28 个编号。（2）第 111 号，黄纸写本，经折装，共 31 个编号。（3）第 112 号，写本，经折装，带有版画及蓝色封皮，共计 44 个编号。（4）第 113 号，写本，经折装，经文中有蓝线及陀罗尼咒语。每叶行数字数不一，著有发愿者、抄经者及经书所有者姓名，共计 36 个编号。（5）第 114 号，写本，梵夹装，正反双面书写经文，3 个编号。（6）第 115 号，写本，梵夹装，第 114 号经文的复抄本，两个编号。（7）第 116 号，写本，梵夹装，每叶 33 行，行 13 字，只一个编号。存 34 页。（8）第 117 号，写本，梵夹装，仅存 2 残叶。此外，英藏黑水城文献第一册也已刊布《大般涅槃经》卷第二十五。③инв. № 6039 中《大般涅槃经》共计 8 折残叶，每叶 6 行，行 17 字，版本形制与第 112 号文献最为接近。对照北凉昙无谶汉译本《大般涅槃经》，可确知此 8 折残叶为《大般涅槃经》第十一卷“圣行品”以及第二十九卷“师子吼品”第十一之三的部分内容。

西夏文《大般若波罗蜜多经》现存 450 卷，佚名译自玄奘所译汉文本。俄藏《大般若波罗蜜多经》涉及近两千个编号。国内中国国家图书馆藏《大般若波罗蜜多经》为黑水城出土的写本，共计 21 卷，多为完本。④此外，西夏文《大般若经》在英藏以及法藏黑水城文献中都能寻得残卷。⑤西安市文物保护考古所藏系梵夹装，共计 73 面。⑥敦煌研究院、内蒙古自治区文物考古研究所等单位亦存有写本及刻本残页。⑦各地所藏经卷版本形制不尽相同，以经折装为主，亦有少量梵夹装及卷子装。⑧尽管形制

① 此经残叶只存一折 6 行，且句式内容均重复，与《大般若波罗蜜多经》第三百一十四卷“初分真善友品”第四十五之二内容近似。

② Е.И. Кычанов, Каталог тангутских буддийских памятников, Киото: Университет Киото, 1999, стр356~378.

③ 英藏编号见《英国国家图书馆藏黑水城文献》①，上海古籍出版社，2005 年，第 156 页；《英国国家图书馆藏黑水城文献》④，第 96 页；《英国国家图书馆藏黑水城文献》⑤，第 355 页。

④ 黄延军：《中国国家图书馆藏西夏文〈大般若波罗蜜多经〉研究》，北京：民族出版社，2012 年。

⑤ 英藏编号见《英国国家图书馆藏黑水城文献》①至⑤，上海古籍出版社，2005 年；法藏编号见《法国国家图书馆藏敦煌西夏文文献》，上海古籍出版社，2007 年，第 181、189 页。

⑥《中国藏西夏文献综述》，《西夏学》第二辑，银川：宁夏人民出版社，2007 年，第 62 页。

⑦《〈中国藏西夏文献〉总目录》，《西夏学》第三辑，银川：宁夏人民出版社，2008 年，第 51、59、62、63 页。

⑧ Е.И. Кычанов, Каталог тангутских буддийских памятников, Киото: Университет Киото, 1999, стр48~266.

不一，但数量巨大。故经过重新拼合各版本经文，大体可得到西夏本全书。инв. № 6039 中仅存第九折一叶 6 行，且句式内容均重复，与第三百一十四卷“初分真善友品”第四十五之二内容相类，仍需进一步研究。

西夏文《七佛八菩萨所说大陀罗尼神咒经》见俄藏 инв. № 69，现存 4 卷。黑水城遗址出土，俄罗斯科学院东方文献研究所藏，佚名译自晋失译汉文本。克恰诺夫目录中著录其版本形式为：写本，经折装。29.5×12 厘米。墨框高 22.7 厘米，乌丝栏。每折 6 行，行 18 字，存 84 折，佚卷首，结尾重复标题。全经未见解读。№ 6039 中的四折残页出自《七佛八菩萨所说大陀罗尼神咒经》第四卷，形制与№ 69 十分相似，但因并未得见该文献图版，还不能确定是否属于同一版本佛经。инв. № 6039 中的 4 折佛经可与晋代失译同名佛经准确对应，当确知译自汉文本。

“四阿含”在西夏文献著录中只见《长阿含经》一种，最近汤君在俄藏 инв. №3966 文献中剥离出《长阿含经》与《增一阿含经》两种不同的经典，我们才确知西夏时期也有此经译本存世。[①] 据汤君文中所述，其版本形制为册页装，巾箱本，幅宽 11×9.5 厘米，每叶 6 行，行 10~12 字不等，存 25 叶，卷尾佚，其中叶 16~25 属《增一阿含经》，现存内容凡 8 节，均来自“五法部”。值得注意的是，这个版本的经文为摘抄本，同时也是西夏时期首次所见的摘抄本，内容分别出自《增一阿含经》卷二四、卷二五、卷二七各节。俄藏№ 6039 所存《增一阿含经》残叶为写本，经折装，现存 5 折，通过释读可知其出处为卷第四十一“马王品”，内容连贯，无摘抄的痕迹，与 3966 并无版本上的关联。正因如此，可推知西夏文《增一阿含经》至少有两种版本存世。西夏时期不仅有摘译本《增一阿含经》流传，也应有该经的全文译本存世。

综观 № 6039 中的 5 种佛经，《大般若波罗蜜多经》是大乘佛教般若类经典的汇编；《大般涅槃经》是涅槃部最重要的经典；《七佛八菩萨所说大陀罗尼神咒经》是杂部密教之密部经典之一；而《增一阿含经》则是小乘佛教典籍“四阿含”之一。几部佛经无论从部类归属或者从文献的版本来源等方面，都很难找到关联。最有可能的情况是学者在为这些佛经残片进行编目时，由于各残叶形制类似，笔迹也有相似之处，故将这些残片临时拼凑在一起。

二

《妙法圣念处经》北宋时期（973）由中印度僧人法天（Dharmadeva）奉诏译出，全经共 8 卷。念处，又称念住。念，为能观之智；处，为所观之境。即以智慧观察对镜，而留住意念与此。念处有身、受、心、法等 4 念处。所谓“四念处”修法指将心念集中于身、受、心、法 4 个所缘，来离舍烦恼之禅修法门。[②] 本经以世尊为比丘讲授“四念处”为纲，借世尊之言尽数讲解诸业果报。这部佛经关涉“比丘的修行训练，而且包括很多佛教理论，可是这部经被赋予一种通俗性质，它引进许多关于轮回世界及其众生包括天神、妖魔、鬼魂、畜生等的详尽描写来说明行为的果报”[③]。经过比对，西夏文本系译自法天所译汉文本。

① 汤君：《〈增一阿含经〉的西夏摘译本》，未刊稿。

② 王晴薇：《论中国早期天台禅法中之四念处》，《汉学研究集刊》第 2 期，2006 年，第 20 页。

③ 渥德尔著，王世安译：《印度佛教史》，北京：商务印书馆，1987 年，第 381 页。

下面我们将对俄藏№ 6039 中所收《妙法圣念处经》加以释读。此经卷首残佚，仅存卷一后部，西夏文与《大正藏》第 722 号法天所译《妙法圣念处经》相应。原本缺失据汉文本补足加方框以表示，虚词及与汉文本无法直接对译的西夏字以△相对。

西夏文：

……[illegible]

……切，除伏不能，资具广积，贪心炽盛，最上福田，愚迷障蔽，省悟未曾。若法师与遇，方

[illegible]

便开化，故诸惑及贪等染远离。猛焰息除，复诸触离，最上露甘妙法向趣，最上亲友知识依安住。

[illegible]

静者爱乐，智慧修习。烦恼山如，皆损坏能。净慧安住，诸愚暗舍。及轮回离，妙果报得。聪慧最

[illegible]

上，诸胜行修。心意相续，欲少足知。邪执息除，系缚境缘悉皆远离。如鱼钩吞，味喜自缚，诸有

[illegible]

情亦彼与一样。五欲爱乐，恒不掷弃。诸业广生，死生中轮转，止息日无。染因迷昧，诸趣差别，

[illegible]

穷尽无也。

[illegible]

尔时世尊颂说乃曰：

[illegible]

若人恶业为　地狱苦轮回　饿鬼及畜生

[illegible]

没沦穷日无　等活此黑量　众合并饥渴

[illegible]

燃烧皆火燃　阿毗大地狱　难艰苦业苦

[illegible]

刺长十六指　四壁并四门　悉皆铁以造

汉译：

一切（诸惑），不能伏除。[1] 广集资具，贪心炽然。最上福田，愚迷障蔽，未曾省悟。若遇法师，方便开化，故远离诸惑及贪等染。息除猛焰，及离诸触，趣向最上甘露妙法，依最上亲友知识。爱乐静者，修习智慧。烦恼如山，皆能损坏。安住净慧，舍诸愚闇。及离轮回，获妙果报。最上聪慧，修诸胜行。心意相续，少欲知足。息除邪执，系缚境缘悉皆远离。[2] 如鱼吞钩，喜味自缚，诸有情亦同此法。爱乐五欲，恒不舍弃。广兴诸业，轮转生死，无有止息。迷昧染因，诸趣差别，无有穷尽。

尔时世尊乃说颂曰：

若人作恶业　轮回地狱苦　饿鬼及傍生

沦没无穷尽　等活此黑绳[3]　众合并号叫[4]

烧然极烧然　阿毗大地狱[5]　艰辛恶业苦

刺长十六指　四壁并四门　悉皆铁所造

注释：

［1］西夏译本残缺第一卷卷首至“佛告比丘，若复有人，迷离境界，恣纵诸根，违背涅槃，新不平等，恒行苦因，邪见缠缚，一切诸惑，不能伏除”。

［2］系缚境缘，汉文本作“系缚攀援”。

［3］等活与黑绳，即等活地狱与黑绳地狱。等活地狱为八热地狱之一，俱舍颂疏世间品一曰：“等活地狱，谓彼有情虽遭种种斫刺磨捣，而彼暂遇凉风吹寻苏。如本等前活，故立等活名。”黑绳地狱为八热地狱之二，入黑绳地狱先以黑绳称量肢体，后方斩锯，故名黑绳。①

［4］西夏文“[illegible]”，直译为饥渴，此处参照汉文本译作“号叫”。因“众合并号叫”承上文八热地狱，指的是其三的众合地狱及其四的号叫地狱。

［5］西夏文“[illegible]”，音译汉文“阿毗”，即阿鼻地狱，又作无间地狱，八大地狱之最苦处。

西夏文：

[illegible]

尔时世尊诸比丘之告：彼诸地狱，火焰炽盛，暴恶甚多，相续无断。百逾善那，禁制可不，身

[illegible]

色变毛杂，最怖畏生，最恶声音闻时病痛。情有恶业因此地狱中堕时，头下下趣足上方见。刹那彼

[illegible]②[illegible]

生，种种苦受，次依焚烧，昼夜啼泣，大声恶出 。鱼如穿炙，肉皮皆残，其遍暗黑，心意迷乱。罪

[illegible]

受者人，彼琰魔罗界大火焚烧见因，迷乱闷绝。业造同者，地狱独一中处，一一缠缚，狱卒执引，

[illegible]

苦甚当难，常续无断。若人智少，虚妄罪造，此由轮转，冤家聚集，地狱苦受也。

汉译：

尔时世尊告诸比丘：彼诸地狱，焰火炽盛，暴恶甚多，相续无断。百逾善那[1]，不可调伏，形色毛竖，生大怖畏，闻极恶之声皆病痛[2]。有情恶业堕此狱时，见头下足上方。刹那生彼，受种种苦，依次焚烧，昼夜啼泣，出大恶声。如鱼穿炙，皮肉糜烂，遍满黑暗，心意迷乱。罪人因见彼琰魔罗界大火焚烧[3]，迷乱闷绝。造业同者，处独一地狱中，人人缠缚，狱卒牵挽，受苦难当，常续不断。若人少智，虚妄造罪，

① 丁福保：《佛学大辞典》，上海书店，1991年，第2141、2209页。

② 图版此处有铜钱状补花。

由此轮转，冤家聚集，受地狱苦也。

注释：

［1］西夏文“[illegible]”，音译汉文“逾善那”，对译梵文 Yojana，即由旬，又作由延。古印度计程单位，帝王一日行军之里程。①

［2］闻极恶之声皆病痛，汉文本作“极恶之声，闻皆酸楚”。

［3］西夏文“[illegible]”，音译汉文“琰魔罗界”，又称琰魔界，与梵文 Yamaloka 对译。俱舍论十一曰：“琰魔王国，于此瞻部州下，过五百逾善那，有琰魔王国，纵广量亦尔。”②

西夏文：

[illegible]

时诸比丘佛之言谓：此琰魔罗苦受者人，何云缠缚，无量苦受也。尔时佛诸苾刍之告：此人常正

[illegible]

法之诽谤，信受不生，因果不了，诸地狱迷，怖畏不生，烦恼火起，诸善焚烧，此业因故，琰魔罗界中堕。

[illegible]

此如苦受，最上火难，常续无断，嗔闻怨主，愚痴暗黑业苦受，业尽方出。佛诸比丘之告：若人欺罔

[illegible]

诈虚，彼妻女之染著不舍，缠缚目盲，恒光明覆，了悟不能。时诸比丘复佛之言：人中下贱，愚昧智无，

[illegible]③

何因缘由此如报受。佛比丘之告：此人△去，我骄心高，贤善诋灭，悭吝嫉妒生因，故此报受。若人此

[illegible]

彼分离，及恶业作，此因缘由，诸地狱中堕。若人中生，亦女男皆无，食财散毁，知识远离，命断将

[illegible]

时，癫狂畏怖，亲邻守护，诸境界迷，了悟不能。

[illegible]

尔时世尊颂言乃说：

[illegible]

自作还自受　罪有情残害　暴恶苦器多

[illegible]

业尽然故解　世间诸业造　善不善恒随

[illegible]

譬如花香有　近远皆相逐

① 丁福保：《佛学大辞典》，上海书店，1991 年，第 882 页。

② 同上，第 2251 页。

③ 原字“[illegible]”（奴）有误，应为“[illegible]”（此）。

汉译：

尔时诸比丘白佛言：此琰魔罗受苦之人，云何缠缚，受无量苦也。尔时佛告诸苾刍言[1]：此人常诽谤正法，不生信受，因果不了，迷诸地狱，不生怖畏，起烦恼火，焚烧诸善。因此业故，堕琰魔罗界中，受如是苦。最上火难，常续无断，嗔闻怨主，愚痴黑暗，受业苦，业尽方出。佛告诸比丘：若人欺罔诈虚，不舍他妻女之染著，缠缚目盲，恒覆光明，不能了悟。时诸比丘复白佛言：人中卑贱，愚昧无智，何由因缘，受如此报。佛告比丘：此于过去，我骄心高，诋灭贤善，悭吝嫉妒生，因故受此报。若人离间彼此，及作恶业，由此因缘，堕诸地狱中。若生人中，亦女男皆无，食财散毁，知识远离，命将断时，癫狂畏怖，亲邻守护，迷诸境界，不能了悟。

尔时世尊即说颂言：

自作还自受　残害罪有情　暴恶苦器多

业尽故然解　世间造诸业　善不善恒随

譬如花有香　近远皆相逐

注释：

［1］西夏文“[illegible]”（phji¹ tśhju¹），音译汉文“苾刍”，梵文作 Bhikṣu。旧译“比丘”，意译曰“乞士”“道士”等。①

西夏文：

[illegible]

尔时世尊诸比丘之告：如诸飞禽树林中栖，聚散非恒。如父母亲族，亦此与一样。佛比丘之谓：

[illegible]

假若人有，寂静处住，心归思惟，善业修习，愚暗、弹弓罥索、暴恶非法离。则命断将时，身心恼无，

[illegible]

诸惊怖离，天上报获。食饮衣服，意随自在。亲邻宫殿，悉皆圆满。聪明智慧，资具园林，一切俱集。

[illegible]

寿命身色，圆满具足。若人自心欺诈，世间惑诳，女男眷属，知识之诃骂诽谤，诸非作为，命终后出，

[illegible]

诸恶道中堕，无量苦受，彼已出。若人中生，亦贫穷下贱，食衣皆无。女男亲邻，皆悉厌离，虚妄愚迷，

[illegible]

因果不了，贪嗔等惑，相续因△。诸善事于等，修习未曾，恶友不法，恒亲近也。

[illegible]

尔时世尊颂说△曰：

① 丁福保：《佛学大辞典》，上海书店，1991 年，第 1569 页。

[illegible]

地狱诸苦受　焚烧业依生　人中因苦缠

[illegible]

皆自心依造　三界中轮回　蚁环中轮如

[illegible]

业果互缘为　相续穷日无

汉译：

尔时世尊告诸比丘：如诸飞禽栖止树林中，聚散非恒。如父母亲族，亦与此一法。佛告比丘：假若有人，于寂静处，系念思惟，修习善业，舍离愚暗、弹竿罥索、暴恶非法。则命将断时，身心无恼，离诸惊怖，报获天上。饮食衣服，随意自在。亲邻宫殿，悉皆圆满。聪明智慧，资具园林，一切俱集。寿命身色，圆满具足。若人自心欺诈，惑诳世间，男女眷属，诃骂诽谤知识[1]，广作诸非，命终后出，堕诸恶道中，受无量苦，彼已出。若生人中，亦贫穷下贱，食衣皆无，女男亲邻，皆悉厌离，虚妄愚迷，不了因果。贪嗔等惑，相应无间。于诸善事等，不曾修习，恶友非法，恒亲近也。

尔时世尊说颂曰：

地狱受诸苦　焚烧从业生　人中因苦缠

皆随自心造　轮回三界内　往来如蚁环

业果互为缘　相续无穷尽

注释：

[1] 诃骂诽谤知识，汉文本作“朋友知识，诃骂毁辱”。

西夏文：

[illegible]

尔时世尊，此偈说已，诸苾刍之告：若圣果获时，方轮回离，系属可无，自在安乐，业及业果，

[illegible]

倾动不能。若人贪嗔惑起，及诸恶造，则地狱中堕，猛焰身体一切燃烧，种种苦受，声发啼哭，方

[illegible]

便思维，解脱不能。此如苦涩，不善业者，愚迷因自造。譬如猛火野林燃烧，木草一切不烧者无，

[illegible]

恶业亦彼与一样，地狱中轮回，诸苦恼受，远离不能。若人恶友远离，诸恶不造，则因果了悟，诸

[illegible]

疑谤离，正见修习，如真信乐，寂静安乐，轮回及诸苦恼远离。最上比无，相无为无，妄颠倒离，

[illegible]

常乐我净，自在碍无，诸缠缚离，善不善业，皆远离也。

[illegible]

妙法圣念处契经卷第一

汉译：

尔时世尊，说此偈已，告诸苾刍：若获圣果时，方免轮回，无所系属，自在安乐，业及业果，不能倾动。若人起贪嗔惑，及造诸恶，则堕地狱中，猛焰燃烧一切身体，受种种苦，发声啼哭，思维方便，不能解脱。如是苦涩，不善业者，愚迷自造。譬如猛火燃烧野林，一切草木不无烧者，恶业亦与其一法。轮回地狱中，受诸苦恼，不能远离。若人舍离恶友，不造诸非，了悟因果，离诸疑谤，修习正见。信乐真如，寂静安乐，远离轮回，及诸苦恼。最上无比，无相无为，离妄颠倒，常乐我净，自在无碍，离诸系缚，善不善业，皆悉远离。

《妙法圣念处经》卷第一

三

法天所译汉文本《妙法圣念处经》为偈颂体，通篇四言或五言成句。西夏本经文与汉文佛经句式颇为一致，尤其是五言偈颂部分，句式整齐，且用词与汉文佛经逐一相对，鲜有出入。同时，此段经文为世尊与诸比丘谈论地狱果报，比丘之名出现“比丘”与“苾刍”两种说法，前者出现7处，而后者出现两处。在西夏本中，凡汉文本中的“比丘”均对以“[illegible]”，而“苾刍”则以“[illegible]”相对，可进一步确证西夏文本译自法天汉文本。

据克恰诺夫《西夏佛典目录》的著录，俄藏西夏文《妙法圣念处经》只инв.№ 6039一个编号。而在中国藏、英藏及法藏等文献中均未见此经留存。但值得注意的是，英藏及法藏文献中均收录有西夏文《正法念处经》残片，如法藏黑水城文献存卷第六十七尾题[①]，英藏黑水城文献存第十卷题签。[②]《正法念处经》，凡70卷，北魏般若流支（Gautama-Prajñāruci）译，是论说四念处的经典之作，以法念处为核心，叙述善恶业的果报，故称为《正法圣念处经》。这部经影响很大，宋代出现了两种略集本，《妙法圣念处经》就是其中之一。而《妙法圣念处经》卷末有“集伽陀颂讫”，即已指出该经文是集《正法念处经》而成的。这部佛经被翻译成西夏文，可为学界了解此经在中原乃至周边的传承情况提供直接的证据。

①《法国国家图书馆藏敦煌西夏文文献》，上海古籍出版社，2007年，第107页。

②《英国国家图书馆藏黑水城文献》第2册，上海古籍出版社，2005年，第85页。

黑水城出土西夏文《大庄严论经》考释

王　龙

摘　要：文章首次刊布了俄藏黑水城出土西夏文《大庄严论经》的录文，指出此本译自后秦鸠摩罗什同名汉文本，并依据汉文本，对西夏文本进行了翻译和注释。仔细考察其中西夏语与汉语的对应关系，可以为学界更全面、更准确地把握西夏词语的用法提供帮助；系统梳理存世的法相唯识类经典的西夏译本，可以帮助我们了解法相宗在西夏的传承情况，为西夏文献学和佛教史研究提供一份西夏文语料。

关键词：西夏文；佛经；大庄严论经

在汉译藏经中，《大庄严论经》（梵文 Sūtrālaxkara-śāstra），又名《大庄严论》，共15卷，马鸣造，后秦鸠摩罗什所译，共89则故事。相对于鸠摩罗什的其他译经而言，这部佛经的故事性极强，全书由89小节即89个小故事组成，包括佛本生故事、寓言故事、史传故事、譬喻、因缘谈等等，主题是关于佛教的种种宗教实践问题，诸如佛塔崇拜、持戒、布施、闻法求道、忍辱精进、少欲知足、禅定见谛、供养尊长等各个方面，记载了从佛到魔、从天到人、自国王至平民的方方面面，劝导世人向善出世，是研究公元前后佛教教团生活及修行实践的重要材料。历代大藏经均收，敦煌残卷可供校勘。[①] 鸠摩罗什的译经以贴近当时人们的口语而被称为“新译”，《大庄严论经》更是堪称其典范，其所反映的口语对中古汉语和西夏语的研究大有裨益。

众所周知，《大庄严论经》属于法相宗系列经典，存世的法相唯识类经典的西夏译本皆于1909年出自内蒙古额济纳旗的黑水城遗址，今收藏在俄罗斯科学院东方文献研究所。相关的书题著录首见戈尔巴乔娃和克恰诺夫的《西夏文写本和刊本》。此外，西田龙雄在20世纪70年代也曾对部分文献做过基础的鉴定。详细描述则见克恰诺夫的《西夏佛典目录》，不过由于相关资料存量过大，对全部文献的鉴定和整理工作还远未完成，其中有不少文献我们至今仍不能寻到相应的汉文底本并据以给出确切的解读。根据克恰诺夫的《西夏佛典目录》可知，全部俄藏黑水城出土西夏文献中，有十几个编号的西夏文献为法相唯识类经典，目前可以肯定的是，俄藏编号 инв.№ 5133 和 инв.№ 0901 为《瑜伽师地论》，инв. № 4916 为《显扬圣教论》，инв. № 0091 为《大庄严论经》，инв. № 5934 和 инв.№ 2535 为《唯识二十论》，инв. № 70 和 инв. № 2651 为《大乘阿毗达摩集论》，инв. № 0897、инв. № 5153 和 инв. № 5925 为《大乘百法明门论》系列等等。

作者简介：王龙（1985~　），中国社会科学院世界宗教研究所博士后，主要从事西夏学研究。

① 季羡林主编：《敦煌学大辞典》，上海辞书出版社，1998年，第719页。

西夏文《大庄严论经》（[illegible]），1909 年出土于内蒙古额济纳旗的黑水城遗址，现藏俄罗斯科学院东方文献研究所，迄今尚未刊布。著录首见于戈尔巴切娃、克恰诺夫 1963 年合著《西夏文写本和刊本》中的第 352 号，题作“大庄严论经 Sūtrālaxkara-śāstra”，编号 инв. № 0091。① 西田龙雄在《西夏文佛经目录》第 069 号中将其著录为《大庄严本母卷典》，把西夏经文内容勘同《大正藏》第 201 号，即马鸣菩萨造、后秦三藏鸠摩罗什译《大庄严论经卷》（15 卷），指出图版参考格林斯蒂德《西夏文大藏经》1231~1239 页②，并分析了西夏文本“[illegible]，[illegible]（我天弯弓矢，彼城郭上着）”中最后一字“[illegible] *zjij¹”（着）和“[illegible]”（大笑而言）、“[illegible]”（大笑言）、“[illegible]”（汝莫怪笑）中“笑”的用法，指出：“[illegible]” *djij¹ 为名词，“[illegible]” * rjijr² 为动词，“[illegible]” * dji² 为动词，“[illegible]” *de² 为同一字根的派生单语，阐述了西夏语译经的一些翻译特征。③ 其后，克恰诺夫在《西夏佛典目录》中对其形制做了较为详细的描述④，对照上海古籍出版社蒋维崧、严克勤两位先生从俄国摄回的照片，我们可对《大庄严论经》的版本情况有大致的了解，即写本，麻纸经折装，版框 30×11.5 厘米，墨框高 24.5 厘米，每折 6 行，行 19 字，存卷一，凡 66 折，缺卷尾，保存良好，全书未获解读。经题下有帙号并题“马鸣菩萨造”，即：“[illegible]”后有“[illegible]”（马鸣菩萨造 律）。本文所要介绍的是俄藏编号为 инв. № 0091 的西夏文《大庄严论经》（卷一），相关的解读可以为西夏语文研究提供一份新资料。

下面将对西夏文《大庄严论经》（卷一）做全文的解读，首列西夏文，其次为汉译文，最后为注释。其中录文中【 】号标示的是西夏文本的叶次，符号“□”表示的是西夏文原文中污损、缺失之字，汉译文中［ ］号指示的是下文所要说明的内容，译文主要参考鸠摩罗什汉文本《大庄严论经》，两种文本出入之处悉于注释中加以说明。

西夏文：

【1】[illegible]

[illegible]

[illegible]，[illegible]。[illegible]，[illegible]。

[illegible]，[illegible]。[illegible]，[illegible]。

[illegible]，[illegible]。[illegible]，[illegible]。

【2】[illegible]，[illegible]。[illegible]，[illegible]。

[illegible]，[illegible]。[illegible]，[illegible]。

[illegible]：[illegible]，[illegible]，[illegible]。[illegible]，[illegible]，[illegible]，[illegible]，[illegible]。[illegible]【3】[illegible]，[illegible]

①З. И. Горбачева и Е. И. Кычанов， Тангутские рукописи и ксилографы， Москва： Издательство восточной литературы， 1963. стр.119. 汉译本见白滨译《西夏文写本及刊本——苏联科学院亚洲民族研究所藏西夏文已考订写本及刊本目录》，载中国社会科学院民族研究所历史研究室编译：《民族史译文集》第 3 集，1978 年。

② 西田龙雄：《西夏文华严经》第 3 册，京都大学文学部，1977 年，第 23 页。

③ 西田龙雄：《西夏文华严经》第 3 册，京都大学文学部，1977 年，第 264 页。

④Е.И.Кычанов. Каталог тангутских буддийских памятников， Киото， Университет Киото， 1999，стр.47–48.

[illegible]，[illegible]。[illegible]，[illegible]，[illegible]，[illegible]，[illegible]。[illegible]，[illegible]，[illegible]。[illegible]，[illegible]。[illegible]：“[illegible]【4】[illegible]，[illegible]，[illegible]？”

汉译文：

大庄严论经卷第一

马鸣菩萨造　戒[1]

前礼最胜尊，离欲迈三有。[2] 亦敬一切智，甘露微妙法[3]。

并及八辈众，无垢清净僧。富那胁比丘，弥织诸论师。

萨婆室婆众，牛王正道者。是等诸论师，我等皆敬顺。

我今当次说，显示庄严论。闻者得满足，众善从是生。

可归不可归，可供不可供。于中善恶相，宜应分别说。

说曰。我昔曾闻[4]，乾陀罗国有商贾客，到摩突罗国。至彼国已，时彼国中有一佛塔。众贾客中有一优婆塞，日至彼塔，恭敬礼拜。向塔中路有诸婆罗门，见优婆塞礼拜佛塔，皆共嗤笑。更于余日，天甚烝热，此诸婆罗门等食讫游行而自放散，或在路中，或立门侧。有洗浴者，有涂香[5]者，或行或坐。时优婆塞礼塔回还，诸婆罗门见已，唤言：“来，优婆塞，就此坐。”语优婆塞言：“尔今云何不识知彼摩醯首罗[6]毗纽天等而为致敬，乃礼佛塔，得无烦耶？”

注释：

［1］西夏文“[illegible]”*kie¹（戒），当与汉文千字文编号类似的帙号。

［2］西夏文“[illegible]”（离欲迈三有）与“[illegible]”（前礼最胜尊）两句次序颠倒，西夏人翻译汉文文献时有时故意把汉文并列复句的次序颠倒译之，彭向前先生指出夏译汉籍中也有这种“颠倒”译法。①

［3］敬礼微妙法，即“[illegible]”，汉文本作“甘露微妙法”。

［4］西夏文“[illegible]”，原作“[illegible]”，据下文“我昔曾闻”改。

［5］涂香，即“[illegible]”，又称“涂身香”，古印度人的生活习惯之一，即以香涂身，以消除体臭或热恼。或焚烧香料，以薰衣服与室内，称作烧香、薰香。又有“末香”，或作“抹香”，即以香粉撒地或燃熏。涂香、烧香、末香也都是供佛的方法之一。

［6］摩醯首罗，即“[illegible]”*mo² xji¹ śjiw² lo¹，原系印度教所崇奉创造宇宙之最高主神，佛教视之为色界顶色究竟天之主。梵语摩醯首罗讹略，正为摩醯湿伐涅 Maheśvara，译言大自在，在色界之顶，为三千界之主。

西夏文：

[illegible]：“[illegible]，[illegible]，[illegible]。[illegible]，[illegible]？”

[illegible]：“[illegible]。[illegible]？”[illegible]

① 彭向前：《夏译汉籍中的“颠倒”译法》，《民族语文》2011 年第 5 期，第 70~71 页。

[illegible]：

【5】[illegible]

[illegible]

[illegible]

[illegible]【6】[illegible]

[illegible]

[illegible]

[illegible]【7】[illegible]

[illegible]

[illegible]

汉译文：

时优婆塞[1]即答之曰："我知世尊功德少分，是故钦仰，恭敬为礼。未知汝天有何道德，而欲令我向彼礼乎？"

诸婆罗门闻是语已，瞋目呵叱："愚痴之人。汝云何不知我天所有神德，而作是言？"诸婆罗门即说偈言：

阿修罗城郭，高显周三重。悬处于虚空，男女悉充满。

我天弯弓矢，彼城郭上着。[2]一念尽烧灭，如火焚干草。

时优婆塞闻是偈已，大笑而言："如斯之事，吾之鄙薄，所不敬尚。"以偈答言：

命如叶上露，有生会当灭，云何有智者，弓矢加残害？

时诸婆罗门等闻是偈已，咸共同声，呵优婆塞言："汝是痴人[3]。彼阿修罗有大势力，好为恶事。我天神德，力能杀害。云何乃言非有智耶？"时优婆塞被呵责已，喟然长叹。而说偈言：

美恶谛观察，智者修善业。能获大果报，后则转受乐。

云何于过恶，反生功德想。邪见既增长，叹恶以为善。

以是恶业故，后获大苦报。

注释：

[1] 优婆塞，即"[illegible]" * · jiw^2 pho^1 se^2，梵文 Upāsaka。

[2] 彼城郭上着，即"[illegible]"，汉文本作"远中彼城郭"。

[3] 汝是痴人，即"[illegible]"，汉文本作"是痴人"。

西夏文：

[illegible]

[illegible]

[illegible]【8】[illegible]：“[illegible]，[illegible]，[illegible]。”[illegible]：

[illegible]，[illegible]。[illegible]，[illegible]。

[illegible]，[illegible]。[illegible]，[illegible]。

[illegible]，[illegible]。[illegible]，[illegible]。

【9】[illegible]，[illegible]。[illegible]，[illegible]。

[illegible]，[illegible]。[illegible]，[illegible]。

[illegible]，[illegible]。[illegible]，[illegible]。

[illegible]，[illegible]。[illegible]，[illegible]。

【10】[illegible]，[illegible]：“[illegible]，[illegible]，[illegible]？”[illegible]：

[illegible]，[illegible]。[illegible]，[illegible]。

[illegible]，[illegible]。[illegible]，[illegible]。

[illegible]，【11】[illegible]。

汉译文：

诸婆罗门闻是语已，竖目举手，懔疠攘袂，嗔忿战动而作是言：“汝甚愚痴，不吉之人。此等诸天不加恭敬而恭敬谁？”

时优婆塞意志闲裕而语之言：“吾虽单独，贵申道理，不应以力朋党竞说。”时优婆塞复说偈言：

汝等所供养，凶恶好残害。汝若奉事彼，以为功德者。

亦应生恭敬，师子及虎狼。触恼生残害，恶鬼罗刹等。[1]

愚人以畏故，于彼生恭敬。诸有智慧者，宜应深观察。

若不为残害，乃可生恭敬。诸有功德者，终无残害心。

修行诸恶者，无不坏残害。不能善分别，功德及过恶。

功德起恶心，过生功德想。残害逼迫者，凡愚增敬顺。

于善功德者，反生轻贱心。世间皆颠倒，不别可敬者。

乾陀罗[2]生者，解知别善恶。是故信如来，不敬自在天。

彼时婆罗门闻是语已，即作是言：“乾陀罗[3]，出何种姓，有何道德而名佛乎？”时优婆塞说偈答言：

出于释氏宫，具足一切智。众过悉耘除，诸善皆普备。

于诸众生中，未始不饶益。觉了诸法相，一切悉明解。

如是之大仙，故称号为佛。

注释：

［1］“师子及虎狼，恶鬼罗刹等。触恼生残害，亦应生恭敬。”即“[illegible]。[illegible]，[illegible]。”汉文本作“亦应生恭敬，师子及虎狼。触恼生残害，恶鬼罗刹等”。西夏人翻译汉文文献时有时故意把

汉文并列复句的次序颠倒译之。

［2］乾陀罗，即“[illegible]”*khja² thow¹ lo¹，梵文 Gandhāra，又作健驮逻、犍陀罗、乾陀、乾陀卫、乾陀越。译曰持地、香行、香遍、香净、香洁等。

［3］乾陀罗，即“[illegible]”，汉文本作“咄，乾陀罗”。

西夏文：

[illegible]：
[illegible]，[illegible]。[illegible]，[illegible]。
[illegible]，[illegible]。[illegible]，[illegible]。
[illegible]，[illegible]。[illegible]，[illegible]。
【12】[illegible]，[illegible]。[illegible]，[illegible]。
[illegible]，[illegible]：
[illegible]，[illegible]。[illegible]，[illegible]。
[illegible]：
【13】[illegible]，[illegible]。[illegible]，[illegible]？
[illegible]，[illegible]？
[illegible]：“[illegible]，[illegible]。”
[illegible]：“[illegible]。[illegible]。[illegible]，[illegible]。[illegible]【14】[illegible]，[illegible]，[illegible]。[illegible]。[illegible]。”[illegible]：
[illegible]，[illegible]。[illegible]，[illegible]。
[illegible]，[illegible]。[illegible]，[illegible]。
[illegible]，[illegible]。[illegible]，[illegible]。
【15】[illegible]，[illegible]。[illegible]，[illegible]。

汉译文：

时诸婆罗门复说偈言：
汝言佛大仙，应作逼恼事。此阎浮提[1]中，瞻默监持陀。
婆塞婆私吒[2]，提释阿坻耶[3]。如是诸大仙，名称世所闻。
能结大神咒，残灭诸国土。汝名佛大仙，亦应作斯咒。
汝佛有大德，应作逼恼事。若不作咒害，云何名大仙。
时优婆塞不忍闻彼诽谤之言，以手掩耳而说偈言：
咄莫出恶语，谤言佛有咒。[4]毁谤最胜尊，后获大苦报。
时婆罗门[5]复说偈言：

佛若无咒术，不名有大力。若无恼害者，云何名大仙？

我但说实语，何故称诽谤？

时诸婆罗门抚掌大笑言："是故汝痴人，定堕于负处。"

时优婆塞语婆罗门言："汝莫怪笑。汝言如来无大功德，亦无大力，斯是妄语。如来实有大功德力，永断咒根，终不复作恼害之事。汝今谛听，当为汝说。"即说偈言：

以贪嗔痴[6]故，则作大恶咒。当结恶咒时，恶鬼取其语。

于诸罪众生，而行恼害事。佛断贪嗔痴，慈悲广饶益。

永除恶咒根，但有众善事。是故佛世尊，都无有恼害。

以大功德力，拔济无量苦。汝今何故言，佛无大势力。

注释：

［1］阎浮提，即"[illegible]"*tśja^1 bo̱^{2} dźiəj^2，梵文 Jambudvipa，旧称阎浮提，琰浮洲，阎浮提鞞波。新称赡部洲。当须弥山之南方大洲名。

［2］婆私吒，即"[illegible]"*pho1 lji̤^{2} tśia^1，梵文 Vasiṣṭha，又作婆私瑟搋。婆罗门名。

［3］阿坻耶，即"[illegible]"*·a khji^1·ja^2。

［4］西夏文"[illegible]，[illegible]"，汉文本作"咄莫出恶语，谤言佛有咒"。

［5］婆罗门，即"[illegible]"*pho^1 lo^1 mẽ^1，梵文 Brāhmaṇa，天竺四姓之一。具云婆罗贺摩拏，又云没啰憾摩。译为外意、净行、净志、静志等，奉事大梵天而修净行之一族。

［6］贪嗔痴，即"[illegible]"，贪欲与嗔恚愚痴三种之烦恼也，此三有荼毒人最剧，故称三毒。

西夏文：

[illegible]，[illegible]，[illegible]："[illegible]，[illegible]。[illegible]，[illegible]，[illegible]，[illegible]，[illegible]，[illegible]，[illegible]？"

[illegible]："[illegible]，【16】[illegible]，[illegible]，[illegible]。"[illegible]：

[illegible]，[illegible]。[illegible]，[illegible]。

[illegible]，[illegible]。[illegible]，[illegible]。

[illegible]，[illegible]。[illegible]，[illegible]。

【17】[illegible]，[illegible]，[illegible]：[illegible]，[illegible]，[illegible]。[illegible]。[illegible]，[illegible]，[illegible]，[illegible]。[illegible]：

[illegible]，[illegible]。[illegible]，[illegible]。

汉译文：

时诸婆罗门闻是偈已，嗔恚心息，语优婆塞言："我于今者欲问少事，勿见嗔也。咄，优婆塞，佛若无恶咒，云何而得受他供养，既不为损，又不能益，云何而得称为大仙？”

优婆塞言：“如来大慈悲，终无恶咒损减众生，亦复不为利养之事，但为饶益故受供养。”而说偈言：

大悲愍群生，常欲为拔苦。见诸受恼者，过于己自处。

云何结恶咒，而作恼害事。众生体性苦，生老病死道[1]。

如痈着燥灰，云何更加恶。常以清凉法，休息诸热恼。

诸婆罗门闻是语已，即便低头，思惟斯语：此是好事，心欲生信。汝犍陀罗[2]善别胜处，汝能信此，甚为希有，是故叹汝。犍陀罗者名不虚设。言犍陀者，持也[3]，持善去恶，故得斯号。而说偈言：

能持此地者，是名善丈夫。善丈夫中胜，实是犍陀罗。

注释：

［1］生老病死道，即“[illegible]”，汉文本作“生老病死逼”。

［2］犍陀罗，即“[illegible]”*khjā² thow¹ lo¹，鬼名。法华经陀罗尼品曰：“健陀犍陀罗，黄色鬼。”嘉祥法华义疏十二曰：“建陀，此云赤色鬼。”慧琳音义二十六曰：“建陀，具足云私健陀 Skandha，此云荫也。”朗法师云：“是偏唇鬼也。”

［3］持也，即“[illegible]”，汉文本作“名为持也”。

西夏文：

【18】[illegible]：[illegible]，[illegible]。[illegible]：“[illegible]，[illegible]。[illegible]。[illegible]，[illegible]。”[illegible]：

[illegible]，[illegible]。[illegible]，[illegible]。

[illegible]，[illegible]。【19】[illegible]，[illegible]。

[illegible]，[illegible]。[illegible]，[illegible]。

[illegible]，[illegible]。[illegible]，[illegible]。

[illegible]，[illegible]。[illegible]，[illegible]。

[illegible]，[illegible]。[illegible]，[illegible]。

【20】[illegible]，[illegible]。[illegible]，[illegible]。

[illegible]，[illegible]。[illegible]，[illegible]。

[illegible]，[illegible]。[illegible]，[illegible]。

[illegible]，[illegible]，[illegible]，[illegible]。

汉译文：

时优婆塞作是思惟：此婆罗门心欲信解，皆可成器，我今当更为分别说佛之功德。时优婆塞颜貌熙怡而作是言：“汝信佛[1]，我甚欢喜。汝今幸可少听我语。功德过恶，汝宜观察。”而说偈言：

观察佛功德，一见皆满足。戒闻及定慧，无与佛等者。

诸山须弥[2]最，众流海第一。世间天人中，无有及佛者。

能为诸众生，具受一切苦。必令得解脱，终不放舍离。

谁有归依佛，尽皆得利益[3]。谁有归依佛，尽皆得解脱[4]。

谁随佛教旨，尽皆断烦恼[5]。佛以神足力，降伏诸外道。

名称普远闻，遍满十方刹。唯佛师子吼，说诸行无我。

所说恒处中，不着于二边。天上及人中，皆作如是说。

不能善分别，结使诸业报。[6]如来涅槃后，诸国造塔庙。

庄严于世间，犹虚空星宿。以是故当知，佛为最胜尊。[7]

诸婆罗门闻是语已，有生信心者，有出家者，得道者。

注释：

［1］汝信佛，即“[illegible]”，汉文本作“见汝信佛”。

［2］西夏文“[illegible]”，对译汉文“须弥”，译自梵文 Sume。须弥山是梵语 Sumeru 的音译，又作“苏迷卢山”“须弥卢山”“须弥留山”，意译作“妙高山”。佛教之宇宙观，谓耸立于一小世界中央之高山。以此山为中心，周围有八山、八海环绕，四面是四大部洲，日月旋绕于须弥山的山腰，而形成一世界（须弥世界）。以须弥山为山中最高者，故又称“妙高山王”。

［3］尽皆得利益，即“[illegible]”，汉文本作“不得利益者”。

［4］尽皆得解脱，即“[illegible]”，汉文本作“而不解脱者”。

［5］尽皆断烦恼，即“[illegible]”，汉文本作“而不断烦恼”。

［6］西夏文“[illegible]”（不能善分别）与“[illegible]”（结使诸业报）两句次序颠倒，西夏人翻译汉文文献时有时故意把汉文并列复句的次序颠倒译之。

［7］西夏文“[illegible]”（以是故当知）与“[illegible]”（佛为最胜尊）两句次序颠倒，西夏人翻译汉文文献时有时故意把汉文并列复句的次序颠倒译之。

西夏文：

[illegible]【21】[illegible]：“[illegible]？[illegible]【22】[illegible]。”

[illegible]【23】[illegible]【24】[illegible]。

汉译文：

复次应分别论。论者法也。[1]夫于法所宜善思惟，若能思惟，则解其义。我昔曾闻，有婆罗门名憍尸迦[2]，善知僧佉论、卫世师[3]论、若提碎摩[4]论。如是等论解了分别。彼婆罗门住华氏城[5]中，于其城外有一聚落。彼婆罗门有少因缘，诣彼聚落，到所亲家。时其亲友以缘事故余行不在。时憍尸迦婆罗门语其家人："汝家颇有经书以不？吾欲并读，待彼行还。"

时所亲妇即为取书。偶得十二缘经[6]而以与之。兴取此经[7]，至于林树间闲静之处而读此经。闻无明缘行，行缘识，识缘名色，名色缘六入，六入缘触，触缘受，受缘爱，爱缘取，取缘有，有缘生，生缘老病死忧悲苦恼，是名集谛。无明灭则行灭，行灭则识灭，识灭则名色灭，名色灭则六入灭，六入灭则触灭，触灭则受灭，受灭则爱灭，爱灭则取灭，取灭则有灭，有灭则生灭，生灭则老病死忧悲苦恼众苦集聚灭。初读一遍犹未解了，至第二遍即解无我。外道之法着于二见：我见、边见。于一切法深知生灭无有常者，而自念言：一切外论皆悉无有出生死法，唯此经中有出生死解脱之法。

注释：

［1］论者法也，即"[illegible]"，汉文本作"所谓论者即是法也"。

［2］憍尸迦，即"[illegible]"*kjiw¹ śji² kja¹，梵文 Kausika，又译作憍支迦，帝释之姓。

［3］卫世师，即"[illegible]"*we² śji² śiə¹。

［4］若提碎摩，即"[illegible]"*zja² thji¹ djị¹ mo²。

［5］华氏城，西夏文但作"[illegible]"，字面作"业本城"。华氏城，梵名婆吒梨那，波吒厘子 Pāṭaliputra，摩揭陀国之故城也。本名拘苏摩补罗城，唐名香花宫城 Kusmapura，以王宫花多故也。后改为波吒厘子城，佛灭后无忧王（阿育王）迁都于此。

［6］十二缘经，即"[illegible]"，又名十二因缘，即谓无明缘行，行缘识，识缘名色，名色缘六处，六处缘触，触缘受，受缘爱，爱缘取，取缘有，有缘生，生缘老死。

［7］兴取此经，即"[illegible]"，汉文本作"既得经已"。

西夏文：

[illegible]【25】[illegible]【26】[illegible]

[illegible]【27】[illegible]

[illegible]

汉译文：

心生欢喜，寻举两手而作是言：我于今者始得实论，始得实论。端坐思惟，深解其义。容貌熙怡，如花开敷，复作是言："我今始知生死系缚解出世法，乃悟外道所说诸论甚为欺诳，不离生死。"叹言：佛法至真至实，说有因果。因灭则果灭。外道法中甚为虚妄，说言有果而无其因。不解因果，不识解脱。自观我昔深生怪笑，云何乃欲外道法中度生死河。我昔外道求度生死，譬如有人没溺洹河波浪之中，惧失身命，值则攀缘，既不免难，没水而死。我亦如是，遇彼外道求度生死，然其法中都无解脱出世之法。没生死河，丧善身命，堕三恶道[1]。今见此论，当随顺行，得出生死。外道经论如愚狂语，九十六种道悉皆虚伪，唯有佛道至真至正。六师之徒及余智者，咸自称为一切智人。斯皆妄语。唯佛世尊是一切智，诚实不虚。时憍尸迦即说偈言：

外道所为作，虚妄不真实。犹如小儿戏，聚土作城郭。

醉象践蹈之，散坏无遗余。佛[2]破诸外论，其事亦如是。

注释：

[1] 三恶道，即"[illegible]"，又称"三恶趣"，即地狱、饿鬼、畜生等三趣，均为恶业所生，故称"三恶道"。

[2] 佛，梵文 buddha 之音译，音译"佛陀""佛驮""休屠""浮陀""浮屠""浮图"等。意译"觉者""知者""觉"，"觉悟真理者"。亦即具足自觉、觉他、觉行圆满，如实知见一切法之性相，成就等正觉的圣者。

西夏文：

[illegible]，[illegible]，[illegible]，[illegible]。[illegible]，[illegible]：" [illegible]，[illegible]？"[illegible]：" [illegible]【28】[illegible]，[illegible]，[illegible]，[illegible]，[illegible]，[illegible]。" [illegible]。[illegible]，[illegible]：" [illegible]？" [illegible]：

[illegible]，[illegible]。[illegible]，【29】[illegible]。

[illegible]，[illegible]。

[illegible]：" [illegible]。[illegible]，[illegible]，[illegible]。"

[illegible]，[illegible]：" [illegible]，[illegible]

[illegible]。[illegible]，[illegible]，【30】[illegible]。" [illegible]：

[illegible]，[illegible]。[illegible]，[illegible]。

[illegible]，[illegible]。[illegible]，[illegible]。

汉译文：

时憍尸迦婆罗门深于佛法生信敬心，舍外道法，除去邪见，昼夜常读十二缘经。时其所亲方与诸婆罗门归还其家，问其妇言："我闻憍尸迦来至于此，今何所在？"妇语夫言："彼婆罗门向借经书，我取与之，不识何经。然其得已，披揽翻覆，弹指赞叹，熙怡异常[1]。"夫闻其言，即往其所。见憍尸迦端坐思惟，即问之言："汝于今者何所思惟？"时憍尸迦说偈答曰：

愚痴无智慧，周回三有中。如彼陶家轮，轮转无穷已。

我思十二缘，解脱之方所。

尔时亲友即语之言："汝于是经乃能深生希有之想。我释种边而得此经，将欲洗却其字，以用书彼毗世师经。"

憍尸迦婆罗门闻是语已，呵责亲友："汝愚痴人，云何乃欲水洗斯经。如是妙法宜用真金而以书写，盛以宝函，种种供养。"即说偈言：

设我有财宝，以真金造塔。七珍用厕填，宝案妙巾衣。

庄严极殊妙，而用以供养。虽作如是事，尚不称我意。

注释：

［1］熙怡异常，即西夏文"[illegible]"，字面作"与熙怡不似之"。

西夏文：

[illegible]【31】[illegible]

[illegible]

[illegible]【32】[illegible]

[illegible]【33】[illegible]

汉译文：

时其亲友闻斯语已，甚怀忿恚，而作是言："今此经中有何深妙未曾有事？何必胜彼毗世师[1]经，欲以真金种种珍宝而为供养？"

时憍尸迦闻是语已，愁然作色而作是言："汝今何故轻蔑佛经至于是乎？彼毗世师论极有过患，云何与佛语[2]。如毗世师论不知法相，错乱因果，于瓶因果浅近之法，尚无慧解分别能知，况解人身，身根觉慧因果之义。"

尔时其亲友语憍尸迦言："汝今何故言毗世师论不解因果。彼论中说破瓦以为瓶因，云何而言不解因果。"

憍尸迦言："汝毗世师论实有是语，然无道理[3]。汝今且观如因于缕，以为经纬，然后有叠。瓶瓨亦尔，先有瓶故，然后有瓦。若先无瓶，云何有瓦？复次破瓦无用，瓶瓨有用，是以破瓦不得为因。世中陶师取泥成瓶[4]，不用破瓦。又见瓶坏，后有破瓦。瓶若未坏，云何有破。"

注释：

［1］毗世师，即"[illegible]"*phji¹ śji² śiə¹，又作鞞世，鞞世师，胜论师之梵名也。

［2］云何与佛语，即"[illegible]"，汉文本作"云何乃用比于"。

［3］然无道理，即"[illegible]，[illegible]"，"[illegible]"*djij²·³³ 往往用语翻译汉语表示转折的复句，放在偏句的句尾，或与"[illegible]"连用，构成"……[illegible]，……"的句式，与古汉语"虽……，而……"的句式相当。①

［4］世中陶师取泥成瓶，即"[illegible]"，汉文本作"现见陶师取泥成瓶"。

西夏文：

[illegible]："[illegible]，[illegible]。[illegible]，[illegible]：[illegible]？

[illegible]："[illegible]，[illegible]，【34】[illegible]。[illegible]，[illegible]，[illegible]，[illegible]，[illegible]。[illegible]，[illegible]。[illegible]，[illegible]。[illegible]，[illegible]，[illegible]，[illegible]，[illegible]。[illegible]，[illegible]，[illegible]。

[illegible]："[illegible]【35】[illegible]，[illegible]？"

汉译文：

时亲友言："汝意谓若毗世师论都无道理，我等宁可徒劳其功而自辛苦。"时亲友徒党诸婆罗门闻是语已，心生愁恼：毗世师论即于今日不可信耶？[1]

憍尸迦言："毗世师论非但今者不可取信，于昔已来，善观察者久不可信。所以然者，昔佛十力未出世时，一切众生皆为无明之所覆蔽，尽皆盲目[2]，于毗世师论生于明想。佛日既出，慧明照了。毗世师论无所知晓，都应弃舍。譬如鸱鸺，夜则游行，能有力用，昼则藏窜，无有力用。毗世师论亦复如是，佛日既出[3]，彼论无用。"

亲友复言："若如汝言，毗世师论不如佛经，然此佛经宁可得比僧佉论耶？"

注释：

［1］毗世师论即于今日不可信耶？即"[illegible]？"，汉文本作"若如其言，毗世师论即于今日不可信耶？"

［2］尽皆盲目，即"[illegible]"，汉文本作"盲无目故"。

① 孙伯君：《简论西夏文"[illegible]"*djij²·³³ 的语法功能》，《西夏学》第五辑，上海古籍出版社，2011年，第126~132页。

［3］佛日既出，即“[illegible]”，据上文“[illegible]，[illegible]（佛日既出，慧明照了）”，此处西夏文本脱“[illegible]”。

西夏文：

[illegible]：“[illegible]。[illegible]，[illegible]，[illegible]，[illegible]，[illegible]。[illegible]，[illegible]，[illegible]。[illegible]，[illegible]，[illegible]，[illegible]。[illegible]【36】[illegible]，[illegible]，[illegible]，[illegible]。[illegible]，[illegible]。[illegible]，[illegible]，[illegible]，[illegible]。[illegible]，[illegible]。[illegible]？[illegible]，[illegible]？[illegible]，[illegible]。[illegible]，[illegible]。[illegible]，[illegible]。[illegible]【37】[illegible]，[illegible]，[illegible]，[illegible]。

[illegible]，[illegible]：“[illegible]，[illegible]。[illegible]，[illegible]。[illegible]。

汉译文：

憍尸迦言：“如僧佉经说有五分论义得尽。第一言誓，第二因，第三喻，第四等同，第五决定。汝僧佉经中无有譬喻不可明了[1]，如牛犎者，况辩法相而能明了。何以故，汝僧佉经中说钵罗陀那[2]不生如常，遍一切处，亦处处去。如僧佉经中说钵罗陀那不从他生而体是常，能生一切，遍一切处，去至处处。说如是事，多有僁过。何以故，于三有中，无有一法但能生物，不从他生，是故有过。复次遍一切处能至处处，此亦有过。何以故，若先遍者，去何所至？若去至者，遍则不遍。二理相违，其义自破。若如是者，是则无常。如其所言，不从他生而能生物遍一切处，去至处处，是语非也。”

亲友婆罗门闻是语已，语憍尸迦言：“汝与释种[3]便为朋党，故作是说。然佛经中亦有大过，说言生死无有本际。又复说言，一切法中悉无有我。”

注释：

［1］汝僧佉经中无有譬喻不可明了，即“[illegible]”，汉文本作“汝僧佉经中无有譬喻可得明了”，此处“[illegible]”字疑衍。

［2］钵罗陀那，即“[illegible]”*pa² lo¹ thow¹ no¹。

［3］释种，即“[illegible]”*śji² sjwi¹，释迦之种族也。释迦种在印度为贵族，古来尊重，后世转而谓佛弟子。

西夏文：

[illegible]：“[illegible]，[illegible]，[illegible]。[illegible]，[illegible]【38】[illegible]。[illegible]，[illegible]。[illegible]，[illegible]。[illegible]，[illegible]。[illegible]，[illegible]，[illegible]。[illegible]，[illegible]，[illegible]

[illegible]【39】[illegible]”

[illegible]：“[illegible]？

汉译文：

时憍尸迦语亲友言：“我见佛法生死无际，一切无我故，吾今者敬信情笃。若人计我，终不能得解脱之道。若知无我，则无贪欲。无贪欲故，便解脱[1]。若计有我，则有贪爱。既有贪爱，生死中轮转[2]，云何能得解脱之道。复次若言生死有初始者，此初身者，为从善恶而得此身，为不从善恶自然有耶？若从善恶而得身者，则不得名初始有身。若不从善恶得此身者，此善恶法云何而有？若如是者，汝法则为半从因生，半不从因。如是说者，有大过失。我佛法无始，故无罪咎。”

于时亲友语憍尸迦：“有缚则有解。汝说无我则无有缚。若无有缚，谁得解脱？”

注释：

［1］便解脱，即“[illegible]”，汉文本作“便得解脱”。

［2］生死中轮转，即“[illegible]”，汉文本作“遍于生死”。

西夏文：

[illegible]

[illegible]：“[illegible]？”

[illegible]：“[illegible]【40】[illegible]”

[illegible]：“[illegible]【41】[illegible]？”

[illegible]：“[illegible]。”

汉译文：

憍尸迦言：“虽无有我，犹有缚解。[1]何以故，烦恼覆故，则为所缚。若断烦恼，则得解脱。是故虽复无我，犹有缚解。”

诸婆罗门复作是言：“若无我者，谁至后世？”

时憍尸迦语诸人言："汝等善听。从于过去烦恼诸业得现在身及以诸根，从今现在复造诸业，以是因缘，得未来身及以诸根。我于今者乐说譬喻，以明斯义。譬如谷子，众缘和合，故得生芽。然此种子实不生芽，种子灭故，芽便增长。子灭故不常，芽生故不断。佛说受身亦复如是，虽复无我，业报不失。"

诸婆罗门言："我闻汝说无我之法[2]，洗我心垢，犹有少疑，今欲咨问。若无我者，先所作事，云何故忆而不忘失？"

答曰："以有念觉与心相应，便能忆念三世之事而不忘失。"

注释：

［1］"虽无有我，犹有缚解"，即"[illegible]，[illegible]"，文本中"[illegible]……[illegible]，……"，此处译作"虽……犹"，相当于汉语的"虽然……但是"。

［2］我闻汝说无我之法，即"[illegible]"，文本中"[illegible]……[illegible]"，其中"[illegible]"$*ni^2$为第一人称复数谓词后缀。①

西夏文：

[illegible]："[illegible]，[illegible]，[illegible]。[illegible]，[illegible]？"

[illegible]："[illegible]，[illegible]，[illegible]，[illegible]，[illegible]。[illegible]，[illegible]。[illegible]，[illegible]，[illegible]【42】[illegible]，[illegible]，[illegible]。[illegible]，[illegible]。[illegible]，[illegible]，[illegible]，[illegible]，[illegible]，[illegible]，[illegible]，[illegible]。"

[illegible]："[illegible]，[illegible]，[illegible]？"

[illegible]："[illegible]【43】[illegible]，[illegible]，[illegible]。[illegible]，[illegible]，[illegible]。[illegible]，[illegible]，[illegible]。[illegible]，[illegible]，[illegible]，[illegible]。[illegible]。"

汉译文：

又问："若无我者，过去已灭，现在心生。生灭既异，云何而得忆念不忘？"

答曰："一切受生，识为种子，入母胎田，爱水润渍，身树得生。如胡桃子汉语[1]，随类而生。此阴造业，能感后阴，然此前阴不生后阴，以业因缘故，便受后阴。生灭虽异，相续不断。如婴儿病，与乳母药，儿患得愈。母虽非儿，药之力势能及于儿，阴亦如是，以有业力，便受后阴，忆念不忘。"

诸婆罗门复作是言："汝所读经中但说无我法，今汝解悟，生欢喜耶？"

时憍尸迦即为诵十二缘经而语之言："无明缘行，行缘识，乃至[2]生缘老死忧悲苦恼。无明灭则行灭，乃至老死灭故，忧悲苦恼灭。以从众缘无有宰主，便于其中解悟无我，非经文中但说无我。复

① 聂鸿音：《西夏语谓词人称后缀补议》，《语言科学》2008年第5期。

次以有身故则便有心，以有身心，诸根有用，识解分别。我悟斯事，便解无我。”

注释：

［1］胡桃子汉语，即“[illegible]”，汉文本作“胡桃子”。

［2］乃至，即“[illegible]”，“[illegible]”字疑衍，当删。

西夏文：

[illegible]：“[illegible]，[illegible]，【44】[illegible]？”

[illegible]：[illegible]，[illegible]，[illegible]，[illegible]。[illegible]，[illegible]。[illegible]，[illegible]。[illegible]，[illegible]，[illegible]。[illegible]。[illegible]，[illegible]，[illegible]，[illegible]。”

[illegible]【45】[illegible]，[illegible]，[illegible]，[illegible]：

[illegible]，[illegible]。[illegible]，[illegible]。

[illegible]，[illegible]。[illegible]，[illegible]。

[illegible]，[illegible]。[illegible]，[illegible]。

【46】[illegible]，[illegible]。[illegible]，[illegible]。

[illegible]，[illegible]。[illegible]，[illegible]。

[illegible]：“[illegible]？”

[illegible]：“[illegible]，[illegible]，[illegible]，[illegible]，[illegible]，[illegible]。[illegible]【47】[illegible]。[illegible]。[illegible]。[illegible]，[illegible]，[illegible]。”

汉译文：

又问：“若如汝言生死受身相续不断，设有身见，有何过咎？”

答曰：“以身见故，造作诸业，于五趣[1]中受善恶身形，得恶形时受诸苦恼。若断身见，不起诸业。不起业[2]，则不受身。不受身故，众患永息，则得涅槃。云何说言身见非过。复次若身见非过咎者，应无生死，不于三有受生死苦，是故有过。”

时婆罗门逆顺观察十二缘义，深生信解，心怀庆幸，略赞佛法而说偈言：

如来在世时，说法摧诸论。佛日照世间，群邪皆隐蔽。

我今遇遗法，如在世尊前。释种中胜妙，深达诸法相。

所言如来者，真实而不虚。逆顺观诸法，名闻普遍满。

向佛涅槃方，恭敬合掌礼。叹言佛世尊，实有大悲心。

诸仙中最胜，世间无伦疋。我今归依彼，无等戒定慧。

憍尸迦言：“汝今云何乃尔深解佛之功德？”

亲友答言：“我闻此法，是故知佛无量功德。如沉水香[3]，黑重津腻，以是因缘，烧之甚香，远近皆闻。如是我见如来定慧身故，便知世尊有大功德。我于今者虽不睹佛，见佛圣迹，则知最胜。亦如有人于花池边，见象足迹，则知其大。睹因缘论，虽不见佛，知佛圣迹，功德最大。”

注释：

［1］五趣，即“[illegible]”，又曰五恶趣，五道等。一地狱，二饿鬼，三畜生，四人，五天。文句十二曰：“从一至一，故名为趣。”无量寿经曰：“开示五趣，度未度者。”

［2］不起业，即“[illegible]”，汉文本作“不起诸业故”。

［3］沉水香，即“[illegible]”，香料名，略云沉香。本草注曰：“时珍曰：木之心节，置水则沈，故名沈水，亦曰水沈。半沈者为栈香，不沈者为黄熟香。南越志言：交州人称为蜜香，谓其气如蜜脾也。梵书名阿迦嚧香。”名义集三曰：“阿伽嚧，或云恶揭噜，此云沉香。”梵文 Agaru。

西夏文：

[illegible]，[illegible]，[illegible]：“[illegible]，[illegible]【48】[illegible]，[illegible]，[illegible]，”[illegible]：

[illegible]，[illegible]。[illegible]，[illegible]。

[illegible]，[illegible]。[illegible]，[illegible]。

“[illegible]，[illegible]【49】[illegible]。[illegible]，[illegible]。[illegible]，[illegible]。[illegible]，[illegible]，[illegible]，[illegible]。[illegible]，[illegible]。[illegible]，[illegible]，[illegible]。[illegible]，[illegible]，[illegible]。[illegible]，[illegible]，[illegible]，[illegible]，[illegible]。”

[illegible]：“【50】[illegible]？”

[illegible]：“[illegible]，[illegible]。[illegible]？[illegible]，[illegible]，[illegible]。[illegible]。”

[illegible]，[illegible]，[illegible]。[illegible]。[illegible]？[illegible]【51】[illegible]，[illegible]。

汉译文：

见其亲友深生信解，叹未曾有，而作是言：“汝于昔来读诵外典，亦甚众多，今闻佛经，须臾之顷解其义趣，悉舍外典，极为希有。”即说偈言：

除去邪见论，信解正真法。如是人难得，是故叹希有。

不但叹于汝，亦叹外诸论。因其理鄙浅，我等悉舍离。

“以彼诸论有过咎故，令我等辈得生厌离，生信解心。佛实大人，无与等者。名称普闻，遍十方刹。外诸邪论，前后有过，犹如谄语，不可辩了。由彼有过，令我弃舍，得入佛法。犹如春夏之时，人患日热，皆欲离之。既至冬寒，人皆思念，外道诸论亦复如是。诚应舍离，如夏时日。[1]然由此论得生信心，亦宜思念。犹如寒时思念彼日。”

于时亲友问憍尸迦：“我等今者当作何事？”

憍尸迦言：“今宜舍弃一切邪论，于佛法中出家学道。所以者何？如夜闇中然大炬火，一切鸱鸟皆悉堕落。佛智慧灯既出于世，一切外道悉应颠坠。是故今欲出家学道。”

于是憍尸迦从亲友家，即诣僧坊，求索出家。出家已后得阿罗汉。何因缘故说是事耶？以诸外道常为邪论之所幻惑故，说十二因缘[2]经论而破析之。

注释：

［1］西夏文“[illegible]”（诚应舍离）与“[illegible]”（如夏时日）两句次序颠倒，西夏人翻译汉文文献时有时故意把汉文并列复句的次序颠倒译之。

［2］十二因缘，即“[illegible]”，即谓无明缘行，行缘识，识缘名色，名色缘六处，六处缘触，触缘受，受缘爱，爱缘取，取缘有，有缘生，生缘老死。

西夏文：

[illegible]【52】[illegible]：“[illegible]？”

[illegible]：“[illegible]。”[illegible]：

[illegible]

[illegible]

[illegible]：“【53】[illegible]。”[illegible]：

[illegible]

[illegible]

[illegible]

【54】[illegible]

[illegible]

[illegible]

[illegible]

[illegible]【55】[illegible]

[illegible]

汉译文：

复次夫取福田[1]，当取其德，不应简择少壮老弊。我昔曾闻，有檀越[2]遣知识道人，诣僧伽蓝请诸众僧。但求老大，不用年少。后知识道人请诸众僧，次到沙弥，然其不用。沙弥语言：“何故不用我等沙弥？”

答言：“檀越不用，非是我也。”劝化道人即说偈言：

耆年有宿德，发白而面皱。秀眉齿缺落，背偻支节缓。

檀越乐如是，不喜见幼小。

时寺中有诸沙弥，尽是罗汉。譬如有人，触恼师子，枨其腰脉，令其嗔恚。诸沙弥等皆作是语：“彼之檀越愚无智慧，不乐有德，唯贪耆老。”时诸沙弥即说偈言：

所谓长老者，不必在白发。面皱牙齿落，愚痴无智慧。

所贵能修福，除灭去众恶。净修梵行者，是名为长老。

我等于毁誉，不生增减心。但令彼檀越，获得于罪过。

又于僧福田，诽谤生增减。我等应速往，起发彼檀越。

莫令堕恶趣，彼诸沙弥等。寻以神通力，化作老人像。

发白而面皱，秀眉牙齿落。偻脊而拄杖，诣彼檀越家。

檀越既见已，心生大欢庆。烧香散名花，速请令就座。

既至须臾顷，还服沙弥形。檀越生惊愕，变化乃如是。

为饮天甘露，容色忽鲜变。

注释：

［1］福田，即“[illegible]”，佛教用语，佛教以为供养布施，行善修德，能受福报，犹如播种田亩，有秋收之利，故称“欲以汝智测量福田而知高下，亦无是处”。凡敬侍佛、僧、父母、悲苦者，则可收获福德、功德，故称能出生福德处为福田。

［2］檀越，即“[illegible]”，字面作“施主”，梵文 Dānapati，音译陀那钵底，“陀那”是“施”，“钵底”是“主”，谓“施主”，越为施之功德，已越贫穷海之义也。下同。

西夏文：

[illegible]：“[illegible]，[illegible]。[illegible]，[illegible]，[illegible]，[illegible]。”[illegible]：

[illegible]，[illegible]。[illegible]【56】[illegible]。

[illegible]。[illegible]，[illegible]。

[illegible]：“[illegible]。[illegible]，[illegible]，[illegible]。[illegible]，[illegible]，[illegible]。[illegible]，[illegible]。[illegible]，[illegible]。[illegible]，[illegible]，【57】[illegible]，[illegible]，[illegible]。[illegible]、[illegible]、[illegible]、[illegible]。[illegible]，[illegible]，[illegible]。[illegible]，[illegible]。[illegible]，[illegible]，[illegible]，[illegible]【58】[illegible]：”[illegible]：

[illegible]，[illegible]。[illegible]，[illegible]。

[illegible]

[illegible]

[illegible]【59】[illegible]

[illegible]

[illegible]

[illegible]

[illegible]

[illegible]【60】[illegible]

[illegible]

[illegible]

[illegible]

汉译文：

尔时沙弥即作是言："我非夜叉[1]，亦非罗刹[2]。先见檀越选择耆老，于僧福田生高下想，坏汝善根，故作是化，令汝改悔。"即说偈言：

譬如蚊子嘴，欲尽大海底。世间无能测，众僧功德者。

一切皆无能，筹量僧功德。况汝独一己，而欲测量彼。

沙弥复言："汝今不应校量众僧耆少形相。夫求法者，不观形相，唯在智慧。身虽幼稚，断诸结漏，得于圣道。虽老放逸，是名幼小。汝所为作，甚为不是。若以爪指欲尽海底，无有是处，汝亦如是，欲以汝智测量福田而知高下，亦无是处。汝宁不闻如来所说四不轻经？王子、蛇、火、沙弥等都不可轻。世尊所说庵罗果喻，内生外熟，外生内熟。莫妄称量前人长短，一念之中亦可得道。汝于今者极有大过。汝若有疑，今悉可问，从今已后，更莫如是于僧福田生分别想。"即说偈言：

众僧功德海，无能测量者。佛尚生欣敬，自以百偈赞。

况余一切人，而当不称叹。广大良福田，种少获大利。

释迦和合众，是名第三宝。于诸大众中，勿以貌取人。

不可以种族，威仪巧言说。未测其内德，睹形生宗仰。

观形虽幼弱，聪慧有高德。不知内心行，乃更生轻蔑。

譬如大丛林，薝卜杂伊兰。众树虽参差，语林则不异。

僧虽有长幼，不应生分别。迦叶欲出家，舍身上妙服。

取庠最下衣，犹直十万金。众僧之福田，其事亦如是。

供养最下者，获报十万身。譬如大海水，不宿于死尸。

僧海亦如是，不容毁禁者。于诸凡夫僧，最下持少戒。

恭敬加供养，能获大果报。是故于众僧，耆老及少年。

等心而供养，不应生分别。

注释：

［1］夜叉，即“[illegible]”*·jij[1] khja[2]，译自梵文 Yakṣa。

［2］罗刹，即“[illegible]”*lo1 tśhia[1]，梵文 Rākṣasa，又作罗刹娑、罗叉娑。女曰罗叉私，梵文 Rākṣasi。恶鬼之总名也，译为暴恶可畏等。西夏文“[illegible]”*tśhia 对译梵文 kṣa。存世的西夏佛经中，音译陀罗尼中的 kṣa 有两种方式：译自汉文的《金光明最胜王经》中用“二合”式——“[illegible]□”，如卷四中梵文 rakṣa，西夏字对音是“[illegible]□”①；译自藏文的《吉祥遍至口合本续》用“[illegible]”*khja，如卷四中第 32 叶右面“[illegible]”对译梵文 kṣaye。②

西夏文：

[illegible]【61】[illegible]：“[illegible]。”[illegible]：

[illegible]。

[illegible]：“[illegible]。”

[illegible]：“[illegible]。”

[illegible]：【62】“[illegible]？”

[illegible]：“[illegible]？”

[illegible]：“[illegible]。”[illegible]：

[illegible]。

[illegible]。

[illegible]，【63】[illegible]。

[illegible]：“[illegible]？”

[illegible]：“[illegible]【64】[illegible]。”

汉译文：

尔时檀越闻是语已，身毛为竖，五体投地，求哀忏悔：“凡夫愚人多有愆咎，愿听忏悔，所有疑惑，幸为解释。”即说偈言：

汝有大智慧，以断诸疑网。我若不咨问，则非有智者。

尔时沙弥即告之曰：“恣汝所问，当为汝说。”

檀越问言：“敬信二佛僧[1]，何者为胜。”

沙弥答曰：“汝宁不知有三宝乎？”

檀越言：“我今虽复知有三宝，然三宝中岂可无有一最胜耶？”

沙弥答曰：“我于佛僧不见增减。”即说偈言：

① 王静如：《西夏研究》第二辑，中央研究院历史语言研究所单刊甲种之十一，1933 年，第 174 页。

② 宁夏文物考古研究所编著：《拜寺沟西夏方塔》，北京：文物出版社，2005 年，第 55 页。

大姓婆罗门，厥名突罗阇[2]。毁誉佛不异，以食施如来。

如来既不受，三界无能消。掷置于水中，烟炎同时起。

瞿昙弥奉衣，佛敕施众僧。以是因缘故，三宝等无异。

尔时檀越闻是语已，即作是言："如其佛僧等无异者，何故以食置于水中不与众僧？"

沙弥答言："如来于食都无吝惜，为欲显示大众德力[3]，故为是耳。所以者何？佛观此食，三界之中无能消者。置于水中，水即炎起。然闻瞿昙弥亦彼因大众[4]，有大德[5]，得大名称，佛僧无异。"

注释：

［1］敬信二佛僧，即"[illegible]"，汉文本作"大德，敬信佛僧"。

［2］突罗阇，即"[illegible]"* $thjwi^1$ lo^1 $śja^1$。

［3］为欲显示大众德力，即"[illegible]"，汉文本作"为欲显示众僧德力"。

［4］然闻瞿昙弥亦彼因大众，即"[illegible]"，汉文本作"然瞿昙弥故以衣奉佛，佛回与僧。众僧受已，无有变异。是故当知"。

［5］有大德，即"[illegible]"，汉文本作"僧有大德"。

西夏文：

[illegible]："[illegible]，[illegible]，[illegible]，[illegible]，[illegible]。"

[illegible]："[illegible]，[illegible]。"[illegible]：

[illegible]，[illegible]。[illegible]，[illegible]。

[illegible]，[illegible]。【65】[illegible]，[illegible]。

[illegible]，[illegible]。[illegible]，[illegible]。

[illegible]，[illegible]。

[illegible]，[illegible]："[illegible]，[illegible]、[illegible]、[illegible]，[illegible]，[illegible]。[illegible]："[illegible]，[illegible]，[illegible]【66】[illegible]，[illegible]，[illegible]，[illegible]。[illegible]，[illegible]。"[illegible]：

[illegible]，[illegible]。[illegible]，[illegible]。

[illegible]，[illegible]。[illegible]，[illegible]。

[illegible]……

汉译文：

时彼檀越即作是言："自今以后，于众僧所，无所老少[1]，等心恭敬，不生分别。"

沙弥答言；"汝若如是，不久当得见谛之道。"即说偈言：

多闻与持戒，禅定及智慧。趣向三乘人，得果并与向。

譬如辛头河，流注入大海。是等诸贤圣，悉入僧大海。

譬如雪山中，具足诸妙药。亦如好良田，增长于种子。

贤善诸智人，悉从僧中出。

说是偈已，而作是言：“檀越，汝宁不闻经中阿尼虑、头难提、黔毗罗[2]，此三族姓子鬼神大将，名曰伽扶。白佛言：世尊，一切世界，若天若人，若魔若梵，若能心念此三族姓子者，皆能令其得利安乐。僧中三人尚能利益，况复大众。”即说偈言：

三人不成僧，念则得利益。如彼鬼将言，未得名念僧。

尚获是大利，况复念僧者。如彼得大利[3]，是故汝当知。

功德诸善事……[4]

注释：

［1］无所老少，即“[illegible]”，汉文本作“若老若少”。

［2］阿尼虑、头难提、黔毗罗，即“[illegible]”*·a dzji^{1} lu^{2}、“[illegible]”*thew^{2} na^{1} thji^{1}、“[illegible]”*khjã^{2} phji^{1} lo^{1}。

［3］如彼得大利，即“[illegible]”，汉文本无，西夏文本疑衍，当删。

［4］西夏文本下缺，相应汉文本为：

皆从僧中出，譬如大龙雨。唯海能堪受，众僧亦如是。

能受大法雨，是故汝应当。专心念众僧，如是众僧者。

是诸善之群，解脱之大众。僧犹勇健军，能摧魔怨敌。

如是众僧者，胜智之丛林。一切诸善行，运集在其中。

趣三乘解脱，大胜之伴党。

尔时沙弥说偈赞已，檀越眷属心大欢喜，皆得须陀洹果。

西夏文《佛说圣佛母般若波罗蜜多心经》译释

李若愚

摘　要：文章是对西夏文德慧译本《佛说圣佛母般若波罗蜜多心经》的首次公布，并提供全文的录文、解读与注释。通过与现存诸多汉藏译本的比较，可以发现德慧在翻译番、汉《佛说圣佛母般若波罗蜜多心经》时并没有严格依照某一个底本。同时，对比同时代的汉语译文，我们也可以对西夏文有更深入的了解。

关键词：西夏文；佛经；黑水城文献

《佛说圣佛母般若波罗蜜多心经》即通常所说的《摩诃般若波罗蜜多心经》，简称《般若心经》，是极富盛名的大乘佛教经典，此经在历史上有诸多汉译版本①，在西夏时期亦被翻译成了西夏文②。西夏文《佛说圣佛母般若波罗蜜多心经》（[illegible]）于1909年出土于内蒙古额济纳旗的黑水城遗址，现藏俄罗斯科学院东方文献研究所，题录首见戈尔巴乔娃和克恰诺夫的《西夏文写本和刊本》③。据克恰诺夫的《西夏佛典目录》著录④，该经在俄藏品中共有11个编号，分别为инв. № 4336、5988、7036、590、601、6889、7191、594、817、5605、6360，其中инв. № 4336为卷子装写本，инв. № 5988为缝缋装写本，其余инв. №7036、590、601、6889、7191、594、817、5605、6360皆为经折装刻本。以上诸多编号的俄藏原件迄今未得到刊布，目前国内能看到的为20世纪末上海古籍出版社在圣彼得堡拍回的部分原件照片。从所拍摄的照片看，诸编号中инв. № 4336为完本，可以作为校录的底本，而инв. №5605、6360为西夏文《持诵圣佛母般若多心经要门》（[illegible]），是一部关于《般若心经》的念诵法门。⑤

作为底本的西夏文《佛说圣佛母般若波罗蜜多心经》编号为инв. № 4336，译自藏文，卷子装写本，30×510厘米，行18个字⑥，墨线勾栏。墨框高23.7厘米，保存完整。除了《佛说圣佛母般若波罗蜜多心经》西夏文全文外，此卷子上亦抄有西夏文《金刚般若波罗蜜经》的内容。

该写本是西夏仁宗时期仁宗皇帝的御校本，由兰山觉行国师德慧奉敕所译，其卷首题有“兰山觉

作者简介：李若愚（1990~　），现任职于故宫博物院，主要从事西藏、西夏文献研究。

① 汉文本的诸多译本可以参见方广锠：《般若心经译注集成》，上海古籍出版社，2011年。

② 聂鸿音：《西夏文藏传〈般若心经〉研究》，《民族语文》2005年第2期。

③ З. И. Горбачева и Е. И. Кычанов. Тангутские Рукописи и Ксилографы，Москва：Издательство восточной литературы，1963, стр. 101，137.

④Е. И. Кычанов. Каталог тангутских буддийских памятников， Киото： Университет Киото， 1999, с. 291-294.

⑤ 聂鸿音：《西夏译本〈持诵圣佛母般若多心经要门〉述略》，《宁夏社会科学》2005年第2期。

⑥ 据原件的照片来看，每行应为20个字。

行国师沙门德慧奉敕译”（[illegible]）和“奉天显道耀武宣文制义去邪惇睦懿恭皇帝详定”（[illegible]）两行题记。其所对应的完整的汉文译本于1996年刊布于《俄藏黑水城文献》第3册[①]，卷尾有西夏仁宗皇帝的御制发愿文，详细讲述了经文翻译的时间和缘起[②]：

> 朕睹胜因，遂陈诚愿。寻命兰山觉行国师沙门德慧重将梵本，再译微言，仍集《真空观门施食仪轨》附于卷末，连为一轴。于神妣皇太后周忌之辰，开版印造番汉共二万卷，散施臣民。仍请觉行国师等烧结灭恶趣中围坛仪，并拽六道及讲演《金刚般若经》《般若心经》，作法华会大乘忏悔，放神幡、救生命、施贫济苦等事，恳伸追荐之仪，用达劬劳之德。仰凭觉荫，冀锡冥资，直往净方，得生佛土，永住不退，速证法身。又愿六庙祖宗，恒游极乐；万年社稷，永享升平。一德大臣，百祥咸萃；更均馀祇，下逮含灵。天盛十九年岁次丁亥五月初九日，奉天显道耀武宣文神谋睿智制义去邪惇睦懿恭皇帝谨施。

据此发愿文我们可以知道，仁宗皇帝于天盛十九年（1167）五月初九日，为纪念自己的生母曹氏，在其逝世纪念法会上，特命兰山觉行国师德慧持“梵本”另译了《佛说圣佛母般若波罗蜜多心经》，并开版印造番汉共两万卷，作为散施之用。与此同时，在法会中德慧等国师还讲演了《金刚般若经》和《般若心经》，并举行了其他的法事活动。本文所介绍的инв. № 4336卷子装抄本的内容恰好为《金刚般若经》和《般若心经》，并有明确的题记，据此可以推断，该西夏文写本是据这次法会流传出来的刻本复抄的。

值得注意的是对勘西夏文《佛说圣佛母般若波罗蜜多心经》所反映出的一些问题，正如孙伯君先生在《黑水城出土西夏文〈佛说圣大乘三归依经〉译释》所提道的：“通过对勘，《佛说圣大乘三归依经》的西夏文本当是在汉文的基础上翻译的，而且西夏文卷首题款与汉文本完全一致，由此我们了解到西夏时期某些番、汉两译佛经的翻译程序可能是先翻译成汉文，然后再据汉文翻译成西夏文的。”[③]西夏文《佛说圣佛母般若波罗蜜多心经》也属于这样的情况，一个明显的证据是其经题并没有依照梵文经题Arya bhagavatī prajñāpāramitā hṛdaya sūtra（圣薄伽梵母般若波罗蜜多心经）或者是直译其藏文经题'phags pa bcom ldan' das ma shes rab kyi pha rol tu phyin pa snying po（圣出有坏母智慧之彼岸到心）[④]，而是与汉文本保持了完全的一致。

另一个是西夏文《佛说圣佛母般若波罗蜜多心经》翻译的底本问题，在仁宗皇帝御制的发愿文中明确提到是“寻命兰山觉行国师沙门德慧重将梵本，再译微言”，其中“梵本”一词值得细细考究。

---

① 汉文本《佛说圣佛母般若波罗蜜多心经》俄藏编号为TK128，分为“一切如来般若佛母众会”版画、《佛说圣佛母般若波罗密多心经》《持诵圣佛母般若多心经要门》和《御制后序》四部分内容，全文照片刊布在《俄藏黑水城文献》第3册，上海古籍出版社，1996年，第73~77页。

②《俄藏黑水城文献》第3册，上海古籍出版社，1996年，第76页下至77页上栏。

③ 孙伯君：《黑水城出土西夏文〈佛说圣大乘三归依经〉译释》，《兰州学刊》2009年第7期。

④ 中国藏学研究中心《大藏经》对勘局编著：中华大藏经《甘珠尔》（藏文）第34卷，北京：中国藏学出版社，2008年，第402~407页。

克恰诺夫在其《西夏佛典目录》中认为西夏文《佛说圣佛母般若波罗蜜多心经》译自藏文[①]，西田龙雄也持同样的观点[②]。笔者个人倾向上述观点，认为该佛经在翻译时主要依据了藏文本作为底本，因为通常西夏时期译自藏文的汉文和西夏文佛经往往在正文之前存有用汉字或西夏字标音的梵语，而无论是汉文还是西夏文的《佛说圣佛母般若波罗蜜多心经》都符合这样的情况。另外有一条材料也可以作为佐证，编号为инв. № 6360的西夏文《持诵圣佛母般若多心经要门》的最后有这么一段施经发愿文：[③]

> [illegible]，[illegible]，[illegible]，《[illegible]》[illegible]、[illegible]，[illegible]，[illegible]、[illegible]。（为报慈母皇太后生育劬劳之恩德，于遐升周年时，发下大愿，寻命兰山觉行国师沙门德慧，重将梵、蕃本《圣佛母般若心经》，细细考校，译番、汉本。）

根据此段发愿文可知，德慧国师在翻译《圣佛母般若心经》时，至少使用了梵文、藏文两种底本。

寻找当年德慧国师所使用的“梵本”已是几乎不可能的事情，但是仔细比对现存的经文却能发现一个有趣的现象，即德慧在翻译番、汉《佛说圣佛母般若波罗蜜多心经》时并没有严格依照某一个底本。在其所译的《佛说圣佛母般若波罗蜜多心经》中，从“色即是空”到“无苦、集、灭、道”这之间的内容几乎完全照搬了玄奘所译的《般若波罗蜜多心经》[④]的原文。另外经文中的最后一句：“舍利子与观自在菩萨等无量众会，天、龙、夜叉、乾达婆、阿修罗、迦楼罗、紧那罗、摩睺罗伽、人、非人等闻佛所说，皆大欢喜，信受奉行。”也不同于其他存世的汉文经典，已知的汉文经典中仅有“天、人、阿修罗、乾达婆”，并没有“龙、夜叉、迦楼罗、紧那罗、摩睺罗伽、人、非人”这样的内容。在对应的藏文版《圣佛母般若波罗蜜多心经》（'phags pa bcom ldan 'das ma shes rab kyi pha rol tu phyin pa snying po）中亦是如此，仅有“天、人、非天（阿修罗）、寻香（乾达婆）”（lha dang mi dang lha ma yin dang dri za）[⑤]。

出现这种情况可以解释为德慧个人的翻译偏好，在其所译的番、汉《佛说圣大乘三归依经》末尾为“具寿舍利子及大比丘、天、龙、夜叉、乹达婆、阿修罗、迦楼罗、紧那罗、摩睺罗伽、人、非人等一切大众，闻佛所说，皆大欢喜，信受奉行”[⑥]。而其对应的藏文本仅为“具寿舍利子及比丘众欢喜赞叹世尊所说”（tshe dang ldan pa shā ri'i bu dang dge slong gzhan dag kyang bcom ldan 'das kyis bka' stsal pa la mngon par bstod do）[⑦]，并没有“天、龙、夜叉、乹达婆、阿修罗、迦楼罗、紧那罗、摩睺罗伽、人、非人等一切大众”这样的内容，联系德慧对番、汉《佛说圣佛母般若波罗蜜多心经》末尾的翻译，

① Е.И. Кычанов，Каталог тангутских буддийских памятников， Киото：Университет Киото， 1999. с. 291.

② 西田龙雄：《西夏文华严经》第3册，京都大学文学部，1977年，第42页。

③ 转引自孙伯君：《黑水城出土西夏文〈佛说圣大乘三归依经〉译释》，《兰州学刊》2009年第7期。其标点略有改动。

④ 《大正新修大藏经》，第8卷，第848页下栏。

⑤ 中国藏学研究中心《大藏经》对勘局编著：中华大藏经《甘珠尔》（藏文）第34卷，北京：中国藏学出版社，2008年，第405页。

⑥ 孙伯君：《黑水城出土西夏文〈佛说圣大乘三归依经〉译释》，《兰州学刊》2009年第7期。

⑦ 中国藏学研究中心《大藏经》对勘局编著：中华大藏经《甘珠尔》（藏文）第63卷，北京：中国藏学出版社，2008年，第474页。

显然可以发现德慧在翻译经文时，倾向于将天龙八部等一一译出。

翻译佛经是一个复杂的过程，就《佛说圣佛母般若波罗心经》这部经的翻译而言，德慧国师在翻译时就至少使用了梵文、藏文两种版本的佛经作为底本；其翻译程序是先译出汉文，再根据汉文翻译西夏文；在翻译过程中诸多传世的汉文本，尤其是玄奘的汉译本也对德慧的翻译起了或大或小的影响；在经文最后，德慧国师并没有严格依照底本翻译，而是有明显的个人风格。因此，佛经的翻译并不是一个机械的对照翻译过程，会受到各种各样因素的影响，这就进一步提醒我们，在判断西夏所译的佛经底本以及使用西夏文译文材料时，要采取更加谨慎的态度。

下面是西夏文《佛说圣佛母般若波罗蜜多心经》的对译、译文和注释，其中译文完全照录俄藏TK128汉文本原文，以见番、汉两种译本的对应关系。

对译：

僻彨 戫燚捘皾氉穮 祇形瀡緈彨蕔豼 繖繎蘐袯 譺刻彨

梵语 啊耶末遏斡帝 不啰嘿钵啰弥怛 屹哩嚓也 须嘚啰

级彨：緈豥刹緈蕟禵翍豾籭繉殧緁豝菽

番语：佛说圣佛母般若波罗蜜多心经契

蕬羊纁兟隵胑歼甂絾養繽藾瀫

兰山觉行国师 沙门 德慧 敕奉译

謕藾蕞燋瓶蕆茷嫡①繆祇禰敍黻豥緺鯜豖刻 帨煷

天奉道显武耀文宣义制邪去惇睦 懿恭皇帝 详定

禵翍緈蕟禰祇燚

般若佛母之礼敬

旒珁藐絏：敍孅，裔繉礻貔嵶羊緋綖，敽偗鼍繈瓞瓩豾皵颮豣皵皸燚懏繈緭，絾豨绯敨。

是如闻我：一时，世尊祇舍崛山中在，大比丘众并诸菩萨摩诃萨等无量众会，前后围绕。

译文：

梵云：啊聆拽[1] 末遏斡帝[2] 不啰嘿钵啰弥怛[3]屹哩嚓也[4] 须嘚啰[5]

番云：佛说圣佛母般若波罗蜜多[6]心经

① 此处脱“豧豨刹豥”（神谋睿智），据汉文本补。

兰山觉行国师 沙门 德慧奉 敕译

奉天显道耀武宣文神谋睿智制义去邪惇睦 懿恭皇帝 详定

礼敬般若佛母

如是我闻，一时佛[7]在祇舍崛山[8]，与大比丘众并诸菩萨摩诃萨[9]等无量众会，前后围绕。

注释：

［1］啊呤拽，为梵文 Ārya 的音译，西夏文作“[illegible]”，对音为“啊耶”，脱梵文 r 音。

［2］末遏斡帝，为梵文 Bhagavatī 的音译，其意为“薄伽梵母、佛母”。藏文作 bcom ldan' das ma，意为“出有坏母”。

［3］不啰嘿钵啰弥怛，为梵文 Prajñā pāramitā 的音译，其意为“智慧到彼岸”，藏文作 shes rab kyi pha rol tu phyin pa。

［4］屹哩嵘也，为梵文 Hṛdaya 的音译，其意为“心”，藏文作 snying po。

［5］须嘚啰，为梵文 Sūtra 的音译，其意为“经、经典”，藏文作 mdo。

［6］般若波罗蜜多，为梵文 Prajñā pāramitā 的音译，其意为“智慧到彼岸”，藏文本作 shes rab kyi pha rol tu phyin pa，意为“智慧到彼岸”。

［7］佛，西夏文本作“[illegible]”，意为“世尊”。

［8］祇舍崛山，为梵文 Gṛdhakūṭa（巴利文 Gijjakūṭa）的音译，其意为“灵鹫山”，藏文本作 Bya rgod phung po' iri，意为“鹫聚山”。

［9］菩萨摩诃萨，为梵文 Bodhisattva Mahāsattva 的音译，“菩萨”为“菩提萨埵（Bodhisattva）”的省称，意为“觉有情”，“摩诃萨”为“摩诃萨埵（Mahāsattva）”的省称，意为“大众生”。藏文为 Byang chub sems dpa'i dge' tun chen po，意为“觉勇识之大众”。

对译：

[illegible]

尔时，世尊立即甚深等持于入。尔时会中，观自在菩萨甚深般若波罗蜜多行，时五蕴自性皆空

[illegible]

知晓。尔时，舍利子佛威神力承，观自在菩萨之言谓：“若善男子、善女人，甚深般若波罗蜜多行欲

[illegible]

者，何云修习所说为△。”立即，观自在菩萨舍利子之言谓：“若善男子、善女人，甚深般若波罗蜜

[illegible]

多行欲者，五蕴自性皆空观应。色者即空，空者即色；色空与不异，空色与不异。受、想、行、识，

[illegible]

皆彼△如。故舍利子！诸法相空，生无灭无，垢无净无，增无减无。是故，空中色无，受、想、行、

[illegible]①，

识无；眼、耳、鼻、舌、身、意无；色、声、香、味、触、法无；眼界无，△至意识界无；明无无，

[illegible]

明无尽亦无；△至老死无，老死尽亦无；苦、集、灭、道无；智无智无亦非；得无得无亦非。故舍

① “[illegible]”（玄），疑为“[illegible]”（无）字之讹，考汉本作“无”，似当据改。

[illegible]

利子！诸菩萨摩诃萨，彼得无故，般若波罗蜜多依，心罣碍无，恐怖不有，颠倒远离，圆寂究竟。

[illegible]

三世诸佛，此般若波罗蜜多依，悉阿耨多罗三藐三菩提得。是故，舍利子！般若波罗蜜多者，大神

[illegible]①[illegible]

咒是，大明咒是，最上咒是，等无咒是，诸苦除能，实真不虚，是如知应。故般若波罗蜜多咒颂所说：

‘[illegible]！’

‘怛地达，唵，遏帝，遏帝，钵啰遏帝，钵啰僧遏帝，摩溺，萨诃！’。”

译文：

尔时，世尊即入甚深三摩地[1]。于时会中，观自在菩萨即行甚深般若波罗蜜多，照见五蕴自性皆空。时，舍利子承佛神力，而白观自在菩萨言：“若善男子、善女人欲行甚深般若波罗蜜多者，云何修学？愿垂演说！”即时，观自在菩萨告舍利子言：“若善男子、善女人欲行甚深般若波罗蜜多者，应观五蕴自性皆空。色即是空，空即是色；色不异空，空不异色。受想、行、识，亦复如是。是故，舍利子！诸法性空[2]，不生不灭，不垢不净，不增不减。是故，空中无色，无受、想、行、识；无眼、耳、鼻、舌、身、意；无色、声、香、味、触、法；无眼界，乃至无意识界；无无明，亦无无明尽；乃至无老死，亦无老死尽；无苦、集、灭、道；无智亦无无智；无得亦无无得。是故，舍利子！诸菩萨摩诃萨，亦无所得故，依般若波罗蜜多，心无罣碍，无有恐怖，远离颠倒，究竟涅槃[3]。三世诸佛依般若波罗蜜多故，悉得阿耨多罗三藐三菩提[4]。是故，舍利子！应知般若波罗蜜多是大神咒，是大明咒，是无上咒，是无等等咒，能除一切苦，真实不虚，故即说般若波罗蜜多咒曰：

‘怛宁达，唵，遏帝，遏帝，钵啰遏帝，钵啰僧遏帝，摩溺，萨诃[5]’。”

注释：

［1］三摩地，西夏文作“[illegible]”，意为“等持”。

［2］诸法性空，西夏文作“[illegible]”，意为“诸法相空”。

［3］涅槃，西夏文作“[illegible]”，意为“圆寂”。

［4］阿耨多罗三藐三菩提，音译梵文 Anuttara samyak saṃbodhi，意为“无上正遍知”，藏文作 Bla na med pa yang dag par rdzogs pa' i byang chub，意为“无上真实圆满正觉”。

［5］咒语音译梵文 Tadyathā oṃ gate gate pāragate pārasaṃgate bodhi svāhā

对译：

“[illegible]。”[illegible]

“故舍利子、诸菩萨摩诃萨，甚深般若波罗蜜多修习应是彼如。”世尊甚深等持于起，观自在菩

[illegible]

① “[illegible]”（等无），疑脱“[illegible]”（等）字，考汉本作“无等等”，似当据改。

萨之赞言：“善哉！善哉！汝今所说般若波罗蜜多者，诸菩萨摩诃萨等修习应是。我等诸佛，悉皆随

[illegible]。”[illegible]

喜。”佛此经契说已，舍利子与观自在菩萨等无量众会，天、龙、夜叉、乾达婆、阿修罗、迦楼罗、

[illegible]

紧那罗、摩睺罗伽、人、非人等，佛所说闻，皆大心喜，信受△行。

[illegible]

佛说圣佛母般若波罗蜜多心经契 竟

译文：

“是故，舍利子、诸菩萨摩诃萨，应当修学甚深般若波罗蜜多。”复次，世尊即出甚深三摩地，赞观自在菩萨言：“善哉！善哉！汝今所说般若波罗蜜多者，诸菩萨摩诃萨等应当修学，我等诸佛，悉皆随喜。”佛说此经已，舍利子与观自在菩萨等无量众会，天、龙、夜叉[1]、乾达婆[2]、阿修罗[3]、迦楼罗[4]、紧那罗[5]、摩睺罗伽[6]人、非人等闻佛所说，皆大欢喜，信受奉行。

佛说圣佛母般若波罗蜜多心经

注释：

[1] 夜叉，音译梵文 Yakṣa，为八部众之一。藏文本无此内容。

[2] 乾达婆，音译梵文 Gandharva，为八部众之一。藏文本作 dri za，意为“寻香”。

[3] 阿修罗，音译梵文 Asura，为八部众之一。藏文本作 lha ma yin，意为“非天”。

[4] 迦楼罗，音译梵文 Garuḍa，为八部众之一。藏文本无此内容。

[5] 紧那罗，音译梵文 Kiṃnara，为八部众之一。藏文本无此内容。

[6] 摩睺罗伽，音译梵文 Mahoraga，为八部众之一，藏文本无此内容。

西夏文文献建筑词汇解析

汤晓芳

本文选择西夏文文献《番汉合时掌中珠》《文海宝韵》《文海宝韵杂类》《三才杂字》《天盛改旧新定律令》中的主要建筑词汇近 120 个，分西夏文字、汉译词、文献出处 3 栏列表。从建筑材料、建筑结构、单体建筑（包括官式建筑和民间建筑）、公共建筑、建筑工匠和工具、室内陈设等类分析西夏营造的特征及其所属建筑体系。

一、西夏文建筑词汇

西夏文文献中建筑及家具类词语一览表 ①

西夏字	汉译词	文献出处	西夏字	汉译词	文献出处
[illegible]	檐栿	珠 222	[illegible]	榫索	杂字乙 15B6
[illegible]	重栿	珠 221	[illegible]	门扣	杂字乙 15B6
[illegible]	平五栿	珠 221	[illegible]	凿锯	珠 225
[illegible]	栀栿	珠 222	[illegible]	锯割	杂字乙 15B6
[illegible]	棚堂	珠 221	[illegible]	削剥	杂字乙 15B6
[illegible]	厨庖	珠 221	[illegible]	斤斧	珠 225
[illegible]	回廊	珠 221	[illegible]	木槛	珠 226
[illegible]	椽榫	珠 222	[illegible]	砵	珠 226
[illegible]	檩	珠 222	[illegible]	赤沙	珠 226
[illegible]	栏栀	珠 222	[illegible]	白土	珠 231
[illegible]	柱脚	珠 223	[illegible]	作物	珠 231
[illegible]	提木	珠 223	[illegible]	做造	珠 231
[illegible]	石顶	珠 223	[illegible]	帐毡	珠 231
[illegible]	斗栱	珠 223	[illegible]	毛栅	珠 231
[illegible]	墙围	珠 223	[illegible]	门帘	珠 232

作者简介：汤晓芳，宁夏人民出版社编审，宁夏大学西夏学研究院兼职教授，主要从事西夏艺术和西夏建筑研究。

① 表中“珠”为《番汉合时掌中珠》，文献出处 222 为原件第 22 页第 2 行（以下均同）；“海”为《文海宝韵》，文献出处 76A21 为原件 76 页第 1 面（蝴蝶装第一面作 A，第二面作 B）第 2 行第 1 字；“海杂”为《文海宝韵杂类》，文献出处 2B12 为原件第 2 页第 2 面第 1 行第 2 字；“同”为《同音》，文献出处 3B1 为原件第 3 页第 2 面第 1 行；“杂字”为《三才杂字》乙种本，文献出处 15B6 为原件 15 页第二面第 6 行。

续表

西夏字	汉译词	文献出处	西夏字	汉译词	文献出处
[illegible]	泥舍	珠 224	[illegible]	天窗	珠 232
[illegible]	舍屋	珠 216	[illegible]	纱窗	珠 232
[illegible]	楼阁	珠 216	[illegible]	沾	珠 243
[illegible]	账库	珠 216	[illegible]	桌子	珠 241
[illegible]	和泥	珠 224	[illegible]	柜子	珠 241
[illegible]	运木	珠 224	[illegible]	匣子	珠 242
[illegible]	木植	珠 224	[illegible]	交床	珠 242
[illegible]	木匠	珠 224	[illegible]	椅子	珠 242
[illegible]	泥匠	珠 225	[illegible]	矮床	珠 242
[illegible]	体工	珠 225	[illegible]	踏床	珠 242
[illegible]	州城	珠	[illegible]	遮拦床	杂字乙 15B8
[illegible]	漆	海杂 2B12	[illegible]	彩沿床	杂字乙 15B8
[illegible]	琉璃	海杂 3A12	[illegible]	坐床	杂字乙 15B7
[illegible]	瓦	海 76A21	[illegible]	室	圣立义海 27B2
[illegible]	堑	海 75A12	[illegible]	寺庙	圣立义海 4A1
[illegible]	砖坯	杂字乙 15B7	[illegible]	房屋	圣立义海 27B2
[illegible]	涂泥	杂字乙 15B2	[illegible]	宫室	圣立义海 4A6
[illegible]	屋室	杂字乙 15B2	[illegible]	陛阶	圣立义海 4A6
[illegible]	墙壁	杂字乙 15B2	[illegible]	皇城	圣立义海 4A6
[illegible]	宫室	杂字乙 15B2	[illegible]	佛殿	圣立义海 4A3
[illegible]	测写	杂字乙 15B2	[illegible]	城墙	同 9B2
[illegible]	塔	同 B31	[illegible]	堡寨	同 41B5
[illegible]	寺	海 34A13	[illegible]	栋梁	海 13A13
[illegible]	橛	海 54A12	[illegible]	窝棚	海 21B6
[illegible]	监狱	珠 305	[illegible]	仓库	海 13B4
[illegible]	柱	同乙 24B55	[illegible]	门槛	海 28A8

《天盛改旧新定律令》中宫殿建筑类词语一览表

西夏字	汉译词	文献出处	西夏字	汉译词	文献出处
[illegible]	地墓	律令卷三	[illegible]	墙壁	律令卷十二
[illegible]	陵	律令卷三	[illegible]	宫墙	律令卷十一
[illegible]	丘垅	律令卷三	[illegible]	殿墙	律令卷十二
[illegible]	白帐	律令卷七	[illegible]	坛坎	律令卷十二
[illegible]	头盖	律令卷七	[illegible]	宫殿	律令卷十二
[illegible]	青帐	律令卷七	[illegible]	墙壁	律令卷十二
[illegible]	神庙	律令卷七	[illegible]	药房	律令卷十二
[illegible]	当铺	律令卷三	[illegible]	宗庙	律令卷十二
[illegible]	台	律令卷三	[illegible]	门楼	律令卷十二
[illegible]	坛	律令卷三	[illegible]	重门	律令卷十二
[illegible]	殿	律令卷十二	[illegible]	二重门	律令卷十二
[illegible]	衙	律令卷十二	[illegible]	广寒门	律令卷十二

续表

西夏字	汉译词	文献出处	西夏字	汉译词	文献出处
[illegible]	奏殿	律令卷十二	[illegible]	南北怀门	律令卷十二
[illegible]	寝宫	律令卷十二	[illegible]	殿门	律令卷十二
[illegible]	御道	律令卷十二	[illegible]	内宫门	律令卷十二
[illegible]	朝殿	律令五	[illegible]	城门	律令卷十二
[illegible]	帐下	律令卷十二	[illegible]	殿门	律令卷十二
[illegible]	殿阶	律令卷十二	[illegible]	帐舍	律令卷三
[illegible]	屋舍	律令卷三			

二、主要词汇解析

上表所列的琉璃、石顶、瓦、土、木、泥、沙、白土（石灰）、砖、砖坯、硃（砂）漆等词汇是建筑材质的名称，它们是中国古代建筑体系木构架土木混合结构的建筑材料，这些建筑材料就地取材于西夏疆域的核心区黄河流域、黄土高原、河西走廊，适合这一地区气候干燥的特点，是建筑适应环境的合理性体现。

木匠、泥匠、体工、测写、涂泥、和泥等词汇为建筑匠人的工种，显示了西夏建筑业上的专业分工。使用的工具列出有凿锯、锯割、斤斧等，是建筑行业中大木作所需工具，显现大木作为诸作之首，在房屋营建中占据主要地位。其中“测写”一词显现了建筑的设计和测量，测写这一工种要计算出房屋的面宽、柱高、柱径、台明高、出檐等关键性尺寸，以保证建筑的质量，也是营造美观的基础。木匠、泥匠等称谓从施工从业者角度反映出建筑实体为土木混合结构。

斗栱、柱、栋梁、檐栿（椽栿）、重栿、栏栀、柱脚、木槛、椽榫、台、陛阶、栅栏等，是建筑结构的名称。其中斗栱、檐栿、栏栀、陛阶、台（基）是木构架建筑体系中官式建筑程式化的构件，“斗栱”是支挑伸出的屋檐，使其形成向上曲面的大屋顶，同时承托梁枋，这是中国古建筑最重要的具有标志性特征的构件。在世界建筑六大体系中，体现中国古建筑系统独有的结构性的构件；而“椽榫”显示木构架建筑穿斗式榫卯结合的营造方法和技艺，为中国建筑“墙倒屋不倒”的关键性结构，是属于中国建筑类型学和造型艺术的文化遗产。

皇城、宫殿、重门、二重门、朝殿、奏殿、御道、宫室、坛、宗庙、寝宫、殿门、陵等是最高统治者皇帝及其眷属处理朝政、居住休闲的建筑，皇城及其城内的宫殿、寝宫的专用性也体现官式建筑的上位建筑文化形态。皇城由“宫墙”围合，组成封闭的院落，建筑群的布局也有严格的规定，以重门、朝殿为中轴线来对称布局其他宫室和殿宇。建筑群用围墙封闭，建筑体以中轴线对称分布，这是中国古建筑布局的一大特点。

佛殿、寺庙、塔、神庙等属于宗教建筑，因为西夏为佛教国家，佛庙建筑既有皇家官式建筑，也有民间单间亭阁建筑，但普遍使用斗栱，以示尊威，其中的装饰用金、莲花纹饰等是最高级别的，这在西夏《天盛改旧新定律令》有法律条文规定。

城门、门楼、殿、坛、台、御道、回廊、楼阁等词汇表达了单体建筑的不同外形、结构和体量，也说明五代以后地方割据，建筑形式规矩约束少，建筑的品种、艺术表现形式多样化，有了新的变化和突破。

药房、当铺、仓房等建筑是非官式建筑，其外形可以不拘一格。药房、当铺体现商业性质，处于城市街道两侧或市口，注重门面特征装饰，以区别一般民居，同时也反映了城市建筑的多样性。非官式建筑还有普遍存在的泥屋、窝棚，集中或分散分布在城市和乡村。

帐幕、青帐、帐舍、毡毯、天窗、门帘等词反映了北方草原特色建筑的称谓和结构、部件。帐幕是逐水草而迁徙的生活方式所创造的居住方式，木架、毛毡结合的帐舍易建易拆，适合游牧生产，是具有民族性和地域性的特色建筑。《天盛改旧新定律令·内宫待命头项门》有“御帐”“帐殿”，管理者为“帐门末宿”，在内宫皇帝有朝殿、寝宫，还有帐殿、御帐，说明游牧民族的居住风俗在西夏皇室依然传承。

城池、城墙、堡寨、（城）门楼、衙、监狱等属于公共建筑，公共建筑在建筑中的规模、式样、平面具有明显的弹性，按行政级别决定外形的大小、高低。如城的规模府州大、郡县小，“衙”的建筑依照行政级别决定设样，州府厅堂为悬山顶，县衙为硬山，级别体现了外在的式样和内在梁架多少与高低。公共建筑也有伦理规范，因此出现了州城、堡寨等不同级别的公共建筑名称。

桌子、柜子、匣子、交床、椅子、矮床、踏床、遮栏床、坐床等一般是固定建筑的设内陈设家具。其中床的形式十分丰富，有交床、矮床、遮栏床、坐床等，自成系统，此类家具与人在室内所处姿势关系密切。我国古代盛行席地而坐，大约在五代前后完成了席地向垂足而坐的转变。西夏文多种供坐的家具名称椅子、床的出现，说明传统的席地而坐已经转变，西夏的生活方式适应了北方的寒冷气候，不宜席地而坐，屋内的生活习惯也随之发生了变化。

西夏文文献数量庞大，内容十分丰富，其中记载的西夏文建筑词汇是我国建筑学上的宝贵遗产，它较完整地记录并保存了西夏时期中国古建筑体系的建筑名称和营造工艺，西夏对中国古建筑的发展和承上启下起到了极为重要的作用。

“夏译汉籍”的学术价值

彭向前

“夏译汉籍”特指用西夏文翻译的汉文世俗典籍。包括译自汉文的儒经《论语》《孟子》《孟子传》《孝经传》，兵书《三家注孙子》《六韬》《黄石公三略》《将苑》，史书《十二国》《类林》《贞观政要》，童蒙读本《经史杂抄》以及西夏人依据汉文典籍编译而成的《新集慈孝传》《德行集》等。

近年来，国内外对西夏文文献的研究多集中在此类夏译汉籍上，相继发表了一批重要论著。[①] 学者们选择夏译汉籍作为突破口，主要是因为在返译的过程中有原文可资参照，从而使得研究工作有据可依。西夏文字的译释目前尚处在解读阶段，普遍存在着各译者之间相互不同及同译者前后不同的问题。而有着坚实基础的汉文译本无疑有利于总结西夏语中复杂的语言现象，对西夏文汉译的规范化将起进一步的推动作用。可以这样说，夏译汉籍在西夏语文的译释研究方面有着不可替代的重要价值，如果说流传至今的一批西夏词书是打开西夏文字大门的钥匙，那么夏译汉籍则是打开西夏语法大门的钥匙。实际上，夏译汉籍具有多方面的学术价值，除了在西夏语文的译释研究方面有重要价值外，还具有很高的文献学价值：可以作为校勘之资，用以订正汉文今本的讹脱，从中可以反映出未经宋人编辑的汉文古本原貌，为我们探索唐宋时期今本的形成过程提供新的线索和启发。夏译者诠释字词及名物、制度别具特色，因而具有独特的训诂价值。夏译汉籍甚至还具有一定的史料价值：由于西夏人在翻译过程中掺杂进自己对一些字词和事物的理解，有意无意地透露出一些关于西夏社会的信息，因而此类翻译不仅体现西夏翻译风格之一端，还具有特殊的史料价值。在西夏文献百不余一的今天，任何从文献中发掘出的点滴史料都具有补阙的作用，弥足珍贵。以下主要就围绕这三方面，结合自己在从事西夏学研究活动实践中的切身体会，分别予以说明。

作者简介：彭向前（1968~　），宁夏大学西夏学研究院研究员，主要从事西夏学研究。

① 主要有 1992 年聂鸿音发表《西夏译孙子传考释》（《中国民族古文字研究》，天津古籍出版社）、《西夏译本〈论语全解〉考释》（《西夏文史论丛》，宁夏人民出版社）。同年黄振华发表《西夏文孙子兵法三家注管窥》（《西夏文史论丛》，宁夏人民出版社）；1993 年史金波、黄振华、聂鸿音出版《类林研究》（宁夏人民出版社）；1994 年林英津出版《夏译〈孙子兵法〉研究》（中央研究院历史语言研究所单刊之二十八）；聂鸿音于 1996 年发表《〈六韬〉的西夏文译本》（《传统文化与现代化》1996 年第 5 期）、1997 年发表《西夏文〈孟子传〉研究》（《国学研究》第四卷）、《〈贞观政要〉的西夏文译本》（《固原师专学报》1997 年第 1 期）、1999 年发表《西夏文〈新集慈孝传〉释读》（《宁夏大学学报》1999 年第 2 期）、2002 年出版《西夏文德行集研究》（甘肃文化出版社）；2003 年孙颖新发表《〈十二国〉的西夏文译本》（《民族语文》2003 年第 6 期）；2004 年宋璐璐发表《西夏译本中的两篇〈六韬〉佚文》（《宁夏社会科学》2004 年第 1 期）；2005 年钟焓发表《〈黄石公三略〉西夏译本正文的文献特征》（《民族研究》2005 年第 6 期）。2006 年胡若飞发表《俄藏西夏文草书〈孝经传〉正文译考》（《宁夏大学学报》2006 年第 5 期）；2012 年彭向前出版《西夏文〈孟子〉整理研究》（上海古籍出版社）；等等。

一、西夏文献的解读模式——"四行对译法"

有必要先交代一下西夏文献的解读方法。西夏字和汉字的简单置换，是一个世纪前人们出于迫不得已而采用的解读办法，如今对西夏文献的解读已渐趋规范，学界普遍采取"四行对译"的模式。具体的做法是：第一行为西夏文献原文，第二行为西夏字拟音，第三行为汉语对译，第四行为汉语意译。汉译文之后往往有注释，注释偏重于与汉文不能形成字面对应的西夏词语、译音词和语法词等，主要是交代为什么这样翻译的理由。以西夏文《孟子》第十三叶第四行的一句话为例：

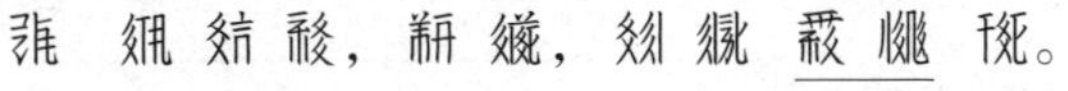

dzjụ śjij goṛ gji dźjar tja be lhjị khu gjị sju

古 世 君 子 过 者 日 月 食 如

古世君子，过者，如日月食。

需要指出的是，对译的基本单位是词而不是字。如夏译文句中加下划线的"[illegible]"一词，字面义为"睽掩"，对译汉文原本"日月之食"的"食"。这是个与汉文不能形成字面对应的西夏词语，当出注（详下）。

"四行对译法"是处理一切怪难文字的有效解读方法。这种方法最初是谁发明的？已不可考。当然不会是从天上掉下来的，我个人的感觉，应该与古代的"译场"有关，是译经活动实践中集体智慧的结晶。译场译经自汉末至北宋初前后持续近900年，是我国古代佛经翻译的主要形式，在佛经翻译事业中发挥了十分重要的作用。宋代译场职司分工情况，据《佛祖统纪》记载，译场分为9部①，且标有座次，并要求依位而坐，不得紊乱。请看下表：

第一译主	正坐面外，宣传梵文
第二证义	与译主评量梵文
第三证文	听译主高读梵文，以验差误
第四书字梵学僧	审听梵文，书成华字（hṛdaya，初翻为"纥哩第野"。sūtra 为"素怛览"）
第五笔受	翻梵音成华言（"纥哩第野"再翻为"心"。"素怛览"翻为"经"）
第六缀文	回缀文字，使成句义（如笔受云"照见五蕴彼自性空见此"，今云"照见五蕴皆空"。大率梵音多先能后所，如"念佛"为"佛念"，"打钟"为"钟打"。故须回缀字句，以顺此土之文）
第七参译	参考两土文字使无误
第八刊定	刊削冗长，定取句义（如"无无明"，"无明"剩两字。如"上正遍知"，上阙一"无"字）
第九润文官	于僧众南向设位，参详润色（如《心经》"度一切苦厄"一句，元无梵本。又"是故空中"一句，"是故"两字元无梵本）

关于中国古代佛经译场，以往多为文字记载，其图形资料却出人意料地保存在《西夏译场图》中。国家图书馆藏元刊西夏译本《现在贤劫千佛名经》卷首，有一幅精美绝伦的版画，此前学界将其命名为《西

① 志磐：《佛祖统纪》卷四十三，《大正新修大藏经》第49册。

夏译经图》。（按：图画内容实际上是对佛经译场的描述，并非泛指译经活动，故这里稍做改动，将其定名为《西夏译场图》，以求名实相符。）

《西夏译场图》明显地吸收了北宋译场的实际经验，简直就是宋代译场的再现，译主正坐面外，助手分列两旁，译场职司分工为九。以此可见，宋代佛教对西夏的影响之深。只是出于构图对称美观起见，画作者把“于僧众南别设位”的润文官，列于译主右列末位。

再看“四行对译法”，实际上就是对佛经译场职司分工的简化。

第一行	西夏文献原文	第一译主
		第二证义
		第三证文
第二行	西夏字拟音	第四书字梵学僧
第三行	汉语对译	第五笔受
第四行	汉语意译	第六缀文
		第七参译
		第八刊定
		第九润文官

佛经翻译早期，说梵文的不懂汉语，说汉语的不懂梵文，必须采取译场分工合作的翻译方法。后来出现兼通梵汉的高僧，他要单独去翻译某一部佛经，一身而兼数任，自然就会出现“四行对译法”。“四行对译法”在中国古代千百年来的翻译活动中相沿成习，影响很大，逐渐从梵文扩大到一切非汉语文字。自 20 世纪初大批西夏文献陆续出土后，“四行对译法”被自然而然地引入西夏学界，成为当前西夏文献的基本解读模式。西夏文中隐藏的不少秘密都是用这种方法发现的。

当然，研读西夏文献的过程，是一个无止境的探索过程，当前的解读规则也有需要进一步完善的地方。如西夏文中有不少动词趋向前缀：

	完成体	未完成体
向上方	[illegible] ·a	[illegible] ·jij
向下方	[illegible] nja	[illegible] njij
向近方	[illegible] kjɨ	[illegible] kjij
向远方	[illegible] wjɨ	[illegible] wjij
离心方	[illegible] dja	[illegible] djij
向心方	[illegible] djɨ	[illegible] djij
不定方	[illegible] rjɨr	[illegible] rjijr

因为在汉语中没有与之对应的字，在对译时一律用“△”之类抽象的符号来表示，完全看不出这些西夏字在语法功能上的区别。这种标注符号随着研究的深入和细化，注定是要被改进的。法国学者向柏霖先生已在这方面做了尝试，他使用一套特定的字母和数字组合来标注西夏虚字的语法功能，这

里提到的第一组和第二组趋向前缀分别用 Dir1. 和 Dir2. 来表示。①

今后对西夏文献解读模式的完善，或可从成熟的中国古代佛经译场组织中吸取有益的经验，采取分工合作的办法，把熟悉西夏文、藏文、古代汉语、西夏历史、中国古代典章制度、佛学等方面的专家聚集起来，让他们各司其职，各展所长，集众人之力，一定能够大大提高西夏文献的解读质量。

二、夏译汉籍是打开西夏语法大门的钥匙

随着西夏政权的灭亡，明代中叶以后西夏文字一度成为无人可识的死文字，向有“天书”之称。西夏学专家最初对西夏文的感觉都来自对“夏译汉籍”的解读，从中归纳总结出不少重要的语法现象：如西夏语动词的趋向前缀、西夏语动词的人称呼应、西夏语亲属称谓中的男称女称等。

（一）“颠倒”译法

先跟大家分享的是我在读博士后期间，受聂鸿音先生的启发，在夏译汉籍中发现的“颠倒”译法，即夏译者对汉语中联合式合成词和一些并列复句的翻译，次序往往是颠倒的。

联合式合成词的颠倒，如《孟子·公孙丑章句下》“人亦孰不欲富贵”中的“富贵”，夏译文颠倒译作“[illegible]（贵富）”。《孟子·滕文公章句上》“屦大小同，则贾相若”中的“大小”，颠倒译作“[illegible]（小大）”。《孟子·公孙丑章句下》“我欲中国而筑孟子室，养弟子以万钟”中的“弟子”，颠倒译作“[illegible]（子弟）”。《孟子·滕文公章句上》“夫滕，壤地褊小”中的“壤地”，颠倒译作“[illegible]（地壤）”。《孟子·滕文公章句上》“从许子之道，相率而为伪者也，恶能治国家”中的“国家”，颠倒译作“家国（[illegible]）”，等等。

并列复句的颠倒，如《庄子·天运》：“夫鹄不日浴而白，乌不日黔而黑。”西夏文《经史杂抄》第十一叶译作：“[illegible]。”等于把原文颠倒为“乌不日黔而黑，鹄不日浴而白”。《论语·季氏》：“不患寡而患不均，不患贫而患不安。”《经史杂抄》第二叶译作：“[illegible]。”等于把原文颠倒为：“不患贫而患不安，不患寡而患不均。”《孟子·公孙丑章句下》“孟子去齐，宿于昼。有欲为王留行者，坐而言。不应，隐几而卧。”其中“不应，隐几而卧”一句译作：“[illegible]。”等于把原文颠倒为：“隐几而卧，不应。”

上述“颠倒”译法并非夏译汉籍所独有，而是中古北方少数民族翻译汉语时一种常用的处理手段。藏文中联合式合成词词素顺序的颠倒，名词如“左右”的藏文为 གཡས་གཡོན，字面义为“右左”；“手足”的藏文为 རྐང་ལག，字面义为“足手”；“江山”的藏文为 རི་ཀླུང，字面义为“山江”；等等。并列复句分句次序的颠倒如敦煌编号为 P.T.1291 的藏文写卷，是《战国策》的古藏文译本，其中《魏策》四《秦王使人谓安陵君》篇：“秦王曰：‘布衣之怒，亦免冠徒跣，以头抢地尔。’”此句藏文作：

ཤི་ཝང་གི་ཞལ་ནས་འབངས་སྔོང་རྔམས་ཁྲོས་ན།།འགོ་ས་ལ་འཛུགས་ལ་མགོ་རྡང······②

---

①Guillaume Jacques. *Textes tangoutes I, Nouveau recueil sur l'amour parental et la pi é t é filiale*, Lincom Europa. 2007, p. 5.

② 王尧，陈践译注：《敦煌古藏文文献探索集》，上海古籍出版社，2008 年，第 437 页。

全句可译作:“始皇曰‘布衣之怒，不过以头抢地，头上免冠……’”等于把原文颠倒为:“布衣之怒，亦以头抢地，免冠徒跣尔”。敦煌 P.988 号藏文写卷有更多这样的例子。[①]

就连与西夏语言系属迥异的契丹语也有这种“颠倒”译法。《夷坚志》载契丹人把贾岛名句“鸟宿池中树，僧敲月下门”颠倒读成“明月里和尚门子打，水底里树上老鸦坐”。[②] 聂鸿音先生曾利用以《经史杂抄》为代表的夏译汉籍中的这一现象，来证明这种读法是合理的。[③] 由上述可见，这种对汉文献的“颠倒”译法，是当时中国西北少数民族共同的习惯。[④]

认识这种现象，有助于对少数民族古文字文献的释读。举个例子，保定西夏文石幢顶端自右而左横刻 3 个西夏文大字“[illegible]（相胜幢）”，以往对石幢名称的翻译和解释长期未能达成共识。一方认为当译为“胜相幢”，但从把题记中的“[illegible]（胜相总持）”误译为“悉禀胜相”（按：总持是梵文 dhāraṇī 的意译，音译即陀罗尼），以及把“胜相幢”勘同为 རྒྱལ་མཚན（胜幢）来看，显然没有把它与《佛顶尊胜陀罗尼经》经名联系起来。一方主张结合幢文内容考察幢额名称，但把幢额名称译为“相胜幢”，不符合西夏文文法“形容词在中心语之后”。

佛顶尊胜陀罗尼经幢在中国古代十分流行，有个典故叫“尘沾影覆”，称赞此陀罗尼的威力神效，意思是说，只要上书此陀罗尼经的高幢的影子映到身上，乃至于幢上的灰尘偶然飘落在身上，则此人即可净除一切恶业。保定西夏文石幢额题，“幢”前“相胜”二字一定与幢身所刻佛顶尊胜陀罗尼有关，应该为此经名的简称。然而无论译成“相胜”或“胜相”，在《佛顶尊胜陀罗尼经》唐、宋译本中都不能形成对应关系，这也是以往产生分歧的关键之所在。现在我们来看《佛顶尊胜陀罗尼经》在西夏同一时期的汉、西夏、藏文 3 种文本经题，例证选自见段玉泉博士论文《语言背后的文化流传：一组西夏藏传佛教文献解读》（兰州大学，2009 年）：

[illegible]

胜相顶尊总持功能依经录

གཙུག་ཏོར་རྣམ་པར་རྒྱལ་མའི་གཟུངས་ཕན་ཡོན་དང་བཅས་པ་མདོ་ལྟར་བཟླས་པ།

藏文的 གཙུག་ཏོ ར་རྣམ་པར་རྒྱལ（［佛］顶尊胜［相］），意思就是“尊胜佛顶相”，其中 རྣམ་པར་རྒྱལ 就是“尊胜”或“最胜”，修饰 གཙུག་ཏོ ར（顶髻）。佛教有三十二相，“如来大相有三十二，谓足下安平至顶成肉髻”。རྣམ་པར་རྒྱལ（尊胜或最胜）是不能分开的，但西夏人把它们分开了。西夏文译本作“[illegible]（顶尊相胜）”，西夏的汉文译本作“胜相顶尊”，二者是互为颠倒的。

通过对《佛顶尊胜陀罗尼经》在西夏同一时期的汉、夏、藏 3 种文本经题的对勘，并根据上述“颠倒”译法，可知保定西夏文石幢额题当按照西夏人自己的译法作“胜相幢”，“胜相”指 གཙུག་ཏོ ར་རྣམ་ པར་རྒྱལ（顶

① 聂鸿音：《敦煌 P.988 号藏文写卷考补》，《民族研究》2005 年第 3 期。

② 洪迈：《夷坚丙志》卷十八“契丹诵诗”条。何卓点校本，北京：中华书局，1981 年。

③ 聂鸿音：《〈夷坚志〉契丹诵诗新证》，《满语研究》2001 年 2 期。

④ 彭向前：《夏译汉籍中的“颠倒”译法》，《民族语文》2011 年第 5 期。

尊胜相），是《佛顶尊胜陀罗尼经》的藏式简称。如果不了解所谓的“颠倒”译法，则对西夏人的翻译不知所云，对保定西夏文石幢名称也就很难做出正确的翻译和解释。①

（二）“[illegible]”的语法功能再议

[illegible]，字面义为“不然”，位于句末。以往学界认为“[illegible]”与“[illegible]”搭配，构成“……[illegible]，……[illegible]……”复句句式，表示转折关系，相当于“然则”。②实际上，“[illegible]”一词亦单独出现，并不总是与“[illegible]”字搭配，其义略相当于“不过……”“仅……”“唯……”。

1.《孙子》第七《军争》“五十里而争利”句下，李筌注“百里则十人一人至，五十里十人五人至，挫军之威，不至擒也”，其中“挫军之威，不至擒也”，译作：

[illegible]，[illegible]。

军威失不△军将则人手不落

意思是“不过挫军之威，将军则不至为人所擒”。

2.《孙子》第七《军争》“故三军可夺气”句下，杜牧注“钦旧将，謇小而锐，引军内入，未有失利，必不走也”，夏译文作：

[illegible]，[illegible]；[illegible]，[illegible]，[illegible]，[illegible]。

文钦者军将旧也子謇者年小勇悍军引城内△去不△败而△走则非

意思是“文钦者，旧将军也；子謇者，年少勇悍，不过引军入城内，非败而走也”。

3.《孙子》第七《军争》“故夜战多火鼓，昼战多旌旗”句下，杜牧注“敌人虽有韩、白之将，鬼神之兵，亦无能计也。唯恐夜不袭我，来则必败”，夏译文作：

[illegible]、[illegible]，[illegible]，[illegible]，[illegible]。

军将韩信白起等如虽也鬼神如军卒△率亦我上恐不来不△来则△必破真为

意思是“虽有如韩信、白起之将，所率兵如鬼神，亦唯恐不来袭我，来则必败”。

4.《孙子》第八《九变》“必死，可杀也”句下，杜牧注“夫勇者必轻合，轻合而不知利”，夏译文为：

[illegible]，[illegible]，[illegible]，[illegible]。

勇悍将者勇一种死命不惜不△其外私利不见

意思是“勇悍将者，一律勇，仅死不惜命，其外不见己利”。

① 彭向前，杨浣：《保定出土明代西夏文石幢名称考》，《宁夏社会科学》2011年第4期。

② 林英津：《夏译〈孙子兵法〉研究》，中研院史语所单刊之二十八，注58。

5.《孙子》第九《行军》“绝水必远水”句下，杜牧注“此示弱而不足挫敌”，夏译文为：

[illegible]

此者怯弱因营住△不△敌敌破为岂可△

意思是：“此者不过因怯弱而住营中，岂能破敌？”并无转折的意味。

6.《孙子》第十《地形》“视卒如婴儿，故可与之赴深溪”句下，杜牧注“今复吮此子，妾不知其死所矣”，西夏文为：

[illegible]

此此我子之脓血△吮为则何时死不△谓

意思是“今吮我子之脓血，则不过何时死耳”，即迟早战死。如果把这个“敠緌”理解为“不然”，则无法通读全句，故林英津先生怀疑“緌”字当是“[illegible]（为、做）”之误。[1] 实际上，西夏文无误。

7.《孙子》第十一《九地》“能愚士卒之耳目，使之无知”句下，杜牧注“言使军士非将军之令，其他皆不知，如聋如瞽也”，夏译文作：

[illegible]

军卒之唯军将命令言独一行时△知不△其外他言不闻不见目盲耳聋如△为

意思是“军卒唯将军一人命令行时知，其外不闻、不见他言，目盲耳聋如”。

8.《孙子》第十一《九地》“投之亡地然后存，陷之死地然后生”句下，曹注“兵恐不投之死地也”，夏译文为：

[illegible]

兵者死地上恐不投使△不△死地上投使△则△必战胜

意思是“兵者，唯恐不投之死地，投之死地，则必战胜”。

以上，只有例 1 和例 2“敠緌”与“赦”搭配，带有转折的含义，可译作“然则……”。其余 6 例都是“敠緌”独用，并无半点转折的意味，其义略相当于“不过……”“仅……”“唯……”。实际上，在例 1 和例 2 中，转折的意味是由“赦”来承担的，“敠緌”用“不过……”“仅……”“唯……”来解释，一样可以说得通。可见，“……敠緌，……赦……”这个复句句式并不存在。

借助夏译汉籍弄明白“敠緌”一词的用法之后，可以发现先前的西夏语文献解读成果中涉及“敠緌”

① 林英津：《夏译〈孙子兵法〉研究》，中研院史语所单刊之二十八，注 353。

的翻译有时不大确切，甚至是错误的。以《新集锦合辞》为例：

[illegible]

军急男烦不然拒不能

[illegible]（13/B/7）

语急智人不然答不能

以往译作："军急，男虽恼却莫能拒；语急，虽智人但莫能对。"也是误把"[illegible]"一词当作转折连词，受此影响，把偏正词组"[illegible]（男烦）"误作主谓结构，不仅破坏了西夏谚语所特有的对偶句式，也扭曲了原意。试改译为："军急，非烦男莫能拒；语急，非智人莫能对。"

在这里，建议刚入门的西夏学研究者一定要亲自动手去解读一部夏译汉籍，仔细揣摩两种文字表达的异同，这样才能逐渐培养对西夏语的"语感"。一点一滴，积累足够的经验后，随着对西夏语的感悟理解能力的增强，再去解读西夏人的原创作品。

三、夏译汉籍的版本价值

距今上千年左右的西夏文献，有活字本，有刻本，有写本，多系对宋代乃至唐末五代书籍的传抄，或底本早已亡佚，或为流传至今的那些古籍的祖本，具有重要的版本价值。以下仅就本人正在着手整理的几部文献来谈一谈。

（一）西夏文《三家注孙子》是一个新的版本系统

中国著名军事著作《孙子兵法》西夏文译本，为曹操（155~200）、李荃（8世纪）和杜牧（803~852）3家注本。刻本，蝴蝶装。乃俄人科兹洛夫和英人斯坦因先后于1907~1908、1914年在内蒙古额济纳旗黑水城遗址所获，现分藏俄罗斯科学院东方文献研究所和大英图书馆。原件照片已由上海古籍出版社刊布。以往对这部西夏文献的叙录有两点需要改正：其一，关于题名，以往多写作《孙子兵法》或根据卷尾所题"[illegible]"，译作《孙子兵法三注》，不如模仿《十一家注孙子》，改为《三家注孙子》；其二，关于内容，以往认为残存中下两卷6章（7-11、13），附《史记·孙子列传》，当改为"残存中下两卷7章（6~11、13），附《史记·孙子列传》"。

经过把西夏文《三家注孙子》与现存宋本相应部分一一比勘，从中可以看出：经文或注文的位置不同有12处，经文或注文内容有别有29处，夏译本经文或注文有28处缺漏，注文辑佚13条。以经文的重大差异为例：

1.夏译《三家注孙子》第七《军争》"先得利则利，争利为危"，异于《十一家注》"军争为利，军争为危"和《魏武帝注》"军争为利，众争为危"。（按：贾林曰："我军先至，得其便利之地，则为利。彼敌先据其地，我三军之众，驰往争之，则敌佚我劳，危之道也。"黄振华先生认为贾注当就经文而言，则必是所居《孙子》与传世本异，而与西夏本《孙子》所见同。[1]）

2. 夏译《三家注孙子》第七《军争》经文“是故卷甲而趋利”，异于《十一家注》“是故卷甲而趋”。然《通典》卷 154 引“趋”下有“利”字，正与西夏本同。

3. 夏译文《三家注孙子》第七《军争》“[illegible]（雷电如动）”，即动如雷电，异于《十一家注》“动如雷震”，合于《通典》《御览》所引“动如雷霆”。

4.《孙子》第九《行军》“粟马肉食，军无悬缻，不返其舍者，穷寇也”（《十一家注》）。《魏武帝注》相应的经文作“杀马肉食者，军无粮也；悬缻不返其舍者，穷寇也”。夏译文作“[illegible]，[illegible]；[illegible]、[illegible]，[illegible]”，意思是“杀马食肉，军粮无；缻、贮不取，穷”，合于《魏武帝注》。

5.《孙子》第十《地形》“料敌制胜，计险厄远近，上将之道也”（《十一家注》），其中“计险厄远近”，《通典》《御览》引作“计险易远近”。夏译文作“[illegible]，[illegible]”，即“险难能知，远近能测”，合于《十一家注》。

确如邵鸿先生所言，夏译本诸多差异，特别是经文的重大差异，绝非一般文字讹误所可解释，只能表明其所据文本与我们已知的各本所据本不同。即夏译底本是一个我们今天不知道的“三家注本”。以往认为，《孙子》版本虽然繁富，但追本溯源，不外乎三大系统：竹简本、武经本和十一家注本。西夏文《三家注孙子》是一个新的版本系统，可以与竹简本、武经本和十一家注本相提并论，号称“四大系统”。

西夏文译本《三家注孙子》从来未见著录，与现存《孙子兵法》有很大的不同，汉文底本久已亡佚，今根据西夏文本加以构拟，复原《孙子兵法》“三家注本”。此举有助于弄清楚唐宋时代《孙子》完成向传世本演变的过程，具有重要的版本价值。

（二）西夏译本《将苑》是该书目前已知的最早版本，汉文存世本最早的则为明刻本

清张澍《诸葛忠武侯文集》所辑《将苑》“机形”篇开头作“夫以愚克智，逆也”。夏译文为：“[illegible]，[illegible]。”字面义为“愚以智服令者命是”，与“逆”相对的那个西夏字“[illegible]”，以往学者们多译作汉文中的“福”，有时也翻译成“幸”。柯平和龚煌城先生认为有“超自然力量”的意思。[2]无论如何，与“逆”字是没有丝毫对应关系的。实际上，《将苑》在宋朝始见于著录，明朝又称为《新书》。查文渊阁四库全书本《说郛》所收《新书》，作“夫以愚克智，命也”，“命”当然是“超自然的”。也就是说夏译底本该句原本为“夫以愚克智，命也”。一字之差反映出中国古代军事学中兵阴阳家的衰落和唯物主义传统的最终确立。[3]正是受军事思想领域这种变化的影响，唐宋时期中国古代的兵书及其注本逐步完成了向传世今本的演变。

（三）西夏文草书《孝经传》

《宋史·艺文志》著录“吕惠卿《孝经传》一卷”[4]，但原书早已亡佚。吕惠卿系宋朝著名政治家，曾积极参加变法运动。王安石变法运动失败后，被保守派视作奸佞小人，事迹入《宋史·奸臣传》。

① 黄振华：《西夏文孙子兵法三家注管窥》，载《西夏文史论丛》（一），银川：宁夏人民出版社，1992 年。

②К. Б. Кепинг и Gong Hwang-cheng. "Zhuge Liang's The General's Garden in the Mi-nia Translation", К. Б. Кепинг, Последние статьи и документы, Санкт-Петербург： Омега, 2003, с. 12-23.

③ 耿雪敏：《先秦兵阴阳家研究》，南开大学博士学位论文，2014 年，第 192~197 页。

④ 脱脱等：《宋史》卷二〇二《艺文志一》，北京：中华书局，1990 年。

其平生著述受此连累而遭禁，有些甚至没能流传后世。值得庆幸的是，《孝经传》的西夏文译本，却意外地保存在俄藏黑水城文献中，全书除18章末尾以外，都保存完整，编号инв. № 2627。原件照片见《俄藏黑水城文献》第11册[①]。复原这本书，最大的难度在于草书的破译。

草书通过种种手段，使字的结体发生了根本的变化。而随着笔画的减少，不可避免地出现大量的形似字，彼此之间差别极其细微，辨识难度极大，下面是本人从西夏文草书《孝经传》中搜剔出的一组形近易混的西夏文草字。[②]

和	[illegible]	[illegible]	[illegible]	[illegible]	稷
不	[illegible]	[illegible]	[illegible]	[illegible]	要
行	[illegible]	[illegible]	[illegible]	[illegible]	谓
处	[illegible]	[illegible]	[illegible]	[illegible]	君
善	[illegible]	[illegible]	[illegible]	[illegible]	时
者	[illegible]	[illegible]	[illegible]	[illegible]	位
下	[illegible]	[illegible]	[illegible]	[illegible]	季
兄	[illegible]	[illegible]	[illegible]	[illegible]	至
各	[illegible]	[illegible]	[illegible]	[illegible]	家
及	[illegible]	[illegible]	[illegible]	[illegible]	于
姓	[illegible]	[illegible]	[illegible]	[illegible]	横
乐	[illegible]	[illegible]	[illegible]	[illegible]	希
孝	[illegible]	[illegible]	[illegible]	[illegible]	亲
及	[illegible]	[illegible]	[illegible]	[illegible]	论
辱	[illegible]	[illegible]	[illegible]	[illegible]	人
为	[illegible]	[illegible]	[illegible]	[illegible]	也

格林斯蒂德在其专著《西夏文字的分析》一书中，对西夏文草书《孝经传》全文做了楷书转写，[③]他的转写实际上都是通过拆分西夏构字部件而机械地比对出来的，此后并没有结合西夏正体字、西夏文上下文或到汉文史籍里去查找相关词语出处而对其结论加以验证，这在很大程度上影响了其楷书转写的准确性，遇到形似字往往发生张冠李戴的错误。

古人云“一字之失，一句为之蹉跎；一句之误，通篇为之梗塞”，只有纠正格林斯蒂德西夏文楷书转写中的错误，包括误识和应释而未能辨识的草书，才有可能对西夏文草书《孝经传》做全文解读，以期复原这部900年以前的古书，为北宋新经学派研究、中国古籍研究提供新的资料。

四、夏译汉籍的校勘价值

众所周知，校书必广搜异本，尤其必须广搜古本。考证虽然可以发现某书中的讹误不通之处，但

① 俄罗斯科学院东方研究所圣彼得堡分所，中国社会科学院民族研究所，上海古籍出版社：《俄藏黑水城文献》第11册，上海古籍出版社，1999年，第2~46页。

② 彭向前：《西夏文〈孝经传〉草书初探》，《宁夏社会科学》2014年第4期。

③Eric Grinstead. *Analysis of the Tangut Script*, Lund： Studentlitteratur, 1972, pp. 277~376.

往往因为缺乏直接证据而不能显为刊正。只有根据古本善本，才能更加准确地判断错误并加以改正。

1. 今本《孙子》第十一《九地》“死焉不得，士人尽力”，此处经文不大好理解，争议较多。宋代就有人不赞成点断：“诸家断为二句者，非武之本意也”[①]，今人多主张点断为“死，焉不得士人尽力”[②]。亦有人认为“死”字衍[③]，或认为“士”乃“夫”之讹[④]，皆无实据。夏译作“□□□[illegible]，[illegible]（□□□尽，死命不惜）”，表明汉文底本原为“士人尽力，死焉不得”，今本此二句互倒。这为我们诠释这句经文提供了一个新的角度，联系上下文来看：“投之无所往，死且不北。士人尽力，死焉不得？”意思是：“把部队投入无路可走的境地，死也不会败退。士兵竭尽全力，以死相拼，怎么会不取得胜利？”文通字顺。

2.《孙子》第七《军争》“故夜战多火鼓”句下，《十一家注》杜牧注“富哉问乎”，中华本改“富”为“当”，二字繁体形近易误。杨丙安先生认为，所提问题比较复杂，需用很多言词才能回答明白，可以说“富哉问乎”。若改作“当哉问乎”，亦似未安，盖答问可言“当”否，提问言“当”则所未闻。[⑤]此句夏译作“[illegible]”，即汝问是，意思是“你问得对”。西夏本表明，原文确为“当哉问乎”。

3.《孙子》第七《军争》“不动如山”句下之李注，夏译作“[illegible]（军营设）”，即军队安营。《十一家注》原本作“驻车”，《校理》改为“军”字[⑥]。夏译本可证。

4.《孙子》第十《地形》“厚而不能使”句下，《十一家注》杜牧注“禁令刑罚，所以威必”，夏译《三家注孙子》作“[illegible]，[illegible]”，即“戒令赏罚，心之可怖”。《十一家注》原本误“心”为“必”，夏译文可证。

5. 文渊阁四库全书本、宋李昉等撰《太平御览》卷三一三《兵部·决战下》载：“六韬曰：以少击众，必以日之暮，以众击众，必以日之早。”按：存世汉文本《六韬》不见此语，当为佚文。此篇佚文却令人意外地保存在夏译本《六韬》中。

夏译《六韬》刻本“一战”篇中的“以小击大，必须日暮，以众击寡，必要日高”[⑦]，明显相当于《太平御览》卷三一三《兵部·决战下》中的引文：“六韬曰：以少击众，必以日之暮，以众击众，必以日之早。”只是西夏本的“以众击寡”，《太平御览》作“以众击众”。推其常理，“以少击众”时必在晚上，这是为了掩敌耳目，使敌人辨不清我军具体人数，而“以众击寡”时则必在白天，这是为了显示我军强大实力，起到威慑敌军的作用。因此可以确信《太平御览》“以众击众”必是“以众击少”之误，当据改。[⑧]

---

①（宋）郑友贤：《孙子遗说》，宋本《十一家注》附刻。

② 吴九龙主编：《孙子校释》，军事科学出版社，1990年。

③（明）赵本学：《孙子书校解引类》，明隆庆刊本。

④ 黄巩：《孙子集注》，光绪存几堂刊本。

⑤ 杨丙安：《十一家注孙子校理》，中华书局，1999年，第165页，注（四八）。

⑥ 杨丙安：《十一家注孙子校理》，中华书局，1999年，第144页。

⑦ 聂鸿音：《六韬的西夏文译本》，《传统文化与现代化》1996年第5期。

⑧ 宋璐璐：《西夏译本中的两篇六韬佚文》，《宁夏社会科学》2004年第1期。

五、夏译汉籍的训诂价值

对古人而言，一些耳熟能详的词语，不需要做任何解释，但千年之下，对我们而言却相当陌生了。夏译兵书因为翻译的需要，对不少地方做了具体直白的描述，恰可以填补古代注家在这方面的空缺，从而具有了独特的训诂学价值。

（一）关于"卷甲而趋"

何谓"卷甲"？对古人而言，这是个常见的词，是以《十一家注孙子》中，注家皆不予理会。但对今人而言，一般人一辈子连盔甲实物都没见过，那里会真正知道"卷甲"的含义，于是不免望文生义，多理解为"卷起铠甲"，以便轻装快跑。从夏译文中，我们可以知道，这种解释是错误的。夏译者要用另外一种语言来表达汉语"卷甲"的含义，就相当于给这个词下个"定义"。我们来看相关方面的例句：

1.《孙子》第七《军争》"是故卷甲而趋，日夜不处，倍道兼行"，夏译文为"[illegible]（故甲着裾卷利争疾驰日夜不处远缩急速）"。这里"卷甲"译作"[illegible]"，字面义为"甲着裾卷"，即卷起甲衣下摆。

2.《孙子》第八《九变》"爱民，可烦也"句下李筌注"攻其所爱，必卷甲而救"，译作"[illegible]（惜处攻为则坚甲下卷急速救来故劳苦也）"。"卷甲"译作"[illegible]"，即"坚甲下卷"，还是把甲衣的下面卷起来。甲衣下摆卷起后，士兵在行军的过程中，可以减轻两腿的阻力，大步前进。

（二）关于"衔枚"

《孙子》第七《军争》"三军可夺气"句下，杜牧注有"晋将毋丘俭、文钦反，诸军屯乐嘉，司马景王衔枚径造之"。译文为："[illegible]（晋国军将毋丘俭文钦等乱纷△起乐嘉城屯司马景王兵率马唇捆为暗暗覆攻往）"。其中"衔枚"一词，译作"[illegible]"，字面义为"马唇捆为"，即捆住马嘴，以免在偷袭时战马嘶鸣，被敌人发觉。也有人认为是让士卒口衔枚，用以防止喧哗。从夏译文来看，"衔枚"多指马衔枚。

（三）关于"神臂弓"

历宋、元、明诸朝，赫赫有名的神臂弓在战场上风行数百年之久，在中国古代兵器史上占据重要地位。沈括在《梦溪笔谈》记载，献神臂弓者本党项羌酋，"熙宁中李定献偏架弩，似弓而施干镫，以镫距地而张之，射三百步，能洞重札，谓之'神臂弓'，最为利器。李定本党项羌酋，自投归朝廷，官至防团而死，诸子皆以骁勇雄于西边。"①那么在神臂弓的发源地——西夏国的语言中怎样称呼这种武器呢？叫作"[illegible]（镫弓箭）"，在西夏文《三家注孙子》中先后出现过两次，写法一致。

① 沈括：《元刊梦溪笔谈》卷十九。书中称神臂弓系党项羌酋所献，是沈括对神臂弓研究的一大贡献。但把献者写作"李定"，则是沈括的误记。宋代诸种官私记载，多持"李宏"说。其中《宋会要》是"献神臂弓"一事记载的总源头，即作"李宏"。从史源学角度考察，史籍中有明文记载的第一个制作"神臂弓"的人是党项李宏而不是李定。参见彭向前，王巍：《神臂弓创制人考》，《宁夏师范学院学报》2013年第1期。

1.《孙子》第七《军争》“是故卷甲而趋”句下李筌注“诸葛亮以为强弩之末不能穿鲁缟，言无力也”，此句译作：“[illegible]？”

2.《孙子》第七《军争》“故夜战多火鼓”句下杜注“诸营兵士于是闭门登垒，下瞰敌人，劲弩强弓，四向俱发”，此句译作：“[illegible]。”

神臂弓的西夏语称呼中，为什么会出现个“镫”字？这与其特殊构造有关。《宋会要》有关于神臂弓构造更加详细的记载：“熙宁元年十二月二十二日，入内副都知张若水进所造神臂弓。初，民李宏献此弓，其实弩也。以𤌉为身，檀为梢，铁为蹬子铊头，铜为马面牙发，麻解索扎丝为弦。弩身通长三尺有二寸，两弭合长九寸有二分；两闪各长一尺一寸七分，弝长四寸。通长四尺五寸八分。弦长二尺有五寸。时于玉津园验射，二百四十余步，仍透穿榆木，没半簳。诏依样制造，至是进焉。”[①] 神臂弓较之于弩的改进之处，主要是多了一个“镫”，即所谓“似弓而施干镫”“铁为蹬子鎗头”。有了这个“镫”，就可以装填强有力的弩箭了。具体装填的办法，如沈括所说“以镫距地而张之”。即手脚并用，一脚插入干镫，踩踏于地上，双臂拉开弓弦，见附图“神臂弓装填弩箭想象图”[②]。

“神臂弓”这个词很容易引起误会：其一，“神臂弓”不是弓而是弩。弩比弓多出一个“弩机”，以青铜制作，装于木弩臂的后部。上面的“牙”可以勾住弓弦，“牙”的下面连接着扳机。扣动扳机，把勾住的弦释放开，就可以射出有力的箭。见附图“秦代弩机图”和“古代的弓”；[③] 其二，“神臂弓”单凭双臂之力，是开挽不了的，需手脚并用。

“神臂弓”的叫法，远不如其发源地“[illegible]（镫弓箭）”的叫法贴切，后者准确地把握住其构造特征，从而与一般的弩区别开来。西夏人把“弩”译作“[illegible]（镫弓箭）”，相当于为之下一注脚。

神臂弓装填弩箭想像圖

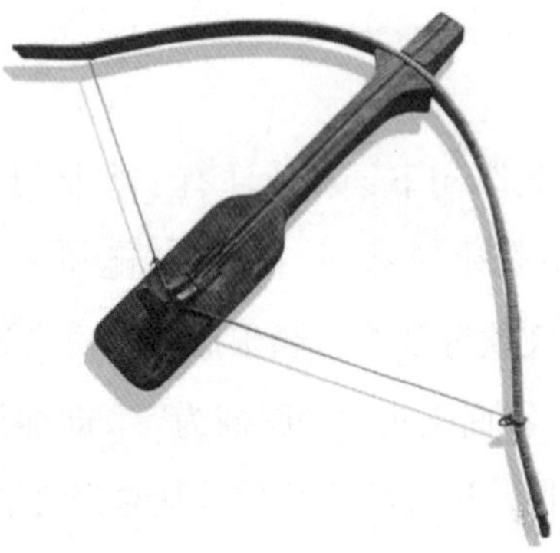

（四）关于“铁螳螂”

《六韬》中《虎韬·军用》：“渡大水：飞江，广一丈五尺，长二丈以上，八具，以环利通索张之。天浮铁螳螂，矩内圆外，径四尺以上，环络自副，三十二具。以天浮张飞江济大海，谓之天潢，一名天舡。”何为“铁螳螂”，以往注释都不得其解，夏译为“[illegible]（舟坚铁镢）”，[④] 即用铁做的船锚，使人豁然明白：渡大江大河时，“飞江”舟与“天浮铁螳螂”二者配合使用，即每艘大船配备四具铁锚——

① 徐松：《宋会要辑稿》兵 26 之 28。

② http://military.china.com/zh_cn/history2/06/11027560/20050420/12253806.html

③ http://www.360doc.com/content/15/0514/19/7442640_470500904.shtml

④ 宋璐璐：《〈六韬〉西夏译本研究》（中国社会科学院研究生院 2004 年硕士论文），译作“铁锚”，指汉文本的“铁螳螂”。

“铁螳螂”，用以固定漂浮在江面上的船只。八艘大船首尾相连，一字横排在江上，恰似在大江两岸之间架起一道飞梁。

（五）关于“方马埋轮”

《孙子》第十一《九地》：“故善用兵者，譬如率然。率然者，常山之蛇也。击其首则尾至，击其尾则首至，击其中则首尾俱至。敢问兵可使如率然乎？曰可。夫吴人与越人相恶也，当其同舟而济而遇风，其相救也如左右手。是故方马埋轮，未足恃也。”对“方马埋轮”这种战法，读者殊不可解，盖其有悖于常理。于是注家蜂起，有的认为“方马埋轮”是齐一车马，使战阵严整。如杜牧注曰：“缚马使为方阵，埋轮使不动，虽如此，亦未足称为专固而足为恃。”受此影响，黄巩《集注》把“埋轮”看作“理轮”，以为二字形近致误，“理轮”就是修治车具。也有人认为“方马埋轮”是意欲徒步死战。叶大庄《退学录》从假借义入手，以为“方”“放”古通，“方马”即是“放马”，有“弃马而徒步”之意。杀马吃肉，见诸记载：《孙子》第九《行军》“杀马肉食者，军无粮也”。有马而弃之，以与敌决一死战，则未之闻也。实际上“方马埋轮”四字本不误，确如曹操所解释的“方，缚马也。埋轮，示不动也”。问题在于根本就没有这种作战方法，这里只是一个假设。我们来看西夏人对本段的翻译：

[illegible]
[illegible]
[illegible]
[illegible]

故兵用善人譬爬爬如率然者山中蛇之谓其蛇首击为时尾以护尾击为时首以护中击为时首尾俱护问曰兵用率然如为乎孙武曰是谓譬吴国人越国人等相于怨置亦若舟独一上共济风大与遇时其亦手左右如己共相救死地上投为时己共相守亦此与一法若地平上至走处有则马缚轮埋为亦依恃处无

返译文字如下：“故善用兵人，譬如率然；率然者，山中蛇之谓。其蛇击首时，以尾护；击尾时，以首护；击中时，首尾俱护。问曰：用兵可如率然乎？孙武曰：可。譬吴国人、越国人等虽相恶，若一独舟上共济，与大风遇时，其亦如左右手共己相救。死地上投时，共己相守亦若此。若至地平上，有走处，则缚马埋轮，亦不可依恃。”经比勘，可以发现多出“死地上投时，共己相守亦若此。若至地平上，有走处”数句。这几句为夏译者所添加，使上下文义豁然贯通。整段意思是说，如果把士兵置之死地，他们会如常山之蛇遭到攻击时那样首尾相救。即便如吴越人有世仇，同舟共济，遇到风浪而面临死亡，也会相救如左右手。但如果是在平易之地作战，危急时容易逃散，即便缚住战马、埋起车轮，也不能稳定军队。原来“方马埋轮”只是个假设，用以突出“置士于必死之地”的重要性。并不是说真的要“方”、要“埋”。后世附会为一种作战方法，不察之甚。试想，一个将军，真要在战场上采取“方马埋轮”的战法，只能束手待毙了。汉文原典不容易读懂，引起诸多误会，夏译文则一目了然。

六、夏译汉籍中的史料价值

值得注意的是，夏译汉籍除具备西夏语文学、文献学价值外，还具有一定的史料价值。书籍文译事体虽小，但译者可能没有想到，如今从中搜剔出的一些不可多得的信息，却是对西夏社会状况典型、真实的反映。举几个例子：

（一）对“孔子”和“儒家”的翻译

西夏文《孟子》译本把孔子、孟子、曾子、徐子、夷子分别音译为“絔𦇵”“纎精”“毳精”“狨精”“綩精”。对“孔子”独用意译“絔𦇵”，字面义为“君师”，显然意在把“孔子”与其他“诸子”区别开来。夏译者用“㸙𢊡”一词，字面义为“士人”，即知识分子，对译“儒者”，指孔子创立的一个学派“儒家”。对其他学派则采用音译，如“𢍰𧺆（墨家）”，“墨”字为音译。一反专名音译的原则，对“孔子”及其创立的学派“儒家”特用意译，把“孔子”称作“絔𦇵（君师）”，把“儒者”译作“㸙𢊡（士人）”，显示出经世致用的儒学及其创始人在西夏人心目中独特的崇高地位。无怪乎仁孝时尊孔子为“文宣帝”，超过中原王朝“文宣王”的封谥规格。

（二）对日食、月食的翻译

《孟子·公孙丑章句下》：“古之君子，其过也，如日月之食。”此句西夏文译作：“𥾐𦀚絔𦇵，𦂳𦄊，𦃂𦆯𦄎𦈘𦃯。”直译为：“古世君子，过者，日月食如。”显然𦄎𦈘对译“日月之食”的“食”。《夏汉字典》认为这两个字都有“蚀”意①，古代“日月之食”的“食”又写作“蚀”。实际上，这是基于文字对译而产生的一种误解。𦄎𦈘的字面意思是“罗睺掩”，二字合在一起，才表达“日月之食”的“食”这一概念。

译文中的“𦄎”，这里指“罗睺”，如《掌中珠》“罗睺星”写作𦄎𦇚②。中国很早就有天狗吃日月的传说，而认为日、月食与罗睺有关，则源自印度传说：罗睺偷喝圣液，被日神和月神发现，告诉天神毗湿奴，毗湿奴砍下罗睺的头。但此时圣液已在罗睺体内发生作用，使其得以永恒不灭。自此罗睺的头以及他的身体（计都）即成为日神和月神的仇敌，经常吞噬太阳和月亮，从而引起日食和月食。③罗睺（Rā hu）一词的梵文意思正是“抓捕者”。西夏字“𦈘”字的字形构造和字义解说如下：“𦄌𦅑𦂟𦇲 𦅓𦄌，𦅒𦆲𦃸𦅺𦄋𦅗。”意思是“后左蔽下：背后，彼非此方眼前”，④当有“遮掩”之义。总之，𦄎𦈘二字合在一起，字面意思是“罗睺掩”，用以对译“日月之食”的“食”。

有趣的是，藏文的日食和月食分别写作ཉི་འཛིན和ཟླ་འཛིན，字面义分别为“日擒”和“月擒”，其中འཛིན有“擒着、掌握、执持”义。西夏文“𦃂𦆯𦄎𦈘（日月罗睺掩）”在构词理据上与之相同，皆本

① 李范文：《夏汉字典》，北京：中国社会科学出版社，2008年，第27页、389页。

② 黄振华，聂鸿音，史金波：《番汉合时掌中珠》，银川：宁夏人民出版社，1989年，第17页。

③Willy Hartner. "The Pseudoplanetary Nodes of the Moon's Orbit in Hindu and Islamic Iconographies," Oriens-Occidens Ⅰ（1968）, pp. 349-404.

④ 韩小忙：《〈同音文海宝韵合编〉整理与研究》，北京：中国社会科学出版社，2008年，第524页。作者认为从字形构造解说看，该字为形声字，从后、gji̱声（按𦂟字音gji̱），汉语义为“背后”。

于印度传说。用“[西夏文]（罗睺掩）”翻译“日月之食”的“食”，这表明由于西夏佛教盛行，在天文历法方面，也深受佛教发源地印度的影响。古代文明跨地区传播，由于受交通等条件的限制，输入国都是通过近邻间接获取的。上述影响不是直接的，乃是以吐蕃为跳板实现的。印度天文历法在西夏的影响值得学界注意。

（三）西夏文献中的“[西夏文]（家主）”

“[西夏文]（家主）”一词，在《天盛律令》中频频出现。按规定，举凡地租、劳役、人口税、治安等等，唯家主是问，反映出家主在维护西夏基层社会秩序中的重要性。以往学界认为“家主”是聚族而居的宗族首领，或认为是若干个租户联合体的负责人。笔者发现藏文有个词写作ཁྱིམ་བདག，其中ཁྱིམ་义为“家”，བདག་义为“主”，合在一起字面意思是“家主”，藏文释义为མི་ཚང་གི་བདག་པོ，即“一户之主”，译作“家长、当家男子”。[①]据此认为西夏语中的“家主”是个体家庭中的家主，这对《天盛律令》中相关条款的理解具有重要意义。[②]

《孙子》第十三《用间》“孙子曰：凡兴师十万，出征千里，百姓之费，公家之奉，日费千金；内外骚动，怠于道路，不得操事者，七十万家”句下，李筌注“古者发一家之兵，则邻里三族共资之，是以不得耕作者七十万家，而资十万之众矣”。其中“邻里三族共资之”，夏译文作：“[西夏文]”，即理解为“家主三族共运粮”。曹注“一家从军，七家奉之”。可见“邻里三族”指井田制度中的“一井八家”之另外七家。这里的“家主”，指八家之中发兵的那一家之家主，恰可印证笔者以往的推测。

（四）西夏的骨卜

《孙子》第十一《九地》“禁祥去疑，至死无所之”句下，杜牧引黄石公曰：“禁巫祝不得为吏士卜问军之吉凶，恐乱军士之心。”西夏文作：“[西夏文]、[西夏文]、[西夏文]，[西夏文]”，即“应禁军头测天、灼骨、卜求等吉凶记言”。夏译者做了符合本民族风俗习惯上的发挥，如“[西夏文]”，即“灼骨”，就是党项族固有的占卜习俗。《宋史・夏国传》记载：“卜有四：一、以艾灼羊脾骨以求兆，名“炙勃焦”；二、擗竹子于地，若揲蓍以求数，谓之“擗算”；三、夜以羊焚香祝之，又焚谷火布静处，晨屠羊，视其肠胃通则兵无阻，心有血则不利；四、以矢击弓弦，审其声，知敌至之期与兵交之胜负，及六畜之灾祥、五谷之凶稔。”骨卜于夏地十分流行，如在琉璃堡之战中，夏人居然用骨卜预测到宋军的偷袭：“（张）亢知可用，始谋击琉璃堡。谍伏贼寨旁草中，见老羌方炙羊髀占吉凶，警曰：‘明日当有急兵，且趋避之。’皆笑曰：‘汉儿方藏头膝间，何敢至此！’亢知无备，夜引兵袭击，人破之。斩首二百余级，敌弃堡遁去。”[③]

由上述可见，取地下出土资料与传统文献互证，取西夏文文献与汉文文献互证，同时参考其他民族文字文献和实物，极大地突破了以史证史或以稗官野史来证“正史”的狭隘范围，尽显新资料在史学研究中所具有的独特魅力。

有关夏译汉籍的学术价值，限于篇幅，这里所谈的只是其中的一小部分而已。夏译汉籍目前均已获得公布和解读，只是已有成果多注重利用语言学的研究方法，构拟西夏语音，分析西夏字义以及对

① 张怡荪主编：《藏汉大辞典》，北京：民族出版社，1993年，第261页。
② 彭向前：《藏语在解读西夏文献中的作用》，《中国社会科学报》2013年3月6日B01版。
③ 李焘：《续资治通鉴长编》卷一三三庆历元年九月庚戌。

夏译文标点断句等，并没有顾及版本校勘，过多考虑给研究汉文典籍的人阅读。此外，目前解读西夏文献可资凭借的工具更加完备，译释工作可以做得更加细致深入。在此背景下，希望学界能够充分重视夏译汉籍这个宝库，利用夏译汉籍的互勘、互证功用，通过比较进行别错纠谬，做出更多的发现，以提高西夏文文献的释读水平，促进汉文传统典籍研究。

贺兰县宏佛塔天宫装藏西夏文木雕版述论

王荣飞

摘　要：宁夏贺兰县宏佛塔天宫装藏西夏文木雕版是世界上现存年代最早的木雕版之一，共计 2000 多残块，内容均为西夏文佛经，包括《释摩诃衍论》《别集》《续能□》以及其他三种未知名佛经。这些木雕版数量大，内涵丰富，是西夏雕版印刷业高度繁荣的例证，是研究古代雕版印刷术最直接、最重要的实物资料。

关键词：宏佛塔；西夏文；木雕版；印刷术；佛教

雕版印刷术起源于中国，一般认为其发明年代不晚于公元 7 世纪初。该项技术的应用和推广大大促进了书籍的生产，加快了文化的传播速度，对人类社会发展起到了巨大的推动作用。相较于印刷书籍，古代雕版的价值不仅在于其文物价值和文献价值，还在于雕版是印刷史研究中最直接、最重要的实物例证，可以最具象地彰显雕版印刷技术的发展水平和古代印刷书籍的制作过程。历史上，唐宋时期采用雕版印刷的书籍难以数计，现在却已不多见，保存至今的雕版就更少了。目前，唐、五代时期的雕版尚未发现。1919 年，河北巨鹿淹城遗址出土了 3 件北宋木雕版，其中，两件版画雕版现藏中国历史博物馆，一件图文雕版现藏美国纽约国立图书馆斯宾莎特藏组，这 3 件雕版的刊刻年代不晚于宋徽宗大观二年（1108）。[①] 另外，曾有报道在福建建瓯发现 3 块宋末元初道教斋醮法事楠木双面雕版[②]，以及山西太原发现一块元代大藏经扉页画《佛说法图》梨木雕版[③]，然而这两批木雕版的来源和真伪仍有待进一步考证。韩国海印寺藏有历代木雕版计 87000 余块，雕刻年代上起 1098 年下讫 1958 年，其主体部分《新雕高丽大藏经》雕刻于高丽高宗二十三年至三十八年（1236~1251），相当于中国南宋末期，是世界上现存历史最悠久、内容最完整的佛教大藏经经版。以上是笔者所了解的唐、宋、元各朝及国外相应时期古代木雕版的存世情况。此外，北京故宫博物院、江苏南京金陵刻经处、江苏扬州广陵古籍刻印社、浙江图书馆嘉业藏书楼、四川德格印经院、日本京都黄檗寺以及越南大叻国家第四档案中心等地也都藏有数量可观的木雕版，但它们的雕刻年代大都已晚至明清乃至近代。

西夏与两宋同时，正值中国古代雕版印刷的繁盛时期，20 世纪曾两次出土木雕版。一是黑水城木雕版，共 6 块，其中 4 块为文字雕版，2 块为佛教版画雕版。二是宁夏宏佛塔天宫装藏西夏文木雕版。宏佛塔，俗称“王澄塔”，位于宁夏回族自治区贺兰县潘昶乡王澄村，建于西夏晚期。1990 年，文物

作者简介：王荣飞（1987~　），北方民族大学西夏研究所助教，主要从事西夏文献和西夏史研究。

致谢：感谢中华回乡文化园回族博物馆馆长雷润泽先生提供了宏伟塔西夏文木雕版资料。

① 胡道静：《胡道静文集》（《沈括研究·科技史论》卷），上海人民出版社，2011 年，第 267~273 页。

② 谢红灿：《建瓯发现宋末道教雕版》，《闽北日报》2007 年 1 月 16 日第 5 版。

③ 池茂花：《元代大藏经扉页画佛说法图雕版在山西现身》，新华网，2008 年 2 月 14 日。

部门在对该塔进行拆卸修缮时，在其天宫内发现了2000余西夏文木雕版残块。这批木雕版均为凸版，大多已碳化碎裂，但多数版面刻文仍很清晰，部分残版还可拼接。其中，残存两三个西夏字以上的木雕版残块有1000余块，已于《中国藏西夏文献》第13册[①]中刊布。

宏佛塔木雕版自发现以来，引起了学术界的很多关注。首先对其进行著录和介绍的是于存海、雷润泽、何继英的《宁夏贺兰县宏佛塔清理简报》[②]以及他们三位合编的《西夏佛塔》一书[③]。其他如白滨先生的《西夏文物考古的新发现及其研究》[④]，牛达生先生的《西夏刻书印刷事业概述》[⑤]及《西夏遗迹》[⑥]，史金波先生的《中国活字印刷术的发明和早期传播——西夏和回鹘活字印刷术研究》[⑦]及《西夏出版研究》[⑧]，杜建录教授的《中国藏西夏文献叙录》[⑨]等论著也多有涉及。在释读研究方面，有史金波先生的《中国藏西夏文文献新探》[⑩]和《中国早期文字木雕版考》[⑪]两篇文章。史金波先生重点对几块西夏文《释摩诃衍论》木雕版做了翻译，推断西夏已翻译并雕版印刷了全部十卷《释摩诃衍论》。同时，他还对这批木雕版的价值进行了阐释，认为宏佛塔西夏文木雕版的发现改变了中国早期木雕版零星传世的局面，显示出中国中世纪雕版印刷丰富多彩的内涵和高度发展的水平。以上研究成果为我们大致勾勒出宏佛塔木雕版的基本情况，但过于粗略，本文在整理与释读的基础上，从雕版形制和雕版内容两个角度对这批木雕版做详细介绍，并结合现有材料对雕版中出现的数位历史人物做简要考证，期许推进西夏雕版印刷业及中国早期木雕版研究的进一步深化。

一、雕版形制

宏佛塔天宫装藏的2000多块西夏文木雕版残件中没有一件是完整的，且大多数为细碎小残块，虽然经过加固和修复后部分雕版已拼接，但尚未拼接出一块完整雕版，因而给雕版形制的研究带来不小难度。笔者在整理雕版资料的过程中，将各类雕版形制信息留意记录下来，仔细辨析后发现这批木雕版的形制大体是清楚的，现从以下八个方面予以阐述。

（一）版料

雕版印刷的版料一般选用软硬适中、纹理细腻、质地密实的木材。中国古人常将书籍出版称为“付之梨枣”，是因为梨木和枣木是雕版印刷中最常用的两种版料。梨木软硬适中，纹理细腻；枣木虽材

① 宁夏大学西夏学研究中心，国家图书馆，甘肃省古籍文献整理编译中心：《中国藏西夏文献》第13册，兰州：甘肃人民出版社、敦煌文艺出版社，2005年，第69~308页。

② 于存海，雷润泽，何继英：《宁夏贺兰县宏佛塔清理简报》，《文物》1991年第8期，第1~13页。

③ 雷润泽，于存海，何继英编著：《西夏佛塔》，北京：文物出版社，1995年，第65~66页。

④ 白滨：《西夏文物考古的新发现及其研究》，《北方文物》1991年第4期，第55页。

⑤ 牛达生：《西夏刻书印刷事业概述》，《宁夏大学学报》1999年第3期，第28~35页。

⑥ 牛达生：《西夏遗迹》，北京：文物出版社，2007年，第288~289页。

⑦ 史金波、雅森·吾守尔：《中国活字印刷术的发明和早期传播——西夏和回鹘活字印刷术研究》，北京：社会科学文献出版社，2000年，第38页。

⑧ 史金波：《西夏出版研究》，银川：宁夏人民出版社，2004年，第76页。

⑨ 杜建录：《中国藏西夏文献叙录》，《西夏学》第三辑，银川：宁夏人民出版社，2008年，第96~97页。

⑩ 史金波：《中国藏西夏文文献新探》，《西夏学》第二辑，银川：宁夏人民出版社，2007年，第10~11页。

⑪ 史金波：《中国早期文字木雕版考》，《浙江学刊》2012年第2期，第5~11页。

质较硬，但质地紧实细密，且不易虫蛀。因而，梨木和枣木成为雕版的首选木料，中国历史博物馆藏北宋仕女雕版即为枣木雕版。而在实际的选材中，除了木材的特性外，还会考虑到当地树木的生长情况。例如韩国海印寺经版便多是桦木和伏樟木，这两种木材都是当地海岛上比较常见且容易获得的。宏佛塔木雕版在选材上也考虑到了是否容易获得这一因素，目前来看，主要有梨木和桦木两种。梨木的优点前面已有叙述，桦木软硬适中，质地细腻而富有弹性，易加工，不易虫蛀，也是雕版的上佳材料。但是，桦木在干燥后容易开裂变形，因而其储存环境不宜干燥。从这一点讲，宏佛塔雕版选取桦木为版料是不适合的。但桦树却是本地区分布广、较常见、易获取的树种，它易成活、生长快，能够为雕版印刷提供充足的木材原料。

（二）装帧形式

宏佛塔木雕版所反映出的书籍装帧形式主要有两种，一种是蝴蝶装，数量较少，依据版心或边框可以确认的共 51 块残版，有单面雕版也有双面雕版。另一种是长卷形式，严格来说，我们很难判断这是卷轴装还是经折装亦或是两者都有。

众所周知，经折装是在卷轴装的基础上发展而来的，出于方便阅读的需求，人们将一幅长卷沿着行与行间的空白处一反一正地折叠起来，形成一沓竖式长方形，再在首尾粘贴硬纸板或木板作为护封，便成了经折装。也就是说，一幅印刷好的长卷在装帧时，若从尾部卷起成束，就成了卷轴装，若折叠，便成了经折装。因而，单从雕版来看，很难分辨是卷轴装还是经折装，只能确定这是长卷的形式。另外，尚未发现由这些雕版印刷的书籍，也是无法确定其装帧形式的原因，例如海印寺《新雕高丽大藏经》，虽然从雕版上只能确定是长卷的形式，但现存印本清晰地表明使用这些雕版印刷出来的佛经是以卷轴装形式装帧的。前人一般认为宏佛塔长卷形式雕版是经折装，原因是“中无版口，应不是蝴蝶装，西夏的刻本一般不作卷装，可能是经折装”[①]。对此，笔者存疑。西夏刻本书籍以蝴蝶装和经折装为多，但也有不少刻本佛经是以卷轴装形式装帧的，例如俄藏《佛说圣大乘三皈依经》（инв.No.4940、инв.No.7577）、《佛说阿弥陀经》（инв.No.4844、инв.No.4733、инв.No.7564）等。笔者认为宏佛塔长卷形式雕版是卷轴装，所采用的辨别方法是观察行距。目前所见到的西夏文经折装刻本佛经，例如国家图书馆藏《金光明最胜王经》或《大方广佛华严经》以及敦煌研究院藏《金刚般若波罗蜜多经》等，行距有着规律性的加宽现象，即折面与折面间的行距宽于正常行距，这是出于保护经文不被磨损的考虑，为经折装折页时留出的空隙。宏佛塔木雕版的行距是较为均匀的，偶有不规律的行距较宽情况出现，因而笔者判定长卷形式雕版并非经折装而是卷轴装。这一类雕版占宏佛塔木雕版的绝大多数，多为双面雕版。

（三）双面雕版的文字方向

显而易见，双面雕版的好处在于节省版料和减小储存空间。使用时，一面印刷完毕翻转雕版再印另一面，然而雕版是左右翻转还是上下翻转呢？笔者发现，蝴蝶装的 23 块双面雕版中近 2/3 的雕版两面文字方向相同，而基本所有卷轴装双面雕版其正反版面文字方向均不同。因而，可以确定蝴蝶装双面雕版在印刷时左右翻转的居多，卷轴装双面雕版在印刷时是上下翻转的。究其原因，首先不能排除

① 史金波：《中国早期文字木雕版考》，《浙江学刊》2012 年第 2 期，第 8 页。

如何翻转雕版只是雕版制作中上版工匠的习惯或随意行为，但从双面雕版两面文字方向的规律性来看，我们也可以从便于实际操作的角度予以解释，即，卷轴装雕版因左右狭长，故而上下翻转是比较方便的。而蝴蝶装雕版的长宽差别不是那么悬殊，所以左右或是上下翻转都是可行的，再结合阅读习惯来考虑，左右翻转雕版更方便。

（四）版片尺寸

中国藏宏佛塔［10053］·001[①]号残版，下部略有残损，是蝴蝶装雕版中现存最大，也是宏佛塔木雕版中保存最完整的一块。该版高 13 厘米，宽 23.5 厘米，厚 2.2 厘米。其他蝴蝶装雕版残块大小不一，厚度 1.5~2 厘米。卷轴装雕版中残高最大值达 14 厘米，该版残宽 18.5 厘米，由 5 块残版拼接而成。[②]卷轴装雕版中残宽最大值达 38.5 厘米，该版残高 10 厘米，厚 1.2 厘米，由两块残版拼接而成。[③]其他卷轴装雕版残块大小不一，厚度在 1.5 厘米左右。

黑水城发现的 4 块西夏文字雕版现藏俄罗斯圣彼得堡艾尔米塔什博物馆，均为蝴蝶装。其中，X–2023 号最小[④]，高 8.7 厘米，宽 13 厘米；X–2024 号只存半块，据所存部分判断，原高 15.6 厘米，原宽 22 厘米，是 4 块雕版中最大的一块；其他两件 X–2025 与 X–2026 号雕版大小基本一致，前者高 11 厘米、宽 17 厘米，后者高 11.7 厘米、宽 16.7 厘米。[⑤]对比来看，宏佛塔［10053］·001 号残版与复原后的黑水城 X–2024 号雕版大致相当，属于较大版幅。韩国文化财厅公布的海印寺《新雕高丽大藏经》雕版尺寸，高 24 厘米，宽 70 厘米，厚 2.6~4 厘米。[⑥]在高度上，海印寺雕版比宏佛塔卷轴装雕版残高最大的长 10 厘米；在宽度上，海印寺雕版比宏佛塔卷轴装雕版残宽最大的长 32.5 厘米，但海印寺雕版两端留有空版较大，在 20 厘米左右，而宏佛塔雕版两端各留空版 2~3 厘米。海印寺雕版每面刻字 22 行，宏佛塔卷轴装雕版残宽最大的存有文字 23 行，且两端未见空版。可见，宏佛塔卷轴装木雕版的文字版面宽度与海印寺雕版大致相当或者略宽，但雕版厚度比海印寺雕版薄很多。

（五）版框、版心与行格

板框和版心是区别卷轴装与蝴蝶装两种雕版样式的主要依据。卷轴装雕版上下文武双栏，左右无栏线；版面第一行中间靠上刻小号西夏文书名简称及卷数，如“[illegible]”（论第二），“[illegible]”（论）是《释摩诃衍论》的简称，“[illegible]”（第二）是卷次；中间靠下刻小号汉文数字，汉文数字是顺序数，既可保证雕版排序，也可确保印刷好的纸张粘贴成长卷时不致错乱。蝴蝶装雕版的版框和版心样式比较丰富，至少属于 4 种不同文献：第一种，即蝴蝶装雕版中现存最大的残版，该版上下单栏，左右文武双栏；版心白口，宽约 1 厘米，上部刻有西夏文书名简称“[illegible]□”（续能□），文字上下有界格，下部残破，因而不清楚是否有页码等信息；每面 6 行，行 11 字。第二种，即［X：05］·14[⑦]号这一

① 宁夏大学西夏学研究中心，国家图书馆，甘肃省古籍文献整理编译中心：《中国藏西夏文献》第 13 册，兰州：甘肃人民出版社、敦煌文艺出版社，2005 年，第 69 页。

② 雷润泽，于存海，何继英编著：《西夏佛塔》，北京：文物出版社，1995 年，第 209 页。

③ 雷润泽，于存海，何继英编著：《西夏佛塔》，北京：文物出版社，1995 年，第 210 页。

④ “X”是俄罗斯艾尔米塔什博物馆黑城收集品展览品登录号，据〔俄〕捷连提耶夫·卡坦斯基著，王克孝、景永时译：《西夏书籍业》第 118 页（宁夏人民出版社 2000 年版）脚注①。

⑤〔俄〕捷连提耶夫·卡坦斯基著，王克孝、景永时译：《西夏书籍业》，银川：宁夏人民出版社，2000 年，第 118 页。

⑥ 韩国文化财厅：《海印寺大藏经版及诸经版》，http://chn.cha.go.kr/chinese/html/sub3/sub6.jsp

⑦ 宁夏大学西夏学研究中心，国家图书馆，甘肃省古籍文献整理编译中心：《中国藏西夏文献》第 13 册，兰州：甘肃人民出版社、敦煌文艺出版社，2005 年，第 74 页。

类残版，四周文武双栏；版心白口，上部刻有西夏文书名简称“[illegible]”（别集），文字上下有界格，依据版心下部残留的界格可以推断原刻有页码等信息。第三种，即［X：142］·653[①]号残版，上下单栏，因未能确定其他同文献雕版，所以左右边栏情况还不清楚，但现存宏佛塔蝴蝶装雕版残块中带有左右边栏的都是文武双栏；版心黑口，上部刻有汉字“下”，当是卷次，文字上下有界格。第四种，即［10049］·106[②]号残版，版心白口，残存两个西夏文，当是书名简称，尚未确定属于哪种文献，但可以肯定的是这两个字与“续能□”和“别集”均不同。另有［L：01］·002[③]号残版当属同一文献雕版，版心白口，宽约1.1厘米，刻有汉字“四”，可能是页码。这两块雕版与其他雕版不同的是版心文字上下没有界格。

宏佛塔木雕版中带有行格的残版共4块，都是卷轴装雕版。其中，［X：69］·238[④]号残版刻有西夏文“卷十”等字；［X：23］·004V[⑤]、［10046］·536[⑥]与［10046］·541[⑦] 3块残版刻有西夏文人名等内容，后文详考。［X：23］·004V号残版的另一面，即［X：23］·004[⑧]，其内容是《释摩诃衍论》（卷十）卷末的一段文字。依据这些信息和已知的印本佛经样式，我们认为这4块残版同属于《释摩诃衍论》（卷十）木雕版的结尾题记部分。西夏文“卷十”两字是尾题经名“释摩诃衍论卷十”的残余，其他人名等内容是刻印题记的残余。

（六）刻字与间距

宏佛塔木雕版的文字大小有差，前人多按字号将其分为大、中、小三种版式。蝴蝶装雕版即大字号版，数量较少，每字1~1.2厘米，字距0.1厘米，行距0.6~0.8厘米；中字号版约占总数的50%以上，每字1厘米见方，字距0.1厘米，行距0.6~0.8厘米；小字号版约占总数40%，每字0.6厘米见方，字距0.1厘米，行距0.5~0.7厘米。不同雕版的文字大小有差别是可以肯定的，但具体到每一块雕版属于哪一种字号则还需要仔细辨别，《中国藏西夏文献》第13册中错将大字号版归类为中字号版或小字号版的情况很多，也有错将中字号版归类于小字号版或错将小字号版归类于中字号版的情况。另外，早期的几篇介绍宏佛塔木雕版的文章均提到双面中字号版两面文字大小不同，如“两面均刻有文字。一面所刻字1厘米见方；另一面字略小，0.8厘米见方”[⑨]、“其中一面所刻的西夏文字1厘米见方，另一面的

① 宁夏大学西夏学研究中心，国家图书馆，甘肃省古籍文献整理编译中心：《中国藏西夏文献》第13册，兰州：甘肃人民出版社、敦煌文艺出版社，2005年，第224页。

② 宁夏大学西夏学研究中心，国家图书馆，甘肃省古籍文献整理编译中心：《中国藏西夏文献》第13册，兰州：甘肃人民出版社、敦煌文艺出版社，2005年，第103页。

③ 宁夏大学西夏学研究中心，国家图书馆，甘肃省古籍文献整理编译中心：《中国藏西夏文献》第13册，兰州：甘肃人民出版社、敦煌文艺出版社，2005年，第70页。

④ 宁夏大学西夏学研究中心，国家图书馆，甘肃省古籍文献整理编译中心：《中国藏西夏文献》第13册，兰州：甘肃人民出版社、敦煌文艺出版社，2005年，第136页。

⑤⑧宁夏大学西夏学研究中心，国家图书馆，甘肃省古籍文献整理编译中心：《中国藏西夏文献》第13册，兰州：甘肃人民出版社、敦煌文艺出版社，2005年，第88页。

⑥ 宁夏大学西夏学研究中心、国家图书馆、甘肃省古籍文献整理编译中心：《中国藏西夏文献》第13册，兰州：甘肃人民出版社、敦煌文艺出版社，2005年，第189页。

⑦ 宁夏大学西夏学研究中心、国家图书馆、甘肃省古籍文献整理编译中心：《中国藏西夏文献》第13册，兰州：甘肃人民出版社、敦煌文艺出版社，2005年，第191页。

⑨ 于存海，雷润泽，何继英：《宁夏贺兰县宏佛塔清理简报》，《文物》1991年第8期，第9页。

西夏文字略小，为8毫米见方”[①]等。笔者在刚接触这批木雕版时曾怀疑中字号版正反两面可能为两种佛经，然而在对这些双面雕版详细考释后发现其两面文字是同一部佛经，且内容相近。笔者认为双面中字号雕版正反两面文字大小不同的问题，应是版面磨损及变形所致。

尽管宏佛塔木雕版在字号上有差别，但每版的刻字都方正美观、挺秀端庄，刻画均匀有力，端点和拐点较粗大，挑刀坡度呈梯形，足见写手高超的书写水平以及刻工娴熟的雕刻技法。宋朝刻书字体多采用颜、柳、欧等楷书，明人谓之“纸坚刻软，字画如写”，韩国海印寺《新雕高丽大藏经》也是统一用欧体书写完成的。楷书刻版是那一个时代的风格，至明清雕版印刷多用“匠体字”后，这一类楷书雕刻字体也常称为“软体”。

（七）剔脏、敲空与刻花

“剔脏”是指挑刀刻字完毕后用铲凿剔净字内余木，使文字的全部笔画清晰地凸显出来，宏佛塔木雕版剔脏干净利落、整齐美观。“敲空”是指用曲凿等工具将版面无需保留的部分剔除，敲空看似简单，但稍不注意或用力过猛就可能将刻好的内容破坏掉，是一道考验刻工精准度与熟练度的程序。宏佛塔木雕版敲空平整准确，部分版面还保留有整齐的敲凿刻痕。

宏佛塔木雕版版面空白较大的地方还有一些刻花图案，如“卍”字、圆圈等。刻花的作用，一是美观，起装饰效果，但更主要的是其具有实用性。雕版印刷一般的工序是固定雕版、刷墨、铺纸、刷印、晾干、装订，其中刷印一项是用棕刷轻刷纸背使雕版上的文字印到纸上。这时，如果雕版上存在较大空白，纸张就会容易凹陷，导致蘸到污迹或破损，而在版面空白较大的地方刻花就会避免此类事情的发生。

（八）锯边与修版

锯边是雕版制作的最后一道工序，指锯去版框外多余的木料并刨修整齐。从几块保存有侧边的残版来看，宏佛塔木雕版的锯边规则平整，具体来看，蝴蝶装雕版和卷轴装雕版的锯边又有些差别。蝴蝶装雕版在锯边时基本紧贴四周板框栏线，而卷轴装雕版在锯边时上下两边紧贴板框栏线，左右两边各留有2~3厘米的空版。一般来说卷轴装雕版两端空版的高度和版面文字的高度是一样的，但也有少量雕版在敲空时将两端空版一并剔除，再在最侧一行文字外侧阴刻一条细线作为文字版面与空版的界线。

刻工在刻版时或刻版结束后，如发现误刻，就需要进行修版。修版的具体做法是将误刻的内容凿下并在原处凿出一个矩形凹槽，再将另一同材质略大于凹槽的木块楔入凹槽，最后重新刻上正确的内容。宏佛塔卷轴装木雕版中发现了3处修版留下的凹槽，其中一处在版面第一行汉文顺序数处，另两处均在正文。

二、雕版内容

宏佛塔西夏文木雕版均为佛经雕版，依据版面正文及版心书名简称等可以判定这些雕版大致属于6种不同文献，即《释摩诃衍论》《别集》《续能□》和其他3种未知名佛经。

① 雷润泽，于存海，何继英编著：《西夏佛塔》，北京：文物出版社，1995年，第66页。

（一）《释摩诃衍论》

通过西夏文释读，笔者目前所见卷轴装雕版中包含有《释摩诃衍论》卷一、卷二、卷三、卷四、卷五、卷八、卷十等7卷的内容，基本涵盖了中字号版中尺寸较大的全部雕版。《释摩诃衍论》是《大乘起信论》的注释书，一般简称为《释论》，共10卷。本论的作者龙树菩萨是《大乘起信论》的作者马鸣菩萨的再传弟子，现流行的汉文本是后秦弘始三年（401）三藏法师筏提摩多所译。中外古今关于本论的真伪多有争议，但它曾对中、日、朝等国的佛教产生过极大的影响，是一部重要的佛教论典。在俄藏黑水城文献中还有汉文《释摩诃衍论》及《释摩诃衍论赞玄疏》等写本文献[①]。历史文献中并未记载《释论》如何传入西夏，但从本论在辽、宋、金三朝的流行情况来看，西夏《释摩诃衍论》的传习应是受辽朝影响。辽朝佛教最盛行的是华严和密教，在这样的背景下，《释摩诃衍论》受到了高度重视。辽道宗耶律洪基“备究于群经而尤精于此论”[②]，因而极大地推动了本论在辽朝的传习，并于清宁八年（1062）将其编入辽藏。并且，《释摩诃衍论赞玄疏》也是辽道宗敕撰的。可见，《释摩诃衍论》对于西夏佛教史、夏辽佛教关系史以及《释摩诃衍论》的流传与翻译的研究都有着重要的史料价值。

（二）《别集》

中国藏［X：05］·14号残版，版心刻有西夏文书名简称“[illegible]”（别集），因而定名为《别集》，尚未考证出它的完整书名。从内容看是某种未知名的文集，主要是对佛教经典和教义的阐释，文中出现“[illegible]”（问言）、“[illegible]”（佛祖秘法）等词语，推测与密宗修持有关。

（三）《续能□》

中国藏［10053］·001号残版，版心刻有西夏文书名简称“[illegible]□”（续能□），因而定名为《续能□》，尚未考证出它的完整书名。文中有“[illegible]”（法身）、“[illegible]”（熏习）、“[illegible]”（成佛）、“[illegible]”（次修）、“[illegible]”（实修）、“[illegible]”（复修）等词语，推测与密宗修持有关。以下是西夏文录文及汉文对译。

西夏文录文：

[illegible]□□□□□□□□□ / [illegible]□□□□□□□□ / [illegible]□[illegible]□□□□[illegible]□ / [illegible]□[illegible]□ / [illegible]□[illegible]□[illegible]□□ / [illegible]□□ / [illegible] □□□ / [illegible]□[illegible]□[illegible]□□□ / [illegible]□□□□ / [illegible]□□□ / [illegible]□□□ / [illegible]□□□□ /

汉文对译：

师智助□□□□□□□□□ / 修晓法身□□□□□□□□ / 多劫□起□□□□以 <> □ / 熏习以性许进□速真减□ / 中依数□修以□又复□□ / 故名佛成谓此心向又□□ / 又非次修令也亦烦□□□ / 晓依故恶□亦□可□□□ / 无此如故然实修□□□□ /<> 晓又向复修者初□□□ / 眠又向复狱出缚解□□□ / 语初者惟真晓理□□□□ /

① 宗舜：《〈俄藏黑水城文献〉汉文佛教文献拟题考辨》，《敦煌研究》2001年第1期，第82~92页。
②（辽）释法悟：《释摩诃衍论赞玄疏》（卷一），《卍新续藏》第45册No. 0772，第830页。

（四）其他

前文已述，卷轴装中字号版中尺寸较大的雕版基本都是西夏文《释摩诃衍论》，一些较小残块虽还没能确定其所属文献，但从版面刻文和内容来看应该也是《释摩诃衍论》。需要重点考虑的是卷轴装小字号版。如前所述，《中国藏西夏文献》中按雕版字号归类错误的情况比较常见，特别是中字号版与小字号版，具体细分时比较困难，因为这些雕版碳化碎裂较为严重，且已有不少发生了变形。笔者目前已经释读出的几块较大尺寸“小字号版”其内容都是《释摩诃衍论》，其实这几块残版都是错划入小字号版的中字号版，因而严格来说，我们还并未真正成功释读出一块小字号版。对比来看，卷轴装木雕版中确有文字大小的差别，再则，尚有几块较大的小字号版未确定其所属文献，出于这两方面的考虑，笔者暂将“小字号版”与中字号版的《释摩诃衍论》区别开，视为两种不同文献。

蝴蝶装木雕版依据版心的书名简称可以确认的有 4 种文献，《别集》和《续能□》前已叙述，其他两种文献尚待进一步考察。一种，其版心刻有汉字“下”，应该是卷次，文中有“[西夏文][[西夏文]]”（《……文》或《金光明经》），不确定所属经典。另一种，其版心残存两个西夏文，当是书名简称，但与已知的“续能□”和“别集”均不同；文中有“[西夏文]”（思语）、“[西夏文]”（心以根成）、“[西夏文]”（毛端）等内容，未能确定属于哪种文献。

三、与雕版相关的人物

宏佛塔西夏文《释摩诃衍论》木雕版中有 6 位与雕版相关的人物的信息。以下结合目前所掌握的西夏佛教史及西夏书籍制作的知识，对这些人及其在书籍刊印过程中的工作和作用进行考察。

（一）罔禅师与慧安

［10046］· 541 号残版存有两行西夏文，第一行“[西夏文]”（沙门 罔[1] 禅师），第二行“[西夏文]”（师沙门慧安）；背面［10046］· 541V[2] 存有西夏文“[西夏文]……”（此如自……），是《释摩诃衍论》（卷十）的正文。

西夏文献中所见的僧人有相当一部分都冠以“沙门”的称号。简短者如“[西夏文]”（沙门慧照），只有“沙门”和法号；复杂者如“[西夏文]”（兰山觉行国师沙门德慧），与“国师”

① 西夏文“[西夏文]”〔轻唇音 wow 2.47〕也可译为“旺”（参见李范文：《夏汉字典》，北京：中国社会科学出版社，2008 年，第 394 页），这里译为“罔”是采用聂鸿音先生的观点：“罔仁持和罔忠敬的姓或译‘旺’，我们这里改译‘罔’是基于两方面的考虑：第一，那个西夏原字本是轻唇音上声字，而汉字‘旺’则是喉音去声字，用作对音不如轻唇上声汉字‘罔’更显贴切；第二，汉文史籍并没有记载西夏有‘旺’姓，而‘罔’则是当时确有的姓氏，《宋史·夏国传下》载西夏仁宗于绍兴九年（1139）十二月纳后罔氏。”（参见聂鸿音：《俄藏 5130 号西夏文佛经题记研究》，《中国藏学》2002 年第 1 期，第 53 页）。另据杜林渊教授《志丹何家洼石窟题记考释》（党项史迹与陕北历史文化学术研讨会，陕西榆林，2015 年 8 月）一文介绍，陕西志丹何家洼石窟的汉文题记中有党项人“旺名”和“旺怡”。题记中的“旺”姓似乎可与“[西夏文]”姓勘同。“[西夏文]”是西夏番姓，如聂鸿音先生所言，从语言学角度汉译为“罔”更合适，且有《宋史》为佐证。但在民间，“[西夏文]”则汉译为更常用的“旺”字。可以想见，《宋史》中“罔”的译法定是出自文人士大夫之手，其音韵学水平远高于普通民众。并且，“旺”字有“兴盛”的意思，“罔”字是“蒙蔽”“没有”的意思，宋朝官员将夏仁宗的皇后称为“罔氏”可能也有政治上的因素。

② 宁夏大学西夏学研究中心，国家图书馆，甘肃省古籍文献整理编译中心：《中国藏西夏文献》第 13 册，兰州：甘肃人民出版社、敦煌文艺出版社，2005 年，第 191 页。

等称号一并使用。“沙门”一词是梵文 śramaṇa 经吐火罗语汉译而来，是佛教僧侣的总称，具有区分出家众和在家众的作用。西夏予以继承并普遍使用，译为“[illegible]”，“[illegible]”〔汉语借词，正齿音 śia 1.18 音沙〕，“[illegible]”〔汉语借词，重唇音 mẽ 1.15 音门〕。“[illegible]”（禅师）的称谓，一种情况是尊称，另一种情况是皇帝褒赏的封号。西夏的禅师封号，等级在“[illegible]”（帝师）、“[illegible]”（国师）、“[illegible]”（上师）、“[illegible]”（法师）之下，这一套僧人封号制度是在承袭唐、宋基础上发展而来的。一般情况下，封号或官职是罗列在名字前面的，这样看来，“罔禅师”更可能是一种尊称。另外，“[illegible]”（沙门慧安）前残存有一个“[illegible]”（师）字，可以确定慧安是有封号的，只是其具体封号已无法确认。

罔禅师与慧安都是西夏僧人，并且从罔禅师的姓氏来看，他应该是一位党项人。他们在西夏文《释摩诃衍论》的雕版印刷中做什么具体工作已经无从查考，但我们知道僧人在西夏书籍刊印过程中主要担当的是“[illegible]”（译）和“[illegible]”（校）的工作，由此推论，他们的活动应当与这两项工作有关。

（二）管勾和御前笔受

［X：23］·004V 号残版存有 3 行西夏文，第一、二行文字相同“□[illegible]”（□管勾者），第三行“[illegible]”（御前笔受）；雕版背面是《释摩诃衍论》（卷十）的正文。

“[illegible]”（管勾）一词有负责、办理的意思，宋、金、元各朝皆有此职。现存雕版中还没有足够的信息表明这两个人具体负责的是什么事，推测可能与雕版的雕刻或印刷有关。

“笔受”是指用笔把别人说的话记录下来。通过其他西夏佛经题记，我们可以看到“笔受”在西夏佛经刊印过程中担任写手一职。俄藏 3706 号西夏文刻本《[illegible]》（《鲜卑国师劝世集》）的题记有“[illegible]”（印面御前笔受啰施忠持 写）[①]，清楚地记录了同样身为“御前笔受”的啰施忠持在刊印《鲜卑国师劝世集》的过程中担任了写手这件事情。写手写样是雕版印刷中起基础性决定作用的工序，因而对写手的书法水平要求较高，透过宏佛塔西夏文《释摩诃衍论》木雕版端庄挺秀的刻字可以想见这位不知姓名的“[illegible]”（御前笔受）当是一位精于西夏文书法的书写者，出于委任或邀请等原因成为这批木雕版的写手。

（三）刻工

［10046］·536 号残版存有“[illegible]”（雕者哈袜狗宝），这是关于宏佛塔西夏文《释摩诃衍论》木雕版刻工的明确记录。“[illegible]”（雕者）是比较普遍又最简单的一种刻工表述方式，西夏文献中复杂一些的表述有“[illegible]”（雕字者）、“[illegible]”（起雕印者）及“[illegible]”（雕刻印面者）等[②]。如同严格挑选写手一样，雕版印刷中对刻工的要求也是较高的，一般需要刀法娴熟的刻工。“[illegible]”（哈袜狗宝）是一位党项人，从整齐有力的刻画间可以看出他是一位优秀的刻工。

值得注意的是，在［X：139］·640[③] 号雕版的左侧空版处阴刻一行正写汉字“七百四十六”，这是刻工对每块雕版正反面总字数的标记，是折算工钱的主要依据。出土于北京云居寺压经塔下的辽金刻经石（即房山石经）也有此类刻工计数的数字[④]，与宏佛塔木雕版的刊刻位置一致，房山石经每块石

①〔俄〕Е.И. 克恰诺夫：《西夏文佛经目录》，京都大学，1999 年。

②〔俄〕捷连提耶夫·卡坦斯基著，王克孝、景永时译：《西夏书籍业》，银川：宁夏人民出版社，2000 年，第 169 页。

③ 宁夏大学西夏学研究中心，国家图书馆，甘肃省古籍文献整理编译中心：《中国藏西夏文献》第 13 册，兰州：甘肃人民出版社、敦煌文艺出版社，2005 年，第 74 页。

④ 中国佛教协会，中国佛教图书文物馆：《房山石经》，北京：华夏出版社，2000 年。

碑的计数刻在石碑背面左侧空碑处。前文提到的卷轴装雕版中残宽最大的雕版也是宏佛塔西夏文《释摩诃衍论》木雕版中残存字数最多的一块，约220字，正反面即440字左右，若每整版以平均750字计算，这块残版大约保存了原版60%的内容；同时，汉文《释摩诃衍论》共计115000余字，以此为参考，整部西夏文《释摩诃衍论》大致需要双面刻版150余块。

宏佛塔木雕版是西夏雕版印刷业高度繁荣的例证，是研究早期雕版印刷术最直接、最重要的实物资料，其学术价值突出表现在两个方面。

其一，宏佛塔木雕版具有重要的文物、文献价值。

文字木雕版是古代书法与雕刻技艺相结合的产物，但我国存世的宋元时期古代木雕版数量极少，宏佛塔木雕版极大地弥补了这一缺憾，是重要的古代印具资料，具有重要的文物价值。

宏佛塔木雕版至少包含有6种不同的西夏文佛经，丰富了西夏文佛经种类，为佛教史研究提供了新材料。如《释摩诃衍论》木雕版是本论在西夏流传和翻译的直接例证，并展示了辽、夏两国在佛教信仰上的紧密联系。

宏佛塔木雕版中记录有6位历史人物，这些人有沙门，有勾管，有御前笔受，还有刻工，对于西夏史研究有着重要的史料价值。

其二，宏佛塔木雕版是中国古代印刷史研究的重要实物。

西夏与两宋同时，处于中国古代雕版印刷的繁盛时期。西夏曾刊印过大量佛经、儒家经典、字书、史书、兵书及类书等，从已出土文献来看，其中不乏雕版印刷的精品之作以及别具特色的书籍。无论从数量还是制作工艺上，都反映出西夏掌握了高超的雕版印刷技术。宏佛塔一次性集中发现多种西夏文佛经木雕版，是西夏雕版印刷事业繁荣发展的缩影。

宏佛塔木雕版制作细致精良，细微观察可发现刻工雕刻痕迹，展示出完整的雕版雕刻工序，是古代木雕版制作工艺研究方面难得的材料。

宏佛塔木雕版虽然较为残破，但仔细辨析依然可以清晰地看出这些木雕版的版刻形制，其刻字、边栏、行格、版心都有较好体现，并且还保留了刻工的计数刻字，生动形象地展现了古代木雕版的样式。总之，宏佛塔天宫装藏西夏文木雕版在西夏学、佛教史以及中国古代雕版印刷史等多个研究领域中都有着重要的学术价值。

回鹘文文献版本研究

张铁山

摘　要：回鹘文是回鹘人在公元 9~15 世纪广泛使用的一种音素文字。回鹘人用这种文字记录自己的历史、语言、宗教和经济社会生活状况，为我们留下了大量的珍贵文献，这些文献成为我们研究回鹘历史、文化、宗教、民族和社会的重要史料，同时对汉文史料构成了重要的补充。文章将从古籍版本角度对目前已经刊布的回鹘文文献做一研究梳理。

关键词：回鹘文；文献；版本

回鹘是现代维吾尔族的祖先。回鹘文是回鹘人在公元 9~15 世纪广泛使用的一种音素文字，这种文字有 18~22 个字母（因时代不同，字母数量略有不同）。回鹘人用这些文字记录自己的历史、语言、宗教和经济社会生活状况，为我们留下了大量的珍贵文献，这些文献成为我们研究回鹘历史、文化、宗教、民族和社会的重要史料，同时对汉文史料构成了重要的补充。

从目前考古发掘出土的回鹘文献的内容来看，回鹘文文献主要由三大部分组成：一是回鹘文宗教文献，二是回鹘文世俗文献，三是歌功颂德或记事类的碑铭文献。若从文献的载体来分，主要有纸质类和铭刻类文献（包括刻写于钱币、器皿、崖体和洞窟内的题记）两大类。回鹘人在历史上先后信仰过萨满教、摩尼教、佛教、景教和伊斯兰教，与诸多的民族共同杂居生活过，尤其在回鹘西迁后，回鹘文逐渐取代了漠北高原时期使用的古代突厥文。直至 15 世纪，回鹘文在中亚，特别是在新疆和河西地区被广泛使用，并用这种文字记录、创作和翻译了大量的作品。

古籍的版本类别十分复杂，按照刻书时间、地点、装订形式、版本工艺、字体、纸张、版式、价值等都有不同的版本。回鹘文献作为中国少数民族典籍文献之一，有其独特的价值意义。下面我们从古籍版本角度对目前已经刊布的回鹘文文献做一研究梳理。

一、铭刻类回鹘文文献

就目前已知的回鹘文文献来看，铭刻类回鹘文文献十分有限。已知的主要有乌兰浩木碑[①]、土都木萨里修寺碑、亦都护高昌王世勋碑、大元肃州路也可达鲁花世袭之碑、重修文殊寺碑、居庸关造塔功

作者简介：张铁山（1960~　），中央民族大学少数民族语言与古籍研究所教授，主要从事回鹘文献研究。

① 该碑于 1955 年在蒙古乌兰浩木西北部 50 公里处的哈尔乌斯处发现，共有回鹘文 8 行。1961 年，苏联谢尔巴克对此进行了初步的研究并考释刊布于《东方碑铭学》1961 年第 4 期，题为《蒙古发现的回鹘文碑铭》。

德记[①]、莫高窟六体文字碑，此外还有敦煌、吐鲁番等地区千佛洞石窟内所刻的回鹘文题记。[②]

（一）土都木萨里修寺碑

据考古学家黄文弼介绍："此石碑于1912年前后出自吐峪沟，后被运到迪化（今乌鲁木齐）存政务厅，作油印机台石，我1928年到迪化时，从油印机取出，手拓数纸。原石今已不知去向矣。"[③]所以现在学者研究所使用的大致都是黄氏的拓片。目前该拓片藏于北京历史博物馆（原编号：京41，考3431。新编号为1，3，767），高0.73米，宽0.6米。碑石前后残缺，共有回鹘文24行。德国突厥学专家冯加班（Annemarie von Gabain）女士曾对此碑进行过初步考释，并将此碑初定名为"布哈里葛亦都护在高昌之克子尔重修庙宇碑"，耿世民先生对此碑铭考释研究后认为冯氏的考证不妥，并将此碑定名为"安姓僧和土都木萨里在高昌吐峪沟重修寺院碑"[④]。

重修文殊寺碑

（二）重修文殊寺碑

该碑汉文部分全称为《有元重修文殊寺碑》，发现于甘肃省酒泉市西南约15公里的文殊山石窟。现置于肃南县民族博物馆。此碑原置于祁丰区文殊山的青衣寺中，"文化大革命"中碑头碑座被毁，碑身被当作条石砌在祁丰区粮店墙基下，1979年，肃南县文化馆对文殊山清凉寺维修时，将元太子碑从墙基下挖出，立于百子楼中。2001年，经县民族博物馆与祁丰乡文殊寺协调后，运至肃南县民族博物馆。碑高1.24米，宽0.74米，碑额与碑座已经丢失。正面为汉文，共26行，每行52字；背面为回鹘文，也是26行。汉文和回鹘文内容大致相同，但回鹘文并非汉文的对译。这主要表现在内容的细节和两种文字书写所用的文体不同，前者使用的是散文，后者使用的是韵文。[⑤]此碑铭为我国学者耿世民研究刊布。[⑥]

亦都护高昌王世勋碑

（三）亦都护高昌王世勋碑

该碑1933年左右出土于甘肃省武威县北30里

① 日本学者藤枝晃氏对此碑进行过研究，见村田治郎：《居庸关》卷一，第270~278页。

② 这里主要是指敦煌地区和吐鲁番地区洞窟内的回鹘文题记。

③ 黄文弼：《吐鲁番考古记》，中国科学院印行，1954年，第64页。

④ 耿世民：《维吾尔古代文献研究》，北京：中央民族大学出版社，2003年，第424页。

⑤ 此处参考了耿世民：《新疆文史论集》，中央民族大学出版社，2001年，第383~384页。

⑥ 详见耿世民：《新疆文史论集》一书及《考古学报》1986年第2期。

石碑沟一带，现仅存下半段，高 1.8 米，宽 1.62 米，约为全碑的 2/5（原碑高约 4 米，宽 1.62 米），碑文用汉文和回鹘文刻写而成。汉文部分从上自下刻写，共有 36 行，每行 90 个字（现仅存下半段约 40 个字）。回鹘文部分按照栏书写（原碑好像有 10 栏），每栏 51 行或 52 行，现仅存该碑的 4 栏半。该碑铭的回鹘文部分有些地方已经漫漶不清，无法辨认，但碑铭的大致内容还是比较清楚的。关于该碑铭的汉文部分在《道园学古录》《元文类》《陇右金石录》以及《武威县志》等书籍中都有记载。关于回鹘文部分最初由考古学家黄文弼先生于 1964 年刊布了残存的回鹘文图版。之后又有国内学者耿世民先生对该碑进行了释读、转写和汉译研究。[①]

（四）大元肃州路也可达鲁花世袭之碑

该碑于 1962 年甘肃酒泉市扩建市区时由酒泉市东门东墙内拆出，现存于酒泉市文化馆。1976 年，中国社科院的史金波、白滨二人将此碑的拓片带回。此碑原高 2.36 米，宽约 0.91 米。碑铭为汉回两种文字刻写而成。汉文部分共有 23 行（左石 12 行，右石 11 行），由于该碑长期嵌于墙体内，磨损较少，保存较好。回鹘文部分共有 32 行（左右石各有 16 行），因这部分长期暴露于外，磨损较大，字迹模糊难辨。1933 年，张维曾在《陇右金石录》中提到此碑，并将碑中的回鹘文误认为蒙古文。1944 年，向达先生在《西征小记》里对该碑做了正确的记录[②]。白滨、史金波两位学者已经对碑文的汉文部分做了考释研究。[③] 回鹘文部分由耿世民做了考释研究。[④]

莫高窟六体文字碑

（五）莫高窟六体文字碑

该碑是元至正八年（1348）由功德主、西宁王速来蛮偕妃子屈术、太子养阿沙等而立的。碑中央为四手观音像，像之上端及两旁用梵、藏、汉、西夏、八思巴、回鹘 6 种文字刻写六字真言。该碑反映了元代民族文字使用情况。

现存的回鹘文题记并不多，主要发现于敦煌和吐鲁番等地的佛教洞窟中。由于这些题记长期遭到自然风化和人为的破坏，现在大多已模糊不清，给研究带来了很大的困难。

回鹘文文献中还有少量的钱币、木杵等带有回鹘文铭刻的文献。

正面　背面

汉译：阙・毗伽・莫贺・回鹘天可汗・颉咄登密施颁行回鹘钱

高昌回鹘王供养像（10~11 世纪），柏孜克里克千佛洞第 31 窟

① 耿世民：《新疆文史论集》，北京：中央民族大学出版社，2001 年，第 400~434 页。
② 向达：《唐代长安与西域文明》，石家庄：河北教育出版社，2001 年，第 334 页。
③ 白滨，史金波：《〈大元肃州路也可达鲁花赤世袭之碑〉考释》，《民族研究》1979 年第 1 期，第 68~80 页。
④ 耿世民：《维吾尔古代文献研究》，北京：中央民族大学出版社，2003 年，第 409~421 页。

二、纸质类回鹘文文献

回鹘文纸质文献主要有宗教和世俗文书两大类。不同内容的宗教文献和世俗文献中，有些文献因装订形式、书写笔法、出土地点的异同从而产生了不同的回鹘文版本文献，并且这些不同版本的文献有些可以互补，有些差别很大，有些保存十分完善，有些保存较为残缺。

从文献的装订形式上可以分为：卷子式、贝叶式、册子式等。

（一）卷子式

回鹘文文献中数量最多的是写本。回鹘文写本早期多为卷子式。从目前所存回鹘文写本卷子来看，纸卷的长短各不相同，长卷由十几副纸黏接而成，短卷少的只有两副纸。每张纸上画有上下边框，有的还画有行线。回鹘文的书写格式是：从上到下为行，从左到右为卷。每卷开始时，写有书名、卷次（有用回鹘文书写的，也有用汉文书写的）。卷子的最后一般还要写上抄写人的姓名、纪年纪日（多用十二属相纪年法）、写卷缘起等内容。

回鹘文卷子本《妙法莲华经》

回鹘文卷子式写本明显地受到汉族文化的影响，不仅书名卷次页码使用汉文，而且在回鹘语中，甚至连“卷”一词都是采用汉语借词 küin，有时也使用本族语词 tägzinč（来自动词 tägzin- 卷起）来表示。

（二）贝叶式

回鹘文写本中最常见的形式是梵夹式，又称贝叶式。梵夹式回鹘文写本一般长约 45 厘米，宽约 20 厘米，两面书写。一叶纸正面的左边穿有一小孔或在左右穿两个孔，用以将写本书叶捆扎成册。在后期的写本中，往往仅在左边画一圆圈，表示原来的穿孔。每面纸上用墨画有上下边栏。回鹘文从上至下、从左到右书写。叶码通常用小字写在正面的左边，也有写在反面右边的。有时只写叶数，有时还写章数和书名。

无论是卷子式还是梵夹式回鹘文写本，一般都用黑墨书写。有些佛经的开头、“佛”“菩萨”等词语用红笔书写。书写工具为芦苇笔或毛笔。纸张多为加厚的草制成或棉制成。回鹘文刻本多属于元代时期的文献。叶码用汉字表示。

（三）册子式

回鹘文文献中另一种较为多见的版本形式是册子式，并且多用于木刻本佛经中，如《八阳神咒经》《华严经》等。

回鹘文文献可以从书写形式上分为写本、刻本等。

（一）刻本

回鹘文刻本是随着中原雕版印刷术和活字印刷术的传播而产生的，有木刻本和木活字本两种。

1. 木刻体

唐代是我国雕版印刷的初创时期[①]。随着唐、五代刻书的增加和普及，与中原王朝有着密切关系的

① 曹之：《中国古籍版本学》，武汉大学出版社，1992 年，第 175~181 页。

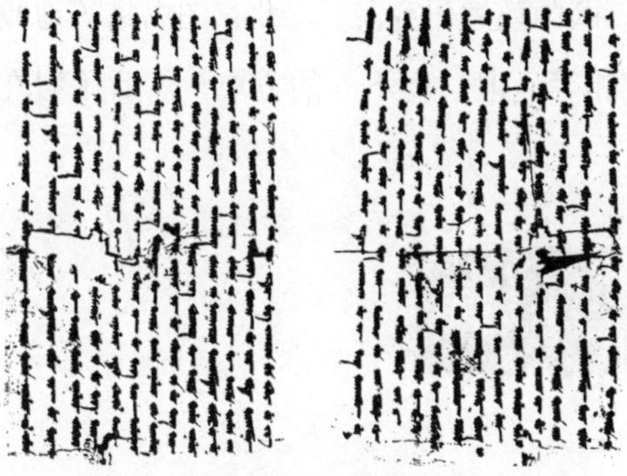

《回鹘文〈八十华严〉残经研究》图版

木刻本回鹘文《八阳神咒经》

回鹘人也学会了雕版印刷术。对于回鹘文雕版印刷的开始时间，史籍虽没有明确的记载，但 1929 年前西北科学考察团曾在新疆获得木刻本回鹘文《佛说天地八阳神咒经》残叶 3 张 7 面半，其中的第一、二张右边下方刻有“陈宁刊”3 个汉字，在第三与第四面中缝有汉字叶数“十”。据冯家升先生考证，陈宁为刻工，宋理宗绍定四年（1231）开始刻《碛沙藏》，元英宗至治二年（1322）完成。[①] 据此可以认为，雕版印刷用于回鹘文最迟应在宋代。[②]

回鹘文木刻本因受雕版材料及刻写工具的影响，其特点是笔画刚劲，竖笔直硬，横笔短细，粗细变化明显，有很强的用刀刻写笔韵。木刻本是回鹘文字体中最清楚好认的。

目前发现的木刻本回鹘文文献有《金刚经》《佛说天地八阳神咒经》《文殊所说最胜名义经》《八十华严经》《大方广圆觉修多罗了义经》《圣救度佛母二十一种礼赞经》等。

2. 木活字本

活字印刷由毕昇于北宋庆历年间（1041~1048）发明。活字初有泥活字、木活字，后有铜活字、锡活字、铅活字等种类。毕昇虽曾用木活字印书，但未成功。1298 年，王祯用木活字试印其《旌德县志》一书，成为正式使用木活字印书第一人。但回鹘文木活字是在什么时间使用的，目前学术界还没有一个统一的看法，一般认为当在蒙元初年，即公元 1300 年左右。[③]

迄今尚未发现用木活字印刷的回鹘文文献，仅在敦煌发现有千余枚回鹘文木活字。其中最多一次

① 冯家升：《刻本回鹘文〈佛说天地八阳神咒经〉研究——兼论回鹘人对于〈大藏经〉的贡献》，载新疆社会科学院考古研究所编：《新疆考古三十年》，乌鲁木齐：新疆人民出版社，1983 年，第 555~561 页。

② 程溯洛认为回鹘文刻本《佛说天地八阳神咒经》应属于 13 世纪初，见程溯洛：《论敦煌、吐鲁番发现的蒙元时代古维文木刻活字和雕版印刷品与我国印刷术西传的关系》，载程溯洛：《唐宋回鹘史论集》，人民出版社，1993 年，第 411~417 页。赵相如认为：“我国中原地区的印刷术传入高昌回鹘地区的时间，大约在公元 11 世纪（五代—宋初），到 13 世纪初元太祖年间，我国古代新疆的印刷术已很发达，吐鲁番地区并且已成了当时文化和佛教印刷业的中心了。”见赵相如：《中国印刷术西传刍议——维吾尔语“bas”（印刷）一词源流考》，载中国突厥语研究会编：《中国突厥语研究论文集》，北京：民族出版社，1991 年，第 58~59 页。

③ 伯希和曾根据发现于敦煌的回鹘文木活字（现藏于法国吉美博物馆），将其考订为公元 1300 年左右的遗物。转引自杨富学：《敦煌研究院藏回鹘文木活字——兼谈木活字的发明》，载杨富学，牛汝极：《沙州回鹘及其文献》，甘肃文化出版社，1995 年，第 263 页；程溯洛认为：“这些古维文木刻活单字很可能是蒙元初年把王祯那一套汉文活字版印书的办法应用到回鹘文上面，拿来在中亚一带推行印刷事业所留的痕迹。”见程溯洛：《论敦煌、吐鲁番发现的蒙元时代古维文木刻活字和雕版印刷品与我国印刷术西传的关系》，载程溯洛著：《唐宋回鹘史论集》，北京：人民出版社，1993 年，第 415 页；杨富学沿用伯希和的观点，见杨氏上引文。

是由伯希和发现于敦煌莫高窟北区第464窟中，共计960枚。国内敦煌研究院[1]、北京图书馆等地收藏有近百枚。这些回鹘文木活字是用锯子先将硬木锯成高、宽相等，但长度不一的方块，然后用刀在面上刻字而成。

回鹘文木活字

回鹘文木活字虽受汉文活字印刷的影响，但又不完全同于汉文，它充分考虑到了回鹘语是黏着语的特点：汉字为方块字，其活字可以大小高低一致，并且一活字即为一汉字，但回鹘文的一个词（或词干）后可以缀接不同的构词或构形附加成分，因此，其高、宽可以一致，但长短则不一样；一活字有时是一个词，有时只是一个动词词干，有时是一个字母，有时是几个字母组成的音组。由此可见，活字运用于回鹘文，也是回鹘人对活字印刷的再创造和再发明，其中凝结了回鹘人的聪明智慧，是回鹘人对世界文明的一大贡献，因为此种进步为欧洲拼音文字的活字印刷提供了有利条件。

回鹘文木活字印刷体与木刻印刷体在字形上十分接近，只是前者的粗细变化不大，笔画较紧凑。

（二）写本

写本还可以根据不同的字体将其分为楷书体、行书体、草书体3种。另外，写本还可以根据书写工具的不同分为软笔体和硬笔体两种。

1. 楷书体

楷书体是回鹘文文献中最常见的一种字体，常用于抄写佛教文献。这与佛教信仰有关。回鹘人认为，诵读和抄写佛经是一种功德（回鹘文为buyan），而且这种功德是可以相互转达的。许多回鹘文佛经的跋文中都有“愿此功德转给XXX人”的句子。正因为如此，回鹘佛教徒除了自己发愿抄写佛经外，还可以请人抄写佛经，有为自己，也有为父母或其他亲属而请人抄写的，并认为这也是一种积功德。可以想见，当时在回鹘人中可能有专门从事抄写工作的人员，而请这些抄写人员的大多是一些达官贵人。

回鹘文楷书体精美而工整，笔画圆润，粗细变化不大，整个布局较紧凑。楷书体是回鹘文字体中较为清楚、好认的。从书写工具上来看，有的楷书体是用毛笔（软笔）写的，有的是用竹苇笔（硬笔）写的。用毛笔写的楷书体，笔画更为圆滑，棱角不分明，而用竹苇笔写的楷书体，棱角较分明。

《金光明经》

现存的大多数回鹘文佛教文献都是用楷书体抄写的，其中有《弥勒会见记》《玄奘传》《金光明经》等。

2. 行书体

行书体是回鹘文字体中使用较普遍的一种字体，它介于楷书体与草书体之间，既用于宗教文献，也用于民间世

① 敦煌研究院原藏有6枚回鹘文木活字。1988~1995年敦煌研究院对莫高窟北区进行了考古发掘，又发现了48枚回鹘文木活字。

俗文书。

回鹘文行书体笔画较为流畅，粗细变化不显著，书写较自由。现存的回鹘文行书体文献较多，如《阿毗达摩俱舍论》《善恶两王子的故事》等。

《弥勒会见记》

3. 草书体

草书体是回鹘文字体中最难识别的一种字体，多用于民间的社会经济文书。草书体有用毛笔书写的，也有用竹苇笔书写，其笔画潦草，粗细不一，书写极为自由，连笔和省笔较多，且多不受纸张的限制。

现存的回鹘文草书体多见于社会经济文书，如《斌通买奴契》《定惠大师卖奴契》《乌古斯可汗的传说》《福乐智慧》等。

4. 软笔体

这是根据书写工具对回鹘文字体进行的一种分类。多用毛笔书写。其笔画圆滑，粗细不一，书写较为流畅。现存用毛笔书写的软笔体回鹘文文献很多，既有宗教文献，也有世俗文书。此外，在敦煌、吐鲁番等地千佛洞里还保存有软笔体回鹘文的许多题记。

5. 硬笔体

这也是根据书写工具对回鹘文字体进行的一种分类。多用竹笔或苇笔书写。其笔画硬朗，棱角分明，粗细变化不大。现存硬笔体回鹘文文献很多，许多保留在敦煌和吐鲁番等地千佛洞中的回鹘文题记也属于硬笔体。

参考文献

［1］耿世民：《新疆历史与文化概论》，北京：中央民大学出版社，2006 年。

［2］耿世民：《维吾尔古代文献研究》，北京：中央民大学出版社，2003 年。

［3］耿世民，吐尔逊・阿尤甫译：《乌古斯可汗的传说》，北京：民族出版社，1980 年。

［4］洪湛侯：《中国文献学新编》，杭州：杭州大学出版社，1994 年。

［5］李经纬，靳尚怡，颜秀萍：《高昌回鹘文献语言研究》，乌鲁木齐：新疆大学出版社，2003 年。

［6］胡正华，黄润华：《〈高昌馆杂字〉明代汉文回鹘文分类词汇》，北京：民族出版社，1984 年。

［7］胡正华，黄润华：《明代文献〈高昌馆课〉（拉丁字母转写本）》，北京：中央民族学院科研处，1980 年。

［8］张铁山：《回鹘文献语言的结构与特点》，北京：中央民族大学出版社，2005 年。

敦煌研究院藏一叶回鹘文《俱舍论疏》再研究

阿依达尔·米尔卡马力

敦煌研究院藏一叶回鹘文文献，原由杨富学、牛汝极刊布，他们根据文献的字体、字形及特有语法形式 ymäter（“又叫作”）成功推测出该文献系《俱舍论》一类的文献。①

该文献语言带有明显的注释类论书的特点，并夹写着残缺的一个汉字，可以肯定译自汉文，其中重复出现的 apymä 值得关注。将 apymä（对应汉字的“若”）作为线索，确认其对应《俱舍论疏》卷一后半部分不同两段。有意思的是，其对应的两个部分前后颠倒，即汉文中出现在前的部分在回鹘文中出现在后面，汉文中出现在后的部分在回鹘文中出现在前面。从其对应的汉文可以判断，它不是某一段落的译文，而是在原文基础上的节译。

该文献现藏敦煌研究院遗书研究所，无编号，无出土年代或出土地点的记录。长 14 厘米，残存高度不一，最高 7.3 厘米，最低 4.2 厘米。纸呈白色，微黄。纸薄，单面书写。②

文书共 16 行，从中间残缺，从右往左残缺程度趋于严重，最残的部位，即第一行只有一个字 ayaγ-qa。该字上面有一半截汉字，前文推断为“杂”字，从刊布的图板，笔者不敢确定正确与否。考虑到回鹘文文献中夹写的汉字皆用繁体书写，故“杂”字应写作“雜”，而图板中未出现该字右边的部分。文字属草体，细笔书写。考虑到汉文原文的确认和该文书的重要性，现将对该残片进行新的拉丁文转写、汉文翻译和注释，并暂编号为 DY1。

一、转 写

01 [ ] ayaγ-qa

02 [quv] raγ-nïngtayaq-

03 [sözlämi] šüčünymä ter

04 [čïnker] tüäd-lüg ad

05 [birparma] nuγüčöd-tä

06 [ulatï-lar qa] vïrïpqïlmïšärür

07 [ ] -p čïnlayubolmaq

作者简介：阿依达尔·米尔卡马力（1972~ ），新疆大学人文学院教授，主要从事回鹘文研究。

①② 杨富学，牛汝极：《敦煌研究院珍藏的一页回鹘文残卷》，《敦煌研究》1991 年第 2 期，第 33 页。

08 [anïnyü] kmäk-läryïlayuärmäz

09 [te] -p sözläsärymäi (kilä) yü①

10 [ ] -mišolïnčatepqayu

11 [yükmäk-lärapymäärtmišödtäap y] mäkälmädüködtäapymä

12 [közünürödtäapymäič-täapymätaš-ta] apymäyoγunapymä

13 [inčkäapymäapymäsoγančïq] apymäïraq-taqïapymä

14 [yaqïn-daqïte] tiryükmäkbolmaqïnsöz-lämiš

15 [ ] -däquvraγtepy [ör] üg-lüg

16 [ ] bütmäkinanïnbilmiškärgäk

二、翻 译

01 神圣的……02 根据其聚集（而立其意）。03 又可译作“因为解说了……”04 意义是实物名称（之差别）。05 一个极微的三个时间（过去、现在、未来 06 是根据知识而分，成为）一聚。07（蕴因聚集而）成为实义。08（因此色）蕴并不虚假。09~10 若（余法又说为何色蕴诸所有色？）。11（若过去的色蕴）、若未来（的色蕴）、若（现在的色蕴）、12（若内的色蕴、若外的色蕴）、若粗（的色蕴）、若 13（细的色蕴、若劣的色蕴、若好的色蕴）、若远的（色蕴），14 若（近的色蕴）。（如此）来说明色蕴。15~16 应知（由此）聚义而构成（蕴义）。

三、原 文

俱舍论疏卷第一

论。若爾不應至有聚義故論主難也。經說聚義名之為蘊。而言一實亦名蘊者。此聖教相違過正理論云。若以聚義釋蘊義者。蘊則非實。聚是假故此難不然。於聚所依立義言故。非聚即義。義是實物名之差別。聚非實故　此釋顯經有大義趣。謂如言聚離聚所依。無別實有聚體可得。如是言我。色等蘊外。不應別求實有我體。蘊相續中假說我故。如世間聚我。非實有蘊若實有經顯何義勿所化生知色等法。三時品類無量差別。各是蘊故。蘊則無邊。便生怯退。謂我何能遍知永斷此無邊蘊。為策勵彼。蘊雖無邊。而相同故總說為一又諸愚夫。於多蘊上生一合想現起我執。為令彼除一合想故。說一蘊中有眾多分。不為顯示色等五蘊多法合成是假非實又一極微三世等攝。以慧分析略為一聚。蘊雖即聚而實義成。餘法亦然。故蘊非假又於一一別起法中亦說蘊故。蘊定非假。如說俱生受名受蘊。想名想蘊。餘說如經。於一切時和合生故。蘊雖各別而聚義成。［0489b21］

論。如是一切至說名色蘊。第二明聚也。此是名略非體略也。三世等色不可略為一聚。但名中總略為一聚也婆沙論七十四雲。問過去。未來。現在諸色可略聚耶。答雖不可略聚其體。而可得略聚其名。

① 该词残存严重，无法辨认。

乃至。識蘊。應知亦爾。雜心論雲。名略非體也。婆沙七十四雲。余經複說雲何色蘊諸所有色。若過去。若未來．若現在、若內、若外、若麤、若細、若劣、若勝、若遠、若近。如是一切略為一聚。說名色蘊。乃至識蘊廣說亦爾。此為遮止外道所說。謂佛在世有出家外道。名為杖髻撥無過去未來。為遮彼意故。世尊說諸所有色。若過去若未來若現在。乃至廣說。阿毘達磨作是說言。雲何色蘊。謂十色處及法處所攝色。是名色蘊。此為遮止譬喻者說。謂譬喻者撥無法處所攝諸色。故此尊者法救亦言。諸所有色。皆五識身所依所緣。如何是色非五識身所依所緣。為遮彼意故作是說。雲何色蘊。謂十色處。法處所攝色。

論。由此聚義蘊義得成。結也。［0488b19］

（《大正新脩大藏经》第 41 册 No. 1822）

四、注　释

【01】第 1 行开头部分有一个残缺汉字，笔者推断为“聚”字的下半部分。ayaγ-qa 多与 tägimlik 一起组成固定词组，对应汉语的“尊”“尊者”。在此因前后残缺，无法得知其正确意义，估计对应第 2 行的前一句“此圣教相违过正理论云”中的“圣”字。

【02~03】第 2 和第 3 行对应“于聚所依立义言故”一段，［quv］raγ-nïng tayaq 对应“聚所依”（于聚所依立义言故），而 sözlämiš üčün ymä ter 对应“言故”（于聚所依立义言故）。从 ymä ter 可看出，第三句显然是对该句的另一个订正文。ymä ter 是回鹘文注释类文书中常见的句型。它一般出现在对某一句子可以进行另一种翻译的时候。庄垣内正弘曾专门探讨了这种形式。根据他的研究，ymä ter 还见于回鹘文阿含类文书，其出现的可能性是某人在抄写某一文献时对一些他认为不太合适的译文进行的订正。① 该句有时用汉字“又”来代替。

quvraγ 多对应于汉语的“众”或“聚”：

qaltï tars-täodγuraqquvraγulatïqutrulmaqülüš-lügädgüyïltïz-ïγtarïmaduq-lar ärür.

邪定聚……②

在此文献对应“聚”字。“聚”表示聚集、集合、群体等意，是蕴的定义。③tayaqlïγ 表示“依据”“依靠”等意，多对应汉语的“依”。回鹘文 tayaq 对应汉文的“依”有很多例子：

öčmäk sav tayaq-ï ärmäz sav tayaq-ï ärür ükmäk.

灭非言依言依蕴。④

yol yörügin uz nomladačï toyïn， yol-qa tayaq-lïγïn［öz］ iltindäči toyïn

善说于道义。依道而生活。⑤

【04】čïnkertü äd-lüg ad：对应原文的“（义是）实物名（之差别）”。

① 庄垣内正弘：《観音経に相応しい三篇の〈Avad ā na〉及び〈阿含経〉について》，《ウイグル語ウイグル語文献の研究Ⅰ》，神戸市外国語大学研究所，1982 年。

②《ウイグル文アビダルマ論書の文献学的研究》，第 257 页。

③《佛教语大辞典》，第 643 页。

④《古代ウイグル文阿毘達磨俱舍論実義疏の研究》第 2 卷，第 348 页。

⑤Kudara，K./P.Zieme，Uigurische Āgama-Fragmente（1）. *Altorientalische Forschungen* 10，1983，p.282.

【05】bir parmanuγ üč öd-tä ［ulatï-lar］：对应原文的“（又）一极微三世等（摄）”。

【06】［qa］vïrïp qïlmïš ärür：该句对应“又一极微三世等摄”后面的“以慧分析略为一聚”。qavïr- 对应汉语的“略”，即“简略”“略去”。如：

birökantaγärsäratïkötrülmišyrlïqamïšolqavïr-ačxšaptïγ.

若尔世尊所说略戒。①

因此笔者将该段翻译为“将其简略为（一聚）”。

【07】čïnlayubolmaq：对应“以慧分析略为一聚”后面的“蕴虽即聚而实义成”。笔者翻译为“（蕴因聚集而）成为实义”。

【08】［anïnyü］kmäk-läryïlayuärmäz：该段对应“蕴虽即聚而实义成”后面的“余法亦然。故蕴非假”。yükmäk 对应汉语的“蕴”或“聚”。如：

aqïγsïzbešyükmäk-ningadïbolurabidarimtep.

无漏五蕴名为对法。②

“蕴”为人间存在的构成要素，聚集的或者是被类别的事物。

yïlayu：对应汉文的“假、世俗”。如：

uzuqupyertinčü-nüngatïnbaγïn：：t（ä）ngintüz-in yïlayu ［at tepsözläyürtep：：］

善解世名字平等假名说（庄垣内 2003，p.286）。③

考虑到前面的“真实”一语和汉文中的“非假”，笔者翻译为“虚假”。

【09~10】sözläsärymäi（kilä）yü：第 10 行开始为另一段的翻译。sözläsärymäi（kilä）yü 对应下一段“余经复说云何色蕴诸所有色”后面的“复说云何”。文书中书写 i（kilä）yü 的地方被皱，中间几个字无法看清，笔者根据汉文补正为 ikilayü。第 10 行的 ïnčatepqayu 对应“余经复说云何色蕴诸所有色”中的“云何”。此行可能为前一行的订正文。

【11】［ap y］mäkälmädüködtäapymä：apymä 多对应汉语的“若……若……”。如：

mundaalquapymäaqïγlïγönglärtäapymäkirsizaqïγlïγöngsüztäulatïolalqutägmäktuγmaqtaulatïnomlar bar körmäktätaraγaryuluqulatïbušrumaqtataraγaryuluqalquqošuγüzäqošulγuluqbolmaqï"

此中一切若有漏色若不染污有漏无色及彼诸得生等法上有见所断及修所断诸结所系。④

这句话和其后的【12】和【13】对应汉语的“若过去。若未來。若现在。若内。若外。若粗。若细。若劣。若胜。若远。若近”。

【14】yükmäkbolmaqïnsöz-lämiš：对应原文的“如是一切略为一聚。说名色蕴”。

【15】quvraγtep y［ör］üg-lüg：对应该段末尾的“由此聚义蕴义得成。结也”。

巧便问深义。

---

①《ウイグル文アビダルマ論書の文献学的研究》，第 620 页。

②《ウイグル文アビダルマ論書の文献学的研究》，第 744 页。

③ 庄垣内正弘《ロシア所蔵ウイグル語文献の研究—ウイグル文字表記漢文とウイグル語仏典テキスト—》ユーラシア古語文献研究叢書 1，京都：松香堂，2003 年，第 286 页。

④《古代ウイグル文阿毘達磨倶舎論実義疏の研究》第 2 卷，第 215 页。

俄藏回鹘文《玄奘传》第六卷 6 叶释读

崔 焱

摘 要： 回鹘文《玄奘传》译自于汉文本。汉文《玄奘传》共十卷，是玄奘弟子慧立据玄奘口述撰写的一部著作。书中详细记述了 7 世纪我国伟大旅行家和佛教大师玄奘的生平事迹。文章以回鹘文《玄奘传》第六卷的残叶为蓝本，对其中的六叶进行转写、翻译和注释。

关键词： 回鹘文；《玄奘传》；转写；释读

一、回鹘文《玄奘传》研究概况

《大唐大慈恩寺三藏法师传》简称《玄奘传》，是由玄奘弟子慧立按照玄奘口述而撰写的一部名著。该书共 10 卷，详细记述了 7 世纪我国伟大的旅行家、翻译家和佛教大师玄奘的生平事迹。特别是该书的卷一到卷五详细记述了他在 629~645 年去印度期间在新疆地区、中亚和印度各地的见闻。此书与玄奘的《大唐西域记》一起构成今天研究古代新疆地区、中亚和印度历史、地理、文化等方面的珍贵史料。

回鹘文《玄奘传》在公元 10~11 世纪由新疆别失八里人胜光法师译自汉文，它是 20 世纪以来新疆出土的重要回鹘文文献之一。就其价值而言，可与之相比的只有《金光明经》《弥勒会见记》等少数几部篇幅较大的回鹘文文献。该文献不仅提供了关于中亚及印度佛教史方面的材料，还记录了中亚及印度的许多地名的正确发音，为音韵学学者的研究提供了依据，回鹘文抄本《菩萨大唐三藏法师传》对维吾尔族古代语言文字、宗教、历史等方面的研究有着重要的价值。①

关于《玄奘传》的回鹘文译者胜光法师，史无记载。根据耿世民先生的研究，胜光法师约生活于我国北宋时期（960~1127）的高昌王国初期。他的出生地是别失八里，唐称北庭，遗址在今乌鲁木齐市北吉木萨尔县境内。但从现存回鹘文文献来看，胜光法师除把《玄奘传》翻译成回鹘文外，还译有《金光明经》《千手千眼观世音菩萨广大圆满无碍大悲心陀罗尼经》《观身心经》《大唐西域记》《八阳神咒经》等，从胜光法师的译著中可以看出，他不仅是一位精通回鹘文的大师，同时也是一位精通汉语文，熟悉中国历史和佛教典籍的翻译巨匠。②

首先，对回鹘文《玄奘传》研究做出贡献的是德国的葛玛丽（《玄奘传回鹘文译本》，SPWA，1935），其后有我国的冯家昇（《回鹘文写本〈菩萨大唐三藏法师传〉研究报告》，载《新疆考古三十年》，

作者简介： 崔焱（1991~ ），中央民族大学硕士研究生，主要从事回鹘文文献研究。

① 耿世民：《试论古代维吾尔族翻译家胜光法师》，《民族翻译》2011 年第 1 期，第 28 页。

② 耿世民：《回鹘文〈玄奘传〉及其译者胜光法师》，《中央民族学院学报》1990 年第 6 期，第 67 页。

1983年）、耿世民（《回鹘文玄奘传第七卷研究》，《民族语文》1979年第4期），卡哈尔（《回鹘文玄奘传卷三》，《突厥学研究杂志》卷16，《回鹘文玄奘传卷九》，1992；《突厥学杂志》创刊号，1993年），德国的若尔本（Klause Röhrbron）（《回鹘文〈玄奘传〉第七卷研究》）、铁兹江《回鹘文〈玄奘传〉第十卷研究》，俄国的L.Yu. 吐谷舍娃（《回鹘文玄奘传第十卷研究》，东方古文献，1971年）。关于回鹘文《玄奘传》的研究情况具体可参见牛汝极所著《回鹘佛教文献》（新疆大学出版社，2000年，第196页）。

回鹘文《玄奘传》于1930年前后在新疆出土，出土地点不明。随后被一迪化商人拆散售出，一部分由清华大学袁复礼教授在新疆工作时购得，携还北京，售于北京图书馆（现国家图书馆），凡242叶（其中有23叶较为完整）。一部分由海金（Joseph Hacbn）在由叙利亚至北京途中购得，共8叶，后交葛玛丽，今已归中国国家图书馆收藏。另一部分巴黎集美（Guimét）博物馆经伯希和介绍，由商人购得，共123叶，还有97叶藏于俄罗斯科学院东方学研究所圣彼得堡分所。中国国家图书馆所藏部分于1951年在北京影印出版，题作《回鹘文菩萨大唐三藏法师传》（影印件的号码是原冯·加班做的登记号，其中带H字的8叶就是海金给她的）。该写本长约18寸，宽约7寸，纸质麻制，极厚，呈黄褐色。写本左方红印上有圆洞，是做穿叶用的。每面27行，每叶54行，每行字数多少不一。书写顺序是自上而下，由左到右。每叶后左边原有小字回鹘文，注明写本的卷叶。今皆剥落，存的不过七八处。卷首语和卷尾语尤存不多。本文试研究藏于俄罗斯科学院东方学研究所圣彼得堡分所的回鹘文《玄奘传》第六卷的6叶。①

二、回鹘文《玄奘传》第六卷6叶转写

VI1

1（1）/namo bud/ : namo drm : namo sa/ŋ/	南无佛南无法南无僧
2（2）bodistv tayto samtso ačari-nïŋ	菩萨大唐三藏法师（属格）
3（3）yorïɣ-ïn uqïtmaq atlɣ tsi	行走（宾格）宣传名叫慈
4（4）in čün tigmä kavi nom bitig	恩传叫作经书
5（5）altïnč tägz-inč : :	第六卷：：
6（6）bu ülüš-dä toquz ygrimč	这个部分（位格）九第二十
7（7）/y/ïlïn yaz ram ay laɣki-qa	年（伴随工具格）春月洛京（向格）
8（8）/täg/miš-din bašlanur iki	到达（从格）开始二
9（9）/otuz/unč yïlïn ay altïnč ay-qa	第三十年月第六月（向格）
10（10）/…/süü yaratɣalï otünmiši : :	序制作（目的副动词）说（下级对上级）
11（11）yantud burmiši üz-ä üz-	回答给用……方式断
12（12）/lünü/r : :bü süü :	开这个序

① 耿世民：《维吾尔古代文献研究》，北京：中央民族民族大学出版社，2003年。

13（13）/cï/quan atlγ yïl-nïŋ toquz ygrmi	贞观名为……的年（属格）九二十
14（14）/inč/yïlïnta yaz ram ay-ïn pi köskü	第年春正月月（工具格）丙鼠年
15（15）/kün/kä laγki balïq bägï（tngri）	日子（向格）洛京城市官（第三人称领属附加成分）上天
16（16）/tavγ/ač xan-nïŋ sol qoltïnqï boγï	唐朝的皇帝（属格）左手的房
17（17）nil-limi yüü baγlïγ huinli atlγ	玄龄于姓慧立叫……
18（18）/bä/g-kä : samtso ačariγ bitig	听说三藏法师书
19（19）burxan yük birlä kälti tip äšidip	佛经行李一起来了听听
20（20）/t/ŋri tvqač xan yrlïqï üz-ä	天唐皇帝的命令用……
21（21）/s/amtso ačari-qa utru bäg-lär	三藏法师迎着官（复数）
22（22）ïtdï : bardačï bäglär oŋ qoltïn	派遣去的官员们右手的
23（23）qï alp sïnaγčï uluγsüü uruŋutï	勇敢的英雄观望者大军将军
24（24）siu baγlïγ baγčinsih atlγ bäg	侯姓莫陈实叫……官
25（25）inčiu balïq-daqï atlγ süübaš	雍州城（范围格）叫军队头（司马）
26（26）…li baγ-lïγ suγ-šin atlγ	李姓的苏胜名为……
27（27）/bäg/ ču-nan balïq-daqï	官长安城的（范围格）

VI2

28（1）…i bägi li baγlïγ k…	县令官员李姓……乾祐
29（2）bäg bašïn üküš bäg-lär utr/u/	官员头（工具格）许多官员（复数）迎接
30（3）barïp kimi suvïnta uluγ tüšünlüg	去传过船的水大的驿站
31（4）ävgä kigürti-lär ol bäglär basasïn	家、房子使……进入那个官员们之后、后面
32（5）ta korünč-či-lär built täg ärt/ï/	在（位从格）看的人（复数）云像（比拟格）是
33（6）bu kün üz-ä xan yrlïγ/ï/	这日子在……上皇帝命令
34（7）önti : : qamaγ vr/xar/	发布所有的寺院
35（8）sayuqï taočaŋ-lar kötürgü	每个的道场（复数）举起来（名词）
36（9）xu-a-lar : bra-larda ulatï /itig/	花旗帜帆（复数）（位格）以及（等）（后置 词）
37（10）yapïγ-lariγ tuta nom yüküg burx/anlar-/	盖（复数）抓经负担佛像
38（11）iγ samtso ačari birlä quŋ/vuγsï/	宾格三藏法师一起弘福寺
39（12）saŋram-kä uduz-up iltz-ün-lär	寺院(向格)送(副动词)拿(第三人称命令式－复数)
40（13）munïlayu yrlγ önti : kiši-lär	如此这般命令颁布很多人
41（14）türlügin sävinti-lär qalaŋurdï /lar/	各种各样（工具格）喜欢－第三人称复数过去时高兴（第三人称复数过去时）
42（15）öŋin öŋin yaršmalašu i/tinip/	分别的各样的竞争集中
43（16）tümänip künüg yaltrïtdï	集中把太阳照亮（第三人称过去时）

44（17） quwraɣ bolup qïz-ïl qušrač-lïɣ	汇集成为红色小麻雀（表爱）
45（18） nïŋ küntün yïŋaq-ïnta qama/ɣ/	的南面所有的
46（19） sanï yüz bölük quvraɣ tiz-ili（p）…	数（指认）百分开的部分众多的排列
47（20） turdï-lar : ornatqalï : samtso-o	陈列安置（目的副动词）三藏
48（21） ačari änätkäkdin kälürmiš yüz äl/ig/	法师西域印度从格获得的百五十
49（22） ävin ät šrir qutluɣ magat ilt/ä/	粒肉舍利幸福的摩揭陀国家（位格）
50（23） puryabodigir atlɣ taɣ-ta luu üŋür-	觉悟名山（位格）龙洞窟
51（24） intä qodï yrlïqamïš burxan	第三人称领属增音向下安置放
52（25） köriŋä oɣšatï itmiš üč…	像（方向格）像……一样制造、制作三
53（26） čïɣ üč tsun idiz brab/az-an/	尺三寸高闪光的
54（27） altun tŋri burxan baranas	金神圣的佛婆罗尼斯国

VI3

55（1）/mrga/dava arïɣ-ta drmačakr	鹿野园林（位格）法轮
56（2）…nomlayu yrlïqamïš burxan	讲经说法（元音副动词）命令佛
57（3）/kör/kiŋä oɣšatï itmiš bir čiɣ	像像……一样制作的一尺
58（4）/bi/š tsun brabaz-an čintan	五寸通光座檀木
59（5）/t/ŋri burxan kaušambi-d（a）qï udayani	神圣佛乔赏弥国出爱王
60（6）/il/ig tŋri burxan-ïɣ	国王神圣佛的
61（7）/körkü/p ittürmiš burxan	呈现使制作（打造）佛
62（8）/körk/iŋä oɣšatï itmiš	像像……一样制作的
63（9）/bi/ š čïɣ toquz tsun idiz brab az	五尺九寸高
64（10）/an/čintan tŋŋri burxan vatsi ilta	檀木神圣佛像劫比他国
65（11）ka/pis balïq-ta divavadaran körünč	天国像
66（12）/t/ŋri burxan körkiŋä oɣšatï	神圣佛像像……一样制造的
67（13）/it/miš tort čïɣ idiz brab az	四尺高
68（14）/an/kümüš tŋri burxan-naŋ（nïŋ?）magat	银子神圣佛像摩揭陀
69（15） ildä ražagrax käntdäki grtrakut	国家王舍城城市鹫峰山
70（16）/taɣ/da vapxuaki atlɣ sdrmapuntrik	山（位格）法华经名叫梵文法华
70（17）/su/dur nomlayu yrlïqamïš körk	经讲经说法样子
72（18）/ü/z-äkı üč čïɣ biš tsun idiz	上面的三尺五寸高
73（19） brab az-an altun tŋri burxan	金佛像
74（20） /na/graxar atlɣ käntdäki aɣuluɣ luuɣ	那揭罗揭国名叫城里的有毒的龙
75（21）yavalturɣalï qodu yrlïqamïš	制服目的向下命令
76（22） burxan körkin-gä oɣšatï itmiš	佛像像……一样制造、刻成

77（23）bir čïɣ üč tsun idiz brab az	一尺三寸高
78（24） an čintan tŋri burxan : vayšali balïq	一个檀香神圣佛像吠舍里城
79（25 ）ta känt käz-ä yrlïqamïš-daqï burxan	城游走（巡视）命令佛像
80（26）körkiŋä oɣšatï itmiš turur čintan	像……一样刻制的站立檀木
81（27）tŋri burxan basa burxan	神圣佛像又佛像

VI4

82（1） iki yüz tört b/uu/ mxayan /	二百四部大乘
83（2） sudur-lar :yüz toquz on iki /buu/	经十百九十二部
84（3） mxayan šastr-lar : tört yg/rmi/	大乘论（复数）十四部
85（4） buu sitaviraki nikay-daqï sud/ur/	部上座部派经
86（5） vinay šastr : biš ygrmi buu m/xa/	律论：十五部大
87（6） saŋik nikay-daqï sud/ur/	众部三弥底部经书
88（7） vinay šastr : yana bi/š/	律论又十
89（8） ygrmi buu samiti nikay	五部三弥底部经书部
90（9） daqï sudur vinay šastr : iki :	派经律论二
91（10） otuz buu mɣiz-aki nikay-daqï	十二部弥沙塞部派
92（11） sudur vinay šastr : yiti yg/rmi/	经律论十七部
93（12） buu kašyapiyi nikay-daqï sudur	部迦叶臂耶经
94（13） /vinay/ šastr : iki älig buu drmag/upta/	律论四十二部法密
95（14 ）nikay-daqï sudur vinay šastr	部派经律论
96（15） yiti yitmiš buu srvastiva/din/	六十七部说一切有部
97（16） nikay-daqï sudur vinay šastr	部的经律论
98（17） altï qïrq buu inmi lun šastr	三十六部因明论
99（18） üč ygrmi buu šinmi lun atl/ɣ/	十三部声明论名为
100（19） vignan šastr : bu qamaɣ yomqï	律论这个所有的所有
101（20） biš yüz ygrmi qap bitig alt/ï/	五百二十夹经书六
102（21）yüz yiti altmïš buu nomuɣ yg/rmi/	百五十七部经（宾格）二十
103（22） at-qa yüdürüp kälmiš ärdi :	马（向格）驮来了那一天
104（23） ol kün üz-ä vrxar sayuqï qamaɣ	那个日寺院每个全部
105（24 ） itig yaratïɣïɣ tümäp ikinti kün	装饰集中第二日
106（25） säkiz otuz-qa taŋdïn irtä qïz-ïl quz	二十八日清晨红色的小
107（26） qač-lïɣ qay-da yïɣïlïp yaŋï kälm/iš/	鸟街（位格）集中新来的
108（27） /burxan/ïɣ nom/uɣ/tuta quŋvuɣsï saŋram	佛把经抓着弘福寺寺庙

Ⅵ 5

109（1） iltgü-kä išläšdi-lär anta ötrü	拿来做此后后面
110（2）/tŋr/i-lig quvraɣ artuqraq qïnïp yonï	天（形容词）众多非常努力方法、方式
111（3）…ïp öŋin öŋin nom yüküg burxan	分别（各个）经包袱佛
112（4）/larï/ɣ qop qamaɣ körklä itiglär yarat	诸（佛）全部漂亮的装饰起来的
113（5） ïr-lar üz-ä　tüpkärü körklä itdi	用完全漂亮的装饰（制造）
114（6）/lär/ yaratdï-lar : tuɣ-lar	创造制造（复合词）旗子
115（7）/tao/čaŋ-lar : bra-lar : kuž	道场幡罩子
116（8）/atrï/-lar ärdini kivän-lär ärdini	盖子宝贝桌子宝
117（9）… kölüngülär) sürgü-lär : vrxar sayu öntür	车（原文轝）寺每个出
118（10） …toyïn šmnanč quvraɣ aŋsïz uz	道尼大众非常好工匠
119（11）/iti/nip yaratïnïp körklä nom	装饰漂亮的经书
120（12）/burxa/n öŋdün qïlïp yïdlïɣ	佛教东面（居前）香味
121（13）/yïpar/-lïɣ tütsüklüg-üg kin tiz	香（形容词）烧香的东西（宾格）后面摆放
122（14）/ilü）kälti-lär barča qïz-ïl quz	来（助动词）所有的朱
123（15）/qač/-lïɣ qay-da yïɣïltï-lar : ol	雀街集中那个
124（16）/vrxa/r ičintä yüz türlüg itig	寺院里面百种装饰
125（17）/ya/ratïɣ-larïɣ yadïp burxan-ïɣ	的东西铺开把佛像
126（18）/no/muɣ yorïtdï-lar : qaš-lï yinču	把佛经照亮玉石珍珠（来自汉语）
127（19）/li/ ünin-tdürü : altun xu-a-larïɣ	表并列使发出声音金花（复数宾格）
128（20） …körkläntürü : kim ol tägürdäči	使美丽、漂亮谁那些送达、送到的人
129（21）/t/irin quvraɣ-ta yoq ärdi : ïr	人众（位格）没有人民歌
130（22）taɣšut qïlmadačï : taŋïrqašuqa	歌词不对歌的人（否定形式）惊叹
131（23） bolup adïnaɣu-larïɣ unïtïp iliš	把特别的（复数）忘记争相
132（24）t（a）rtïš-larïn kidärip qïz-ïl qušɣač	使失去红色的小
133（25）lïɣ qay-dïn quŋvuɣsi saŋram-kä	雀街到弘福寺
134（26） tägi ikin ara on bärä yirdä	直到两者之间十里地方

Ⅵ 6

135（0） altïnč ü/lüš/	第六卷
136（1） lar yol ikidinintä tiz-ilip t/uru/	道路两边排列
137（2）körüp turdï-lar : körünč-či-lär	看站立看的人、观众
138（3） satɣaɣay tip qorqup öz öz ara	让我踩踏害怕各个都之间
139（4） larïnta tütsüg küyürüp xu-a sač/ïp/	香烧香花散开

140（5）täbränčsiz-in yorïdï-lar : tüt/süg/	无得移动不动摇的行走香
141（6）tütüni-ibulïtlayu	集中在一起云（动词）云彩翻滚
142（7）yadïltï : ögdi-i…	散开赞美
143（8）yaŋqusï orun orun s/ayu/	声音地方各个每个
144（9）yaŋqurdï q（a）ltï öŋrä tŋri tŋri	发出声音像……以前的天中天
145（10）si burxan : burxan qutïn bulup /kapila/	第三人称佛佛的福气获得迦毗
146（11）vastu käntkä kälmiš-dä : t/öz-ün/	城市来圣
147（12）maytri bodistv-nïŋ purani（ ）tuž–	弥勒佛菩萨（领属格）的传说兜率
148（13） it ordu-qa aqtïnmïš-ta t/ŋri /	天宫殿（向格）登天
149（14） luu-lar tapïnmïš-ta t/ŋri /	龙众供养
150（15）tŋriklämiš täg : ančulayu ym /ä/	围绕如此又
151（16） bu biš čöbik ödtä qolu/ta/	这个五浊时间时间
152（17） qalïnču čöp nom-ta šaz-inta	剩下的经书上教义
153（18） samtso ačari tvɣač-qa kirmi/š/	三藏法师到来中原
154（19）uluɣ tirin quvraɣ yïɣïlmaqï	大人群众集中起来
155（20）tüü türlüg adruq adruq tapïɣ	毛发种种的分别分别的供养
156（21）uduɣ qilmaqi antaqi-qa yitdäči	供养供奉如此 – 向格达到
157（22）ärmädin antaqï-sïq oq boltï	不是… 如此 – 像语气词（表强调）成为
158（23） bu nom kirmiš küntä kök qalïɣ	在这个经进入的日子天空蓝色
159（24）ta biš boduq-luɣ bulit b（ä）lgürüp	五种颜色 – 的云彩出现
160（25） kün tŋri taɣdïn-ïnta burxan	日神在北面向
161（26） qa nom ärdini-kä tuš-lï tüš	佛经宝 – 向格连起来的果
162（1） …tolu tägirmi bolup saŋ/ram/	四周成为寺院
163（2）…ki tägz-inü bardï : muntaɣ	围绕着这样的

三、回鹘文《玄奘传》第六卷 6 叶汉文译文

VI1

1（1）南无佛，南无法，南无僧。

2（2）菩萨大唐三藏法师

3（3）行走宣读的，名叫慈

4（4）恩传的经书

5（5）第六卷

6（6）这个部分（从）十九

7（7）年春正月洛京

8（8）（法师）到达开始讲起，（讲到）二十二

9（9）年夏第六月

10（10）……制造（这个）序（向皇帝）呈说

11（11）用（这个序）来回答（皇恩）

12（12）这个序

13（13）贞观十九

14（14）年春正月丙子鼠年

15（15）洛京城的官员（受）神圣的

16（16）唐朝皇帝（的命令）左（仆射）房

17（17）玄龄（听说）姓慧立名为

18（18）三藏法师（带着）经书

19（19）行李一起来了

20（20）天朝皇帝命令安排

21（21）许多官员迎接三藏法师

22（22）派遣去的官员（有）右

23（23）武侯大将军

24（24）侯莫陈实

25（25）雍州城司马

26（26）名叫李叔慎

27（27）长安城的官员

VI2

28（1）姓李的名为乾祐的官员……（残损部分）

29（2）许多官员以（他们）为首前去迎接

30（3）过船的水很大，（三藏法师沿着和驶入）驿站。

31（4）那些随从的官员们（和）

32（5）观看的人们像云一样（多）

33（6）这天皇帝命令

34（7）所有的寺院

35（8）每个道场（都要）举起

36（9）花和旗帜

37（10）幡盖。（法师）带着经书、佛像

38（11）一起到了弘福寺。

39（12）官府颁布（要把这些）送给寺院

40（13）这样的命令。人们

41（14）欢喜踊跃

42（15）争相（装饰得讲究美观）

43（16）（人们）都集中起来。第二天

44（17）集中到朱雀街

45（18）的南面

46（19）几百件（帐、舆）等排列

47（20）安置整齐

48（21）（要用来）安放（法师）从西方带回来的一百五十

49（22）粒肉舍利，仿照摩揭陀国前

50（23）正觉山龙窟佛

51（24）安置的佛

52（25）像……高三

53（26）尺三寸的

54（27）金佛像；像婆罗尼斯国

VI3

55（1）鹿野苑的法轮

56（2）讲经说法的佛

57（3）像一样，有一尺

58（4）五寸的檀木（雕刻的）通光座

59（5）仿照憍赏弥出爱

60（6）王的佛

61（7）制作的佛像

62（8）一样

63（9）五尺九寸高

64（10）檀木制作的神圣的佛像；仿照劫比他国

65（11）天国的佛

66（12）一样制作的神圣的佛像

67（13）高四尺

68（14）（仿照）摩揭陀

69（15）国神圣的佛王舍城鹫峰山

70（16）《法华经》

71（17）讲经样子（制作的）

72（18）高三尺五寸

73（19）的金佛像

74（20）（仿照）名为那揭罗曷国的有毒的龙
75（21）制服的
76（22）佛像一样
77（23）高一尺三寸
78（24）（仿照）一个檀香做的吠舍厘城的
79（25）游走的佛，命令
80（26）像这样制造站立的檀木的
81（27）神圣的佛像。又有佛像

VI4
82（1）二百二十四部大乘
83（2）经；一百九十二部
84（3）大乘论；十四
85（4）上座部，经
86（5）律、论；十五部大
87（6）众部，经、
88（7）律、论；又有
89（8）十五部三弥底部
90（9）经、律、论二
91（10）十二部弥沙塞部
92（11）经、律、论；十七
93（12）迦叶臂耶经、
94（13）律、论；四十二部法密
95（14）经、律、论
96（15）六十七部说一切有
97（16）部的经、律、论
98（17）三十六部因明论
99（18）十三部声明论，名为
100（19）律、论。这些所有
101（20）共五百二十夹经书，六
102（21）百五十七部经，（用）二十（匹）
103（22）马驮来了。
104（23）那天，每个寺院都
105（24）集中装饰（起来），第二天
106（25）二十八日清晨，在朱雀

107（26）街集中。（将）新的

108（27）佛像安置（在）弘福寺

VI5

109（1）于是

110（2）大众非常庄严

111（3）各个宝舆、经像

112（4）各个佛像全都漂亮地装饰起来

113（5）用漂亮的装饰

114（6）装点旗帜

115（7）道场。幡旗，幡盖

116（8）宝案

117（9）（都在）寺院展布

118（10）僧尼等人整理

119（11）装饰好（衣服，跟随着）。（佛教）经书

120（12）摆放在前面，香

121（13）炉摆放在后面，

122（14）这样所有的到朱

123（15）雀街集合。那个

124（16）寺院里面有百种装

125（17）饰的东西，把佛像、

126（18）佛经铺开，玉石发出光亮，珍珠（互相碰撞）

127（19）发出声音，金色的花

128（20）散发光彩。那些送达的

129（21）众人没有

130（22）不歌唱咏颂的。惊叹

131（23）这些稀有的（宝物）忘掉

132（24）遣送的劳累。（从）朱

133（25）雀街到弘福寺

134（26）十里地路

VI6

135（0）第六卷

136（1）道路两边

137（2）站着很多群众

138（3）（官府）担心互相踩踏，让每个人之间

139（4）烧香散花

140（5）不要移动行走

141（6）烟云聚集在一起

142（7）赞美（的声音）散开

143（8）到各个地方

144（9）发出的声音像从前天中天

145（10）如来佛的福气（散播）

146（11）到城市里。神圣的

147（12）弥勒佛菩萨的传说看透历史

148（13）登山宫殿

149（14）供养神圣的龙

150（15）（祥云）围绕，如此

151（16）这样的虽然不如那个时候

152（17）（但）也是经书上遗法（的盛世）

153（18）三藏法师来到中原

154（19）人们都集中起来

155（20）各自都分别供养

156（21）这样的

157（22）

158（23）这个经进入的日子天空

159（24）出现五种颜色的云彩

160（25）在北方的神像

161（26）经像连接起来

162（1）在寺院四周

163（2）围绕

四、《玄奘传》第六卷6叶相应汉文原文

大唐大慈恩寺三藏法师传卷第六

沙门慧立本　释彦悰笺

起十九年春正月入西京终二十二年夏六月谢御制经序并答

贞观十九年春正月景子，京城留守左仆射梁国公房玄龄等承法师赍经、像至，乃遣右武侯大将军侯莫陈实、雍州司马李叔慎、长安县令李乾祐等奉迎，自漕而入，舍于都亭驿。其从若云。

是日有司颁诸寺，具帐舆、花幡等，拟送经、像于弘福寺，人皆欣踊，各竞庄严。翌日大会于朱雀街之南，凡数百件，部伍陈列。即以安置法师于西域所得如来肉舍利一百五十粒；摩揭陀国前正觉山龙窟留影金佛像一躯，通光座高三尺三寸；拟婆罗疪斯国鹿野苑初转法轮像刻檀佛像一躯，通光座高三尺五寸；拟憍赏弥国出爱王思慕如来刻檀写真像刻檀佛像一躯，通光座高二尺九寸；拟劫比他国如来自天宫下降宝阶像银佛像一躯，通光座高四尺；拟摩揭陀国鹫峰山说《法华》等经像金佛像一躯。通光座高三尺五寸；拟那揭罗曷国伏毒龙所留影像刻檀佛像一躯。通光座高尺有五寸（三寸）。拟吠舍厘国巡城行化刻檀像等。又安置法师于西域所得大乘经二百二十四部，大乘论一百九十二部，上座部经、律、论一十五部，（大众部经律论一十五部，）三弥底部经、律、论一十五部，弥沙塞部经、律、论二十二部，迦叶臂耶部经、律、论一十七部。法密部经、律、论四十二部，说一切有部经、律、论六十七部，因明论三十六部，声论一十三部，凡五百二十夹，六百五十七部，以二十匹马负而至。其日所司普班诸寺，俱有宝帐、幢、幡供养之具，限明二十八日旦并集朱雀街拟迎新至经、像于弘福寺。

于是人增勇锐，各竞庄严，穷诸丽好，幢帐、幡盖、宝案、宝舆，寺别将出分布讫，僧尼等整服随之，雅梵居前，薰炉列后。至是并到朱雀街内，凡数百事。布经、像而行，珠佩流音，金华散彩，预送之俦莫不歌咏希有，忘尘遣累，叹其希遇。始自朱雀街内终届弘福寺门，数十里间，都人士子、内外官僚列道两傍，瞻仰而立，人物阗闉。所司恐相腾践，各令当处烧香散花，无得移动，而烟云赞响，处处连合。昔如来创降迦毗，弥勒初升睹史。龙神供养，大众围绕，虽不及彼时，亦遗法之盛也。其日众人同见天有五色绮云现于日北。宛转当经、像之上，纷纷郁郁，周圆数里，若迎若送，至寺而微。①

五、回鹘文《玄奘传》第六卷6叶注释

VI1

1（1）namo<sanc：梵文借词，汉语音译为南无，敬礼、皈依的意思。

“//”、“[ ]”内的文字系作者根据文义补加；“/……/”表示无法补加；“/”表示不清楚的地方。

bud<Budha：梵文借词，译为“佛”。

drm（dram）<dharman：梵文借词，译为“法”。

saŋ<saṃgha：梵文借词，译为“僧迦”。

2（2）bodistv<bodhisatv：梵文借词，译为“菩萨”。

samtso：三藏，来自汉语。“三”（sam）+“藏”（tso）。梵语为 Tripiṭaka，是佛教典籍的总称。“藏”（Piṭaka）的原意是盛放东西的筐箧。佛教用以概括全部佛教典籍，义近“全书”。共有经藏、律藏、论藏三个部分。三藏皆分大小乘。在佛教史上，通晓“三藏”的僧人称“三藏法师”，或单称“三藏”。此处的“三藏”即玄奘法师。

ačari<āccrya，梵文借词，译为“法师”。

3（3）uqïtmaq，uq- 知道 +–it 使动态，表示“使……知道”，译为“解说、宣传、教授”。

①（唐）慧立，彦悰：《大慈恩寺三藏法师传》，北京：中华书局，1983 年。

4（4）tigmä，ti-gmä，说……的、叫……的。

kavï<kāvya，梵文借词，译为“经书”。

bitig<bit（汉语“笔”+t）+ig，译为“经书”。

nom<nwm，粟特语借词，译为“经”。

5（5）tägzinč<tägzin-+č，译为“卷”。

7（7）ram<aram 阿拉伯语借词，译为“正月”

laɣki 汉语借词，“西京、洛京”，9~11 世纪隋唐时期把长安称作西京，曾有一小段时间把西京称作洛京。

10（10）süü：来自汉语“序”，此处应指唐太宗、唐高宗两位皇帝所撰写的《大唐三藏圣教序》和《述三藏圣教序记》。

ötün：下级对上级呈现，表尊敬。

24（24）侯莫陈实应是一个复姓，译作“姓侯的莫陈实”，译错。

VI2

30（3）suvïnta<suw（水）+i（第三人称）+n（增音）+ta（位从格）。

33（6）yrlïɣï< 蒙语借词，译为“扎撒”，法令的意思。

34（7）vrxar<vihāra，来自梵文，译为“寺院”。

35（8）kötürgü 举起，由“g ü ”构成名词。

taočaŋ，汉语借词，译为“道场，佛教”。

36（9）xua-atar，汉语借词，译为“花”。

37（10）tuta<tut（抓）+a（a 副动词）

burxan<bur（汉语借词，佛）+xan（qan）

39（12）saŋram<saṃghārama，梵文借词，译为“寺院”。

49（22）šrir<śarira，梵文借词，译为“舍利”。

magat<Magadha，梵文借词，译为“摩揭陀”。

50（23）puryabodigir<praghbodi，梵文借词，译为“菩提，觉悟”。

54（27）baranas<bārāṇasi，梵文借词，译为“婆罗尼斯国”。

VI3

55（1）mrgadava<Mṛgadāva，梵文借词，译为“鹿野（园林名）”。

drmač（a）kr<dharmacakra，梵文借词，译为“法轮”。

59（5）kaušambï<kauśambī，梵文借词，译为“憍赏弥”。

udayani<udaya，梵文借词，国王名。

63（9）根据汉文原文是“二尺九寸”，回鹘文转写成“五尺九寸”，有误。

64（10）vatsi<vatsapattana，梵文借词，译为“劫比他国”。

65（11）kapïs<kapisā，梵文借词

69（15）ražgra<Rājagṛha，梵文借词，译为“王舍城”。

grtrakut<Gṛdhrakūta，梵文借词，译为“鹫峰山”。

70（16）sdrmapuntrik<saddharmapuṇḍorika，梵文借词，译为“法华经”。

71（17）sudur<sutra，梵文借词，译为“经”。

74（20）nagraxar<Nagarhāra，梵文借词，译为“那揭罗曷国”。

78（24）vayšali<vaiśāli，梵文借词，译为“吠舍厘国”。

VI4

82（1）mxayan<Mahāyāna，梵文借词，译为“大乘”。

85（4）sitaviraki<sthavira，梵文借词，译为“上座部”。

86（5）mxasaŋik<Mahā–Saṃghika，梵文借词，译为“大众部”。

89（8）samite<samm+iya，梵文借词，译为“三弥底”。

91（10）Mɣiz<Mahiśāsaka，梵文借词，译为“弥沙塞”。

93（12）kašyapiyi<kāśapīya，梵文借词，译为“迦叶臂耶”。

94（13）drmagopta<Dharmagupta，梵文借词，译为“法密”。

96（15）srvastiva<Sarvāstivādin，梵文借词，译为“说一切有部”。

100（19）vignan，声明论的梵文，与现代梵文不同，出处不清。

101（20）qay，汉语借词，“街”。

VI5

115（7）kužatrï<kuśattra，梵文借词，译为“罩子、盖子”。

126（18）qašlï 和 yinčuli 中，lï 和 li 并列，指“……和……”。

VI6

147（12）maytri<Maytreya，梵文借词，译为“弥勒佛”。

purani<Purani，梵文借词，译为“传说”。

tuž-it<tuśita，梵文借词

152（17）šazin<śāsan，梵文借词，译为“教义”。

丝路遗珍：粟特语古信札 II 号文献的主要内容及学术价值

苏银梅　　马　晴

摘　要：粟特语古信札 II 号是英国考古学家斯坦因和他的助手于 1907 年在丝绸之路重地——中国敦煌长城烽燧遗址发现的残存邮包遗物中的重要信札。文章简要介绍了美国学者尼古拉斯·辛姆斯·威廉姆斯（N-Sims-Williams）的解读内容，并对该信札的学术价值发表了自己的观点。

关键词：丝路遗珍；粟特语古信札 II 号；文献内容；学术价值

1907 年，英国考古学家斯坦因第二次到中亚考察期间，他的助手奈克（Naik）在中国丝绸之路重要驿站敦煌以西的长城烽燧遗址中，发现了一个残存的邮包，内有 7 个纸卷，其中 3 个捆扎完好。经考证，这些纸卷是用粟特语书写的古信。共有 6 封，第一封和第三封均出自一位粟特妇女[①]，古信札 I 写给她在撒马尔罕的母亲，古信札 III 是写给她的丈夫，古信札 II 是一位居住在金城（兰州）的商人写给他居住在撒马尔罕的合作伙伴[②]。

美国学者尼古拉斯·辛姆斯·威廉姆斯对该信札进行了解读，内容发表在 2001 年出版的《僧侣、商人——中国西北丝绸之路珍宝》一书中[③]。该信札现收藏于英国伦敦大英图书馆，根据 1921 年斯坦因拍摄的照片（图一）[④]，信札编号为 T.XII.a.ii.2。信札外层包装是一种类似于麻制品的织物，内层以丝绸包裹。可能由于路途遥远（从中国西部至撒马尔罕距离为两千英里），寄信人才把信札包装得如此结实。外层黏贴墨书的纸条书明发往地是撒马尔罕，标签为 8212/99.1[⑤]，内层包裹物标签为 8212/99.2，信的标签为 8212/95，墨书地址标签为 8212/99.3。信以墨书，长 41.5 厘米，宽 24 厘米。[⑥]

1904 年，德国东方学家缪德（F.W.K.Muller）发表了一种摩尼教文献的中古波斯语和粟特语平行文本，解读这种文字时，认为是一种钵罗婆语方言；后来德国伊斯兰学家安德里亚斯（F.C.Andress）在 10 世纪的阿拉伯语学者贝鲁尼的著作中发现了与新发现文献相同的记载月份人名的粟特语，方知这是消失已久的粟特语；1931 年，Reichelt 第一次对信札进行了编译；1987 年，Grenet 和尼古拉斯辛·姆斯·威

作者简介：苏银梅（1967~　），宁夏固原博物馆研究馆员；马晴（1969~　），宁夏大学回族研究院副研究员。

① 德金（Desmond Durkin-Meisterernst）：《侨居地的粟特女性》，第二届丝绸之路国际学术研讨会——粟特人在中国：考古发现与出土文献的新印证（会议论文集 I），宁夏银川，2014 年 8 月，第 121 页。

② 尼古拉斯·辛姆斯·威廉姆斯著，苏银梅译：《古粟特文信札 II》，《考古与文物》2003 年第 5 期，第 76~77 页。

③ 尼古拉斯·辛姆斯·威廉姆斯：Monks And Merchants: Silk Road Treasures from Northwest China，2001，*Asia Society*，New York，P47~49.

④ 同③，P49 页，Fig. B. 本文图 1。

⑤ 同③，P47 页，Fig. A. 本文图 2。

⑥ 同③，P48 页，本文图 3。

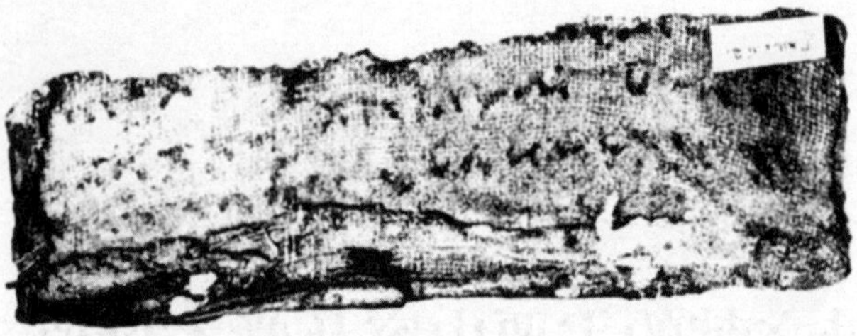

图 1

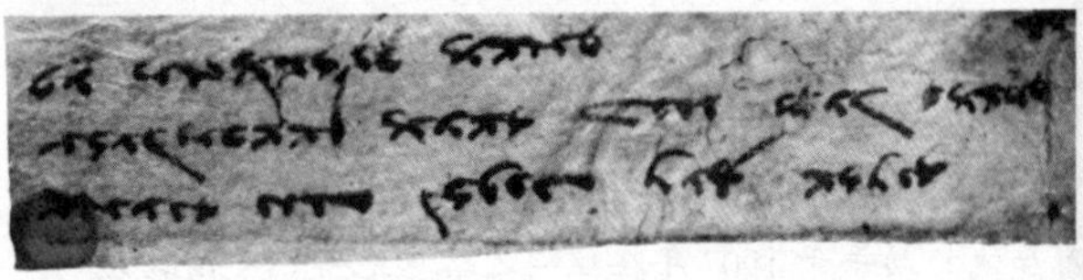

图 2

图 3

廉姆斯对信札的时间发表了观点；1996 年，尼古拉斯·辛姆斯·威廉姆斯发表了比较完整的有关粟特语古信札内容的解读文章。由于翻译粟特古语难度大，许多细节不能确定。

粟特语古信札 II 是一封与商业贸易有关的信件，书写者 Nanai. vandak（那耐·万达克），是居住在甘肃金城（兰州）的粟特商人寄给撒马尔罕的合作伙伴的信件，时间为 313 年左右。收信人是 Kannkk（卡那可克）家族的领主 Nanai. dhvar（那耐·缔合瓦）之子 Varzakk（瓦扎可克）。

信的内容主要有以下几点：

1. 信的开头，那耐·万达克以谦卑的口吻、神的旨意向他的合作人表达了诚挚的问候，并希望他健康愉快，表明朋友的贵体安康，是自己最大的安慰。

2. 那耐·万达克提到了 3 个人：酒泉的 Armat. sach（阿马特·萨可）、姑臧（武威）的 Arsach（阿萨可），均平安无恙。粟特人出走（内地）已经有 3 年时间了。信中还提到粟特人 Ghotam. sach（高特木·萨可），作者让他定居，因此安全无事。可是现在，他已经离开中原，而且再也没有人从中原出来了。因此，作者就告知收信人关于那些进入中原的粟特人的遭遇。他说，听人们讲，最后一位皇帝因饥荒和火灾已经逃离洛阳[①]，由于匈奴人的入侵，皇帝的宫殿被烧毁，城市被破坏，洛阳已经不是昔日的洛阳，邺城（今河北临漳县境内）也不是原来的邺城。不知道幸存的这些中原人能否把匈奴人赶出长安，赶出中原，或者置之不管。作者很着急，因为在中原还有 100 个或 40 个来自撒马尔罕的粟特自由民。他们离开已经 3 年了[②]。

3. 信中说，从敦煌到金城（兰州），亚麻衣服十分畅销，几乎没有人穿原来的布衣或毛

① 信中提到的事件应指公元 311 年，即西晋永嘉五年发生的“永嘉之乱”，匈奴人侵入洛阳，焚烧宫殿，怀帝被掳走。
② 这 3 年当是公元 311 年“永嘉之乱”至作者写信的时间公元 313 年。

织衣服。

4. 那耐·万达克表明，当时居住在金城至敦煌一带的粟特商人仅仅能维持生计。由于没有亲属，年老面临死亡。粟特商人在中原的遭遇“不幸”二字远不能言表。如果情况不这么糟糕，他也不打算在信中告诉收信人这些，这也是作者写信的缘由。在那里，粟特商人得不到任何利益。信中还讲到，8 年前，他曾派遣 Saghrak（萨扎哈然克）和 Farn. aghat（法尼恩·折哈特）“入内”，三年前获知他们到建安的消息。然而，自从战乱之后，他再也没有得到这两个人的任何消息。此外，那耐·万达克还说到，4 年前，他派了一个名叫 Artikhu. vandak（阿提可胡·瓦达克）的人。当商队离开姑臧的时候，Wakhushakk（瓦沙胡沙可克）还在，当商队到达洛阳时，那里的印度人和粟特人多死于饥荒。再者，那耐·万达克派 Nasyan（那思岩）去敦煌，他“出外”（离开中原）进入敦煌，但现在，他没有经过我的允许就走了，后来遭到打击而死。

5. 那耐·万达克说，他希望通过瓦扎可克领主的权威，收回 Dhruwasp. vandak（杜哈热瓦斯普·万达克）之子 Pesakk（潘萨可克）管理的他自己的存款，不要转移，由瓦扎可克领主管理，封存起来，没有他的允许……Dhruwasp. vandak……（不能擅自他用）。

6. 那耐·万达克让那耐·缔合瓦领主提醒瓦扎可克，收回这笔存款，然后，两人同时对存款进行清算。如果瓦扎可克掌管这笔钱，应该把利息加进本金里，再转存到另一个账户，然后把这部分资金也交给瓦扎可克。如果那耐·缔合瓦认为瓦扎可克掌管这笔钱不合适的话，那么，就交给自己认为可靠的人，要它产生效益。要求把存款交给即将成为孤儿的 Takhsish. vandak（塔可黑赛克·万达克）①。如果 Takut（塔库特）已经去见上帝②，那么，上帝和我父亲的灵魂会保佑你的。等塔可黑赛克·万达克长大成人，给他娶一位妻子，跟随在你左右。你若需要现金的话，就取出 1000 到 2000 staters③。

7. Wan. razak（万·热兹马克）给我向敦煌邮寄了 32 个麝香囊，现在塔库特手里，他可能会把麝香囊转交于你。如果麝香囊到你那里，请把它分成三分，一分归塔可黑赛克·万达克，一份给潘萨可克，一份归您。

8. 这封信写于 Lord Chirth. swan（库斯·万斯）13 年，Taghich 月。

粟特语古信札是我国境内发现较早的粟特语文献，被列为敦煌文献的主要组成部分。该文献的出世，为古代丝绸之路东西方之间政治、经济、文化交流提供了新证，具有实物和文献双重价值。中亚粟特人故地发现的片治肯特、阿佛拉西布遗址及中国境内粟特人墓葬出土的文物，让我们通过文物的用途、艺术特征等透视粟特人及其文化，这种信息是隐形的。而粟特语古信是由当时的粟特人而书，内容所包含的历史信息相对真实可靠，因此，其文献价值大于信件作为珍贵文物的价值。尤其是信札II号所反映的信息量大，涉及人物（包括作者自己共 16 人）、地名（洛阳、金城、姑臧、敦煌、邺城、撒马

①Sims-Williams 认为此人可能是那耐·万达克之子。
②Takut（塔库特）为那耐·万达克之父。
③ 古代希腊的金币单位。

尔罕、中原、希腊）、战争、商品（亚麻、麝香囊、布衣、毛织衣物）、货币（希腊金币）等。信中提到的地名其实就是粟特人居住的聚落，基本上勾勒出从河北经洛阳至兰州，再通过河西走廊的敦煌、姑臧到达中亚撒马尔罕，甚至更远的希腊的丝绸之路线路。此外，该信件是对粟特人商人角色的新证，不仅是研究丝绸之路中西文化交流的珍贵遗物（实物价值），也是研究当时中国政治、经济、文化和宗教的宝贵资料（文献价值）。在中亚、新疆发现的粟特语文书，多以佛教、摩尼教、景教宗教内容为主[①]。陕西史君墓出土的汉语和粟特语墓志，内容简单，无外乎介绍墓主人生平、家世方面的情况。

自 19 世纪末 20 世纪初粟特语文献发现以来，“Sogdiana”（索格底亚那）和“Sogdins”（粟特人），作为新名词进入国内外学界的视野，并兴起了一门新的学科。Sogdins 正是汉文史籍中的昭武九姓人，先祖是先秦时期居住在河西祁连山下的月氏人西迁到中亚的索格底亚那以后，和当地土著人等其他民族融合演化而来。在形成和发展的过程中，粟特地区出现了 9 个城邦国，粟特城邦的居民借助便利的交通，多从事商贸活动。至迟从汉代丝路开通之时，粟特人就已经往来于中国和中西亚。甘肃悬泉置遗址出土的汉简中，多次提到大月氏与中原交往的信息。如“出马五十六匹，送大月氏客”（编号：I90DXT0114 ③ :145）、“客大月氏、大宛……使者十八人”（编号：I90DXT0309 ③ :97）、“归义大月氏贵人一人”（编号：I90DXT0309 ③ :98）、“送大月氏诸国客”（编号：I90DXT1411 ② :35）。[②] 这批汉简的最早纪年为公元前 75 年。魏晋北朝迁居中国的粟特人最多，其中一部分定居，成为朝廷命官。隋唐时，粟特人因擅长经商、养马、译语等特长，被朝廷重用，有宫廷侍卫、翻译官、监牧官等职务。这部分粟特人的汉文姓，一般取其国名，康姓居首，其次为安姓，还有史、石、米、曹、何等姓氏，在中国被称为“昭武九姓”。“昭武”是其故居住地的名称，“九姓”则源于他们在中亚建立的 9 个城邦国国名。粟特人是一个出塞又入塞，形成过程中融合了如塞种人、突厥、回纥等民族成分的族群。唐朝天宝年间以后，粟特人因参与了叛乱，生存危机加速了这个群体的瓦解、分化，最终融入到汉族、回鹘（维吾尔族）、回族等民族当中。粟特语古信札 II 号的问世以及国内粟特人墓葬的发掘，大批异域风格文物的出土，使文献资料与考古材料互为映证，为人们进一步了解粟特人的来龙去脉，认识丝绸之路民族交往与融合的历史，提供了极为重要的线索。

随着国内外粟特学研究成果的不断丰富，尤其是国内粟特人墓葬的发掘，一些学者已经发现并提出了现代回族与粟特人之间的关系这一新的课题。如米姓回族的族源就是来自米国的粟特人；“回回”一词的起源也与往来于丝绸之路经商的粟特人有关。[③]

回族是一个提倡简葬、薄葬的民族，因此在回族历史文化研究领域就少了如其他民族墓葬出土实物的证据性资料。除了传世文物古建筑、碑刻记载的内容和少见的生产生活用具等实物资料，回族学考古资料匮乏。加之回族本民族没有形成正式应用于日常生活的语言文字，而经堂语用中的阿拉伯语、波斯语文献资料多以宗教教义为主。这些因素使得人们在认识回族历史文化，尤其回族形成、族源方面存在局限性。

① 甘大明：《粟特文古籍的整理与研究》，《中国图书馆学报》2014 年第 2 期，第 89 页。

② 张德芳：《河西汉简中的大月氏》，第二届丝绸之路国际学术研讨会——粟特人在中国：考古发现与出土文献的新印证（会议论文集Ⅱ），宁夏银川，2014 年 8 月，第 633~634 页。

③ 马晴：《从文献考据“回回”一词与唐代粟特人之关系》，《贵州民族研究》2014 年第 7 期。

回族的先祖可追溯到唐宋时期的“蕃客”“胡商”，这些外来人当中，除波斯人、大食人、突厥人、回鹘人以外，还有一部分为昭武九姓胡人，即粟特人。“回回”一词最初来源与粟特人有关，有“来回”“往返”之意，是对沿着丝绸之路从事东西方贸易的粟特人的称呼。当时的回回不一定就是伊斯兰教信众，回族民间传说中认为唐贞观二年就有回回、回子的词语。[①] 蒙古文史料中“Sartqul”一词，是指中亚一代的穆斯林商人，即“回回”[②]，而“Sartqul”与“粟特（Sogdian）”接近。这里的“撒儿特”（Sart），即“粟特”（Sogdian）、“Soghd”，梵语里的“商人”，也即“回回”。

中央民族大学博导、中亚学家胡振华在《中外民族古籍对回族族源研究的启示——从“考内乌尔根奇”地名说起》一文中谈道：“乌尔根奇”（URGENCH）这一地名早在中国汉朝班固撰写的《汉书·西域传》中就已经出现了。班固介绍分布在中亚西部靠近咸海的康居（KANGJU，它就是史书上讲的包括“粟戈”SOGHIONA 等地区的一个大国）国时，说它包括 5 个王国，其中一个王国的都城就设在“乌尔根奇”。[③] 接着，他在文章第四部分“古代乌尔根奇与我国回族的族源关系”一节中写道：从波斯文《史集》和突厥文（阿拉伯字母）《突厥世系》等民族古籍记载的大量材料来看，古代“乌尔根奇”与中国回族的族源有着密切关系。

史书中对粟特地区的不同称谓一览表[④]

称 呼	书 籍
粟 戈	《汉书·西域传》
Sultan	《中国书上之阿波文名辞表》
梭里檀	《国朝文类》
算 滩	《西使记》《元史·郭侃传》
算 端	《元史·郭侃传》
素 丹	《元史·宪宗本纪》
算 弹	《元史·阿而术巴而忒的传里的“锁潭”》《元使·外夷传》
速 檀	《西域记》
苏勒檀	《西域闻见录》
逊 丹	《明史·西域传》
苏勒檀	《圣武记》
速里檀	《圣元圣武亲征录》
窣 利	《大唐西域记》

粟特人和回族的一个共同特征是，都是活跃在丝绸之路上的一个善于经商的民族。粟特儿童长到 5 岁时，开始读书，略掌握一些知识后，便学着经商。男子 20 岁，就到其他国家经商，凡是有商业利益的地方，就有粟特人的足迹。相传粟特人孩子刚生下来，大人要给孩子口中喂蜜糖，这样孩子长大后，

① 金吉堂：《中国回教史研究》，银川：宁夏人民出版社，2000 年，第 56~57 页。

② 杨志玖：《回回一词的起源和演变》，《回族研究》1992 年第 4 期，第 9~10 页。

③ 胡振华：《中外民族古籍对回族族源研究的启示——从“考内乌尔根奇”地名说起》，《伊斯兰文化研究》2012 年第 2、3 期合刊，第 9~11 页。

④ 表中的“粟戈”，出自胡振华的《中外民族古籍对回族族源研究的启示——从“考内乌尔根奇”地名说起》一文，其他均出自金吉堂的《中国回教史研究》。

嘴巴甜，能说会道，利于做生意。回族也有给刚生下来的婴儿喂食蜜糖的习俗，是否这种做法和粟特人有着一样的心愿，我们不能下结论。但是，回族自古也是一个以经商为传统的民族，这是不争的事实。

来来回回奔波于丝绸之路上的粟特人以及后来的回族，不仅是东西方经济贸易的中间人，更是中西文化互通交融的“媒人”。西域的金银器、犀牛角制品、亚麻布、樟脑、胡椒等传入中国，中国的丝绸等奢侈品通过粟特人远输到罗马。粟特人把袄教、摩尼教传至中国，音乐舞蹈，尤其是胡旋舞的输入，对中国的音乐舞蹈影响深远。

据尼古拉斯·辛姆斯·威廉姆斯考证，粟特文字母来源于公元前6世纪至前4世纪通用于阿黑门尼德帝国的阿拉米字的变体[①]。中古伊朗语中的中古波斯语、安息语、花剌子模语及后来的回鹘语、突厥语、满语都源自阿拉米文字。在中国境内发现的粟特文文献主要有3种字体，即标准体、摩尼体和古叙利亚体。因字体不同，其字母数量也各不相同。

粟特语古信札II号是古代丝绸之路沿线发现的最为珍贵的遗物，是18世纪初考古资料的重大发现，其文物和文献价值自出土至今100多年以来在学界显得尤为重要。它作为珍贵文物，由于写于公元313年左右，至今有1700多年的历史，具有较高的历史价值；从艺术角度看，也具备一定的书法价值；其科学研究价值则表现得更为突出，如信件所用纸张、内容所述的历史事件、信中谈到的主客体人物、粟特人在中原的生存状况等等，都是丝绸之路中西交往不可或缺的证据性资料。粟特语古信札II号的文献价值比起其他由史学家所修书籍中的事实更为真实可靠。如果历史材料能分为第一、第二、第三的话[②]，那么，粟特语古信札II号必定属于第一历史，信中所反映的事件，为书者亲身经历所见，是第一手材料。粟特语古信札II号的问世、国内外学者对其内容的解读促进了中国学术的繁荣和发展；相关粟特人的丰富研究成果提高了人们对丝绸之路中西交往及民族融合历史的认识；增进了不同地区、不同民族之间的相互了解，对新时期社会和谐和民族团结具有重要意义。

---

①尼古拉斯·辛姆斯·威廉姆斯:《从阿拉米文到满文: 粟特文字的前世今生》,第二届丝绸之路国际学术研讨会——粟特人在中国：考古发现与出土文献的新印证（会议论文集Ⅰ），宁夏银川，2014年8月，第465~466页。

② 日本就实大学教授李开元的观点，参见：《焚书坑儒的真伪虚实》，载《司马迁与史记论集》第九辑，陕西人民出版社，第34页，注③：3+N的历史学世界。第一历史（史实）、第二历史（史料）和第三历史（史书）。

察哈台维吾尔文《热希德史》雅琳版本及其书写特点

买合苏提·色来木

摘　要： 文章首先介绍米儿咱·海答儿及其历史作品《热希德史》（Tārīh-i Reşīdī），浅谈此书中文书名翻译问题后探讨《热希德史》雅琳版本的书写特点。从元音和辅音书写特点的角度进行分析，初步推测和归纳此作品书写特点的原因和规律。

关键词： 热希德史；察哈台维吾尔语；书写特点

Özet: Makalede ilk önce Mirza Haydar ve tarihi eseri Tārīh-i Reşīdī hakkında bilgi veriliyor. Sonra eser adının Çince farklı tercümeleri ve bu tercümeler hakkındaki görüşlerimiz ifade eriliyor. Makalenin ikinci bölümünde ise，Tārīh-i Reşīdī'nin Hicri 1322（1904~1905）yılında istinsah edilmiş，şuan Lund Üniversitesi kütüphanesinde bulunan，Gunnar Jarring Nüshası adını verdiğimiz Çağatayca nüsha hakkında bilgi verilir ve bu nüshanın yazım özellikleri ele alınır. Makalenin sonucunda Gunnar Jarring nüshasında sıklıkla rastlanan ve bugünkü Uygurcada kullanılan kelimelerin eserdeki farklı yazılış şekli özellikleri kısaca açıklanır.

一、关于《热希德史》

《热希德史》是米儿咱·海答儿·朵豁剌惕（1499~1551）有关于中世纪中亚及与我国今日新疆地区直接有关的历史作品。书分为两册，第一册为“正史”部分，成书于1546~1547年。第二册为作者亲身经历的事件，成书于1544~1545年。全书完成于1547年。① 第一册主要包括秃黑鲁·帖木儿汗信奉伊斯兰教（14世纪中叶）开始到赛伊德汗（16世纪中叶）之间的历史。第二册主要是本人所见所做及当时在中亚地区发生的重要历史事件。因此此书是研究中亚及我国今日新疆地区历史、语言、文化和经济的重要历史资料。

作者简介： 买合苏提·色来木（1982~　），西北民族大学维吾尔语言文化学院讲师，主要从事察哈台维吾尔文研究。

① 根据作者本人的说明，作者先完成亲身经历事件，为写历史书打好基础后撰写“正史”部分。后来在装订成书时把顺序改变了一下。“正史”叫作全书的第一册，亲身经历为书的第二册。

二、关于《热希德史》察哈台维吾尔语译本

《热希德史》的语言为波斯语。因当时在整个中亚及今日我国新疆地区都处于波斯语言文学影响范围内，当时的作家及文人都喜欢用波斯语撰写作品。米儿咱·海答儿也不例外。还有学者认为作者自己翻译过《热希德史》[①]，但目前没有人见到过作者翻译的版本。此书后来开始翻译成当时在中亚地区所使用的察哈台维吾尔语。据悉，把《热希德史》一书第一次翻译成察哈台维吾尔语的作家是穆罕默德·萨迪克·喀什噶里。在以后的阶段里此书几次被翻译成察哈台维吾尔语。本文所研究的雅琳版本目前收藏于隆德大学图书馆，编号为prov.77。共183叶，纸张尺寸为15×25厘米。每页有12~16行字，翻译时间为1747年，抄写年代为1904~1905年（伊斯兰教历1322年），抄写者为毛拉阿不都拉·喀什噶里（Molla Abdullah Kaşqeri），抄写字体为te'liq书法字体，从书法特点看全书系同一人所抄。书中未记载译者姓名，所以我们无法推断译者，但在文献中明确地写到翻译时间为伊斯兰教历1160年（公元1747年）。此版本下面将简称为雅琳版本。

三、关于《热希德史》中文书名翻译

《热希德史》一词在汉语中为专有名词，因此通常音译。目前，已出版有两种汉文版本。第一版本出版于1985年，为新疆社会科学院民族研究所翻译，书名音译为《拉失德史》。此后，在国内用汉文写的有关介绍、探讨和研究该书的文章都使用《拉失德史》这一书名。另一版本于2007年由新疆人民出版社出版，为买买提吐尔第·米尔孜艾合买提整理的维吾尔语译本，该译本的汉语书名同样使用《拉失德史》一词。由王治来注释、上海古籍出版社于2013年出版的汉文版则用《赖世德史》一名。另外，在国内发布的有些学术论文当中也有不一样的译法。如：刘志宵的《察合台初探》（《新疆社会科学》1986年第3期）一文中一直使用《热西得史》一词。无论是从音译还是意译角度来看，笔者认为以上翻译都与原文书名不贴切，因此，我们建议用《热希德史》一名。理由可概括如下：

首先看一下作者在本书中阐释的书名来源。根据撰写者阐释书名起为 Tārīh-i Reşīdī（热希德史）的原因如下：

一是麻吾拉纳·艾尔西丁（Mevlānā Erşidin）使秃黑鲁·帖木儿皈依伊斯兰教。二是虽然在秃黑鲁·帖木儿之前，已有八剌汗及其后的克伯汗皈依伊斯兰教，但无论是这些汗还是蒙兀儿人，他们并不懂“鲁施德”，即“得救之正道”。他们天性卑下，仍然在通向地狱的道路上奔走。但受到启迪的秃黑鲁·帖木儿及其幸运的部下却充分领悟了“鲁施德”。这部史书既然开头就叙述这一事件，那么将此书命名为《热希德史》显然更为合适。三是鉴于当时在位的最后一位蒙兀儿汗是阿布都热希德，而此书又是献与这

①KONUKÇU, Enver, "Haydar Mirza", Türkiye Diyanet Vakfı Islam Ansiklopedisi, 17. c. Ankara, Türkiye Diyanet Vakfı, S.30；HOFMAN, H. F. Turkish Literature A Bio-Bibliographical Survey, Section III Part 2, Published by The Library of The University of Utrecht, 1969, p165.

位可汗，所以，从这个意义上来说，该书采用《热希德史》这个书名的理由就更为明显了。① 在原文中提到的 3 种原因中前两个是与宗教有关的，其中重要的是第三种。因此使用阿布都热希德汗的名字来翻译最为准确，而且可以避免今后对此领域不太熟悉的研究者因不知而望文生义等情况。

四、书写特点

此段主要探讨本文所选《热希德史》察哈台维吾尔语译本雅琳版本书写或正字法的特点。虽然该文献与其他察哈台维吾尔语文献的书写特点差别不大，但也有其独特之处。此外，因文献中出现的地名较多，所以该文献在研究和探索地名词源方面也有重要参考价值，在探索一些地名别名方面提供较为重要的线索。

（一）元音书写特点

察哈台维吾尔语共有8个元音，同时也存在ā、ū、ī等长元音。长元音的表示方法同阿拉伯语长元音表达方式相同，都以elif（ا）、vav（و）和ya（ي）来表示。

下面举例说明字母表示的元音及其特点。

1. a 和 e 的书写

众所周知，察哈台维吾尔文字是在阿拉伯字母的基础上创造出来的表音文字，在保存阿拉伯文字特点的同时也有其自身的特点。辅音都有可表示辅音的字母，元音除表示元音的字母外还有zeber、zir、sakin等特殊符号来表示元音。察哈台维吾尔文字在保留阿拉伯语和波斯语借词这一特征的同时也加入了维吾尔语固有词汇。也就是同一个突厥语固有词有时带elif，有时不带elif，而以“zeber”来表示。当然，除特殊情况外，一般不会写出表示元音的辅助符号，这一书写特点有时可能会导致部分突厥语固有词出现写法不一致的情况。

在字首以elif（ا）和elif + ya（اي）表示。例如：

ايردى（erdi）　　ادم（adem）　　ايلچى（elçi）　　ادب（edeb）

词中和词末以 ا（elif）表示。例如：

بو لار（bular）　　سكسان（seksen）　　ايباردى（ebardı）　　قيلغان（ḳılğan）

词末大部分情况下以elif 表示，同时也有以 ه e 来表示的情况。如：

قرا（ḳara）　　برله（birle）　　اما（emmā）　　حمله（ḥemle）

此外，以elif（ا）表示语音 a 时有时候elif上面有 ~ med（آ）的情况。这种情况出现在表现短元音a时也出现。如：

اط（aṭ）　　马　　آط（aṭ）

از（az）　　少　　آز（az）

① 隆德大学收藏的编号为：Prov.77 手抄本（雅琳版本）003a，王治来译注：《赖世德史》，上海古籍出版社，2013 年，第 3 页。

2. ı 和 i 的书写

词首以 elif + ya 表示，因在察哈台维吾尔文字中只有一个 i ，在文字书写上无法区别前元音 i 和后元音 ı，所以在转写过程中，我们依据维吾尔语的元音和谐律，根据前一音节中的元音来判断其前后的元音情况。同时，词首的 ı 和 i 的表示方法与 e 相同，这就导致有些词的解读困难和各学者转写不统一的情况。词首形式如下：

اقبال (iḳbāl)　　التيفات (iltīfāt)　　اسيغ (ısıġ)　　ايلكرى (ilgeri)

استقبال (istiḳbāl)　　ايشلار (işlar)　　اشتيب (iştip)　　ابن (ibn)

词中和词末都以 ya 表示，词末的 ya 在个别情况之下表示长元音 ā ，例如：

منينك (meniŋ)　　تاريخ (tārīẖ)　　اولارنينك (ularnıŋ)　　چيقتى (çıḳtı)

3. o，u，ö，ü 的书写

词首以 elif + vav（او）表示，个别情况下以 elif 表示，例如：

اولار (ular)　　اوغول (oğul)　　اوزى (özi)　　اوج (üç)

词中和词末以 vav 表示，例如：

تولا (tola)　　اولوغ (uluğ)　　كوك اوجكو (kök öçkü)　　يوروبدور (yürüpdur)

（二）辅音书写特点

察哈台维吾尔文字不仅在元音表达方面保留了阿拉伯文字的特点，在辅音表达方面也保留了一些阿拉伯文字的书写特点。这种特点有着类似于象形文字优点的同时也有其不足之处。因知识水平有限，抄写者容易混淆阿拉伯语借词中类似的辅音。关于这方面的例子我们将在下文详述。此外，察哈台维吾尔文字中辅音的写法相对于元音来说是较为完整和固定的。

1. j，ç 的书写

这两个音在词首、词中和词末都用同一字母ج来表示，例如：

جنوب (jenūb)　　انديجان (Endijān)　　جاره (çāre)　　اوجون (üçün)

هيج (hīç/hêç)　　ايرغامجى (arğamçı)　　خواج ه (ẖᵛāje)　　اجداد (ejdād)

2. b，p 的书写

这两个语音也是在词首、词中和词末大部分情况下也以同一字母 ب 来表示，例如：

بولوب (bolup)　　قوبوب (ḳopup)　　تابيب (tapıp)　　بيله (bile)

بربا قيلدى (berpā ḳıldı)　　باشلاب (başlap)　　صاحيب (ṣāḥīb)　　بر (bir)

在文献中我们也可以看得到پ p ，在有些词语中写出了p，例如：

پادشاه (pādişāh)　　سپاه (sipāh)　　پيدا (peydā)　　پوشيده (pūşīde)

根据该文献中的例子，我们可以发现，以p表示的大部分词汇是波斯语借词。这一特点从另一侧面说明察哈台维吾尔语在书写借词时使用了原语言的书写法或正字法规则。

3. s 的书写

不同于以上辅音的书写特点，除突厥语固有的 s 音外，这一时期，在阿拉伯语和波斯语影响下，在书写以上语言借词时才需要的阿拉伯语 ṣ，å音也进入到察哈台维吾尔语中。因该文献中的阿拉伯语和波斯语借词以原语言正字法为准，所以出现了3个不同的音位 s 。例如：

صاحبقران（ṣāḥibḳerān）　صف（ṣef）　یساق（yasaḳ）　سلطنت（selṭenet）

موسی（Mūsā）　سنكا（saŋa）　اثنادا（eånāda）　تقصیر（teḳṣīr）

4. t 的书写

正如 s 一样，察哈台维吾尔文字中有2个不同 t，其中ṭ 主要用于阿拉伯语和波斯语借词中。但有时突厥语中的 at “名字” 和 aṭ “马” 词语中也使用ط ṭ 。t 和 ṭ 在词首、词中和词末都是同样以t 和 ṭ 表示。例如：

تمام（tamām）　تولا（tola）　خاطر（ḫāṭir）　طلب（ṭeleb）

5. z 的书写

在察哈台维吾尔文中，z 在阿拉伯语和波斯语借词的影响下出现了 ز z，ض ż，ظ ẓ，ذ ḏ 等四种不同的书写形式，其中ḏ，ż 和 ẓ 只限于书写阿拉伯语和波斯语借词。这3个字母在词首、词中和词末都写为 ذ，ض，ظ，ز 。例如：

سیز（siz）　مرزا（mirza）　ذكر（ḏikr）　خذمت（ḫiḏmet）

ضبط（żabṭ）　عظیم（ᶜeẓīm）　حضرت（ḥeżret）　نظر（neẓer）

以上为察哈台维吾尔文辅音中具有代表性的几个音及字母的书写特点，以同一字符表示两个音和多个字母表示同一音等主要特点。此外，其他音都是一个字母对应一个音，在这里没有举例解释。

（三）作品中写法不一致的词汇及特点

除了上述书写特点之外，雅琳版本中还出现诸多书写法前后不一致的词汇。此中词汇包括人名、地名和一般在察哈台维吾尔语中常用的其他词汇。

bolmadı	بولمادی	没有完成	bolmadı	بولمدی
uluḳ	اولوق	伟大、大	uluğ	اولوغ
Tīreendaz	تیره‌انداز	黑夜、使黑	tīrendaz	تیره‌نداز
Taşkendde	تاشكنددا	在塔什干	Taşkende	تاشكندا
tap-	تاپ-	找到	taf-	تاف-
şiᶜir ayt-	شعرایت -	写诗	şiᶜir at-	شعرات-
ḳalıp	قالیب-	剩下、留下	ḳalıp	قلیب
Ḳutluḳ	قوتلوق	人名	Ḳutluğ	قوتلوغ
ḳuyruḳ	قویروق	尾巴、结尾	ḳuyruğ	قویروغ
Mesleḥet	مصلحت	商量	mesleṭ	مسلط
bit-	بیت-	完成	pit-	پیت-
biti-	بت-	记载	piti-	پیت-
fütü-	فوتو	记载	pütü-	پوتو-
aldığa çıḳar-	الدیغه چیقار-	接待	aylığa çıḳar	ایلیغه چیقار-
Ḳendehār	قندهار	坎大哈	Ḳendehā	قندها
ellik	ایللیك	五十	elik	ایلیك
Ḳırğız	قرغز	柯尔克孜	Ḳırḳız	قرقز

şundaḳ	شونداق	那样	şundağ	شونداغ	
savuḳ	ساوق	寒冷	sovuḳ	سوق	
çap-	چاپ-	进攻	çaf-	چاف-	
tā'rīẖ	تاءريخ	历史	tārīẖ	تاريخ	
hᵛāje	خواجه	先生	hoja	خوجا	
Yarkendde	ياركنددا	在叶尔羌	Yarkende	ياركندا	
Yarkend	ياركند	莎车	Yarken	ياكن	Yeken
Yaŋiḥisār	يانكحصار	英吉沙尔	Yaŋiḥisār	ينكحصار	
Tibet	تبت	图伯特	Tubet	توبت	
Semerḳend	سمرقند	撒马尔罕	ṯemerḳend	ثمرقند	
Kaşğer	كاشغر	喀什噶尔	Kaşḳer	كاشقر	
Balasağun	بالاساغون	八剌沙衮	Balasaḳun	بالاساقون	
Yarkend	ياركند	叶尔羌	Yarken	ياركن	
erken	ايركن	表示过去完成	eken	ايكن	
at	ات	马	aṭ	اط [1]	

上述词汇的特点及原因可以概括为如下：

1.r的脱落。正如上述例子所示，在文献书写中r的脱落现象较多。许多词汇有时有r，有时没有r。如：erdi edi。

2.受到当时口语的影响。从文献当中出现诸多书面语词汇的特点我们可以看出，这种情况很可能是在口语的影响下而产生的。以上词汇的特点较接近于喀什噶尔地区土语的特点。如：aldiga，ayligha；Yarkend，Yeken。

3. 语音演变规律。文献中诸多词汇的语音交替较有规律可循，而且该文献体现出语音演变的全过程。如：b>p>f，b>v，e>i，a>i，b>p。

4. 地名后音节中位格前的语音脱落。在词根或词干的最后语音和词缀的首音相同时，这种词语在发音时其中一个语音容易出现脱落的现象。这种语音脱落现象很可能首先发生在口语中，然后才进入察哈台维吾尔语书面语。例如：balabarḳa，aylida等。

5.受到阿拉伯语和波斯语正字法的影响。因在察哈台维吾尔语中存在的阿拉伯语和波斯语词都按照原语正字法书写。这种特点后来对维吾尔语固有词语也影响，维吾尔语的有些词书写时都不带elif。如：bolmadı بولمادى，bolmadı بولمدى。

① 隆德大学收藏的编号为：Prov.77 手抄本（雅琳版本）。

女真大字“劝学碑”文字考

金　适

出土自黑龙江省哈尔滨市阿城区巨源镇城子村的金代女真大字“劝学碑”，它的文字释义对于研究金代历史、女真文字具有重要的价值；同时这也是第一块出自金源故地的女真文字碑，更具有其特殊的历史意义。

巨源镇城子村，南距金上京遗址约40公里，东至城子村金代古城遗址约400米。这里是20世纪中国重大考古发现之一、金代齐国王完颜晏墓葬所在地。金代的女真人与辽代的契丹人一样，都有归葬于本氏族原居地的习俗，因此可知，巨源镇一带就是完颜晏一族的故里。该村周边经常出土一些钱币和建筑构件等遗物，其中弥足珍贵的就是这方刻有11个女真大字的石碑。（见右图）

女真大字“劝学碑”1994年出土于城子村附近的农田，位于古城遗址西南方向、南城墙西南角10米之处。在距离石碑出土地约200米的地方出土了一块镌刻一个阳文女真大字的雕花砖，距离雕花阳文砖约400米处还出土了一块镌刻3个阴文女真大字的刻石。女真大字石碑、雕花阳文砖和阴文刻石现存于金源文物收藏家刘华为处。2008年9月，刘华为先生带着两块文字砖的照片参加学术会议时请笔者代为释读。

阳文砖，右部长15.5厘米，左部长15厘米，上部宽10厘米，下部宽11.5厘米，厚7厘米。阴文刻石，长27厘米，左部宽10厘米，右部宽11厘米，厚4厘米，字上部有一斜面，刻平行斜纹约17道；斜面残断，最宽处5厘米。阳文砖上，雕刻有凸形花纹图案和一个女真大字，字的周围有边框。该字是女真大字“背”的表意字。阴文刻石上，雕有凹形花纹图案，左侧刻有一个女真大字，右侧上下排列刻有两个女真大字。左侧的字既可以用作表意字也可以用作表音字，作为前者，代表一种果实的名称；作为后者，表示u这个音节。右侧上方的是数词“九十”的表意字；下方的是数词“二”的表意字，合之就是“九十二”。

阳文文字砖在中国国内尚属首次发现，阴文文字刻石在哈尔滨地区也属首次发现。在建筑用砖石上镌刻数词，不仅在女真大字研究史上为初见，在《金史》等汉文史籍中亦无记载。其目的及用途可以借鉴契丹文字的类似出现环境予以推测。辽代契丹人的墓葬中出土过不少在陶瓷器皿底部或颈部刻

作者简介：金适（1951~　），中国农业大学教授，主要从事满族历史文化研究。

写或墨书的契丹文字，其中有一部分就是数词，与女真大字砖、石的形态颇为接近。此砖、石显然来自于某一建筑物，砖石上雕刻数词的目的大约与带有数词的陶瓷器皿在制作时的用意相仿。

2008年10月，刘华为先生将女真大字石碑的照片请托鉴定。石碑久埋地下保存状态不佳，表面凸凹不平多有泐痕，与业已漫漶的字迹刻痕交织在一起，其识读难度在我们迄今为止所研究过的女真文石刻中可以说是最大的。经过乌拉熙春教授与笔者反复缜密观察和深入研究，复根据11月所制作的拓片详加审定，得以做出以下解读结果。

石碑质地为青砂岩，长90厘米，上部宽57厘米，下部宽55厘米，厚23厘米。所刻女真大字分为两列，右侧一列6个字，左侧一列5个字。在文字的边缘处，石碑正面一周刻有用波浪形曲线连缀的花朵装饰纹。石碑背面，刻有一盛开的芍药花图案，花心位置居碑面上方二分之一正中处，紧靠花心右侧，刻有一“龙”的表意字。详察该字上下方，皆是花瓣装饰纹样并无他字。这个字是《女真文字书》的写法，与《大金得胜陀颂碑》所刻之字形略有不同，且后者续加的表音字在石碑上也没有出现。

女真大字是既有独体表意字也有复合表音字的文字，因此石碑正面的11个字实际上拼写的只是7个单词。

右列第一个字，是“文字”一词的表意字 bith；第二个字，是接续非鼻辅音结尾的词的属格后缀字 i；第三个字和第四个字组合成“道”的语音形式 ugun；第五个字和第六个字组合成“夜”的语音形式 dolbor。左列第一个字，见于《女真文字书》，是“朝夕”之“朝”的表意字 timari；第二个字和第三个字组合成“懈怠”的语音形式 bagi；第四个字和第五个字组合成“不”的语音形式 usin。照女真大字的字面直译则是“文字之道，夜朝不懈” 。女真语与汉语在组词顺序上有所不同，其“夜朝”即汉语的“夙夜”。《诗经·大雅·烝民》与《诗经·大雅·韩奕》两篇中皆有“夙夜匪解”（“解”即“懈”的古体）之语，女真大字 bithiugundolbortimaribagiusin 所表示的意义与之正合。因此，依据《诗经》，典雅些的译文就是“文字之道，夙夜匪懈”。不无可能，石碑文的作者正是具有古典汉学的修养，方能以女真文的形式将其恰如其分地表达出来。

金代女真人承继契丹人的文化传统，不仅体现在女真文字的创制上，在仰慕、借鉴汉民族博大精深的古典文化上的热情可谓更胜一筹。史载金世宗赞赏契丹诗文义理深微，但感慨契丹人未仿中原王朝设立契丹进士科举；而金朝自世宗大定十一年（1171）创设女真进士科，以女真文策论开科取士。大定十三年（1173）设立女真国子学、大定二十八年（1188）复设女真太学，将传道授业之举视作关乎国家风俗元气之大政。女真大字《女真进士题名碑》记载了金哀宗正大元年（1224）女真进士科举的试题及中举的题名录，其中尤以哀宗所宣之制中引用伯益之诫“罔游于逸，罔淫于乐”（《尚书·大禹谟》）、舜之谕“汝无面从，退有后言”（《尚书·益稷》）、伊挚之言“有言逆于汝心，必求诸道；有言逊于汝志，必求诸非道”（《尚书·太甲下》）这些先哲警句最为著名。由此足见金朝一代经文纬武夸越复古之制。相形之下，辽朝未免略输文采。

综上所论，正是因为金代女真人脚下积累着如此丰厚的人文沃土，方能在上京龙兴之地孕育出用女真大字书写“文字之道，夙夜匪懈”佳句的文士。

女真大字“文字之道”，亦见于《大金得胜陀颂碑》第20行。本石碑“文字”一词的表意字虽是特有的异体，亦早见于金朝初期所编著的《女直字书》。“道”一词的首字的写法同于城子村出土的阴文刻石及金代的《奥屯良弼诗石刻》《奥屯良弼饯饮碑》《女真进士题名碑》。“道”一词的次字的写法同于金代的《海龙女真国书摩崖》《大金得胜陀颂碑》《女真进士题名碑》。“夜”的拼写方式虽与明代的《女真译语》相同，但其语音形式当表现为金代女真语音 dolbor。“夙夜”之“夙”的表意字，金代《女直字书》置于时令方隅门，乃“朝”之表意字。《女真译语》未载该字，然并非意味着明代女真人不用该字，而是四夷馆编修者将“早晚”之“早”取代了“朝夕”之“朝”所致。在明朝会同馆编修的无文字《女真译语》中就出现了该字所代表的语词 timari，在清代满洲语中，演变为 imari。“懈”一词的第二音节字不同于明代《女真译语》“惰”的形式，这表明金代女真语的形式更接近于通古斯系统的语言，确切地说就是更接近于奥罗其语和那乃语的形式。该词的出现再度显示出金代女真大字石刻中存在的不同于明代女真语的历时性兼方言性特征。否定助动词 usin 的首字的写法与《女真文字书残页》《朝鲜庆源郡女真国书碑》《海龙女真国书摩崖》《黑水城女真大字残页》《女真进士题名碑》一致；usin 的次字的写法与《朝鲜庆源郡女真国书碑》《海龙女真国书摩崖》一致。

石碑的文字刻工拙朴，字体大小不一，字数虽然不多但两列文字并不对称。个别字为异体，与正规的写法略有不同。但据以上之分析，整体效果依然显示出金代女真大字的风格。另外，从解读了的“懈怠”一词的语音结构来看，它与明代女真语不尽相同而更接近于通古斯语的形式。女真语言文字研究专家金启孮先生早已指出，金代与明代的女真语不仅存在历时的差异而且具有方言的不同，前者较之后者显示出更多的通古斯语的固有特征。这也是推定该石碑的制作年代不出金代的一个旁证。

从文字的刻工分析，石碑大约不会是当时官府所立，而更有可能出自民间文人的手笔。它与文字砖、石的出土地相距不远，当与某建筑物有关。那么，是什么建筑物与刻有“文字之道，夙夜匪懈”石碑有关联呢？这就要联系到使金朝达于鼎盛期而被称作“小尧舜”的金世宗大力提倡女真语学、广为兴建女真字学校的时代背景。

史载金太祖命完颜希尹、叶鲁（又作“耶鲁”）于天辅三年（1119）八月创制女真大字后即于全国各路设立学校广泛传授女真字。至金世宗大定四年（1164），将女真字的普及进一步推广，用女真字翻译汉文经书，诸路学习女真字的学生增至三千人；大定十一年（1171）首开女真进士科举制度，在中都（北京）设立国子学，诸路设立女真府学，以女真新进士为教授。时儒风丕变、庠序日盛，入女真字学校的学生不只限于女真人，不少汉人也学习甚至参加女真字的科举考试。我们可以在金启孮先生译释的《女真进士题名碑》中看到“王奴失、张住古塔、张阿海”这些起有女真名的汉人中举进士，甚至该碑文的书丹者还是一位叫作“王蒲塞”的契丹人。这些都是当时金朝治下的各族国民浸润于女真文化的实证。不仅如此，《朝鲜北青女真字石刻》的作者竟还是一位入金求法的高丽和尚。由此可见，大金国弘扬的女真字学是超越民族、跨越国境的文教盛事。当时振兴女真字学的盛况，还可以通过金世宗大定九年（南宋孝宗乾道五年，即 1169 年）十二月出使金国的南宋使者眼中再现：保州是使者途经的一个小城，连城外的小门上都张贴着“教女直学”。石碑的出土地上京，金世宗时就设立了女真府学，是全国 22 处府学之一。上京出身的女真进士，见于《金史》的当举赤盏尉忻，他原本可袭其父之谋克官职，却立意于女真字学而考取明昌五年（1194）策论进士，宣宗朝历任户部侍郎、户部尚书、参知政事，兼修国史，哀宗朝进拜尚书右丞。《女真进士题名碑》以女真大字记载下正大元年他任监考女真策论进士时的官职和姓名：“监试：通奉大夫尚书右丞兼修国史赤盏尉忻”，可谓名垂千古。

与石碑相距不远的文字砖、石，或许就是当年上京兴办女真字学时所修建的建筑物上面的遗留品。石碑发现地东距金代古城遗址10米，该古城遗址处于松花江（混同江）南岸的二级台地上，北濒松花江故道，距今松花江主干道近8公里；西距阿什河（按出虎水）11公里；东距蜚克图河（婆多吐水）11公里。古城筑于高坡之上，北高南低，北城墙外为一断崖，高出北面周围地面约20米。城墙北部和东部保存完好，南部残断，西部长300米，南北长300米，周长1200米，方向为北偏东30度。墙体高3~5米，顶部宽1.5~2米，基部宽10~12米。墙为夯土版筑，每层厚5~6厘米。设瓮门一处在南墙正中，东西两墙北侧与北墙相距25米处各设一便门，马面26个，四角筑垛楼。城外有壕沟一道。城内地势为北高南低之坡地。城内外地表散布大量砖石瓦片、定白瓷暗划花瓷碗残片、仿定白瓷钵片、白釉铁花罐片等。曾出土过的遗物还有：铁锅、轮制灰陶罐，辽、宋、金时代的铜钱等。当地村民1983年翻地时曾发现大量青方形、长方形砖，尚有一件打印有“翟家记”“真花银”戳记的金代银锭。由此推测该古城当是一处官府治地。联系起宋人楼钥笔下记述的张贴着教授女真字学榜文的地方正是位于保州城外40里崇积仓之道西，而那里并不在《金史·选举志》所载22个府学之内，是可知乃民间人所开办的女真字学校。由此推想，与石碑相关的建筑既在古城之外，亦可能是民间办学的设施。如此进而印证了上述“石碑大约不会是当时官府所立，而更有可能出自民间文人的手笔”这一推论。上京民间文人在教授女真字学的设施内，镌刻“文字之道，夙夜匪懈”石碑之用意，无疑在于敦促女真字学员不舍昼夜勤奋学习。该建筑（或相关建筑）虽未必如宫观庙宇般朱甍碧瓦，然连建筑砖石上都镌刻女真文字，足以表明办学者之孜孜用心，令后世学人感佩万端。石碑的镌刻，古来即为弘扬府庠之学的通举，如刘仲游所赋《观京兆府学》（金朝府学，以京兆最为有名）诗所云：“一览古碑辞翰，顿还旧观神明。”

金朝兴办女真府学的盛举，因上京故地出土的这方石碑而更为之增色添彩。《金史·选举志》如是说：“金承辽后，凡事欲轶辽世，故进士科目兼采唐、宋之法而增损之。其及第出身，视前代特重，而法亦密焉。若夫以策论进士取其国人，而用女直文字以为程文，斯盖就其所长以收其用，又欲行其国字，使人通习而不废耳。终金之代，科目得人为盛。”上京府学之得人，决非止赤盏尉忻一位。在“文字之道，夙夜匪懈”辞翰勉励之下，上京之地必曾有甚多未留名于史书、石刻的女真字学人存在，正是这些无名前辈奠定了金源文化的根基。

石碑出土于完颜晏墓葬所在地，但据以上考证与墓葬本身并无直接关联。完颜晏乃景祖之孙、阿离合懑次子、金太祖阿骨打的堂弟。仕于太宗、熙宗、海陵、世宗四朝，大定二年（1162）七月致仕还乡里，薨于是年。《金史》明载通达契丹文字的女真人，不过十几人而已（当然实际必不止此数），而完颜晏名列其一。既通契丹文字，于本民族文字亦必习熟。完颜晏一族在其乡里地位贵显，至金世宗诏设女真府学之时，各地富民大家皆以捐罄囊橐赞助为善事，完颜晏一族自不例外，是故在官府治地的古城之外、墓地左近修建相关建筑用于振兴女真字学，既追念先人又垂留后世，当地文士遂以略显拙涩的女真大字书法将此文章教化之盛举勒之于石。如此这般推测，庶几言之成理。

建筑物的具体名称虽然已无从得知，但这块含有黾勉劝学寓意的“文字之道，夙夜匪懈”女真大字“劝学碑”，无疑是当年上京女真字学隆盛的历史见证。作为民间文人的刻石，论书法固然不及雄浑大气的《大金得胜陀颂碑》、典雅凝重的《女真进士题名碑》，但仅凭其昭示女真字学的文化寓意，就足以使这块石碑卓立于金源文物之林。

满文文献社会制度词语语义研究

赵阿平

摘　要：文章从民族语言学、文化语言学的角度出发，对满文文献中社会制度词语语义进行探讨研究。语言与文化具有密不可分的关系，特定的文化与特定的语言之间，有着深刻的历史和现实的内在联系。一个民族的语言总是体现着这个民族认识世界的方式和成果以及这个民族的文化传统、风俗习惯、心理思维、物质生活、精神信仰、生态环境、历史环境等。满族在长期历史发展过程中，在社会民族组织、政治阶层等各方面形成了自身独特的关系制度。因此，关于社会组织、政治制度的词语，具有独特而丰富的文化内涵。通过对这类词语文化语义的探讨分析，可使我们深入了解其形成根源与深层含义，同时，也可使我们对满族社会组织、政治制度的特征深化认识与研究。文章主要以清代康熙朝《御制清文鉴》《御制增订清文鉴》、乾隆朝《五体清文鉴》及光绪朝《清文总汇》等满文文献为依据，并参稽有关史籍及语言文化调查资料。

关键词：满文文献；社会制度词语；语义研究

一、氏族制度词语语义

满族社会经历了原始社会、奴隶社会和封建社会，但在早期社会相当长的时期内，社会形态处于过渡并存的复杂局面。由于满族社会特殊的经历与发展，使其社会的形态结构与组织关系极为复杂。一些指称的含义随着历史的发展而变化，具有独特的民族性，是其他语言所无法等值表达的。

1. mukūn　穆昆、族　　　　mukūn i da　穆昆达、族长

gašan　嘎山、乡、屯　　　　gašan i da　嘎山达、乡长

mukūn 汉义为“族”“群”“帮”，音译为“穆昆”。《满洲源流考》卷十八：“穆昆，族长也，旧作谋克（百夫长）。”

“谋克”系女真语，《女真文辞典》释：“mou-mu-χuwə 谋克、百夫长”，“谋克一词，写音分歧，概汉字写女真音没有一定规范的字，是一特点，宜注意及之”。① 又《金史语解》卷六中释谋克作“族也”。《金国语解》则注曰：“谋克即墨由克，索伦语谓乡里墨由克。”由此可知“谋克”有“族、族长、乡里”等意，是女真社会部族组织的基础。金国建立，同时建立了猛安谋克制，将其作为女真人统治金国的民族基础和军事基础。据《金史》卷四十四载：“金之初年，诸部先民无它徭役，壮者皆兵。平居则听以佃渔、射猎，习为劳事；有警则下令部内，及遣使指诸孛堇征兵，凡步、骑之仗、糗，

作者简介：赵阿平（1955~　），黑龙江大学满族语言文化研究中心主任、教授、博导，主要从事满文文献研究。

① 金启孮编著：《女真文辞典》，北京：文物出版社，1984 年，第 106 页。

皆取备焉。其部长曰孛堇，行兵则称曰猛安、谋克，从其多寡以为号。猛安者，千夫长也。谋克者，百夫长也。谋克之副曰蒲里衍，士卒之副从曰阿里喜。部卒之数，初无定制。”“至太祖即位之年，既以二千五百破耶律谢十，始命以三百户为谋克，谋克十为猛安。”这时的猛安谋克制度不仅是军事组织单位，同时也是行政组织单位。

mukūn“穆昆”作为满族社会生活的基本组织单位，在满族社会的发展变化中，一直发挥其悠久的功能和影响。后金——清朝建立，满洲实行牛录（niru）制、八旗（jakūn gūsa）制。清代满洲先后编入八旗，八旗制行使着国家行政职能，而日常的社会生活则由“穆昆制”起作用，清朝政府对满族穆昆制一直持支持态度。

mukūn i da 汉义为一族的头目或首领，称为“族长”，音译为“穆昆达”，其是穆昆制的代表。设立族长，教其族人，规定“每佐领下，各设族长，管束同族之人。其独户小族，即令兼管，由都统于男爵以下世职官及举人、贡、监生员、护军，领催内拣补”。其职司“继嗣则审其序，归宗亦如之，正其氏族。凡袭官则列其家谱，与其名”。①

其一，总穆昆达，即总族长。对其选定通常是由本姓人中公选产生，多由族中德高望重的年长者或精明强干的中年人担任。穆昆达一般无明确任期，不世袭，在原任总穆昆达年岁大时，并在其自愿退位让贤的条件下，通过办谱立会仪式公推新任。穆昆达在处理宗族事务中有至高的权威，靠自己的德行，建立起崇高的威望。其主持公道，品德良好，有一定的社交能力和组织能力。其主持祭祀，主办续谱和族人的婚丧嫁娶，主管族中公共财物、调解和外族人的纠纷、执行族法等事项。穆昆达无任何特权和额外收入，是传统的代表、集体意志的执行者。

其二，副穆昆达，依据户门的多少而定，并事先由总穆昆达提名，经全族众公认。其具有一定的组织能力，善于做具体琐事公务，是总族长的助手。

其三，领支穆昆达，即以支系为单位，由总穆达提名以后，再经过各支族众公认的支系头目。其职权范围是上传下派，上听从总穆昆达的旨意，下传与本支系各家各户，是各支内的直接领导者。满族的穆昆制维系了族人的群体意识，同时还保留了相当部分的部落时代的民主遗风和平等意识，因此，在满族社会生活中具有重要的作用与深远的影响，一直保持着悠久的生命活力。

Gašan 汉义为“屯”“村”，在古代为部落。音译为“嘎山”或“噶珊”。其源自女真语，“哈·沙 ga-sa 村”。②

gašan i da 汉义为村寨的头目，称为“乡长”，音译为“嘎山达”或“噶珊达”。

满族先人的社会组织为氏族部落，早期的氏族部落以血缘关系为纽带，组成嘎山的穆昆之间有血缘联系。随着社会的发展，地缘关系逐渐超过了血缘关系。嘎山成为由不同氏族的家族、宗族互相迁徙、调动乃至杂居的新的社会组织。在女真社会各族中有乡村，据许亢宗《宣和奉使金国行程录》记载的女真村落：“一望平原旷野间，有居民数千家，星罗棋布”。纷糅错杂，不成伦次。“更无城郭里巷，率皆背阴向阳”。便于放牧，自在散居。此为牧业村落，户数过千，村落布局很不规则。

清入关后，对居住在黑龙江下游库页岛的少数民族不实行旗制，仍沿用在关外颁布的乡长（gašan i da）、

①《光绪会典》卷八四。

②金启孮编著：《女真文辞典》，187 页。

姓长（hala i da）统治制度，由该族头人担任乡长、姓长，管理本族事务。其职权范围很广，除了管理户口、催纳贡物、定期向清朝廷缴纳赋税，还处理乡内的不法不平诸事。

2. fe manju 佛满洲、旧满洲 ice manju 伊彻满洲、新满洲

fe manju 汉义为“旧满洲”，史籍中，也常称为“陈满洲”，音译为“佛满洲”。

ice manju 汉义为“新满洲”，音译为“伊彻满洲”。

manju“满洲”作为国名和氏族名，是于天聪九年（1635）十月由清太宗皇太极钦定的。[①]ice manju“新满洲”伴随着 manju“满洲”一词的出现而产生。ice manju“新满洲”与 fe manju“旧满洲”是相比较而存在的。满族是以明代建州女真为主体，陆续融合了女真各部及其他各民族而形成的一个新的民族共同体。其形成经历了较长的历史时期，而在各不同阶段，ice manju“新满洲”则有不同的含义。

清太祖努尔哈赤时期，被纳入满族共同体的扈伦四部和东海三部族人，到太宗皇太极继位时，已经陆续实现了民族融合，与太宗朝刚刚被携回、编入户口、分补八旗的 icemanju“新满洲”相比较，其已不是“新人”（ice manju），而与旧有族人一样都是“陈满洲”fe manju 了。

清太宗时期，ice manju“新满洲”的含义从时间上看，即包括太宗崇德年间的新满洲，也包括太宗天聪年间归降后被编入满洲八旗的新虎尔哈、新瓦尔喀等，因为他们同处太宗一朝，又具有相同的性质。其主要由东海三部和黑龙江索伦等部族人组成。

太宗朝的 ice manju“新满洲”在被纳入满族共同体以后，随着时间的推移，也逐步由 ice manju“新满洲”变为 fe manju“陈满洲”。1644 年，清朝定都北京后，仍有“新满洲”之称，一般指入关后新隶满洲八旗的东海余部族人。

二、八旗制度词语语义

满族作为中国的一个少数民族，在 1616 年建立后金政权后，经过 28 年的发展与征战，便进入中原建立清朝，统治高度封建化的广大汉族地区，而且在与各民族共同努力下，对祖国疆土的奠定和祖国经济文化发展起了很大的作用。这在历史上是值得注意的。这其中有多方面的原因，而满族特殊的政体便是主要因素之一。因此，有关专家学者对此进行了深入的探讨研究，并取得了诸多成果。然而至今为止，仍有许多问题需要进一步探讨，关于满族社会政体的特点亦属其列。满族社会特殊的政治文化背景自然要产生特殊的词语，诸如八旗制度，具有特殊身份地位并享有各种特权的统治阶层、身份地位复杂的被统治阶层等，在满语中都有特殊的词语予以反映。下面对其进行分类探讨，同时将其相互之间的关系与区别进行辨析，从而求得对这些词语全部意义的深刻理解，并为进一步揭示、研究满族社会政治体制特征提供参考。

1. gūsa	旗	jakūn gūsa	八　旗
gulu suwayan	正黄旗	gulu sanyan	正白旗
gulu fulgiyan	正红旗	gulu lamun	正蓝旗

①《清太宗实录》卷二十五。

kubuhe suwayan　镶黄旗　kubuhe sanyan　镶白旗

kubuhe fulgiyan　镶红旗　kubuhe lamun　镶蓝旗

以上各词的字面意义可译成汉义，但其所包含的意义是不同于相对应的汉义内容的。因为这些词义反映了满族社会的一种制度——八旗制度，它是一种"军政合一、兵民合一"的特殊的社会组织形式。因而在其他语言中没有与之相对应的词汇来表达这种特殊的文化内涵意义。

满族在入关前，于辛丑万历二十九年（1601）开始设立牛录（niru）制，每三百人编一牛录，作为基本组织。5个牛录组成一个甲喇（jalan），5个甲喇组成一个固山（gūsa）。gūsa是这种编制的最大单位，每个gūsa各有一个专用的颜色为旗帜，因此，汉语就译gūsa为"旗"。因当时满洲人少，只分4个gūsa，用黄、白、红、蓝4种颜色做旗帜。到万历四十二年（1615），满洲人口增多，又加了4个gūsa，于是将原来旗帜周围镶上一道边子，黄、白、蓝三色旗帜镶红边，红色旗帜镶白边，便成了8种不同的旗帜。不镶红边的黄色旗帜称之为整黄旗，即gulu suwayan，简称正黄旗；镶红边的黄色旗帜称为镶黄旗，即kubuhe suwyan，简称镶黄旗，俗称厢黄。其他三色与之相同，合起来称为八旗，即jakūn gūsa。

八旗制度为满族社会"兵民合一"的组织编制，所编八旗人户在居住、屯驻、行军、狩猎以及祭祀班列上，全有固定的方位：黄旗在北，白旗在东，红旗在西，蓝旗在南。同时，分为左右翼，左翼（dashūwan gala）是镶黄（kubuhe suwayan）、正白（gulu sanyan）、镶白（kubuh e sanyan）、正蓝（gulu lamun）四旗，又称东四旗。右翼（jebele gala）是正黄（gulu suwayan）、正红（gulu wulgiyan）、镶红（kubuhe wulgiyan）、镶蓝（kubuhe lamun）四旗，又称西四旗。任何场所其方位次序都不能改变。[①]八旗又有上三旗与下五旗之分，满洲入关前，皇帝直接统辖正黄旗、镶黄旗、正蓝旗，称为"上三旗"；其他各旗分别由旗主贝勒统辖，称为"下五旗"。满洲入关后，皇帝凭借中央政权的政治经济力量，掌握了白旗，拨出正蓝旗，重新调整"上三旗"，为镶黄、正黄、正白，并陆续分皇子为正公，拨入"下五旗"。

八旗在最初成立时，所有的户口都要编进去，不分部族，所以在一个旗内，有满洲人、蒙古人，也有汉人。天聪九年（1635），因为蒙古人逐渐增多，于是另外成立蒙古八旗，旗色与原来八旗相同，将原来的八旗称为满洲八旗。但是原在满洲八旗中的蒙古人并没有拨出来，所以满洲八旗内仍有蒙古人。[②]天聪五年（1631），满清将各旗的汉人拨出，另编一旗，[③]后来定为汉军，以黑旗为旗帜。崇德四年（1639）分为纯皂（黑）、皂镶黄、皂镶白、皂镶红四旗。[④]崇德七年（1642）亦扩充为八旗，旗色改与满洲、蒙古相同，取消了黑色。满洲入关时，满洲、蒙古、汉军各有八旗，实际是二十四旗，[⑤]但习惯上仍统称之为八旗。编入八旗的人户称为"旗人"，又称"旗下人"，编入某旗即为旗人，其子孙亦同。八旗户口三年一调查，不许旗外人假冒入册，也不许旗下人远离本人所属的牛录居住。[⑥]

---

①《光绪会典》卷八四，页一。

②《清史稿·列传》十六《传论》。

③王先谦：《东华录》。

④《清文献通考》卷一七九，页七。

⑤《清文献通考》卷一七九，页四。

⑥《光绪会典事例》卷一一一三，页一，商务小字本。

2. niru	箭、大箭、牛录
niru i ejen	大箭主、牛录额真、佐领
niru i janggin	管理箭之官、牛录章京、佐领
jalan i ejen	甲喇额真、参领
jalan i janggin	甲喇章京、参领
gūsa i ejen	旗主、固山额真、都统
gūsabe kadalara amban	管理旗务大臣、固山昂邦、都统
meiren i ejen	副旗主、梅勒额真、副都统
meiren i janggin	副旗主、梅勒章京、副都统

以上各词皆为八旗制度的名称，亦含世职名称。八旗的编制始于狩猎战斗集团。据《清太祖武皇帝实录》载："辛丑年（1601），是年，太祖将所聚之众，每三百人立一牛禄厄真管属，前此凡遇行师出猎，不论人之多寡，照依族寨而行。满洲人出猎，开围之际，各出箭一枝，十人中立一总领，属九人而行，各照方向，不许错乱，此总领呼为牛禄（华言大箭）厄真（厄真华言主也），于是以牛禄厄真为官名。"[①]1615年，努尔哈赤正式创立八旗制度。"乙卯年……太祖削平各处，于是每三百人立一牛禄厄真，五牛禄立一扎拦厄真，五扎拦立一固山厄真，固山厄真左右，立美凌厄真。原旗有黄白蓝红四色，将此四色镶之为八色，成八固山。"其中"牛禄厄真，即 niru i ejen，亦译为"牛录额真"；"扎拦厄真"，即 jalan i ejen，亦译为"甲喇额真"；"固山厄真"，即 gūsa i ej en，亦译为"固山额真"；"美凌厄真"，即 meiren i ejen，亦译为"梅勒额真"。

八旗制的这些主要名称，在后来的发展中又有所变化，下面分别释之。

（1）niru i ejen	大箭主、牛录额真、佐领		
niru i janggin	管理箭之官、牛录章京、佐领		
niru	汉义为"箭""大箭"。例如：		
niru faksi	箭匠	niru belehere ba	备箭处

niru 作为八旗制中的名称则指最基层的组织单位而言，这是汉义"箭"所不能表达的意义。"每三百人立一牛录额真管属"[②]，niru i e jen（牛录额真）为八旗制最基层的官员。

天命五年（1620），努尔哈赤论功序爵，仿明制创备御、游击、参将、副将、总兵官等世职，将 niru i ejen 定为备御。皇太极即位，为了防止满人汉化，于天聪八年（1634）下诏，将世职名称皆改称满文，备御改称 niru i janggin（牛录章京）。顺治四年（1647），又将其改为 baitalabure hafan（拜他喇布勒哈番），汉名为"骑都尉"，为四品世职。

顺治十七年（1660），定八旗职官名称时，改 niru i janggin 为佐领[③]，正四品官。清初佐领，又分为勋旧佐领、优异佐领、世管佐领、互管佐领、公中佐领。[④]

①《清太祖武皇帝实录》

②《清太祖武皇帝实录》卷二。

③《清文献通考》卷一百七十九。

④《养吉斋丛录》卷一。

（2）jalan i ejen　甲喇额真、参领

jalan i janggin　甲喇章京、参领

jalan　汉义为世、代，队、节。如：

jalan halambi　世代　　　jalan meyen　队伍、行伍

jalan sirambi　世袭　　　jalan jalan　历代、一节节的、屡屡

jalan 作为八旗中的一组组织单位，位于牛录、固山之间，音译为“甲喇”。甲喇分为五甲喇：fere jalan 头甲喇（汉义围底）、jebele meiren 二甲喇（汉义右围肩）、jebeie du be 三甲喇（汉义右围末）、dashūwan meiren 四甲喇（汉义左围肩）、dashūwan dube 五甲喇（汉义左围末）。这些名称真实地反映了满族早期进行狩猎合围的形式。如下表所示：

┌ jebele meiren__jebele dube
　（二甲喇）　（三甲喇）
gūsa___fere jalan ┤
（旗）（头甲喇）└ dashūwan meiren__ dashūwan dube
　（四甲喇）　（五甲喇）

甲喇原为狩猎集团的一个单位，在八旗制度建立后，成为八旗制中的一级组织单位。jalan i ejen 则是这级组织的官长，“五牛录设一甲喇额真”。天聪八年（1634），此官改称为 ja lan i janggin（甲喇章京），世职亦用此称。顺治四年（1647），摄政王多尔衮将世职名 jalan i janggin 改称 adaha hafan（阿达哈哈番，汉义为陪伴之官），为三品世职。

顺治十七年（1660），定 jalan janggin 官名汉字称“参领”，满字如旧。[①] 参领分为骁骑参领、前锋参领、护军参领等，由满洲、蒙古、汉军若干人充任，职责不一。

乾隆元年（1736），将世职名 adaha hafan 定名为“轻车都尉”。

（3）gūsa i ejen　旗主、固山额真、都统

gūsa be kadalara amban　管理旗务大臣、固山邦、都统

gūsa i ejen 汉义为旗主，由此可能使人理解为八旗中的最高官长，其实不然。天聪八年（1634）四月，皇太极谕令：“凡管理，不论官职。管一旗者，即为固山额真。”[②] 由此可知，只要担任管旗实职者，不论其世职高低，即称固山额真（gūsa i ejen）。这里强调的是“管理”的职任，因此，gūsa i ejen 虽有旗主之义，但非专主一旗，只是管理旗务者。八旗中真正专主一旗的是 beijle（贝勒），其在不同时期、不同场合有不同称谓，但无论在档案中，还是官书中，都不称专主一旗的 beile 为 gūsa i e jen。《满文老档·太祖》中，有时将专主一旗的 beiie 称为 gūsa i ejen beile（旗主贝勒）。[③]

gūsa i ejen 不主旗而名为旗主，这一名不符实的现象是在一定历史条件下造成的。八旗编制始于狩猎战斗集团，十人立一首领，称为 niru i ejen。八旗建制，又以 gūsa i ejen、jalan i ejen、niru i ejen 等作为八旗各级组织的官名。可见，gūsa i ejen 是因袭早期满族历史传统而产生的概念。当时，ejen（主子）一称是普遍使用的，官为一旗之长，当然可称为 gūsa i ejen。但随着君权的逐渐提高，在国君之外还有

①《清朝通典》卷三十一。

②《清太宗实录》卷十八。

③《满文老档·太祖》。

大大小小的官员称 ejen（主子）是不能允许的。因此，jalan i ejen、niru i ejen 等相继更名。顺治十七年（1660），gūsa i ejen 亦更名为“都统”，但满字仍称 gūsa i ejen，至雍正元年（1723）七月，“总理事务大臣等议复：给事中硕塞条奏：八旗都统印信，清文系固山额真字样。额真二字，所关甚巨，非臣下所可滥用，应请改定，以昭名分。应如所请，将固山额真改为固山昂邦……将八旗印信改铸给与。从之。”①

固山昂邦即 gūsa be kadalara amban，汉义为“管理旗务大臣”，汉名为“都统”。这一新的官职不仅明确了 amban（大臣）的身份，也确定了 kadalara（管理）的职任。至此，八旗管理旗务大臣的名称和职任才真正名实相符。

努尔哈赤、皇太极两朝，担任固山额真职务者有开国元勋、宗室觉罗、侍卫额附，也有勋臣之子及国初随父兄率众来归且功劳卓著的人物。正是由于这一历史原因，他们一般在本旗中领有专管牛录，世代承袭。当他们有时首告主旗贝勒或不主旗议政贝勒，经审实离主，甚至可以带属下牛录任便随旗。《清太宗实录》卷四十八载，崇德四年九月壬申，镶白旗固山额真图尔格首告阿济格“诬捏”，审实后，上命图尔格“带三牛录，任便随旗”。

固山额真掌握管理旗务的大权，故太祖、太宗特用亲贵勋臣或其后人长且才者出任。他们在本旗根基深厚，又多与别旗大臣联络有亲，因此，固山额真（gūsa i ejen）成为八旗制下仅次于主旗贝勒（gūsa i ejen beile）和不主旗议政贝勒（gūsa i ejelehekū bime doro be aliha beile）的位尊权重的人物。

固山额真与国君、主旗贝勒的关系是至关重要且特殊的，可以说是一身而二任的特殊人物。一方面，他们是汗同诸贝勒共议后简用的国家管旗大臣；另一方面，他们又各隶本旗，以本旗的主旗贝勒为家主，并作为其僚属在本旗内行使职权。这种身份决定了他们既有公忠体国的一面，又有偏徇本旗利益的一面。当本旗利益与国家利益一致时，自然没有问题；而当本旗利益和国家利益相矛盾或旗诸贝勒有意败坏国基、图谋离叛时，他们以何态度对待，则取决于国君和主旗贝勒之间的势力对比了。当君权绝对强大时，他们是国君的强大支柱；但君权削弱时，他们又往往效力于本旗主旗贝勒；当国君需要加强君主专制时，他们又成为国君削弱、制约主旗贝勒的工具。太祖、太宗为加强君权、抑制八旗诸贝勒委固山额真以重任，使之成为手中的得力工具。主旗贝勒损害国家利益的违法行业为在固山额真的制约下，大大减少。清入关后，固山额真继续为君权的有力支柱。至雍正元年，其更名为 gūsa be kadalara amban（监视理旗务大臣、固山昂邦、都统），标志着用于臣下的 ejen（主子）一词在封建专制主义中央集权达到顶峰之际最后消失。

（4）meiren i ejen　副旗主、梅勒额真、副都统

meiren i janggin　副旗官、梅勒章京、副都统

meiren 汉义为“肩”、“围肩”（狩猎时，中心大旗两旁所置副旗）、“副”、“佛肩”（冠顶素珠两旁饰之玉）。meiren i ejen 汉义为副旗主，汉名为副都统，位于 gūsa i ejen 之下的官名。每 gūsa i ejen（固山额真）左右设两 meiren i ejen（梅勒额真）。天聪八年（1634），改定八旗官名，管 gūsa 者仍称 gūsa i ejen，管 meiren（梅勒）、jalan（甲喇）、niru（牛录）者，不再称 ejen（主子），而称为

①《清世宗实录》卷九，雍正元年七月壬辰。

ianggin（章京），因而，meiren i ejen 改为 meiren i janggin，亦为世职名称。顺治四年（1647）将世职 meiren i janggin 改为 asha i hafan（阿思哈尼哈番），汉义为“旁侍之官”，乃二品世职。乾隆元年（1736），定汉名为“男”爵。顺治十七年（1660），定八旗汉字官名，meiren i janggin 称为副都统，满语仍称 meiren i janggin。副都统满洲、蒙古、汉军旗各二人，佐助八旗都统分掌满洲、蒙古、汉军二十四旗之政令，以宣布教养、整诘戎兵、釐治土田、稽核户口，[①] 官阶正二品。八旗驻防地区设有副都统衙门，驻地有将军者，归其管辖，若无防务则直辖于兵部，要事可直呈皇帝。

三、政治阶层词语语义

1. beile	贝勒	doro i beile	多罗贝勒
hošo i beile	和硕贝勒	gūsa i beise	固山贝子
beise	贝子		

这几个名称是满族社会中具有特殊地位的权贵的名称，有其来源与变化。在汉语中没有与之相对应的词汇来表达其义，因此，未有汉名，皆为音译。

（1）beile　贝勒　doro i beile　多罗贝勒

beile 来源于女真语“［bə（g）i–lə］，《女真文辞典》释之为“官、臣、勃极烈”。[②]

《金史》中称“勃堇”“勃极烈”，“勃极烈”是“勃堇”的转音。早期相当于酋长、部落长一类称号，其地位低于汗（han），无汉名。《三朝北盟会编》卷十八引《神麓记》：“随阔（绥可）……由是邻近每有不平，皆诣所请，遂号孛堇，臣伏契丹。”[③]《金史》卷三十二《礼志》：“皇五代祖（昭祖）勃堇。”[④] 可见勃堇职称在景祖前即已出现，但无官府设置。景祖时始建官府，主要与接受辽所授“生女直部族节度使”官有关，所以，《金史》卷一《世纪》说：“既为节度使，有官属，纪纲渐立。”[⑤]

据《满文老档》和《满洲实录》记载，初尊称清太祖努尔哈赤为淑勒贝勒（sure beile），汉义为聪睿贝勒。当时其兄弟子侄称贝勒者数人。天命元年（1616）正月，努尔哈赤称帝建国，命次子代善（daisan）为大贝勒，其弟之子阿敏（amin）为二贝勒，五子莽古尔泰（manggūlta i）为三贝勒，八子皇太极（hūwangtaiji）为四贝勒，同听国政。[⑥] 四大贝勒位于努尔哈赤之下，高于一般贝勒。

贝勒为满族社会中的“天生”贵族，即皇族宗室子弟有功且有能力者可受封，其地位相当于王或诸侯。就宗族而言，“汗犹一家之祖父也，贝勒犹一家子弟也。”[⑦]

就国家而言，努尔哈赤乃一国之主，各主旗贝勒在本旗则领有属人，设官治民，俨然一小邦之主。贝勒处于权贵地位，享有极其广泛而优厚的特权，包括政治、经济、军事、法律、社会生活等方面。

①《清朝通典》卷三十一。
② 金启孮编著：《女真文辞典》，北京：文物出版社，1984 年，第 210 页。
③《三朝北盟会编》卷十八。
④《金史》卷三十二《礼志》。
⑤《金史》卷一《世纪》。
⑥《清史稿》卷一。
⑦《天聪朝臣工奏议》天聪七年正月十九日马国柱：《请更养人旧列及设言官奏》。

同时他们必须履行与其特权相应的义务，必须奉公守法，遵循整个统治阶级的阶级意志。

崇德元年（1636），清朝仿明制封爵，贝勒成为宗室的封爵之一，并在贝勒之前冠以 doro（多罗，汉义为道、礼、理），称 doro i beile（多罗贝勒）。《光绪会典》卷一载，宗室封爵十二等，和硕亲王、多罗郡王、金贝勒等，贝勒位次第三等。①

（2）hošo beile　和硕贝勒

hoso《清文总汇》释为"四方之方""东南、西南、东北、西北，四角之角""方""角"。②汉语音译为"和硕"。八旗创建之后，凡朝会、围猎、攻城、驻防等，各旗俱分左右两翼顺序就位，常以 hošo 表示八旗的方位。《满文老档》天命元年申日条记载了八旗诸贝勒向努尔哈赤上"英明汗"尊号的仪式，其中出现 hošo 一词示以八旗方位。

jakūn gūsai beise geren be gaifi duin dere duin hošo arame jakūn bade ilifi。

八旗诸贝勒率领众人分作四方四隅站立于八处……

天命元年，努尔哈赤分封其子侄代善、阿敏、莽古尔泰、皇太极为"和硕大贝勒"，即所谓四大贝勒，"duin hošo i duin amba beile"（四方的四大贝勒）。③在此，"和硕贝勒"作为封号名称正式提出。hošo 与专主一旗的贝勒联系在一起，具有新的含义，可指代某一旗。天命十一年六月，努尔哈赤训谕诸子侄时提到"八家"，王氏《东华录》注曰："即分主八旗之八和硕贝勒。"④

和硕贝勒为清代早期的封号，后"和硕"一词取消。崇德元年（1636），清仿明制封爵，贝勒成为爵号。

（3）beise　贝子　　　　gūsa i beise　固山贝子

清朝早期 beise 一词为 beile（贝勒）的复数形式，为"众贝勒"。约在天聪末崇德初，beise 演变为一个独立的名词，成为封爵中的一个等级，冠以 gūsa（固山），称 gūsa i beise（固山贝子），为宗室封爵的第四等。⑤

贝子或固山贝子与贝勒同样，为满族社会中的"天生"贵族。其亦享有极其广泛而优厚的特权，同时也必须履行与其特权相应的义务。

2. aha　阿哈、奴仆　　　　boo i　包衣、家的、家人、奴仆

jusen　诸申、珠申、满洲臣仆

这 3 个名词是满族社会中阶级地位的反映。其地位相近，但又有所区别，并且在不同的历史时期有不同的含义。

（1）aha　阿哈、奴仆

aha 音译为"阿哈"，《清文总汇》中解释为"奴仆"。⑥《满洲源流考》卷十八："阿哈，人奴也。

①《光绪会典》卷一。
②《清文总汇》。
③《满文老档·太宗·天聪》卷三十。
④王先谦：《东华录》天命四。
⑤《清史稿》卷一百十七。
⑥《清文总汇》。

满洲话奴也。”①

Aha（阿哈）的来源有四个：

其一，最主要的来源，即通过战争掠获大量的汉族人口及朝鲜族人口而使之成为隶于八旗之下的“奴仆”（aha）。努尔哈赤建立后金，多次进行战争，掠夺了大量的汉人、朝鲜人等，将他们赏赐给满洲贵族、八旗的各级额真乃至士兵为奴，称之为 aha（阿哈）。这种战争掠获人口而使之成为“阿哈”的方式主要在努尔哈赤和皇太极时代，其后延续至康熙年间。《清实录》中有关此类记载甚多，如在努尔哈赤晚年，天命三年四月，“上率大军还，至抚顺城东之野，各营兵齐集出城边，至甲版驻营，论将士功行赏，以俘获人口三十万分给之。”②

崇德八年五月，征明大军还，“俘获人民三十六万九千名口”。七月，征明克捷，“共俘获人畜九十二万三百”。③

在战争中掠获的人口，除逃亡外大部分成为八旗的奴仆。崇德三年都察院承政祖可法、张存仁等疏劾户部承政韩大勋折中说“各家奴仆，皆自四方俘获之人”。皇太极谕祖可法时说：“前得辽东时，其民人抗拒者被戮，俘取者为奴。朕因念此良民，在平常人家为奴仆者甚多。”④

其二，亦为比较重要的来源，即阿哈被允许结婚所生的子女。有 ujin（家生子或家奴子）、fute hi（一辈奴）、furna（二辈奴）、bolhosu（三辈奴）、genggiyesu（四辈奴）等称，均指“阿哈”而言。由此可知，“阿哈”地位是世代承袭不变的。

其三，是将罪犯及其家属没入为奴，以及因债务关系而被降为“阿哈”的 irgen（民、百姓），这类的奴仆也占相当数量。凡是犯了重罪的罪犯，往往家产充公，发给“披甲人”为奴。《大清律》规定：“谋反及大逆”之家属，“男年十五以下，及母女妻妾……给付功臣之家为奴。”⑤其四是投充为奴，即汉族人口或自愿或被迫投在八旗下为奴仆。这种方式在努尔哈赤和皇太极时期就已有之，例如《满文老档》卷二八（天命六年）有这样的记载：“有不愿在汉官辖下而愿依赖诸申过活者，无论何人均可前来。”⑥此时有贫苦汉族人口投入旗下为奴仆者，但为数不多，因此时奴仆来源主要为战争掠获。清朝入关后，宣布“贫民无衣无食”者，准“投入满洲家为奴”。实际上，满族统治者依靠权势，强迫大批汉民投充为奴。清朝入关初年，为解决旗民生计而进行了 3 次大规模的圈占土地，广大汉族人口在失去世代赖以生存的土地后，没有出路，于是投充旗下者接踵而至。更有甚者，旗人逼勒汉人投充，“不愿者即以言语恐吓，威势迫胁”⑦，以获奴仆。

阿哈的社会地位极其低下，相当于农奴。阿哈作为满族社会的主要劳动者，但其本身及劳动产品基本被统治者所占有。《建州闻见录》记载，“奴婢耕作，以输其主。”《满洲老档秘录》亦言：“仆夫力耕以养其主，不敢自私”。他们的居住、生活、婚姻、嫁娶无个人自由，必须听从主人安排。主

①《满洲源流考》卷十八。

②《清实录》卷五，中华书局影印本，1986 年，页七一。

③《清实录》卷六十五，中华书局影印本，1986 年，页八八九、九〇三。

④《清太宗实录》卷四十，台湾华文书局本，11 ~ 12 页。

⑤《大清律例》卷二十三《刑律》“贼盗上”“谋反大逆”。

⑥《满文老档》卷二十八。

⑦《清世祖实录》卷十五。

人对阿哈可任意买卖、赠送、毒打。阿哈的子女世代为奴，不能自行离开主人，逃跑便要治罪。阿哈在史料中与牲畜相提并论，同视为家产。例如：

taidzu …… juwan uyun se baha manggi delhebure de aha ulha be ambula buhekū。

太祖满十九岁即命分家，家私止给些须。①

天命十一年（1626）八月定七项课税，“人、马、牛、骡、驴、羊、膻羊七项，每值一两收税课一钱”。② 据《武皇帝实录》《满洲实录》所载，当时战争中所掠获的人畜皆为并举。

阿哈所从事的生产劳动主要为在农庄耕作，即为 usin feilere aha（耕田奴仆）；其次为放牧、伐木、打猎，以及其他一些繁重劳动。这与从事家务劳役的包衣（boo i）是有所区别的。

阿哈作为奴仆还有另一层含义，不同于上述奴仆的身份地位。清朝皇帝为一国之主（ejen），相对而言，帝下之臣即为其“奴才”（aha）。且称“奴才”者一般为满族权臣，以此来表示满族君臣间特殊的亲敬关系。例如：

g‘an su siyūn fu aha ocang gingguleme wesimburengge.

甘肃巡抚奴才鄂常谨奏。③

aha kukjitai niyahūrafi wesimburengge

奴才库顾泰跪奏。④

以上句中 aha 的“奴才”之义与前所述 aha 的“奴仆”之义是不可等同而语的，切不可混为一谈。就身份地位而言，这二者一为统治者，一为被奴役者，因而，对此相同称谓者，必须区别理解其内含义。

（2）boo i 包衣、家奴

boo i 亦作 boo niyalma，音译为“包衣”，汉义为“家的”“家人”，即给使的奴仆。例如：

dergi booi adun i ihan nuktere bade bucehe……toktoro niyahan de jifi， mini booi niyalma akū amari， dergi booi niyalma genefi， mini inan be jafafi gajihabi.

皇上家牧群一牛死于牧场……拖克拖洛来涅罕处告称：“我的包衣中没有阿玛里其人，皇上包衣来后，携走我牛。”⑤

这段文中 booi 一词，出现 3 处，但其意义各不相同。dergi booi 之义为“皇上家的”，其修饰限定后面的 adun（牧群）。mini booi niyalma 之义为“我的包衣”，所指为文中 toktoro（拖克拖洛）的“家人”，即“奴仆”。dergi booi niyalma 之义为“皇上包衣”，这与前面的“包衣”在地位上是有所区别的。

清太祖所建八旗制度，每一固山（gūsa）由一贝勒主之，此贝勒与其旗下所属之人有主仆之分。旗下人之大部分应服役于国，小部分则给使于旗主贝勒之家，此给使于家之人就是所谓“包衣”。其不必服国家兵役、工役或其他劳役。在法律上，他们的隶属、居住、生活、婚娶受主人限制，而且其奴籍是子孙相继的，非主人特许不能脱离。因而就性质言，“包衣”就是私家的世仆。凡编入包衣的，

①《满洲实录》，页十四。

②《满洲老档秘录》上编，页五〇。

③ 乾隆朝《鄂常折》

④ 同治朝《库克吉泰折》

⑤《盛京刑部原档》173 号，中国第一历史档案馆藏。

子孙世世永在包衣，唯遇立功绩，或罪案昭雪及其他特殊原因，才可以“发出包衣”。八旗定例，奴仆全是子孙永远服役[①]，家奴之子女名曰 ujin“家生”，又曰“家生子”。[②]但应注意一点，包衣之所谓奴仆，只是对其主人而言。他们可能另有自己的官阶、财产及奴仆。

包衣之制实际远在八旗创立之前，《八旗通志》说，正红旗包衣第一参领第一满洲佐领，“系国初随礼烈亲王编立”，镶红旗包衣第三参领第一佐领，“国初编立……随贝勒褚英分封时立”[③]。由此可知所随者为先有之人，褚英死于万历四十三年（1615），当时八旗还未建立，可见包衣在建立旗制前便有。因此，清初的宗室贵戚勋旧，无论是否主管旗务，全有包衣。太祖起兵时追随的人很多，这些人即成为后来的勋戚，他们皆有给使的仆役，即“包衣”。当时旗制未定所以未加限制，旗制既定，亦未尝因之取消。

满洲入关以后，八旗因统属不同，地位不同，分为二等。天子自将的镶黄、正黄、正白为上三旗，其余正红、镶白、镶红、正蓝、镶蓝为下五旗。各旗包衣也分为两个系统：上三旗的包衣称为“内务府属”，下五旗的包衣称为“王公府属”。[④]上三旗属于皇帝，包衣就是皇室的仆役，当时管理皇室事务的为内务府，所以称为“内务府属”。天聪三年九月初一日壬午，《东华录》有“皇帝包衣下”之语，顺治八年七月初一日丙子，世祖谕有“朕之包衣牛录下”之语，皆指内务府属而言。内务府首长名为总管，满语称为 boo i amban（包衣昂邦）。包衣的职务为管家务、供差役以及随侍，所以内务府的职守亦自于此。

包衣的地位与阿哈的奴仆地位基本相近，但所从事的劳役不同。另外，有少量的包衣后来逐渐变为剥削阶级、统治者。包衣的来源亦基本同于阿哈。有战争俘获者，有罪犯子孙，有分拨者与占取者，入关后又有所谓投充者。这其中有汉人，亦有满洲人。战争俘获而使之为 booi i aha（包衣阿哈）者甚多，有大量史料记载。获罪者将其子孙为奴，亦有一部分涉及满族官员而不能免。分拨是将奴仆由父兄拨给子弟家，占取是将旁人的奴仆占为己有，投充是汉人投旗下充当奴仆。

（3）jušen　诸申、满洲臣仆

jušen 汉语音译为“诸申”或“珠申”。《五体清文鉴》释为“满洲臣仆”[⑤]，《清文总汇》释为“满洲之奴才”[⑥]。在汉语中没有与之相对应的词汇，属独具民族语义之词。

jušen 一词在不同的历史时期有三种含义。

其一，满族先人在历史上曾有“肃慎、挹娄、勿吉、靺鞨、女真”等称谓，“诸申”则是“肃慎”和“女真”的对音。[⑦]关于“诸申”之称的含义及起源问题，较为复杂，古今专家对之探讨研究，观点不一，至今尚无定论。对此本文暂不探析，待另文探讨。

其二，是女真和早期满洲人对自己的称呼，在《满文老档》中，“满洲”一词用的是 jusen（诸申）。

①《户部则例》四。

②《会典事例》。

③《八旗通志》。

④《会典事例》页一一一三“分析户口”条，顺治九年例注。

⑤《五体清文鉴》。

⑥《清文总汇》。

⑦《满洲源流考》，孟森：《明元清系通纪前编》，第 1~2 页。

后来，改“女真”为 manju（满洲）之称，“诸申”就不再作为族人泛称，而变为另一性质之人的名称了。

其三，诸申含义的改变是经清太宗敕定的：“各旗贝勒所属人员称为某族贝勒家诸申。”[①] 至清高宗时又再次敕定：“所属曰诸申。”[②] 在《清文鉴》中释为“满洲臣仆”[③]《清文汇书》中也释为“满洲之奴才”。[④] 再有，《满文老档》中所载：

aha wajici， ejen adarame banjimbi jusen wajici， beile adarame banjimbi.

若无奴仆，主人何以为生？若无诸申，贝勒何以为生？[⑤]

由此可见“诸申”与“阿哈”地位相近，都有“奴仆”之义。万历十二年苏克苏护河部内诺密纳四部长恳求努尔哈赤曰：

membe yayaci nenemb dahame jihe be gūnici jusen ume obure ahūn deo i gese gos ime uji.

念吾等先众来归，毋视为编氓，望待之如骨肉手足。[⑥]

从这段话里可看出 jusen（编氓）地位低下，近于“奴仆”之类，因而四部长希望不要被视之为 jusen（诸申）。

jusen 虽然与 aha 地位相近，但有很大区别。“诸申”的人身是比较自由的，对自己的财产具有所有权，对其子女亦有亲权。“诸申”与主人的关系是隶属关系，因而他们对主人承担一定的义务：应征兵役外，还有许多的无偿劳役，据史料记载，一般满洲诸申所承担的差役，多至 30 余项。[⑦]

“诸申”可以占有土地和“阿哈”。《清太宗实录》载：“旧满洲（即诸申）……凡贫穷者，则又给予妻室、奴仆、庄田、牛马、衣食、赡养。”[⑧] 又据《建州闻见录》记载，“自奴酋及诸子，下至率胡，皆有奴婢、农庄”。[⑨]

综上所述，可以说“诸申”所指为满洲旗下“属民”或“部属”，其有别于 irgen（自由民）与 aha（阿哈）。上对 aha、booi、jusen 3 个名词的文化内涵分别进行了探析，我们了解到三者各自的意义及相互间的关联与区别，从而可以准确理解其他含义。

① 王先谦：《东华录》天聪九年十月庚寅。
② 王先谦：《东华录》乾隆四十二年八月壬子。
③《清文鉴》卷一〇，页三上。
④《清文汇书》卷九，页二四下。
⑤《满洲实录》，页一一〇。
⑥《满洲实录 》，页二五。
⑦《清太宗实录》卷一七，页一五七至页一六下。
⑧《清太宗实录》卷一七，页一 三下至页一四上。
⑨ 李民奂：《建州闻见录》。

四、嘉奖赐号词语语义

满洲习俗好以称号加人，即照某人的品行或性格特点定一美号赐予，以为恩荣。巴图鲁是最常见的赐号，因为它是表示武勇的，所以又称为“勇号”。作为赐号名的巴图鲁分为两种：一种是只称巴图鲁，不再加其他的字，是普通的；一种是在巴图鲁上冠以他字，是专称的。

baturu　巴图鲁、英雄、英勇

这个词作为形容词，所表达的语言意义与汉语的“英雄、英勇”是相对应的。例如：

baturu kiyangkiyan　果敢、豪杰　　baturu mangga　英勇　　baturu haha　勇将

baturu 作为赐号名，所表达的文化意义则是满民族所特有的，其反映了满洲早期的一种习俗。汉语将其音译为“巴图鲁”或“把土鲁”“巴兔鲁”等。

巴图鲁作为普通的赐号只出现于清开国之初。如清太祖努尔哈赤时赐号额亦都为巴图鲁①，其后又赐号穆克谭②、喀剌③、鄂莫克图④等为巴图鲁。这种普通巴图鲁称号全加在本人原名之下，如“额亦都巴图鲁”。后来改为加在本人原名之上，如《东华录》中所称“巴图鲁额亦都”即是。

巴图鲁作为专称的赐号，是根据某人的品行或性格特点而定一美号，种类颇多。如下仅举几例：

hūng baturu　hūng 为火燃起之声，象征旺盛。全称汉义为旺盛的英雄。

此名为广略贝勒褚英的赐号。“岁戊戌（明万历二十六年，1598 年），太祖命伐安楚拉库路，取屯寨二十以归。赐号洪巴图鲁，封贝勒。”⑤

cing baturu　诚毅的英雄

cing 借自蒙语，汉义为诚、诚心的。全称汉义为诚毅的英雄。

此为穆尔哈齐的赐号。诚毅勇壮贝勒穆尔哈齐，显祖第二子。屡从征伐，赐号青巴图鲁，译言“诚毅”。⑥

erke baturu　雄壮的英雄

此系海兰察之赐号。乾隆二十年（1755），满洲镶黄旗海兰察从征准噶尔，生获辉特台吉巴雅尔，叙功，赐号额尔克巴图鲁。⑦

šongkoro i baturu　似海东青一样的英雄

此号曾先后赐予 3 个人，清太祖时赐予费扬古，其死后劳萨亦于天聪八年得此赐号，于同年图鲁什亦追号为此称。⑧

suhe i baturu　大斧子样的英雄

---

①《清史稿》卷二百二十五。
②《清史稿》传十三《附巴笃里传》。
③ 同上《附达音布传》。
④《清史稿》传十七。
⑤《清史稿》卷二百十六。
⑥《清史稿》卷二百十五。
⑦《清史稿》卷三百三十一。
⑧《清史稿》传十三。

此为敦拜的赐号。其为满洲正黄旗人，其尝从鄂佛洛总管达赖讨朱舍里部长尤额楞，有功，赐号苏赫巴图鲁，授牛录额真。[1]

fašsan baturu　能立功业的英雄

此系本进忠的赐号。乾隆三十年(1765),本进忠从将军明瑞缅甸立功,赐孔雀翎,号法式善巴图鲁。[2]

falingga baturu　亲厚的英雄

此为郭宝昌的赐号。同治年间，其由卓勇巴图鲁晋号法凌阿巴图鲁。[3]

巴图鲁勇号的赐予在于表彰武功，所以没有等第，亦无文武之别。有的以小官而得赐号，而有的虽然为大官而不得。文职官员与武职官员都可因功而得赐号。

以上通过对满洲八旗制度词语语义探讨分析，可深入了解满族社会的氏族组织制度、具有特殊政治文化背景的八旗制度、具有特殊身份地位并享有各种特权的统治阶层、身份地位复杂的被统治阶层、以示恩荣而嘉奖的特殊赐号等形成根源及深层含义，并由此了解满族语言与社会制度文化的关系及其特征。满族语言与历史文化具有相互依存、相互影响和同步发展的密切关系。因此，我们要将二者结合起来进行深入、系统的探讨研究，进而全面深刻地揭示出满族语言与历史文化的丰富内涵及民族特征，并为相关学科研究提供科学依据、客观例证，为人类文明发展进程提供有价值的经验与教训。

①《清史稿》卷二百四十二。

②《清史稿》卷三百十一。

③《清史稿》卷四百二十八。

顺治朝豪格传记性碑文版本学比较与研究①

祁今馨

摘 要： 顺治朝有两通碑文不仅属于同一人物——豪格（hooge），且在内容与行文上有重合之处，为两通碑文进行版本学比较提供了基础。文章在整理碑文版本信息的基础上，通过对豪格两通碑文及顺治朝其他满文传记性碑文的对比，揭示了《和格诰封碑》与《和硕武肃亲王碑文》在格式、内容及语言3个方面的特征，并以此讨论了顺治朝满语文的使用情况，以及碑文创作与顺治朝政治背景之间的联系。

关键词： 满文碑刻文献；顺治朝；豪格；碑文体例

满文碑刻文献作为有清一代所留存的实物史料，与满文档案、图书、谱牒一样具有很高的研究价值，既可补充书面史料之不足并纠正其讹误，又可考查当时之语言文字。从空间范围来看，满文碑刻文献分布于清代京郊最多，其所对应的地理空间主要为今天的北京地区，碑石实物保存最多，拓片最为易得，为研究提供大量的基础材料；从时间范围来看，顺治朝处于满语文使用趋于规范的阶段，应用于墓碑上的诰敕、祭文范式也不断得到调整，为后世形成的固定成式奠定了基础。其中，北京地区顺治朝满文碑文有两通属于同一人物之传记性碑文，即为豪格的《和格诰封碑》与《和硕武肃亲王碑文》，在行文与内容上有重合之处。本文将以这两通碑文为中心进行版本学比较与研究，进而对顺治朝满语文及当时诰敕命文体等问题进行讨论。

一、《和格诰封碑》与《和硕武肃亲王碑文》版本信息

两通碑文所录人名分别为“和格”与“合格”，均为满文“hooge”②在顺治朝时期的音译，后一般作“豪格”，即清太宗皇太极长子，肃亲王豪格。《和格诰封碑》原碑曾立于北京左安门外架松坟，碑石已

作者简介： 祁今馨（1989~ ），日本早稻田大学文学研究科东洋史专修外国人特别研修生，主要从事西夏文文献研究。

① 笔者将在碑石上“刻写文字以记述墓主姓名、籍贯、家世、生平和事迹，以及一些颂扬和悼念的铭词，形成一篇传记性文字，使路过行人读后，可知道墓主身份”立于墓前或神道上的实用性碑所形成的碑刻文献称为“满文传记碑刻文献”。具体定义参见笔者硕士论文《北京顺治朝满文传记碑刻文献整理与研究》“绪论”部分。

② 本文满文转写及汉文移录体例：本文满文转写采用穆麟德夫式转写；文中表格序号为两碑文内容而非行数的对应，每一序号下对应两行，即碑文的满文转写与其对应的汉文移录；如内容上有另一碑文完全没有的内容，以“–”标记；满文中无法辨认之处以“[ ]”标记；满文原文有标点，“ ' ”以英文逗号标记，“ " ”以英文句点标记；汉文原文无标点，参考满文句点，在停顿之处全部以中文句点标记。

断[①]。此碑采用满蒙汉三体[②]，满文居中，汉文在左而蒙文居右，碑文无首题，以“敕谕”（hū angdihese）起句。《和硕武肃亲王碑文》原碑位置相同，与《和格诰封碑》相比，此碑仅为满汉文，有首题，且有起句及结句格式，而内容上则关于豪格在平定四川及张献忠等功劳的叙述更为详细。

关于两通碑文的立碑情况，《清实录》及《清史列传》等史料各有所记载，且基本相同，只是在立碑时间上，《八旗通志初集》与《碑传集》均将《和格诰封碑》记为顺治七年（1650）所立，与《清实录》参照，顺治八年（1651）辛卯八月有载：“戊辰，追复肃亲王豪格爵。建碑纪绩于茔上。”[③]此条记录与碑文拓片所载“大清顺治八年岁次辛卯八月仲秋吉旦立”的信息是一致的。

《和硕武肃亲王碑文》的情况则更为复杂，《八旗通志初集》记载为顺治十五年（1658）九月“赐谥曰武，复立碑文……”[④]《清史列传》对于同碑的记载是“十三年九月，追谥武。再立碑以纪其功”[⑤]。而《碑传集》所载为“十三年，追谥武。十四年，再立碑以纪其功”[⑥]。《和硕武肃亲王碑文》究竟于何时立碑？首先，追谥豪格为“武肃亲王”的时间应为顺治十三年（1656），《清实录》顺治十三年丙申九月，记固山额真朱马喇等奏言应为豪格补给封赏，后同月“壬申。追谥和硕肃亲王，为和硕武肃亲王”[⑦]。又同年十一月“辛酉。立和硕武肃亲王豪格碑。遣内大臣公爱星阿致祭”[⑧]。而顺治十四年（1657）二月庚寅一条则重新记载立碑一事，并完整地记录了碑文。碑文拓片上的立碑时间为“顺治十五年九月二十六日立”，这与《清实录》的记载有着将近一年多的差距。

根据《大清会典》，“顺治九年题准。亲王以下……宗人府提请钦赐封谥。内院撰给碑文。工部立碑建亭……”[⑨]由于撰写碑文与立碑建亭有先后之序，而立碑本身也需要一定时间，因而刻写在碑文上的“立碑时间”则有两种可能：与所得诰敕等文书完全相同，很可能早于真正的立碑时间；真正的立碑时间，一般晚于文书的颁布时间。综合以上信息可知，追谥武肃亲王的时间为顺治十三年（1656），写定碑文时间为顺治十四年（1657）二月，而将写定的碑文刻于石上正式立碑的时间应为顺治十五年（1658）九月。顺治十三年（1656）的“立碑”可能仅为树立石碑并致祭，并没有真正刻写碑文。

关于此二碑的目录与拓片信息可参见下表：

①参见冯其利：《清代王爷坟》，“1966年，朝阳区架松小学从新坟搬到这里，空军某部派人将牌楼等建筑物拆除，部分石料被运走，数段赑屃扔在学校东南，一块断碑停在学校操场上，1982年还能看到‘顺治八年’字样，1983年已经看不出来了。”北京：紫禁城出版社，1996年，第92~93页。

②《世界满文文献目录（初编）》均将此碑文种记为“满汉”，而根据《北京图书馆藏中国历代石刻拓本汇编》卷六十一第42页此碑拓片，该碑文实为三体，左汉文，中满文，右蒙文。

③《清实录·世祖实录》卷五十九，顺治八年八月，北京：中华书局，1985年，第472页。

④（清）鄂尔泰修，李洵，赵德贵点：《八旗通志初集》第六册，长春：东北师范大学出版社，1985年，第3575页。

⑤王钟翰点校：《清史列传》第一册，北京：中华书局，1987年，第55页。

⑥（清）钱仪吉纂，靳斯标点：《碑传集》，北京：中华书局，1993年，第23页。

⑦《清实录·世祖实录》卷一〇三，顺治十三年八月至九月，北京：中华书局，1985年，第807页。

⑧《清实录·世祖实录》卷一〇四，顺治十三年十月至十一月，北京：中华书局，1985年，第823页。

⑨尹桑阿等纂修：《大清会典（康熙朝）》卷六十二至七十礼部，台北：文海出版社，1994年，第3537~3539页。

表 1　《和格诰封碑》与《和硕武肃亲王碑文》目录、拓本信息

题名 / 目录（拓本）编号	全国满文图书资料联合目录[①]	世界满文文文献目录初编[②]	北京图书馆藏中国历代石刻拓本汇编[③]	北京大学图书馆“秘籍琳琅”目录
和格诰封碑	0013	12332	8229	D304：813
和硕武肃亲王碑文	0072	12016	8139	D304：856

从表 1 可见，《和格诰封碑》与《和硕武肃亲王碑文》目录、拓本信息较为完整，在目前所出版的主要满文文献目录《全国满文图书资料联合目录》《世界满文文献目录（初编）》等均有收录。至于拓片，国家图书馆及北京大学图书馆均有收藏。

移录两碑汉文的碑录有盛昱的《雪屐寻碑录》，此外，《清史列传》的豪格传记中也收录了《和硕武肃亲王碑文》，不过与拓片原文比较，有个别出入。《清实录》顺治八年（1651）八月记录了一条与《和格诰封碑》相似的碑文，顺治十四年（1657）也记录了与《和硕武肃亲王碑文》极为相似的碑文，《清实录》所记内容与碑文拓片基本一致，但是具体用语并不一致，疑为后世在改订《实录》时对其修辞进行了改动。

本文研究所利用的版本为盛昱所编《雪屐寻碑录》卷一、二所录汉文碑文及《北京图书馆中国历代石刻文献拓本汇编》卷六十一所收拓片。由于两通碑文篇幅略长无法在正文中完全展示，碑文的具体内容参见本文附录“表 4　《和格诰封碑》与《和硕武肃亲王碑文》满汉文碑文对照”[④]。下面将从碑文的格式、内容与语言三个方面出发，对两通碑文进行版本学讨论。

二、《和格诰封碑》与《和硕武肃亲王碑文》格式比较

碑文受篇幅所限，其内容与形式是统一的。总体而言，有清一代传记性碑文格式相对固定，碑文性质不同，其形式也不同。具体而言，墓碑、诰封碑和谕祭碑都有各自遵循的格式。尤其诰封碑中覃恩封赠的诰敕除姓名处不同外，其内容与形式往往是完全相同的。然而，这种明显受中原王朝影响而形成的文书形式并非一蹴而就，而是经过一定的积累和发展，并最终形成固定格式。顺治朝即是这种文书的形式和制作流程得以确定的重要阶段之一。

尤其值得注意的是，顺治九年（1652）与顺治十年（1653）两年是顺治朝有关诰封的授予、碑文的写定、造坟立碑的规制及丧礼等礼仪与规则得以集中制定及更新之时，因而探讨本别立于顺治八年（1651）与顺治十五年（1658）的同一人物的碑文有助于进一步了解这一时期碑文在形式上所发生的变化。

（一）首题的有无

表 4：01 部分为《和硕武肃亲王碑文》首题，《和格诰封碑》并无首题。纵观整个顺治朝满文传记性碑文的情况，首题的有无与碑文的性质有关。墓碑一般有首题，其首题形式也相对固定，为“官职 / 爵位 + 姓名 + 碑文（碑 / 之碑）”；诰封碑，尤其是覃恩封赠的诰封碑往往没有首题，一般以“奉

①黄润华，屈六生主编：《全国满文图书资料联合目录》，北京：书目文献出版社，1991 年 7 月，第 247、261 页。

②富丽编：《世界满文文献目录（初编）》，北京：中国民族古文字研究会，1983 年 10 月，第 120、83 页。

③北京图书馆金石组编：《北京图书馆中国历代石刻文献拓片汇编》卷六十一，郑州：中州古籍出版社，1989 年，第 42、126 页。

④下文均称表 4。

天承运皇帝制曰”为起始。《和格诰封碑》起句并非“奉天承运皇帝制曰”而为“敕谕”（hūwangdihese.）。顺治朝满文传记性碑文中仅此一例可见，可能与其刻写时间较早有关。

（二）起句的有无及其格式

表4：02部分为《和硕武肃亲王碑文》起句，这也是《和格诰封碑》所不具有的。这其实反映了顺治朝传记性碑文的一个重要变化，据康熙朝《大清会典》记载：“凡诸王贝勒文武大臣祭文碑文，顺治间，由内阁撰定成式，填名给发。”[①]其“成式”即为固定格式，北京地区顺治朝满文传记性碑文中可见最早“成式”为顺治七年（1650）的《绰俻墓碑》。

不仅如此，顺治十年（1653）对诰封的格式做出了进一步规定，这给以诰敕为原本或底本的传记性碑文也带来了影响。“十年题准，自一品至九品官诰敕限定句数。一品，起六句，中入事实十四句，结六句；二品，起六句，中十二句，结六句；三品，起六句，中十句，结六句；四五品，起四句，中八句，结四句；六七品，起四句，中六句，结四句；八九品，起二句，中四句，结二句。”[②]从一品至六品，其起句均为六句，但是中间可记生平之处有所差异。如前文所述，完成于顺治十年（1653）之前的《和格诰封碑》起句仅为“敕谕”（hūwangdihese.），并未使用任何起句格式，而完成于顺治十年（1653）之后的《和硕武肃亲王碑文》不仅使用了格式，而且起句恰好为六句。

如与其他顺治朝满文传记性碑文比较，则可发现此碑文与其他碑文所使用起句格式基本一致，区别在于，由于碑文记述对象身份、地位、背景不同，其所使用的具体格式与遣词造句也有所不同。下面即以《和硕武肃亲王碑文》与顺治朝另外一通传记性碑文的起句格式进行对比，从而对碑文起句格式的特征进行概括。

表2　豪格与勒克德浑碑文起句格式对比

序号	豪　格	勒克德浑[③]
01	gurunbooi gung be tukiyere. erdemu be wesihulere de,	gurunbooigungge be ejere. erdemungge be maktara de,
	国家纪功崇德	国家纪功褒德
02	uju de ujuniyaman be ujenobuhabi.	uju de hanciniyaman be oyonggoobuhabi,
	首重懿亲	首重懿亲
03	unenggidoroijalinhūsuntucime.	unenggigurunijalinhūsuntucime
	苟能宣力王室	苟能宣力王室
04	gung be iletuleme ［ ］ci,	gungiletuleci,
	着有勋劳	着有懋勋
05	bisire dewesihunjergi, jiraminfunglube isibufi. iletulemealgimbumbi.	bisire de kesiisibumedabaliwesimbumbi,
	高爵宠禄以光耀于生前	存则宠之殊秩
06	akūohodebeiilibumesaingebubufitemgetulemetutabumbi.	akū oho deweheibei de arafijiramilarahūliyambure be eldembume.
	丰碑美谥以流传于殁后	殁则载之丰碑

①《康熙会典》，载《大清五朝会典》第一册，北京：线装书局，2006年，第14页。

②《康熙会典》，载《大清五朝会典》第一册，北京：线装书局，2006年，第12页。

③北京图书馆金石组编：《北京图书馆中国历代石刻文献拓片汇编》卷六十一，郑州：中州古籍出版社，1989年，第80页。勒克德浑，碑文拓本及满文文献目录中均作“棱德弘”，和硕礼亲王代善孙、颖亲王萨哈廉子，其碑文拓片见《北京图书馆藏中国历代石刻拓本汇编》卷六十一，编号为京4401。该碑立于“顺治十二年十二月初八日”，与《和硕武肃亲王碑文》仅有3年之差。

从表中可见，且两碑起句格式完全一致，仅在修辞上有所区别。实际上，两碑在起句上的一致性并非偶然，顺治朝传记性碑文，包括后世的传记性碑文亦多采用这种形式。如表 2：01 所示，首先强调国家重视对于有功之人的褒奖；04~06 部分的一般叙述为，如有功劳则生前予以高官厚禄，死后立碑以流芳百世。然而决定使用何具体成式，还与所诰敕对象的身份背景有着密切的联系，正如 02~03 部分所示，豪格与勒克德浑两碑在起句上的高度一致则还与两人的宗室身份有关。

（三）结句格式的格式

《和格诰封碑》与《和硕武肃亲王碑文》结句思路也是一致的，即从皇帝的角度表达哀思及使功绩流传而立碑之意。表 4：17~20 为两通碑文的结句部分，《和格诰封碑》比较简略，为“朕念尔无辜不胜痛悼……因立碑墓前。垂知后世”。而《和硕武肃亲王碑文》碑文的结句字数更多且更为复杂。这种传记性碑文结句格式上的从简单到复杂，复杂格式得到进一步发展和固定的趋向在两通碑文上得到了很好的体现。

三、内容比较

（一）碑文详略的取舍

首先值得注意的是，表4：08~12 这一部分，明确地揭示了两碑在成文上的联系。在这一部分中，《和格诰封碑》比较详细地描写了豪格在“征缴蒙古”“征讨明朝”以及“平定朝鲜”中所立下的功绩，而《和硕武肃亲王碑文》在这一部分仅用寥寥数笔，且直接写明“诸功前碑载之详矣”。此“前碑”即指《和格诰封碑》。在清代的传记性碑文中，这种情况实为罕见。与此相对的是，表 2：13~15 部分记录了豪格在四川所立战功，《和格诰封碑》一笔带过，而《和硕武肃亲王碑文》则非常详细地描写了豪格所立之功，甚至具体到了俘获的官员及其他战利品的具体数量。可见，作者在写作时有意识地对碑文详略的取舍进行了安排。

（二）叙述细节的处理

如上文所述，在碑文整体内容的安排上两通碑文各有侧重，而在叙述内容一致的情况下，碑文的具体语句也有所增删。例如，在描写豪格身份时（表 4：02~04），《和格诰封碑》提及豪格为“太祖武皇帝孙”，而《和硕武肃亲王碑文》则忽略了这一条，反而强调豪格是“朕亲兄也”，并且在表 4：17 感叹哀思的部分又再一次强调“手足之谊”，这在顺治八年（1651）的碑文是完全没有提及的。具体来看，《和格诰封碑》原文为“朕念尔无辜不胜痛悼”，而 7 年后的《和硕武肃亲王碑文》为“朕念手足之谊不胜凄怆”，碑文在叙述顺治帝悲痛的原因上给出了完全不同的解释，前碑为感念豪格“无辜”（sini sui akūba），而后碑则是因为“手足之谊”（gala bethei ［jurgan］），这样叙述立场和细节的变化也在一定程度上反映了刚刚亲政急于肃清多尔衮势力以及已经正式掌握国家权力数年的顺治帝在面对豪格时心态上的变化。

以上两点，无论是碑文详略的取舍还是细节的处理，都与顺治朝的政治风云变化有着密切的联系。前碑立于顺治帝亲政不久的顺治八年（1651）八月，是为了给受多尔衮构陷入狱而亡的豪格恢复“肃亲王”的封号，而后碑则是 7 年后为追封肃亲王豪格为武肃亲王所立，此碑同时也是清朝第一通追封谥号之碑。

关于清初入关前后的皇位继承及政治情况等已有许多学者进行讨论，在此不予详述。至于顺治帝对于豪格的态度，《清初政治史探微》也提及了本文所论述的两通碑文，并有如下看法：

> 奇怪的是，就在初四何洛会的当月所宣布的多尔衮罪状中，却无顺治元年诬害豪格一事。若福临果然认为当时豪格是针对多尔衮篡逆而被诬陷的，则豪格无异应为拥翊福临抵制奸逆的功臣。可是顺治八年八月‘追复肃亲王豪格建碑纪绩’，顺治十四年二月再次“立和硕武肃亲王碑”，皆只叙其开疆拓土之功及入关后为多尔衮迫害致死，而于福临即位之际的事迹只字不提，确实值得深思……综上所述，《实录》八年二月癸巳豪格当年得罪乃“以睿王摄政，心怀篡逆，不能隐忍发言”，云云，就不揭而自破了。其所以如此为豪格洗刷，不过是为了构成多尔衮一向阴谋篡逆的罪名，以致补习颠倒以往的事实。[①]

以上一段观点认为顺治帝对于作为皇位继承竞争者之一的豪格曾被一部分人拥立之事无法释然，细究碑文，则可看出顺治帝的心态还是经历了从认为豪格“无辜”到耿耿于怀，进而在碑文中进一步强调（表4：02）“况有功高不赏，信反见疑者哉”（gung wesihunbimešangisibuha. akdunbimenememekenehunjehengge be aihendure.）的过程。这一句位于碑文起句中最后的位置，为其他传记性碑文所无，有刻意加入的痕迹，反而证明了豪格的存在对于顺治帝来说应该是“功高见疑”的。

与此相似的是，表4：11的内容为入山海关，《和格诰封碑》中此句为“同墨儿根王入山海关。破流贼兵二十万”。（mergenwangniemgišanahaifurdan de， liodzeiorin tumen cooha be efulehe，minggurunidzungyuwani babe baha.），至于《和硕武肃亲王碑文》则去掉了多尔衮直接写成“入山海关破流贼兵二十万”。（šanhaifurdan de dosifiliodzeiorin tumen cooha be efulehejergimudan de jabuha.），进一步说明了顺治帝的心态变化以及当时的政治倾向。

四、《和格诰封碑》与《和硕武肃亲王碑文》满汉文本语言比较

《和格诰封碑》与《和硕武肃亲王碑文》成文于文献、档案等相对较少的顺治朝，并且忠实地记录了当时满语文及满汉文对译的情况。与此类似的是，《人清全书》被评价为《御制清文鉴》以及乾隆朝的两次规范化以前有圈点满文的重要资料之一[②]。《大清全书》出版于康熙二十二年（1683年），而《和硕武肃亲王碑文》则早于此书25年，更加接近有圈点满文创制的时间，虽然使用词汇有限，作为了解两次规范化前的满语文资料也具有一定意义。本节将以《和格诰封碑》与《和硕武肃亲王碑文》两通碑文为中心，同时利用其他顺治朝满文碑文，对当时满语文使用及满汉对译情况进行探讨。

---

① 姚念慈：《清初政治史探微》，沈阳：辽宁民族出版社，2008年，第272~273页。

② 早田辉洋，寺村政男：《大清全书（增补改订・附满洲语汉语索引）》，东京：东京外国语大学亚非语言文化研究所，2004年，解说，第14页。原文：『大清全書』（daicinggurun －iyoonibithe）は康熙22年【1683年】序@初刻で、満漢辞典としては初期のもに属し、語彙の豊富な満洲語の辞典としては事実上は最初のものと言えよう。『御制清文鑑』（康熙47年【1708年】序）による規範化、乾隆朝による規範化、という二度の規範化以前の貴重な有圏点満洲文字による満洲語の一つである。

（一）词义的变化与新词的创制

古今词义变化是语言发展的自然现象，在新义产生的初始，经常由同一字（词）承担多义，随着语言的发展，新字（词）被创制出来分担旧词的义项也是常见的现象。《和硕武肃亲王碑文》起句有“苟能宣力王室”（unenggidoroijalinhūsuntucime.）一句，其中与“王室”对应的“doro”的词义与后世有一定不同，乾隆朝编纂的《五体清文鉴》中“doro”被解释为“道”，而“doro”在清初时还有其他的含义。“‘doro’一词汉译为‘道’‘理’，在满文的早期文献中通常译为‘政’……所以说‘doro’一词在崇德元年定宗室爵号时含有‘执政’‘议政’之意。”[①]实际上，“doro”表示“政”不仅在宗室爵号中，《和格诰封碑》中“值墨儿根王专政”对应满文为“mergenwangdoro be ejeleheucuri”，“doro be ejelehe”即为专政；《和硕武肃亲王碑文》中，“墨勒根王摄政”对应满文为“mergenwangdoro be alifi”，“doro be alifi”即为摄政。这两句中“政”所用满文均为“doro”，可见不仅在崇德元年所定爵号中，至少在顺治时期，“doro”还有“政”和“王室”的含义。

此外，与汉语“功绩”之“功”所对应的满语也是一个明显的例子。顺治朝表示功绩的“功”有“gung”和“gungge”两种，如上一节所引用的顺治十二年（1655）《多罗恭惠郡王碑文》中“gungge be ejere”（纪功）所用之“功”就是“gungge”，而“gung iletuleci”（著有懋勋）中“勋”虽然也是功劳之意，所用的却是“gung”。可见，在都表示“功劳”之意时，“gung”和“gungge”是混用的。稍晚于此的《大清全书》中的记录与此不同，其“gung”一条为“○ gung 功劳之功字。公侯之公。宫中之宫”[②]。而同一条下面的“gungge”有且仅有一种词义，即做形容词表示“有功的”[③]。乾隆朝的《御制增订清文鉴》中，“gung”和“gungge”则与《大清全书》记载又完全不同，“gung”为世爵世职中的“公”这一爵位，而“gungge”则为功劳的“功”。虽然与功劳仍相关，“gungge”在辞书所记录的词性已经完全转变。

梳理以上线索，“gung”作为汉语音译借词进入满语的可能性非常高，时间先后虽然不同，在康熙朝时，这一字形分别对应“功”“公”及“宫”这3个具有同一发音的词义。而加入了满语化词缀“ge”的“gungge”出现应该相对较晚。在康熙朝编纂的辞书中，“gung”和“gungge”可以明显区分出来，即“gung”作为名词分别表示“功”“公”及“宫”3种意思，而“gungge”则做形容词表示“有功的”。然而早在顺治朝，表示功绩之“功”时，“gung”和“gungge”已经出现了混用的现象，这意味着一形多用的“gung”产生了区分使用的需要。后世所编的《御制增订清文鉴》中则可以看到这种区分的结果，即“公侯之公”继续用“gung”，“功劳之功字”用后起的“gungge”，而“宫中之宫”则另创一“gurung”。

（二）满语文使用趋于规范

如本节开始所述，清代的有圈点满文经历了康熙及乾隆两朝的规范，从顺治朝碑文的情况来看，这种规范并非完全人为地制定标准，而是在把握满语文发展趋向下，对语言文字的使用做出了规定。《和格诰封碑》中太宗皇太极的满文为“taidzunggenggiyenšuenduringgehūwangdi”，而《和硕武肃亲王碑文》中为“taidzunggenggiyenšuhūwangdi”，其中后碑的写法与汉文“太宗文皇帝”一致，且与后世得到规

① 程大鲲：《清代宗室郡王封谥考》，《满语研究》2000年第1期，第32页。

② ③早田辉洋，寺村政男：《大清全书（增补改订·附满洲语汉语索引）》，东京：东京外国语大学亚非语言文化研究所，2004年，第228页。

范的译法相同。与汉文的一致性并不代表正确，然而庙号与谥号的使用的确是受到了中原王朝传统的影响。因而前碑所用“enduringge”即“圣”一词，反而显示出了早期满语在借入汉语时，并非完全照搬，而是受到了本民族语言使用习惯的影响，然而随着规范的开展以及规则的制定，这种痕迹逐渐消亡于历史之中。

两碑中另一显示满语文趋向规范的例子为“四川”的满语。由于满语中本无 /si/ 之音位，这个词是满语中典型的音译汉语借词。《和格诰封碑》中为分写的“sycuwan”，而在《和硕武肃亲王碑文》中为连写的“sycuwan”。由此可见，首先，/si/ 这个音位在满语中本不存在，需另创制文字标记此音位，在标记其他音译借词时，直接拼写即可，没有将“四”与“川”看作是不可分割的整体；然而由于“四川”本身为地名，具有一定的特殊性，因而在对这样的词进行标记时出现了连写的倾向，完成了正字法上的规范。

（三）满文用辞质朴

在对表达同一内容的满汉碑文进行对比时，可以明显看出满语文辞更为质朴，一个直接的例子就是对“碑”这个词的满汉对译。有观点认为，“‘wehei- 石头的’‘bei- 碑’汉文音译，此次显然来源于汉文，而且是以满、汉文混杂的形式组合，显示了满文初创时期的组词特征：满文外壳体系，内容尚未脱离汉文——中心词以汉文音译，辅之以满文词作为修饰语。”① 这一对译来自天聪四年（1630）的《大金喇嘛法师宝记碑》。

的确，顺治满文传记性碑文带有首题的碑文基本都使用了“XXX ibei/ beibithe”（某人之碑 / 碑文）的形式，然而《增订清文鉴》和《五体清文鉴》中却没有“bei”（碑）这一词条，“bei”仅是“碑”这一字的汉语注音而已，也间接证明了这一观点。只是，“碑”之对译所代表的不仅仅是语法上的特征与变化。

表 3　顺治朝满文传记性碑文所录满汉文“碑”

题　名	满　文	汉　文
一等阿思哈哈番巴尔达奇碑文	weheibei	贞　珉
二等精奇尼哈番谥敏壮哈三碑文	beiwehe	贞　珉
定南王孔有德碑	beiwehe	丰　碑
多罗恭惠郡王碑文	weheibei	石
噶达洪碑	aisinwehe	贞　珉
和格诰封碑	bei	碑
和硕武肃亲王碑文	aisinwehe	金　石

首先，尽管都是顺治朝的碑文，其对“碑”或者与“碑”具有相同含义的“贞珉”等对译不尽相同，如同样都是“贞珉”，《一等阿思哈哈番巴尔达奇碑文》用“weheibei”（石碑），《二等精奇尼哈番谥敏壮哈三碑文》用“beiwehe”（碑石），而《噶达洪碑》则用“aisinwehe”（金石），其翻译方式没有固定，而同样是“beiwehe”（碑石），《二等精奇尼哈番谥敏壮哈三碑文》所对应的是“贞珉”，

① 江桥：《关于满文文献现存状况的调查》，中国社会科学院国情调研成果，民族学与人类学研究所，2010 年，第 39 页。

《定南王孔有德碑》对应的却是“丰碑”。这些都表明，“碑”的满汉对译情况较为混乱。

其次，表中所示汉文部分，除“石”和“金石”外，无论是“贞珉”还是“丰碑”均是具有修饰性含义用词。“贞珉”与“丰碑”在本质上一致的，前者是碑石的美称，后者指的是高大的石碑，都不是单纯意义上的碑，而有了美化颂扬的含义。而其所对应的满文无论是“weheibei”还是“beiwehe”，都只是“石碑”或“碑石”，甚至用“aisinwehe”（金石），都是确指实物本身，而无“美好的”等修饰之义。由此可见，此阶段的满语与成熟的汉语相比，非常质朴。

除了与汉文碑文进行比较外，将顺治朝时所用满文与后来者进行比较，也可以很明显地看出满语文早期较为质朴这一特点。在《御制增订清文鉴》中，“碑”所对应的满文词为“eldenggewehe”。具体解释为，“bithefolofiilibumesidahawehe be，eldenggewehesembi，hafanijergiilhi bi，ememuu julaha ambanbolgohafasa de ejenigalaiarafiiliburengge bi.”[①] 此段为摛藻堂所藏《四库全书荟要》版本，可译为“把刻有（碑）文的竖石叫作碑，有官员等次（之分），（为）一些首辅纯臣肱骨之臣所制”，其中“eldengge”意为“有光的”。在同样都是由朝廷颁发、给有一定身份之人所立之碑，“eldenggewehe”（发光之石）与顺治时期直接用“beiwehe”（碑石）、“weheibei”形成了鲜明的对比。

本文介绍了顺治朝同一人物豪格两通传记性碑文的版本信息，特别对立碑情况进行了探讨，同时从形式、内容和语言 3 个方面对这两通碑文的满汉文文本进行了比较性研究。首先，从碑刻文献材料的角度出发，考察了顺治朝传记性碑文的形式变化与发展。顺治朝是清朝传记性碑文或其所对应的诰敕等文书发展的初始阶段，这一阶段的碑文经历了“成式”的无到有，而“成式”的书写也是在顺治十年（1653）得到了具体的规定。如纵观清朝传记性碑文可见，许多顺治朝的起句格式等在后世仍得以应用。其次，碑文的内容与其写作背景息息相关，而豪格的两通碑文则是与清初确立皇太极继承人、入关后多尔衮摄政及顺治帝亲政等一系列的复杂政治斗争有着密切的关系，前后碑文内容的变化直接反映了其政治背景及顺治帝心态的转变。不仅如此，由于碑文忠实地记载了当时满语文的使用情况，其使用趋于规范、用词质朴等特征也得以于碑文中略窥一斑。

附　录

表 4　《和格诰封碑》与《和硕武肃亲王碑文》满汉文碑文对照

序号	和格诰封碑	和硕武肃亲王碑文
01	－（首题）	hošoihoronggofafunggacinwangnibeibithe.
	－	和硕武肃亲王碑文
02	－（起句）	gurunbooi gung be tukiyere. erdemu be wesihulere de，uju de ujuniyaman be ujenobuhabi. unenggidoroijalinhūsuntucime. gung be iletuleme ［ ］ ci，bisire de wesihunjergi，jiraminfunglu be isibufi. iletulemealgimbumbi. akūohodebeiil ibumesaingebubufitemgetulemetutabumbi. ereumesiamba kooli.gungwesihunbi mešangisibuha.akdunbimenenemekenehunjehengge be aihendure.
		国家纪功崇德。首重懿亲。苟能宣力王室。著有勋劳。高爵宠禄。以光耀于生前。丰碑美谥以流传于殁后。典至钜也。况有功高不赏，信反见疑者哉

①（清）傅恒等：《御制增订清文鉴》，《景印摛藻堂四库全书荟要·经部·第八二册·小学类》，台北：世界书局，1988 年，第 229 页。

续表 1

序号	和格诰封碑	和硕武肃亲王碑文
03	hūwangdihese.	–
	勅谕	–
04	hošoifafunggacinwanghoogesi	hošoihoronggofafunggacinwanghoogesi.
	和硕肃亲王和格尔系	和硕肃亲王合格系
05	dergitaidzuhoronggoenduringge hūwangdiomolo	–
	太祖武皇帝孙	–
06	taidzunggenggiyenšuenduringge hūwangdiahūnggajui.	taidzunggenggiyenšuhūwangdiahūnggajui， mini baninahūn.
	太宗文皇帝长子	太宗文皇帝长子。朕亲兄也
07	–	[ ] bodogon defeniyen ci tucihekū. baturuhūsunjalan be elbe [ ].
	–	智略超群。英雄盖世
08	monggoijarutdungkuicahar ordos ijer gigurun be dailara de， babe de cooha be gidahagurun be dahabuha.	monggoijarut，dungkui， cahar， ordos ijergigurun be dailara，
	征剿蒙古加鲁特。东魁。揷哈儿。敖勒多思等国。屡败其兵，招抚其国	其征蒙古贾鲁特。董夔。插汗儿。俄儿多思等国
09	minggurun be dailahaududumudandosi-fi babe de cooha be gidaha.	jaiminggurun be ududujergidaliha.
	征讨明朝。杀败多兵	及征明数次
10	hotonhecen be afameambulagaihaseme hošoifafunggacinwangfungnehebihe.	–
	攻取其城。因晋封和硕肃亲王	–
11	coohiyangurun be umesidahabufitokto buhamudan de dashūwanigalaicooha be gaifi babe de cooha be gidaha，hoton be gaiha.	coohiyangurun be toktobuha，
	平定朝鲜国时。带领左掖兵。数败其兵。攻取其城	平定朝鲜
11	mergenwangniemgišanahaifurdan de，liodzeiorin tumen cooha be efulehe，minggurunidzungyuwani babe baha.	šanhaifurdan de dosifiliodzeiorin tumen cooha be efulehejergimudan de jabuha.
	同墨儿根王入山海关。破流贼兵二十万。平定中原	入山海关破流贼兵二十万
12	–	gung be ejehebei de getukenejehabu.
	–	诸功前碑载之详矣
13	ijishūndasaniilacianiyageliambacoo hagaifisycuwanigolo de genefihūlha be geterembufibanabe toktobuha.	ijishūndasaniilacianiya，ambacoohagaifi，sycuwan de genehemudan de
	顺治三年。又领大兵入四川剿荡贼氛。平定地方	顺治三年。率领大兵往征四川时

续表 2

序号	和格诰封碑	和硕武肃亲王碑文
14		coohašansigolode isinamejaka，hanjungfuikabuha be ilihaisuhe，harang-gajeo，hiyan be gemudahūmegaiha.sanjai šan，jangg'u loo ijergibaiilan-alinišancin be efumegaiha. gerenšancin be gemudahabuha.holodzungbing，fujijang，ts'anjijang，iogici fusihūn emu tanggūjuwanjuwehafan be da-habuha.cooha，niyalma der semedahaha. šansi de tomohofudarkahūlha be fungcebuhekūgeterembuhe.
		兵至陕西。立解汉中府之围。所属州县尽为恢复。攻克三寨山。张阁老崖等处山寨三座。各寨俱归招抚。击败水陆马步兵二十二次。追杀八次。招抚伪总兵副将参游击以下官百十二员。士卒翕然就降。而陕中所窟叛贼扫荡无余焉
15		badaiwang，janghiyanjungni emu tanggūgūsinninggunying be efulehe.jang hiyanjung，jai holowang，siyūnfu，dzungbingnijergihafan be juweming gan ilantanggūfuncemewaha，morinloosaton akūbaha.erdemuigūnin be bada rambumeselgiyefi. bithecoohaihafasa be juwetanggūgūsinsunja，moring gajafahacooha be ninggunmingganuyuntanggūuyun ［juwan］［func］emedahabuha.sycuwan be umesitoktobuha. ereamba gung de giyaniujuišang wasibuciacambuhe.
		又复入川攻克内江县。击破八大王张献忠一百三十六营。遂斩张献忠及其伪王巡抚总兵等官二千二百有奇。俘获马骡无算。广宣德意。招徕文武官二百三十五员，马步兵六千九百九十有余。四川大定。建此奇功宜应上赏
16	bederehemanggi，mergenwangdoro be ejeleheucuri，fiktutucibumeweilearafi urirejakade，ergelebufibederehe	mergenwangdoro be alifi，sinijecen be neime babe badarambuha gung be gidafi，gelihorifiergelemehafiramegosihonisiburejakade. doloriakamekorso hoibederehe.
	旋师值墨儿根王专政。诬捏事端而拘禁之。遂尔自终	墨勒根王摄政。掩其拓疆展土之勋。横加幽囚。迫胁之惨。忠愤激烈。竟尔沦亡
17	bisini sui akū babe safialimbaharaūna samegūnime.	bi gala bethei ［jurgan］be［ ］，alimbaharakū
	朕念尔无辜不胜痛悼	朕念手足之谊。不胜凄怆
18	inekuhošoifafunggacinwangsemeam camefungnefi，jaka be šangnisemeeifui falanibeiilibuha.	f［ ］ ne［ ］ dasan be alihamanggi. uthaibeiilibuha.damuamcamegebu bure，kesišang o［ ］bureundebihe.
	仍追封为和硕肃亲王。因立碑墓前。垂知后世	亲政后。即令树立贞珉。但谥号赏赉尚阙焉未举
19		tecohomenenehe gung be feteme，wangnierdemuyabun be temgetuleme，babe badarambumejecen be neihe. mangga be efulemefudaraka be gidahase mecohomehoronggo sere gebubufi.amcamehošoihoronggofafunggacinwang［ ］［ ］［ ］kesiisibuha.
		今特重叙前绩。以标王之德业。辟土斥境。折冲御侮。特谥曰武。追封为和硕武录亲王。加以厚赉。
20	–	ai，mini amcamenasaragūninnakaciurunakūofi. tuttuemke gung be algimbu hatondojurgan be temgetuleme. mininiyaman be jiramilara，gung de karu laragūnin be iletuleme.aisinwehe de folofimohonakūtutabuha.
	–	呜呼！朕追思痛悼。弗能自已。故表尔大功。扬尔忠义。昭朕笃亲酬庸之意。勒之金石。用传不朽云
21	daicingguruniijishūndasanijakūciani yašahūngūlmahūnjakūnbiyaisainineng giilibuha.	ijishūndasanitofohocianiya，uyūnbiyaiorinninggun de ilibuha.
	大清顺治八年岁次辛卯八月仲秋吉旦立	顺治十五年九月二十六日立

美国哈佛燕京图书馆藏《圣经》蒙文译本简介

乌兰巴根

摘　要：随着基督教在蒙古地区的传播，传教士和教民曾经翻译出版了大量的蒙文基督教经书，其译本现藏于世界各地。作者有机会接触到美国哈佛大学所藏《圣经》蒙文译本15种，经对比发现，其中1种为1872年在北京完成的译本，其余14种均为20世纪初在上海重印的1840年和1846年分别在俄罗斯和英国出版的《圣经》旧约和新约蒙译本的若干篇章，窃以为蒙文文献之特殊一类，故是特撰此文略做评介。文中除了从版本属性、版式和字体等方面对所见15种印本进行介绍外，还依据前人研究成果，对早期《圣经》蒙译历史做了简单叙述。文末指出从宗教学和文献学角度研究蒙古族基督教史和基督教经籍蒙译本的重要性。

关键词：哈佛燕京图书馆；《圣经》；蒙译本

一

美国哈佛大学哈佛燕京图书馆藏有一批蒙古文文献资料，目前所得总共32种，按照内容可分佛教典籍、基督教《圣经》译本、儒家经典、政论、史籍、词典、习语读本、启蒙读物等八类。

（一）佛教典籍

《钦定金刚经》，1套，刻本，藏号：TMO 1818 8724

《御制满汉蒙古西番合璧大藏全咒》，88册，影印，藏号：TMO 1803 6787

——《御制满汉蒙古西番合璧大藏全咒》

——《钦定同文韵统》

——《御制满汉蒙古西番合璧阿礼嘎礼》

——《读咒法》

（二）基督教《圣经》译本

《创世纪》，1册，铅印，上海，1932，藏号：TMO 1977.21 1932

《出埃及记》，1册，铅印，上海，1933，藏号：TMO 1977.22 1933

《箴言》，1册，铅印，上海，1921，藏号：TMO 1977.37 1921

《约拿》，1册，铅印，上海，1913，藏号：TMO 1977.492 1913

《马太福音书》X，1册，木刻，北京，1872，藏号：TMO 1977.62 1872

作者简介：乌兰巴根（1981~　），中国社会科学院中国边疆研究所助理研究员，主要从事蒙古文献、满文文献以及清代历史研究。

《马太福音书》B1，1册，铅印，上海，1929，藏号：TMO 1977.62 1929

《马太福音书》B2，1册，铅印，上海，1933，藏号：TMO 1977.62 1933

《马可福音书》B1，1册，铅印，上海，1929，藏号：TMO 1977.63 1929

《马可福音书》B2，1册，铅印，上海，1933，藏号：TMO 1977.63 1929

《路加福音书》A，1册，铅印，上海，1900，藏号：TMO 1977.64 1900

《路加福音书》B，1册，铅印，上海，1933，藏号：TMO 1977.64 1933

《约翰福音书》A，1册，铅印，上海，1900，藏号：TMO 1977.65 1900

《约翰福音书》B，1册，铅印，上海，1929，藏号：TMO 1977.65 1929

《使徒行传书》A，1册，铅印，上海，1902，藏号：TMO 1977.67 1902

《使徒行传书》B，1册，铅印，上海，1933，藏号：TMO 1977.67 1933

（三）儒家经典

《四书》，20册，刻本，藏号：TMO 856 2604

（四）政论

《蒙汉合璧圣谕广训》，4册，铅印，藏号：TMO 4661.81 1131

《三合吏治辑要》，1册，刻本，藏号：TMO 1685.2 0263

（五）史籍

《蒙古源流》，2册，抄本，藏号：TMO 2701 437

（六）词典

《四体合璧文鉴》，11册，刻本，藏号：TMO 5805.05 6787

《三合便览》A，12册，刻本，藏号：TMO 5805.01 3624a

《三合便览》B，12册，刻本，藏号：TMO 5805.01 3624b

《三合便览》C，12册，刻本，藏号：TMO 5805.01 3624c

《蒙文晰义》，4册，刻本，藏号：TMO 5805.07 3892

——《蒙文晰义》

——《蒙文法程》

——《便览正讹》

——《便览补遗》

《蒙文汇书》，36册，写本，藏号：TMO 5805.05 4025

《蒙汉满三合》，12册，石印，藏号：TMO 5805.05 4022

（七）习语读本

《初学指南》，2册，刻本，藏号：TMO 5161 3624

（八）启蒙读物

《满蒙合璧三字经注解》五云堂，4册，刻本，藏号：TMO 5161 1132.3

《满蒙合璧三字经注解》三槐堂，4册，刻本，藏号：TMO 5161 1132.3a

《新译蒙汉千字文》，1册，刻本，藏号：TMO 5161 2434

根据广西师范大学出版社与哈佛大学图书馆签订的协议，该社将这批文献编为专辑《美国哈佛大学哈佛燕京图书馆藏蒙文文献》，作为哈佛燕京图书馆文献丛刊第十种，已于2015年3月影印出版。此次编印，由于版本重复，从32种文献中剔除了《马太福音书》B2本、《马可福音书》B2本、《三合便览》A、C二本及《满蒙合璧三字经注解》三槐堂本等5种，最终印了27种，共编为13辑，68册。新版卷首有前言、总目及单册目录，皆用蒙、汉两种文字。笔者作为主编之一，完成了前言的撰写、目录的编排等工作。

27种文献中，除了《御制满汉蒙古西番合璧大藏全咒》《蒙文晰义》和《满蒙合璧三字经注解》过去再版过外，其他24种基本上都是成书以来首次再版。尤其基督教《圣经》各篇章的译本、《四书》译本、《蒙古源流》塔清阿本及各种词典的出版，将对该领域或该议题的深入研讨很有裨益。

基督教《圣经》的蒙译本（第37、38两册）几乎是首次公开出版的，这是本次出版项目新奇的一面，笔者以为意义非凡，所以想在此专门做一个评介。

二

哈佛燕京图书馆藏品中，基督教《圣经》篇章的蒙译本，共15种，15册，除了一种是刻本之外，其余14种都是铅印本。

唯一一种木刻本是《马太福音书》的蒙译本，即上揭列表中的《马太福音书》X，藏号：TMO 1977.62 1872。察其版式，双线版框，版口下部汉字标注页码，左半页版口近处蒙文标篇名和章次、页码，每半页10行字。文中数字借用蒙藏历算数字。该书卷末附一简短的跋文：

Iyisüs-ün baγuju törögsen-ece nigen mingγan naiman jaγun
dalan qoyaduγar on büged
Bürintü jasaγci-yin arban nigedüger on caγan sar-a-dur
neyislel qota-yin em-ün öglige-yin küriyen-dür
mongγol kelen-iyer orciγulun tegüsbei.

汉译：

耶稣降生一千八百七十二年暨同治十一年正月，于京城慈善药馆以蒙古语翻译完成。

1872年在北京的慈善药馆可能就是基督教某教会办的药馆，译者想必在慈善药馆居住，或为其职员。译者并未署名，所以有关他的身世需要进一步发掘史料。

其余14本在封面内侧都用英文标注“BRITISH & FOREIGN BIBLE SOCIETY”（英国及海外圣经公会）和“SHANGHAI”（上海）字样，可知这些译本都由该会主持在上海印行，察其印行年份，最早的是1900年，最晚的是1933年。这些《圣经》蒙文译本具有非凡的来历。

据英国知名蒙古学家 C.R. 鲍登研究成果，《圣经》蒙文翻译始于沙皇俄国境内，由摩拉维亚教会和伦敦布道会传教士各自完成。

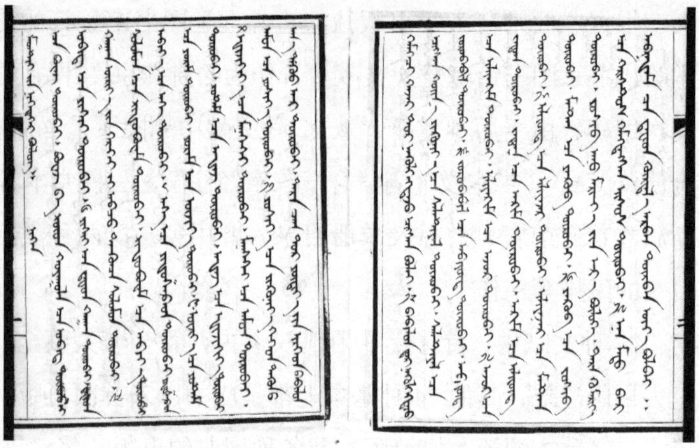

图 1　1872 年版《马太福音》第 2~3 页

最初，19 世纪初以前，在俄罗斯萨莱普特地区传教的摩拉维亚传教士开始用卡尔梅克语翻译《圣经》部分篇章，据鲍登讲，他们的翻译可能不是逐句逐字的翻译，而更像是转述《圣经》内容。1808 年，英国及海外圣经工会资助他们从事《圣经》翻译活动，他们当时聘请学者 I.J. 施密特翻译《圣经》。施密特从 1809 年开始着手翻译《圣经》中的旧约部分，1815 年，施密特在圣彼得堡出版了卡尔梅克语《马太福音》，1817 年再版该本，书的装订和开本跟第一版有所不同，采用了散页装，以适应蒙古人传统的佛经装潢方式。1817 年，从布里亚特前来 Badma 和 Nomtu 二人，协助施密特翻译《圣经》，其中施密特从俄文《圣经》译成卡尔梅克语，Badma 和 Nomtu 将他的译本转写成蒙古文。施密特的翻译小组翻译《圣经》旧约和新约各个章节，到 1827 年出齐了卡尔梅克语和蒙古文两种译本。

就在施密特小组在圣彼得堡翻译《圣经》的同时，英国传教士 Cornelius Rahmn 也将《圣经》译成卡尔梅克语，然而他的翻译中途停止，而且译稿未能留存。

除了以上两组译经活动之外，当时更为重要的翻译活动在沙俄西伯利亚地区的色楞格地区展开，译者是英国伦敦布道会传教士 William Swan 和 Edward Stallybrass 二人。二人起初于 1834 将《创世纪》蒙文译本在色楞格城出版印刷①，从 1835 年开始，旧约各个篇章在 Khodon 河畔的传教站出版，到 1840 年时旧约各篇出齐。按照当时的俄国圣议会的规定，旧约各篇的蒙译稿需送审查委员会审阅，当时负责审阅译本的是曾经在圣彼得堡翻译出版《圣经》的施密特。新约部分于 1846 年在伦敦出版印刷②。

据其他学者研究，William 和 Edward 二人翻译所依据的底本不是俄文《圣经》，也不是英文《圣经》，而是希伯来语《圣经》和希腊语《圣经》③。

William 和 Edward 的翻译后来由英国海外圣经公会多次出版，中间也有修订译文。大约 1877 年，再一次出版了 1846 年的新约，该版起初由 Edward Stallybrass 本人重校，后来由俄国学者 A.M.Pozdneev 负责校对④。

①C.R.Bawden，Shamans，Lamas and Evangelicals. *The English Missionaries in Siberia*. Routledge & Kegan Paul. London，1985，P. 16.

②C.R.Bawden，Shamans，Lamas and Evangelicals. *The English Missionaries in Siberia*. Routledge & Kegan Paul. London，1985，P. 280~281.

③Patrick Taveirne，Han-Mongol Encounters and Missionary Endeavors. *A History of Scheut in Ordos*（*Hetao*）. 1874~1911，Leuven University Press，2004.

④C.R.Bawden，Shamans，Lamas and Evangelicals. *The English Missionaries in Siberia*. Routledge & Kegan Paul. London，1985，P.358.

哈佛大学藏品 14 种《圣经》译本就是上述两位英国传教士的作品，应该是 1877 年左右重校本的再版。鲍登在书里面用插图方式影刊《创世纪》1833 年和 1840 年版的各一页，作者将其跟哈佛藏品中的《创世纪》相关页面比对，发现尽管版式有所不同，但文字内容一一对应。1877 年重校本可能对原译本未加大改。

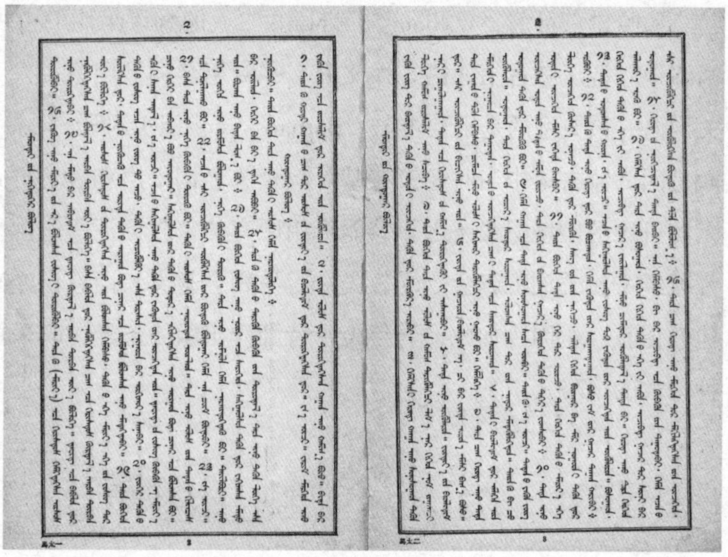

图 2　1929 年版《马太福音》第 2~3 页

纵观上海各印本版权页，发现某些译本存在两种不同的本子，其一种各标注“in Classical Mongolian”字样，另一种则各标注“Revised”字样。Revised，意谓修订；in Classical Mongolian，意谓古典蒙文。两种本子互相对照发现，注为“古典蒙文”的本出版得早，注为“修订”的本出版得晚，前者为后者的初本，后者是前者的修订本。可知 5 种书的蒙译本都曾有过初本和修订本，我们把带有“in Classical Mongolian”字样者标作 A 本，带有“Revised”字样者标作 B 本。

《马太福音书》《马可福音书》各有两种印本，4 本封面内侧用英语标注“Revised”，考其版本，都是同版再印，文字内容没有差异，只是年份印刷不同，因此我们各标号 B1、B2 以区别。《路加福音书》《约翰福音书》《使徒行传书》三书各有两种，其一种各标注“in Classical Mongolian”字样，另一种则各标注“Revised”字样。也就是说，在哈佛藏品中《马太福音书》和《马可福音书》未见初本，却各有两种修订本；《路加福音书》《约翰福音书》《使徒行传书》三书则各同存初译本和修订本。

《马太福音书》《马可福音书》二书修订本各曾同版再印，表明上海地方曾经不止一次印刷发行。

再察各本版式：《创世纪》《马太福音书》《马可福音书》《路加福音书》《约翰福音书》《使徒行传书》等书，双线版框，框前标写章回次序，框底用汉字标注章次，用阿拉伯数字标注页码，每半页 17 行，文中数字悉用藏蒙佛教历算数字；《约拿》，双线版框，框前标写章回次序，框底用汉字标注章次，用阿拉伯数字标注页码，框的上部标注贞码，用蒙藏历算数字，每半页 12 行，文中数字悉用藏蒙佛教历算数字；《箴言》，双线版框，框外两侧标写章回次序，框底用英文标注章次，用阿拉伯数字标注页码，框的上部标注页码，用蒙藏历算数字，每半页 12 行，文中数字悉用藏蒙佛教历算数字；《出埃及记》，正文第一页版框内嵌花纹版框，且分上下二栏，上栏标写篇名和章次，其余各页双线版框，每页框内正文右侧标写章次，版框上部标注页码，借用蒙藏历算数字，正中数字也用蒙藏历算数字，每半页 24 行。比诸鲍登书所刊 1840 年《创世纪》插图，发现哈佛所藏的《出埃及记》版式跟它如出一辙，笔者臆测哈佛藏品可能是 1840 年旧约印本的重印。

文字特点：上海印本承其祖本，皆用铅版活字印刷。19 世纪《圣经》蒙译本的铅版活字印刷是世界上最早使用的蒙文活字印刷，其字体虽然沿袭蒙文木刻字体的风格，但字头挺直，字体小而精，规范地使用识点。这个特点对后世蒙古国的铅版印刷影响很深，而有别于内蒙古地区的蒙文铅版活字字体。

从哈佛藏品看，William 和 Edward 二人的翻译采用蒙古古典书面语，行文流畅，能够反映出他们精练地掌握了蒙古书面语。译文中有些专用名词借用蒙古人习惯的佛教术语来对译基督教经文中的相关词语，最典型的是用蒙古语“Burhan”（佛祖）对译“God”（上帝），类似例子还有很多。这一方面是因为蒙古语中当时还没有基督教相关名词术语和表达方式，教士翻译《圣经》时无可避免地面临无词可用的困境，无奈之下只能借用原有的宗教词汇——佛教术语；另一方面，借用佛教用语表达基督教经文相关词汇，会令受教民众容易领会教义，而且讲经布道当中能够达到一气贯通的效果，易于他们传教。正因为如此，当年施密特翻译出版《圣经》时采用了类似佛教经卷的三页装形式。这是一种传教的策略。

三

基督教在蒙古人当中传播，早在蒙元以前就有。蒙古克烈、乃蛮、汪古等部早在成吉思汗统一蒙古之前就已经接受基督教的一个派别——景教。对于景教在蒙元时代的传播及其遗迹，前人已经有了很多研究成果，也有人专门梳理了这些研究成果[①]。

后来由于蒙古汗国的衰弱和中亚蒙古人、突厥人的伊斯兰化，蒙古本土上的景教逐渐与西方基督世界失去联系，最终销声匿迹。仅存的遗韵几乎失去了宗教的本色。

19 世纪初开始，随着西方列强的东进，西方宗教界开始广泛关注东方各国的传教空间，西方各国的基督教各派纷纷派出传教团，开始在东方各国开展传教活动，给东方带来了新的宗教生活。在广大的蒙古地区和蒙古的各个分支当中，首先受到基督教影响的是卡尔梅克人和布里亚特人。到 19 世纪初时，卡尔梅克人和布里亚特人早已成为沙皇俄国的属民，俄罗斯文化的影响渗透到他们生活的各个领域，宗教生活自然不例外。除了沙皇俄国强力传播东正教之外，西方各国的传教士也不止一次光顾卡尔梅克和布里亚特地区。前述伦敦布道会教士前来西伯利亚传教译经，就是英国该会与沙皇之间的宗教合作，是沙皇亚历山大一世特许英国传教士前往西伯利亚传教的。英国传教士的活动从 1918 年到 1840 年，由于亚历山大一世的去世和沙俄圣议会排斥外国传教士，1840 年英国传教活动遭到禁止，各地传教士被迫回国。在短短 30 年里，英国传教士及施密特等人成功将《圣经》译成蒙古文，包括卡尔梅克语和古典蒙古文，其结果是传教士出于印经的需要率先使用了蒙古文（包括卡尔梅克人用的托特文和其余蒙古人用的古典蒙古文即畏兀儿体蒙古文）铅版活字印刷技术。这无疑是一个跨时代的创举，对蒙古文化的影响是深远的。

如果说 19 世纪俄国和英国的传教士在卡尔梅克和布里亚特地区传教译经是从北方或者从西方吹来的基督之风的话，那么 18 世纪以来在内蒙古地区传教的比利时、法国等国的传教士带来的无疑是从南方吹来的基督之风。天主教在内蒙古的鄂尔多斯、土默特、察哈尔、昭乌达等地区，先后设立教区，派驻传教士。关于近代内蒙古地区基督教传播史，已有数人发表或出版了论著[②]。随着该地区传教活动

① 乌恩：《基督教在蒙古族中传播的若干问题》，《蒙古学信息》2003 年第 2 期，第 22~29 页。
② 房建昌：《内蒙古基督教史》，《内蒙古师范学院学报》1989 年第 1 期；宝贵贞：《蒙古民族基督宗教史》，北京：宗教文化出版社，2008 年。

的发展，后来译经印经活动也逐渐开展起来。据《中国蒙古文古籍总目》著录，察哈尔商都马群旗的教会出版了不少《圣经》篇章蒙文译本①。从主持译经印经的教会组织看，除了上述英国及海外圣经公会之外，也有瑞蒙宣道会（Swedish Mongol Mission）、中华圣经会（China Bible House）等近代传教的重要组织。翻译出版的基督教经书的种类和数量也是比较客观的，因此可以说当时察哈尔地区成为一个译经印经的中心。当时察哈尔地区印经所用的是内蒙古人自行创制的铅版活字印刷技术，虽然其技术范畴跟19世纪以来圣彼得堡印经所用铅版活字技术相同，但是其字体风格并不一样。

过去研究基督教在蒙古的传播，主要关注传教活动，不太注重《圣经》的蒙译问题。其实，基督教《圣经》翻译是基督教在蒙古传播的重要一面，也是相关研究课题中的一个重要问题。基督教在蒙古地区传播过程中，产生了一批圣经蒙文译本，而且形成了一些译经、印经的中心。所存各种文本，不仅有《圣经》译本，也有传教布道所用的各种宗教知识普及读物，数量可观，种类繁多。

如今哈佛所藏上海印本业已面世，为研究者提供了一些资料。学界可以借此深入研究基督教传蒙历史以及相关经书翻译问题。然而，哈佛藏品仅有上述15种，该15种即使是很好的译本，但对基督教《圣经》蒙译本的存世量而言，只是冰山一角，仍有大量的基督教经书蒙译本分藏于世界各地，静候有志者发掘和研究。

以笔者管见，今后研究基督教经籍蒙译本，首先要从以下几个方向投入学术力量：

其一，查阅世界各地藏书机构的藏品，发掘所藏蒙文译本，做一个世界基督教经籍蒙译本联合目录。

其二，投入学术资源，出版各种蒙译本，供学界研究、利用。

其三，积极与基督教研究界交流，力推基督教经籍蒙文译本研究作为蒙古学研究的一个问题领域，注入研究力量。

总而言之，笔者以管见所得评介哈佛所藏《圣经》蒙译本，虽然不免有些浅薄，却意在抛砖引玉。基督教传播在蒙古人中，为蒙古人的宗教生活增添了新的活力，引发了一轮新的译经、印经热潮，而且对蒙古文化事业的发展深有影响；基督教经籍蒙译本的存世，是基督传播蒙古地区的有力见证，也是世界宗教文化遗产的一部分。这一切告诉我们，应该从宗教学和文献学的角度对蒙古族基督教史和基督教经籍蒙译问题进行深入研究。

①《中国蒙古文古籍总目》，北京图书馆出版社，1999年，第958页。

独具一格的彝书“卷册装”

黄建明

摘　要：“卷册装”是彝文古籍一种独特的装帧方式。彝书“卷册装”与汉书“卷轴装”有一定的区别，卷册装把纸装订成册后将书卷成卷；卷轴装把长卷纸一头稳定在卷轴上卷起来。在不同的彝区，卷册装的装帧方式也略有不同。从形制角度看卷册装，大体可分为“云贵型”和“凉山型”。文章对各地彝书卷册装中的“有底无面”“有底有面”“锁边式”“简装”等不同的装帧形式做逐一分析。

关键词：彝文献；卷册装；研究

具有悠久历史的汉文古籍，版本与装帧形制极为发达。其装帧方式有简册、帛书卷子装、纸书卷轴装、经折装、梵夹装、旋风装、蝴蝶装、包背装、线装、毛装等，几乎囊括了人类书籍的所有装帧方式。彝文古籍源远流长，但装帧形制却略显简单，与汉文古籍相同的装帧方式只有卷册装、经折装、线装、毛装。但彝文古籍“卷册装”的装帧方式是汉文古籍中所没有的。其他民族古籍中也未发现，可谓独具一格。

彝语中无“卷册装”相应的专业术语。为了叙述方便，笔者将这种装帧方式命名为“卷册装”。原因是这种装帧方式把若干页纸张装订成册，不阅读时将书卷成筒状进行存放。这种卷册方式与汉文古籍的卷轴装不同，卷轴装是以轴为中心，将一纸长卷卷成筒状，“卷册装”是将散页装订成册，卷成筒状进行收藏。根据卷册的特点将其命名为“卷册装”。

彝书“卷册装”又因地域的不同，其使用的材料和装订方式也略有差异。总体来看，彝书“卷册装”大体可分为“云贵型”和“凉山型”两种。

一、云贵型

“云贵型”即指流传于云南、贵州彝区“卷册装”的装帧形式。云南、贵州的大部分彝族居住在海拔 2000 米以下的山区，社会经济发展在当地处于中等水平，历史上与汉文化接触较早，其文化已深受儒家文化的影响。云贵彝区由于经济相对发达，彝书制作也较为精美与厚重，装订形制承载着更多的文化。与汉文古籍一样，部分彝书已有了书写者或藏书者的印章，署有作者或抄写者的姓名，记有成书年代等信息。

作者简介：黄建明（1954~　），中央民族大学少数民族语言与古籍研究所教授，主要从事少数民族古籍文献研究。

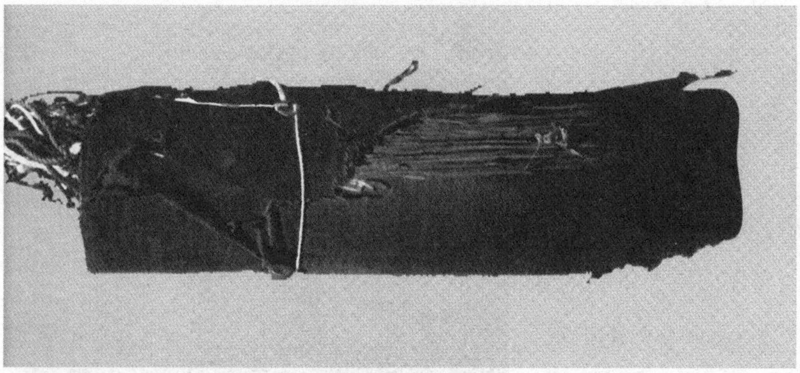

卷起来保存的卷册装

卷至末端的卷册装

刚开卷的卷册装

半开卷的卷册装

开卷的卷册装平面图

云贵型卷册装的页面为横长型。从左侧装订，书写从上至下，移行从左至右。

“卷册装”标志性的特征是用作护封的封底面料长于内页一大截，以宽裕布料部分护住内页。封底尺寸的大小、长短取决于内页的尺寸的大小。内页越厚，封底也越长。

“卷册装”封底的右边订有用于捆扎书的线。线头拴有铜板或木条或骨条做别子。“卷册装”收藏时将书从装订处由左至右卷成册，用订在封底的线绕两三圈，然后用别子稳固在绳线上。开卷时从相反的方向打开。

“卷册装”的护封材质为麻布或棉布。其中麻布最为常见。原因是彝区自产麻布，而且麻布比棉布厚实、耐磨。

“卷册书”外表虽未标出书名，但藏书者从外观也能轻易地识别出每一本书，取书时不至错乱，其原因是每一卷书装订的细部都有稍微的差别。

虽同为“卷册装”，但在装帧的用料、装订方式等都略有不同。从总体来看，其装帧方式有以下类型：

（一）有底无面的“卷册装”

有底无面的“卷册装”是彝书中最普遍的装帧方式。其特征只有长长的封底，没有封面。在使用过程中，将封底卷起来，以底代面，底面面料起到对内页的保护作用。有底无面的“卷册装”开卷即可一目了然，能清楚识别内页的书名或目录，具有节省布料、携带方便的特点，因而深受历代彝族人民的喜爱。

（二）有底有面的"卷册装"

这种装帧方式既有封底，又有封面，其形式为底长面短。封面布料的尺度略小于封底的长度，也无内页纸张大，这样卷书时书口才显得整齐。事实上，彝书"卷册装"的封面显得多余。首先，册书卷起来后，封底已起到了对内页的保护作用。二是卷书时已将封面卷在内层。坚硬的麻布卷在里面，反而卷书时极为不便。三是造成布料的浪费。但是"卷册装"有了封面以后略显档次。因而，尽管人们知道封面的多余甚至缺陷，仍然会装订上一块布料做封面。

二、凉山型

"凉山型"指流传于彝语北部方言区大小凉山的彝文古籍装帧方式。大小凉山由于社会封闭，与外界社会接触与交流时间较晚，包括民族古籍在内的彝族文化保持着原生状态。大小凉山生存自然环境条件差，经济发展滞后，由此，相较以云贵彝书，其装帧也比较简陋。

大小凉山彝文古籍每卷书的页数较少，再加纸质较薄，因此在感观上，卷书显得较为单薄。

大小凉山毕摩经籍由于形制细长，册页面积较少，绝大部分卷书的脊背装订线上都有竹片或木片，装订时以锁边方式将竹片与书脊连订为一体，起到书籍装订的稳固作用。大小凉山彝文古籍由于页数少，厚度薄，装订不易稳固，因此，才加硬质的竹片或木片来稳固装订。而云贵彝文古籍内页厚实，不加竹片或木片也能装订稳固。因此，云贵彝区的彝文古籍少有加竹片或木片做稳固物现象。

大小凉山的彝文古籍多为"裸书"，很少有布料做封面。即便有也是较薄的白色布料，从感观上书卷同样显得单薄。为了解决"裸书"小而不易的收藏与保护问题，大小凉山彝区的每一卷书都加一个细长的白色布袋，将书装在袋子中进行存放。

云贵彝书与大小凉山彝书从直观上有着明显地域特征。云贵彝区的彝文古籍为长宽型，宽度略长于高度。而大小凉山的彝文古籍为短宽型，其宽度在高度一倍以上。

无论是云贵“长宽型”的彝书，或是大小凉山“短宽型”的彝书。皆为“卷册装”。平时都将书卷起来进行保存。

汉文书籍称“卷”，是由“卷轴装”演变而来，尽管后来的“卷轴装”，变成了“册”或“本”，但仍然以“卷”为量词单位。如“毛选五卷”。而彝书量词仍称为“卷”，是名副其实的“卷”书。

千年不变的彝书“卷册装”，除彝族对传统文化的尊重与继承而外，与所处的自然环境有关。

彝族大多居住在中国西南地区的高寒山区，这里雨水充沛、空气潮湿，对彝文古籍的收藏与保护中的防潮问题造成了困难。

彝族无“藏书楼”类的专业藏书场馆，大多藏在民居内。由于高寒山区气温低，家中四季生火，屋内烟火浓、干燥，这又给彝书保存加湿问题带来了困难。

在这样的环境下，只有将书卷起来进行保存才是最理想的、最现实的办法。因此，各地的彝书才用“卷册装”的方式进行装订，这种装帧方法才从远古一代又一代地传到今天。

论《格丹格言》内容及其哲学思想

吕众林

摘　要：夏孜班钦·索南扎巴在佛教界颇负盛名，是一位学识渊博的宗教大师。《格丹格言》是他在400多年前所著，格言从不同角度分别阐述了智者和愚者两种不同的人物形象，内容丰富、举例鲜明、对比突出。格言中所列举的小故事寓意深刻，体现出深刻的人生哲理，是一部警世良言。在他的格言中，所表现出的艺术手法对藏族文学创作和研究具有重要意义。

关键词：夏孜班钦·索南扎巴；《格丹格言》；内容；思想内涵

一、夏孜班钦·索南扎巴生平简介

夏孜班钦·索南扎巴（1478~1554），出生于安多地区（今甘肃藏区）。索南扎巴16岁出家为僧，从师钦波索南扎西，遂名索南扎巴。[①] 他曾在桑浦尼玛塘及色拉杰两个地方求学，之后又在拉萨哲蚌寺洛色林札仓继续深造学习，主攻密咒。由于他刻苦认真，孜孜探索佛学奥义，最终获得了格西学位。1536年，被认定为藏佛学泰斗——“甘丹赤巴”。

索南扎巴学识渊博，在宗教、历史、文学诸学科领域都有着自己的研究成果和独到的见解。他的著作浩繁，其中如《格丹格言》和《新红史》等著作至今仍有着很高的文学历史价值。

二、《格丹格言》内容简介

《格丹格言》的全名为《智愚辨别论具善格言白莲花束》，是索南扎巴被尊为“甘丹赤巴”后所著。全书共125首，主要为七言四句诗。《格丹格言》的内容均是辨别智愚的论述，每两首为一组，以对比的手法阐述智者和愚者的差别。一般前两句是作者对生活中现实情况的哲理性总结，后两句是借用广泛流传于藏区的民间故事和寓言故事作为前句的譬喻，使哲理更为形象。从《格丹格言》的内容来看，可以将其分为三大部分。

第一部分为一至四首，它从总的方面阐述了智者和愚者的区别。比如格言第二首说：“所谓智者是何意思？就是精通僧俗法理。如同佛言‘世有二规’，愚者也有这些东西。”在格言中作者明确指出是否精通佛法和世俗就是区别智者和愚者的标准。

作者简介：吕众林，洛阳外国语学院教授，主要从事藏学研究。

① 曾国庆，郭卫平：《历代藏族名人传》，拉萨：西藏人民出版社，1996年。

第二部分为五首至一百一十六首，约占全部格言的百分之九十，详细论述了智者与愚者的区别。每两首为一组，利用对比的艺术手法，形象具体地为世人辩证了智愚。在此部分，作者借用了大量故事经典来阐述智愚，主要包括三方面内容。

一是寓言故事。如檀香烧炭、天鹅和乌龟、猴子嘲笑人没尾、兔子和狮子、挂着鹿尾卖驴肉、大象被哄搅池水、掉入染缸的狐狸、大象粪便压狐狸、大鹏自大成座骑、骄傲的狮子背大象、众鸟选王等。这些寓言故事所讲述的内容生动形象，通俗易懂，富含哲理。

二是佛经故事。如乐于施舍的王子、国王舍肉喂夜叉、兔子菩萨舍身记、大象献身救饥民、八脚狮子救国王、七兄弟发誓、九色鹿、团结四兄弟守戒律等等。这些故事主要是宣扬布施、忍耐、智慧等，鼓励众生行善积德。

三是历史人物传说。如文成公主的传说、朗达玛灭法、赤松德赞法王和郭赤桑大臣等。这些故事内容多取材于历史著作，几乎都是藏族家喻户晓的民间故事。

第三部分为一百一十七首至一百二十五首，是对前两部分的总结。例如："智者各种功德圆满，愚者尽是缺点毛病。请看珍宝满足众人，毒蛇只生一切罪愆"。这首诗对智者和愚者所下的结论有一定的片面性，但目的是要教化世人摒弃自身缺点，鼓励世人做智者。再例如："所以对于智愚二者，一定认真加以区别。紧紧依靠如宝智者，坚决抛弃如草愚者"。这首诗从广义上讲，是教化世人要吸取好的道德品质，摒弃不良思想和坏行为，作为总结性的内容来说是可取的。

三、《格丹格言》中的思想内涵

本文将从《格丹格言》中的宗教思想、治学思想、伦理思想等 3 个方面来阐述其蕴涵的丰富哲理。

（一）宗教思想

一般来说，宗教内容在文学作品中往往会占有举足轻重的地位，主要表现为宗教对文学艺术的渗透。纵览藏族文学，我们可以发现：美化佛祖，弘扬教义，成为了藏族文学中的主旋律，即使是佛教思想理念渗透较少的藏族格言诗中，弘扬佛法真谛，鼓励人们皈依佛门，潜心修法，以求解脱，仍然是十分重要的内容之一。[①]《格丹格言》的作者索南扎巴作为一名佛教界的高僧大德，必然会在作品中宣扬佛法真谛，鼓励世人虔心修法，劝导和教化世人。

在《格丹格言》中，索南扎巴大师通过对智愚的判定对佛法进行阐发，旨在规劝世人礼佛修法。如：

所谓智者是何意思？
就是精通僧俗法理。
如同佛言"世有二规"，
愚者也有这些东西。

——《格丹格言》第二首

① 星全成，仁青：《藏族格言诗宗教思想二题》，《青海师范大学民族师范学院院报》2003 年第 2 期，第 1 页。

作者开篇就描述了他心目中智者和愚者的根本区别与界线，他在诗中把“精通僧俗法理”作为区分智者和愚者的实质标准。僧法就是所谓的佛法，以佛法为根本的俗法其实也是佛法。作者以佛教观点阐发，认为精通佛法与俗法的人都是至高无上的智者，佛法俗法两不通的人就是底层的愚者。显而易见，这是在宣扬佛教思想，激励世人潜心修佛。

自唐朝佛教传入并驻足西藏，进而形成“政教合一”统治之后，佛教思想便在各领域各阶层逐渐根深蒂固，成为了人们的精神支柱。有些人皈依佛门，礼佛修法、崇敬大德；有些人贪图享乐、无视修养，甚至做出与佛教教义背道而驰的行为。面对这种情况，格言诗作者们对前者给以赞扬，对后者那种不顾因果业报、亵渎佛法的愚人行径给以严厉的批判。如：

对于今生来世甘苦，
智者重视来世幸福。
修持苦行解脱一切，
得以成佛永远幸福。

——《格丹格言》第十七首

愚者因为犯有罪孽，
所以很快得到恶果。
请看“玛都”烧死“奥桑”，
恶有恶报死于烈火。

——《格丹格言》第一一四首

在藏族格言诗中，“因果报应”是一个非常重要的内容，在许多其他藏族文学作品中亦是如此。作者们把“有因必有果”“因果循环”作为一个贯穿佛教理念的真理，教化世人应多做善事，杜绝恶行，争取早日脱离“苦海”，修成正果。可是毋庸置疑，这种观点也有一定的弊端，它泯灭了人们对现实生活的追求，使很多人终日虔心礼佛，修法不已，从而严重影响了西藏社会的发展。[①] 从另一个方面来看，在藏族格言诗中所说的善恶相报、因果理念中包含了藏族人民传统的伦理思想和道德观念，它对促进社会和谐、维护社会稳定、提高社会公德、提升个人修养起到了积极的作用。

（二）治学思想

在藏族历史上，凡是学识广博的名家，无一不是身披袈裟、寄身寺庙古刹的高僧大德。作为高僧，他们虔心礼佛，潜心修法，苦读经纶，修身养性；作为学者，他们数十年如一日，寒窗苦读、刻苦钻研、潜心治学、勤于笔耕，创作大量经典文学，为世人创造了宝贵的思想财富。他们通过各种文学形式来阐述自己的治学思想，谈论学习理念，以此训示世人，不少文学作品已成为流传千古的至理名言。

学如逆水行舟，不进则退。在《格丹格言》中，作者提倡世人应当勤奋好学，努力上进，反对懒惰、

① 星全成：《藏族格言诗宗教思想三题》，《青海民族研究》1994 年第 3 期，第 81 页。

贪图安逸的行为：

智者修习学问之时，
即使困苦也能坚持。
请看大海远航艰难，
但为取宝心中欢喜。

——《格丹格言》第八十三首

愚者祈福但不勤奋，
不肯学习怎来学问。
请看非商非农之人，
往往都是十分贫困。

——《格丹格言》第八十四首

在前一首诗中，作者把求学路上的艰辛比作“大海远航的艰难”，把获取知识比作“获取宝贝”。意在教导世人：学习过程中遇到的困难，就像是在大海远航中所遇到的艰难险阻一样，而知识就是大海中的珍宝。要想学到知识，就如同获取海中宝贝，需要付出艰辛的努力。要想学富五车、博古通今，则更是难上加难。从正面论证了学习之艰难，鼓励人们要潜心学习，要有顽强的毅力和坚持不懈的精神。只有这样，才能获取硕果，取得成功，成为智者。在后一首诗中，作者把那些在学业上贪图安逸、止步不前、不思进取、虚度光阴、害怕吃苦的人称为愚者，并给予了批评。通过恰当的比喻把智者和愚者这两种截然不同的人物形象刻画得栩栩如生。韩愈在《师说》中提到的“业精于勤而荒于嬉，行成于思而毁于随”，这对于总结两首诗的深刻思想内涵是十分恰当的。

藏族学者们在长期从教治学中形成这样一个观念：要想学问精深、建功树业，就要善于探索、善于分析、去其糟粕、取其精华。索南扎巴大师秉承这一观念，在《格丹格言》中提倡世人要独具慧眼，善于分清什么是正确，什么是错误：

智者不管是谁所说，
先行观察然后取舍。
请看婆罗门的弟子，
反对师傅教唆偷窃。

——《格丹格言》第四十三首

这首诗包含了一个典故。相传，昔日菩萨曾投身婆罗门家族，长大后拜一位大师求学。大师为考验弟子们的道德品质，先是装清贫收取供奉，然后以供奉不足为由，教唆弟子们去偷窃。其他弟子都奉旨而行，只有婆罗门弟子挺身而出，直言不讳地指出此举有违教理，并拒绝从命。大师十分钦佩婆罗门弟子的高尚品德，大加赞扬。[①] 这是一则广泛流传于印度的民间故事，作者引用此故事是想教育人们：做任何事情都要辩明是非，对于错误要勇于制止，不能盲目跟风，人云亦云。

藏族格言诗作者们都十分重视知识的传承，他们认为：树有其根，水有其源，知识亦有师承，不经过老师的谆谆教诲，无法掌握扎实的学问。在格言诗中，作者对那些好学不辍、虚心求学的人给以肯定和赞美：

智者永不骄傲自满，
请教圣者聆听善言。
请看诺桑王子寻师，
一切困苦视若等闲。

——《格丹格言》第七十五首

诺桑是一位有志于学、虔心求知的古印度青年学者。为了探索世间真理，他跋山涉水，历经千辛万苦，几乎走遍了印度南方各地，虚心求知，先后向 110 多位高僧大德求学。经过坚持不懈的努力，终于学有所成，成为一代名人，被佛祖称为“为众生获得幸福而奋斗不息的人”。[②] 可见，一些学者之所以能够学有所成，硕果累累，除自身不断求知以外，还与名师的教诲密不可分。

（三）伦理思想

藏族传统的伦理道德观念是在长期的历史发展过程中不断完善和发展起来的，不仅内涵丰富，而且独具特色。千百年来，由于它对藏族文化生活产生深刻影响，一直成为藏族文学创作的重要题材。[③] 在藏族格言诗中，作者们用形象、生动的语言就藏族传统的伦理道德思想进行阐发。

团结互助、和睦相处一直是藏族人民的传统美德。在《格丹格言》中，作者提倡世人应反对分裂、团结统一、友爱互助、和平共处：

智者相交不易分裂，
即使分开也易结合。
请看果树难以折断，
如果嫁接也易成活。

——《格丹格言》第七十七首

愚者相交容易破裂，
破裂以后难以结合。
请看木炭打碎以后，

① 星全成：《再论藏族格言诗中的治学思想》，《青海民族研究》1994 年第 4 期，第 46 页。
② 星全成：《三论藏族格言诗中的治学思想》，《西北民族大学学报》2003 年第 5 期，第 24 页。
③ 星全成，仁青：《再论藏族格言诗中的伦理思想》，《青海民族学院学报》2003 年第 3 期，第 15 页。

谁也无法重新黏合。

——《格丹格言》第七十八首

诗中，作者将那些与人为善、崇尚和睦、热爱团结的“智者”比喻成果树，将那些无情无义、反复无常、不顾团结的“愚者”比喻成木炭，对前者给予赞扬和肯定，对后者给予批评和否定。西藏处于高寒地区，自然条件恶劣，作者清楚地意识到：藏族要想在这样的环境中生存发展，很大程度上要依靠民族团结，团结能给人们带来安定和幸福，分裂只会给人们带来痛苦和不幸。

人才是推动社会进步发展的中流砥柱，而愚昧无知者则阻碍了社会的进步。格言中，作者提倡人们要重视人才，抛弃无知：

智者即使不计其数，
总觉太少感到痛苦。
请看大海到处是宝，
商人还是不能满足。

——《格丹格言》第六十七首

愚者即使只有一个，
也像太多为非作恶。
请看一只赖皮蛤蟆，
闹得同伴都遭折磨。

——《格丹格言》第六十八首

前一首诗中，作者把世间精英人才比作珍宝，把寻觅人才的辛苦比作商人在海中寻宝一样，漫漫旅途，困难重重，以此来说明人才稀少。从侧面提醒世人应善于发现人才、珍惜人才、重用人才、尊敬和爱戴人才。作者在后一首诗中把世间那些愚昧无知者比作癞蛤蟆，以此说明“愚人”所起到的负面作用对社会的影响甚大，提醒世人应摈弃无知、远离愚昧。

夏孜班钦·索南扎巴既是藏族史上颇享盛誉的高僧大德，又是博学经论的学者，所以他往往把学习知识、提高文化素质作为社会伦理道德的一个重要方面加以提倡和赞扬：

如意珍宝价值无量，
精通佛法智者最强。
聪慧坚定和善之人，
宣扬佛法名闻四方。

——《格丹格言》第一百二十首

诗中所说的“佛法”既包含世间真理，也包含人的道德准则和行为准则。本意是想告诉世人：只有明白世间真理和道德高尚的人才可称为“聪慧坚定和善之人”，才能为世人造福。用我们今天的话来讲就是：人光有知识不行，也要有德行，只有二者兼具，才能成为一个优秀人才，才能为推进社会发展做出贡献。

除此之外，格言中还提道：要谦虚谨慎，反对骄傲自满；要言而有信，反对言而无信；要洁身自好，反对贪恋钱财；要善待他人，反对与人为恶；要临危不惧，反对胆小怕事；要以诚相待，反对虚情假意；要知恩图报，反对恩将仇报等社会伦理道德观。伦理深刻、比喻形象，值得我们学习和倡导。

四、结　语

《格丹格言》是藏族格言诗中三大经典著作之一，流传甚广，对藏族社会生活影响巨大。它体现了藏族的价值观、世界观、人生观，是一部优秀的藏族文学作品。作者在全诗中都采用对比的手法：前一段诗赞美智者，后一段诗批评愚者，两相对照智愚分明，褒贬可见。其次，绝大部分诗段采用“对举喻”的修辞手法，前两句是本意，后两句是比喻。[①] 比喻恰当，内容通俗易懂，包含了很多有趣且富含哲理的小故事，给人启迪，发人深省。再者，全诗结构严谨，层次分明，格律固定，基本样式是七言四句诗。大多诗句都有韵尾，节奏清晰、声韵协调、明朗流畅。

《格丹格言》以佛教教义为立足点，为世人阐述宗教理念、为人之道、为学之道。全诗从整体上体现一种和谐社会思想，强调以人为本，重视人与人的关系，突出人的发展。诗中把人的正向发展比作智者，把人的反向发展比作愚者，意在鼓励人们应提高个人的综合素质，为构建一个思想道德体系完善的社会做出贡献。

---

① 马学良，恰白・次旦平措，佟锦华：《藏族文学史》，成都：四川民族出版社，1985年。

藏文古典文献遗产留存状况简报

夏吾李加

摘　要：文章通过文献爬梳和实地调查并进的方法，主要侧重于国内不同形态的藏文古典文献遗产留存状况，从宏观上进行梳理综述的前提下，着重对新世纪以来藏文古籍整理研究的最新动态，以图文并茂的方式做了简要回顾与总结，以便得到文献资源再生性的抢救保护，切实为人民日益增长的精神文化需求服务。

关键词：西藏和四省藏区；藏文古典文献遗产；留存现状

藏族古籍文献遗产源远流长，涉及梵、藏为首的多种文字记录的典籍。其质地更为丰富多彩，并涉猎藏族传统的大、小五明学科领域。如果仅从藏文古籍文献遗产来看，也是多个民族共同使用的文字。因而在此以分布地区为主线，简要阐述笔者所了解的留存状况。

一、国　内

（一）西藏自治区

1. 碑铭文献

西藏自治区境内是吐蕃时期碑铭文献留存最为丰富的区域，同时在阿里、洛扎、林芝和昌都等地还有许多鲜为人知的摩崖石刻文献遗产。20 世纪国外学者对此研究取得丰硕成果，新世纪以来我国学者才引起关注，现在正值方兴未艾时期。因而我们设立专项资金，通过摄像、拍照、临摹拓片等形式，对这些文献遗产进行数字化，显得极为重要。

图 1　西藏自治区境内的代表性碑铭文献（笔者拍摄）

作者简介：夏吾李加（1979～　），西南民族大学民族研究院副研究员，主要从事藏文典籍与藏族文化研究。

2. 贝叶经

9~13 世纪，印度最为辉煌的梵文记录的古代五明学科体系被穆斯林战乱毁坏以后，全世界范围内只有藏族人得以系统地传承发展这一无以伦比的人类优秀文明遗产。藏族传承下来的不仅仅是单一的古籍实物，而难能可贵的是其完备而严密的学科体系传承至今。为此，20 世纪 30 年代，印度著名文学家罗睺罗·桑克日迭雅那（R ā hula S ā krty ā yana）曾四度入藏，邀请藏族著名学者根敦群培协助他收集各种梵文写本，前后两次带走的梵文写本约有 400 种。随后时局动荡破坏力度很大，但还是留存了大量古籍。譬如：近年来西藏社会科学院收集整理的《西藏自治区珍藏贝叶经影印大全》（共 61 册）和《西藏自治区珍藏贝叶经总目录》（共 4 册），如果我们能够复制并且进行数字化，其价值不言而喻。

3. 档案文献

在西藏各地博物馆和图书馆，特别是西藏档案馆收藏了大量档案文献遗产，2013 年，入选联合国教科文组织的"人类记忆工程"名录《中国西藏元代官方档案》就是该馆收藏的文献遗产之一。迄今为止，我国入选该名录的文献遗产只有 9 份，其价值可见一斑。如果我们通过各种渠道打通关系，获得对此进行复制和数字化的授权，将在我国民族文献工作中又促成另一个突破性亮点。

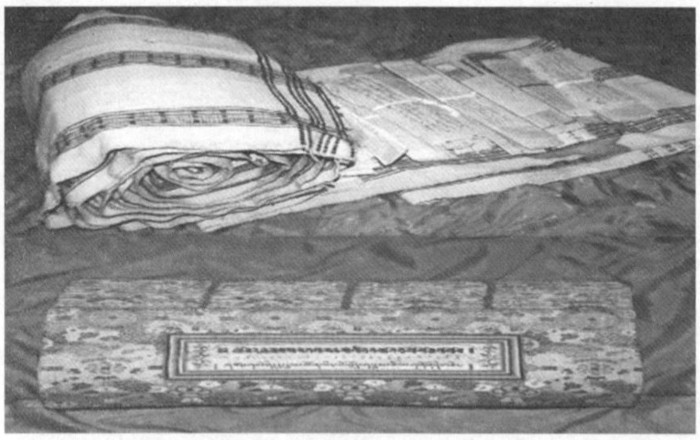

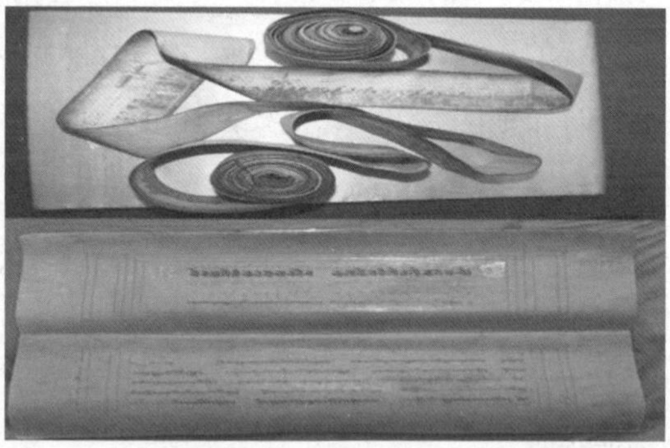

图2　西藏元代官方档案（引自凤凰网资讯）

4. 典籍文献

以西藏布达拉宫、哲蚌寺、色拉寺、大昭寺、札什伦寺和萨迦寺为代表的寺院作为重点文物保护单位，"文化大革命"期间破坏不大，故留存了较为丰富的藏文古籍文献遗产。同时在"文化大革命"期间夏鲁寺和白居寺作为粮仓，也遗留了部分古籍文献。除此之外，近年来寺院和佛塔维修

图3　巴桑旺堆先生于 2007 年 8 月在噶塘蚌巴奇塔实地整理文书堆散状况（西藏社科院巴桑旺堆提供）

图4　西藏自治区那塘印经院之一角（笔者拍摄）

期间，出土一些古籍文献，还有一些出自高崖半腰的岩洞。这些尚未进行整理编目，我们应该值得注意。

5. 木刻版本

西藏自治区是名副其实的藏族政治文化中心，历史上当地有许多木刻印刷出版的专门机构。最为有名的是日喀则地区的那塘印经院和拉萨的雪印经院，前者现已名存实亡，后者交由西藏档案馆和佛协代为管理刊印。这些曾经都是噶丹颇章直属的官方印书馆，对于这些木刻版本身进行保护性的数字化以及其所有工艺流程的抢救性拍摄记录工作不容忽视。

6. 电子文档

20 世纪中后期以来，西藏人民出版社和西藏藏文古籍出版社出版发行了大量古籍文献。他们不仅有出版文献原件，还有所有出版物的电子版。如果我们可以购置其使用权，不仅极大地丰富文献数据库，还可以节省劳动成本。同时，订购《西藏研究》《西藏大学学报》《西藏艺术研究》和《西藏日报》以及各地各类藏文报为首的藏文报刊数据库的使用权也一样显得重要。

7. 民间收藏

由于“文化大革命”期间对古籍文献进行自发性的抢救保护，使很多古籍文献散落在民间。特别是近几年来藏区掀起民间组织收集整理古籍文献遗产的热潮，譬如，在西藏，百慈藏文古籍研究室和色昭藏传佛教古籍整理室最为著名，他们整理出版了近万册藏文古籍文献遗产。特别是《噶当文集》（90 函）和《藏族史记集成》（90 函）以及《宗喀巴三师徒文集》（38 册）为首的大量孤本珍籍出版发行。如果我们同他们合作，既可以获得购买古籍的重要信息，也可以协商订购他们进行的藏文典籍数据库的使用权。

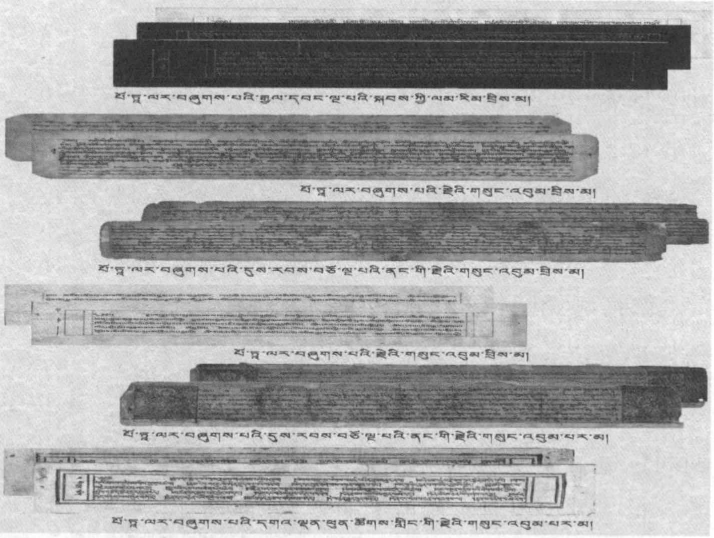

图5 色昭藏传佛教古籍整理室校勘出版《宗喀巴文集》的6种写本（中国藏学出版社出版）

8. 学位论文

藏学研究已经成为国际性的显学，各种文字的论文和专著很多。仅在近几十年间，国内从事藏学研究的硕士和博士数以千计，撰写了很多优秀的毕业论文，我们选择没有上传于期刊网上的藏语学位论文进行收集，建立“研究生藏语论文库”。从西藏大学为首的各个民族院校的学位论文中，通过收集文本或者电子文档，按照学科内容进行编目。只要继续坚持收集，将会达到非常可观的数量。而且，这些都是党和国家一手培养的藏族当代学者，集中彰显新中国成立以来藏族新生代的科研面貌及其心理路程，其收藏和使用价值也是不言而喻的。

（二）四川藏区

1. 碑铭文献

四川阿坝州和甘孜州各县还留存着历代历朝的藏汉两文的碑铭和摩崖石刻文献遗产，现在还没有系统临摹整理。如果我们通过现代高新技术进行数字化建设，必将成为珍贵资料。此外，四川石渠县境内拥有规模宏大的巴格嘛呢和桑格嘛呢为代表的大量嘛呢石刻堆城，这些是否可以归入文献范畴，或许还有待斟酌。但是，其中印度古代学术思想精品藏译系列丛书集大成《甘珠尔》和《丹珠尔》的艺术鉴赏、文献收藏和版本价值，引起了越来越多的关注。

图 6　四川石渠县长沙干马乡和洛秀镇的吐蕃摩崖石刻遗产所在地（笔者拍摄）

2. 木刻文献

德格印经院作为国家级文物保护单位，加之地方采取有效的保护措施，“文化大革命”期间免遭大规模破坏。这样一来，它已成为现有规模最大的藏族传统的出版机构。同时，甘孜东谷、石渠色须、炉霍、道孚噶塔、德格八邦、德格竹庆、德格宗萨、德格协庆、白玉噶陀、白玉贡巴、理塘强巴林、巴塘群旦、壤塘觉囊、阿坝格德、阿坝果芒、若尔盖阿乔泽尼扎仓、松潘毛尔盖和凉山木里等寺院亦有规模不等的印经院和藏书机构，其中对木质刻板和古籍文献进行数字化建设是一项重要的工作。

图 7　德格八邦印经院（笔者拍摄）

3. 民间文献

绵阳平武、凉山木里和雅安等地识得藏文者现在越来越少，这些地方遗留了大量古籍，而且大都似为世巴续传，也就是藏族原生态信仰之一，即早期苯教写卷。况且，这些写卷易于购置。同时，阿坝壤塘、松潘和甘孜新龙、色达以及凉山木里等地民间收藏了数量可观的藏文古籍，甚至有寺院声称还有元代誊写的《甘珠尔》和《丹珠尔》。这些我们也可试图复制或进行数字化。

4. 电子文档

20 世纪 50 年代以来，四川民族出版社整理出版了难以计量的藏文古籍文献遗产，近年来巴蜀书社和四川美术出版社也在整理出版藏文古籍文献遗产。现在他们留有电子文档，我们同他们协商订购藏文文献数据库使用权。还有《民族》(藏文版)、《藏地阳光》(藏文版)、《哈达》(藏文版)、《阿坝藏文报》和《甘孜藏文报》为主的报刊的数据库使用权。同时，现在四川藏区民间组织进行古籍整理工作的实力比较雄厚，几乎可以说每座寺院都在整理本派或者本寺历代学者的个人文集。其中，白玉的堪布 · 降洛最为突出，因而四川省古籍保护中心为他挂牌四川省藏文古籍搜集保护编务院，现已整理出版近千册古籍。此外，石渠的泽仁多杰活佛建立喜马拉雅文库网站（www.himalayane.com），陆续进行藏文古籍数字化建设。2014 年，民族出版社推出《博东班钦文集》，约有 95 册。

图 8　川藏青交界藏区民间收藏的藏文典籍（笔者拍摄）

5. 格萨尔写本

2009 年，入选联合国教科文组织的《格萨尔史诗》，四川德格地区是其最初的发源地之一。20 世纪 80 年代开始，四川民族出版社陆续推出了大量系列丛书，但在民间至今还留存着不少《格萨尔王传》手抄写本及其口传艺人，对此我们要采取扫描和拍摄记录等不同措施进行抢救保护，试图转化为再生性资源。

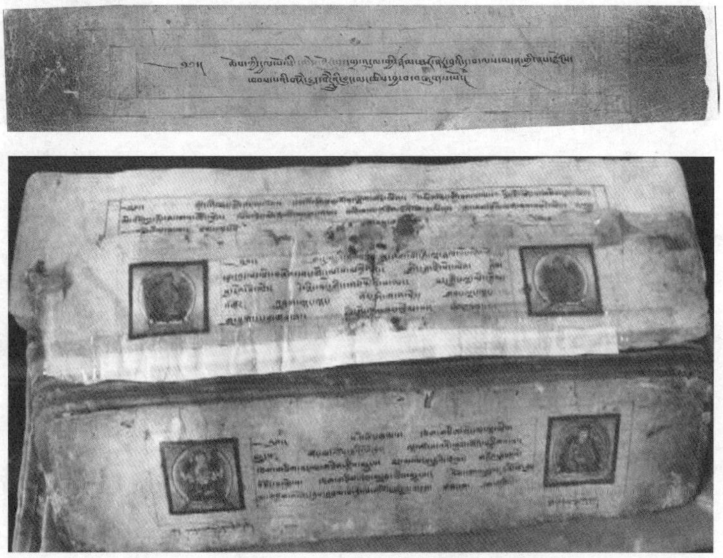

图 9　甘孜州丹玛地区民间收藏的《格萨尔史诗》写本（笔者拍摄）

6. 唐卡文献

唐卡作为独特的另类文献遗产，在藏区广为流传。其中最具康区特色的噶玛噶则画派，四川藏区的德格八邦寺是其重要的发祥地之一，至今仍有民间艺人在作画传承。同时，藏族传统十大学科门类之一的工巧明中，最为著名的曼塘和钦则画派也在当地曾有传播，而且至今以不同方式仍在传承。在此值得一提的是，在今甘孜和炉霍以及壤塘等地游学作画的浪卡坚大师的唐卡大都收藏在甘孜东谷寺院，其中《极乐世界》和《二胜六庄严》堪称杰作。在浪卡坚的唐卡中，首先，通过独具巧匠呈现出透视作用下清晰的层次感，以及远近距离的递进和明暗过渡的变换，进而彰显出一种自然的三维立体的空间效果；其次，通过描金的技艺和流线的应用，笔端勾画之处均能达到传神的殊胜境界；最后，主图的表现与局部的点缀浑然一体，特别在微画的技艺层面，更是堪称一绝，故被誉为“独毫神笔”。对于这些文献遗产的抢救保护工作，我们可以效仿和借鉴民进中央和中国民间文艺家协会以及中华文化学院负责承担的国家社科基金特别委托项目中华民间文化遗产抢救工程系列成果之一《中国唐卡艺术集成》中推出的热贡吾屯卷、玉树藏娘卷和德格八邦卷的基础上，结合当地特征和现代新兴技术，力争达到图文并茂加音像视频为一体的效果。

图 10　当代炉霍唐卡艺人临摹浪卡坚的《极乐世界》等作品（笔者拍摄）

（三）青海藏区

1. 石刻文献

青海玉树和海西海北等各州县留存着吐蕃时期的藏文摩崖石刻和壁画文献遗产，以及明清时期建寺立碑的残存，其中部分内容虽见于报刊，但缺乏元数据。还有大世界吉尼斯之最嘉那嘛呢石刻城为首的大量石刻遗产，其中热贡霍尔德敦群噶《甘珠尔》石刻城和囊谦嘉玛尔嘛呢石刻以及天峻《甘珠尔》石刻遗产，几乎长期被人忽略。故此，我们有必要对此进行高清数字化建设。

图 11　海西州天峻县天棚乡之西南方向的“鲁茫岩画”（笔者拍摄）

2. 木刻文献

历史上，在青海果洛州拉加寺院第二世香萨班智达·洛桑达杰嘉措的主持下完整刊刻了《甘珠尔》木刻版，并由第七世班禅额尔德尼·丹贝尼玛负责撰写编纂史。但不幸的是，所有刻版在藏区民主改革期间被毁，几近绝版之时，2014 年在青海化隆县恰曲寺和天峻县的一座宁玛派寺院中分别发现藏有 104 函完整的版本，现由青海玛沁县拉加民族职业学校校长吉美坚赞和西南民族大学文献研究中心巴多先生组织专业人员在恰曲寺进行数字化建设，以便供学界整理研究。同时热贡叶雄寺和玉树饶聂寺为代表的青海藏传佛教寺院都有规模较大的印经院，尤其借鉴叶雄寺印经院创建了当今赫赫有名的拉卜楞寺印经院。尽管现在这些不复存在，但曾刊印的版本应该流传在当地。更为重要的是，青海塔尔寺作为国家级文物保护单位，“文化大革命”期间进行了较好的保护。因此，现在青海 6 个藏族自治州和海东八县中藏文古籍文献遗产最为丰富的是塔尔寺。同时该寺的印经院以版本清净无错别字而著称，并有大量个人文集的刻版。此外，热贡隆务大寺喀尔索活佛创建的印经院中亦有十多位学者的个人文集，有数百函刻版。这些木刻文献遗产的收集整理工作迫在眉睫，时不我待。

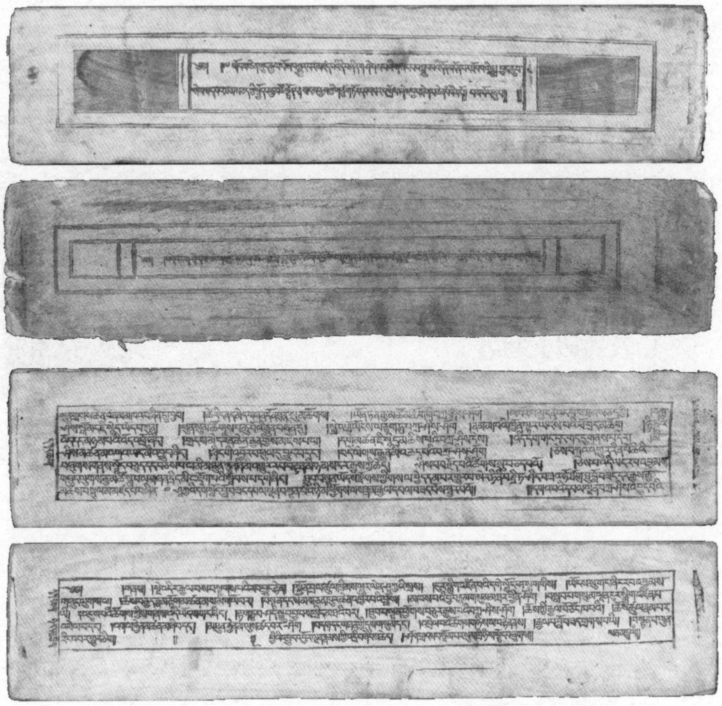

图 12　玛沁县拉加民族职业学校校长吉美坚赞负责对《甘珠尔》木刻印本数字化现场（巴多先生提供）

3. 民间文献

青海藏区民间收藏了大量古籍文献遗产，仅玉树藏族自治州的东干仓藏文大藏经《甘珠尔》和《丹珠尔》写本，早已闻名于世。当然，还有历代学者个人文集的写本和刻版，大都散落于民间。譬如，2014 年度藏文古典文献学界最大的发现：青海拉加《甘珠尔》木刻版。这些只有通过深入实地，进行普查，方可取得突破性进展。

4. 唐卡文献

青海热贡艺术，2009 年正式入选联合国教科文组织世界非物质文化遗产名录。还有湟中塔尔寺和玉树市的藏娘唐卡，这些为抢救保护其文化价值和艺术品位，对当地开发利用旅游资源和经济潜力，走出国门，可谓厥功至伟。对于他们的艺人作画及其工艺流程，我们可以建档拍摄录制。

图 13　玉树囊谦县东干仓世代收藏《甘珠尔》和《丹珠尔》写本的遗址（笔者拍摄）

5. 口传文献

世界上最长的英雄史诗《格萨尔王传》，迄今为止主要以民间口传形式世代传承。当前我们得以目睹的所有文本，都是历代学者从格萨尔艺人口传内容陆续记录而成。现在藏区各地最为活跃的格萨尔艺人大都在青海果洛和玉树以及西藏那曲三地，对此进行拍摄录音，必将成为非常珍贵、独特的口传文献资源乃至入选人类记忆遗产名录。

6. 电子文档

20 世纪 50 年代以来，青海人民出版社和青海民族出版社整理出版了大量藏文古籍文献遗产，我们跟他们协商订购藏文文献数据库使用权。还订购《章恰尔》《青海民族大学学报》《藏族教育》《青海师范大学学报》《攀登》《群文天地》《青海日报》《青海少年报》和《青海法制报》，以及各州县的《藏文报》为首的藏文报刊数据库与青海民族大学和青海师范大学硕士研究生的藏语学位论文的电子版的使用权。同时青海各地还有以热贡阿芒研究室、玉树和果洛古籍办公室为例的官民合作的雄厚力量，这些亦不容忽视。

图 14　享有绘画艺术之乡之称的玉树藏娘塔以及桑周寺（笔者拍摄）

（四）甘肃藏区

1. 敦煌藏文写卷

甘肃是国际敦煌学研究的故乡，除了当地留存不少敦煌藏文写卷以外，2006 年 5 月以来，西北民族大学和上海古籍出版社合力推出《法国国家图书馆藏敦煌藏文文献》，共有 11 册，于 2012 年正式出版完毕。同年赓续推出《英国国家图书馆藏敦煌西域藏文文献》，这类文献如果全部出版齐全，至少也有十余册。这些文献务必购置，进行数字化建设。此外，敦煌莫高窟和榆林窟为代表的不少洞窟内刻画了大量吐蕃时期的壁画，这些内容还没有引起藏学界足够的重视。对此如果能够系统进行数字化，将会有效丰富藏文文献资源，进而有力推动吐蕃历史文化以及藏族绘画艺术研究的步伐。

图 15

2. 木刻文献

甘肃藏区曾有规模宏大的卓尼印经院，其中《甘珠尔》的编刻时间早于德格版的《甘珠尔》，故可与德格印经院媲美，但不幸的是 1929 年被马匪尕司令马仲英率部连同《丹珠尔》付之一炬。现在只有在北京广济寺多宝殿、山西五台山十方堂至尊慈氏殿和甘南若尔盖麦玛乡贡扎寺，以及美国国会图书馆、日本东京图书馆、俄罗斯和蒙古国各藏有一套印本。同时，俄布塘·噶丹协珠达杰林寺和阿群·噶丹群科林寺为代表的寺院中留存大量木刻版，其中仅阿群·噶丹群科林寺就有宽广的两层楼的印经院，现在大家所熟知的《青史》（上、下册）、《多麦政教史》和《塞氏·十三讲义》以及《万芒班智达文集》（11 函）等许多木刻版出自该寺，但均被毁于藏区民主改革和“文化大革命”期间。

现在甘肃藏区木刻版及其收藏量最为丰富的是拉卜楞寺，该寺的印经院最初效仿今青海热贡叶雄寺的印经院得以建立。当时在第二世嘉木样协巴·晋美旺布的祈求下，叶雄寺第二世切哇仁波切·阿强·嘉央洛珠委派数名技艺超群的木刻匠士到拉卜楞带徒教学，日臻完善，渐成规模。特别值得注意的是，拉卜楞寺作为国家级重要文物单位，在时任县领导宁吾加同志的努力下，“文化大革命”期间得到了保护，免遭破坏。现已成为

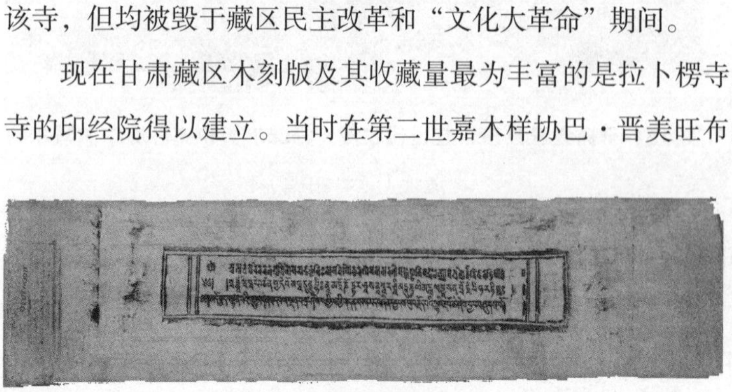

图 16　万芒班智达所造《拉卜楞寺志·天之大鼓》（引自阿群·噶丹群科林木刻版）

甘肃藏区规模最大的印经院，不仅有20余位学者的个人文集的刻版，其图书馆中收藏的古籍文献数量达5万函以上，从1985年青海民族出版社出版发行的《藏文典籍要目》来看藏量非常惊人。此外，当地德隆和合作以及卓尼禅定寺为代表的寺院中，也有数量可观的古籍文献遗产。

3. 民间文献

甘肃武威白塔寺、张掖马蹄寺和临潭向更德寺，还有宕昌等地，历史上作为藏族世居地，留有大量藏文文献遗产。近年来兰州大学和西北民族大学相继整理出版，其中影响最大的是2011年洲塔等人负责影印出版的《甘肃宕昌藏族家藏古藏文苯教文献》，共有30册。2012年，洛桑灵智多杰等人负责影印出版《甘肃青海四川民间古藏文苯教文献》，共有60册。这些古籍的原件大都留在原处，或可易于购置其电子版。

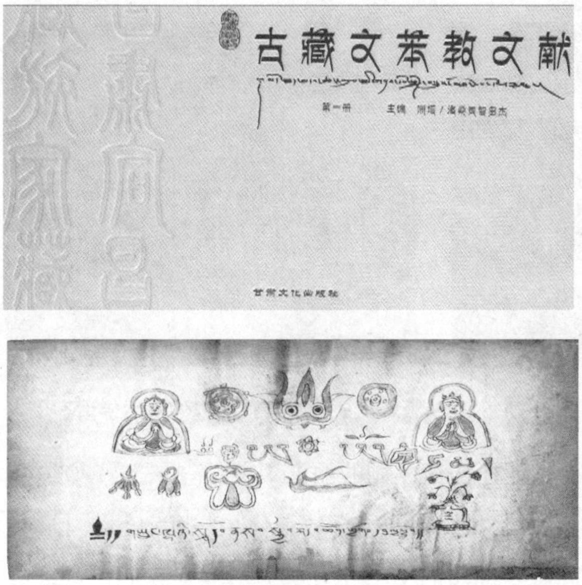

图17 《甘肃宕昌藏族家藏古藏文苯教文献》

（引自甘肃文化出版社2011年版）

图18 《甘肃青海四川民间古藏文苯教文献》

（引自甘肃文化出版社2012年版）

4. 电子文档

20世纪中后期以来，甘肃民族出版社整理出版了大量藏文古籍文献遗产，现在急需与他们协商订购藏文文献数据库使用权。同时，还须订购《西北民族大学学报》《甘肃民族师范学院学报》《读者》《达赛》《甘南日报》和《天祝藏文报》为首的藏文报刊数据库，以及西北民族大学和甘肃民族师范学院学位论文电子版的使用权。

5. 音像文献

在藏传佛教各大寺院中，拉卜楞寺佛殿音乐“道得尔”最负盛名。它是借鉴古代印度音乐和清代宫殿乐曲的基础上，第二、三世嘉木样协巴特别是第四世嘉木样协巴活佛·格桑土登旺秋融合藏族民间音乐而成的，以管乐和打击乐相结合的一种传统音乐。它以优美舒缓的色调、典雅肃穆的旋律和鲜明规整的节奏以及深沉淳朴的风格，深受蒙古族、藏族等各族人民的喜爱。拉卜楞寺的乐队曾是历代嘉木样协巴活佛仪仗队的四大核心组成部分，即伞盖队、香炉队、旗队和道得尔乐队。改革开放以后，道得尔乐队走出寺院，在全国各地频繁演奏而名声大噪。因此，多次应邀而走出国门举行公益演出，博得世人的喝彩。所以，2008 年被列为国家非物质文化遗产，得到了更好的传承和发展。并且，在此基础上进行自主创新的藏族现代音乐中最为成功的就是甘肃玛曲县为首的当代藏族弹唱艺术，现已成为深受当地蒙古族、藏族等各族人民喜欢的本土流行音乐。这些音像文献收集以后进行数字化，必将成为我们的特色。

（五）云南

1. 古籍文献

云南省境内的藏族、纳西族、普米族和摩梭人等聚居处的寺院和民间留存以《东巴经》为名的大量早期世巴苯教藏文写卷，同时，在大理等地也有吐蕃时期的梵藏文献残存。我们力争订购一些梵藏文献及其电子版，这对补充和完善藏文典籍资源，显得比较重要。

2. 木刻文献

藏区第一个木刻版《甘珠尔》完成于今丽江地区。1699 年，固始汗之裔孙达尔杰博硕克图汗攻打康区时，被迎请到理塘强巴林，相传 1959 年藏区民主改革期间被毁。现在只有西藏大昭寺和哲蚌寺各藏有一套。2012 年起，在拉萨大昭寺完成的高清复制的丽江版《甘珠尔》，2013 年 7 月被迎请丽江，分别藏于图书馆、博物馆和佛教协会等机构。我们如能进行数字化，也极为珍贵。同时，在丽江和迪庆各县藏传佛教寺院大都曾有印经院，通过这些刊印的文献亦有部分留存，我们也许能够购置，或进行数字化建设。

图 19　从拉萨迎请丽江木刻版《甘珠尔》复制版本仪式（引自东宝·仲巴活佛博客）

3. 电子文档

取得云南民族出版社整理出版的藏文古籍文献遗产和香格里拉县的《迪庆日报》为首的藏文报刊数据库的使用权。

4. 口传文献

在川滇藏交会处，世居着许多藏族支系族群，他们手中或多或少留存着一些藏文写卷。其中现在最为著名的是，陈宗祥等学者认为用藏文记录普米族语言的敦煌写卷 S.C.735 为代表的 7 张。而且，这些民族杂交区还有许多不同题材的口传文献。这些我们可以拍摄录制，上传于我文献中心“中国民族文献与多

图 20　敦煌南语写卷（引自西南民族大学文献中心收藏复件）

元文化网”（http：//www.cmlmc.cn），供国内外藏学研究者下载使用。

（六）新疆

20世纪初，通过英国斯坦因为首的西方探险家的活动，南疆出土了不少吐蕃时期的木简以及壁画。其中，有些至今还收藏在新疆各博物馆和图书馆。同时，北疆的蒙古族是藏传佛教格鲁派的虔诚追随者，其中明末清初的和硕特部与准噶尔汗国最具代表性。他们的寺院或民间也藏有藏文古籍文献遗产。

图21　新疆出土吐蕃藏文木简（笔者拍摄）

（七）宁夏

宁夏与内蒙古毗邻地区不仅有藏传佛教格鲁派寺院，还有沙皇俄国地理学家科兹洛夫在黑水城发现的西夏文献中有不少藏文写卷。而且，其中有些藏文残卷还是木刻版。对此，据史金波先生的研究成果来看，这可以弥补元代之前没有留存藏文木刻版实物的缺憾。这些文献可进行复制或者订购其电子版，进一步补充和丰富藏文文献资源。

（八）内蒙古

内蒙古各大藏传佛教寺院大都曾建有印经院，譬如享有“蒙医之父”之称的青海佑宁寺著名学者松巴·益喜巴觉，其文集的木刻版，历史上只有一种，现存于内蒙古省城呼和浩特市。还有以五当召和阿拉善南寺为代表的藏传佛教寺院中收藏大量藏文典籍。

图22　工布查布所编《藏蒙辞汇》（笔者拍摄）

（九）东北

历史上东北地区亦有不少藏传佛教寺院，其中不少藏文古籍文献遗产散落民间，有些收藏在各省博物馆、档案馆和高校图书馆。四川理塘的第四世夏坝活佛·降央克珠担任沈阳北塔护国法轮寺和大庆正洁寺的主持期间，抢救保护了不少藏传佛教典籍，还整理出版了精制梵藏对照版《般若八千颂》等文献。当前，他又组织相关专家学者搜集《宗喀巴大师文集》的甘丹寺、塔尔寺、扎什伦布和拉卜楞以及德格等地的多种版本，进行校勘整理后准备高质量地出版发行。

图23　大连民族学院图书馆收藏的藏文古籍珍本之一

（北京民族文化宫先巴馆长提供）

（十）北京

北京的故宫、国家图书馆、民族文化宫、雍和宫、法源寺等机构和寺院藏有大量不同材质的藏文典籍遗产。这些情况阿华先生于2013年在中国藏学出版社整理出版的《北京地区藏文古籍总目》中，进行了较为细致的著录编目。我们以此为依据，与上述单位协商复制藏文珍贵文献，并与藏语高级佛学院、民族出版社和中国藏学出版社协商订购藏文文献数据库使用权。还有订购《求实》《中国藏学》《民族画报》《中国西藏》和《民族文学》为代表的藏文报刊数据库的使用权。

图 24　乾隆御制《喇嘛说》碑以及阿华主编的《北京地区藏文古籍总目》（笔者拍摄）

（十一）南京

藏文古典文献史上第一个木刻版《甘珠尔》刊印于南京，该地曾誊写、刊刻、铸造大量藏文典籍和唐卡以及塑像等物。特别是在中国第二历史档案馆为首的南京相关机构，迄今为止还藏有藏文古籍和民国时期的档案文献遗产，这些能够合作复制乃至进行数字化建设，最终整理出版，其意义非同寻常。

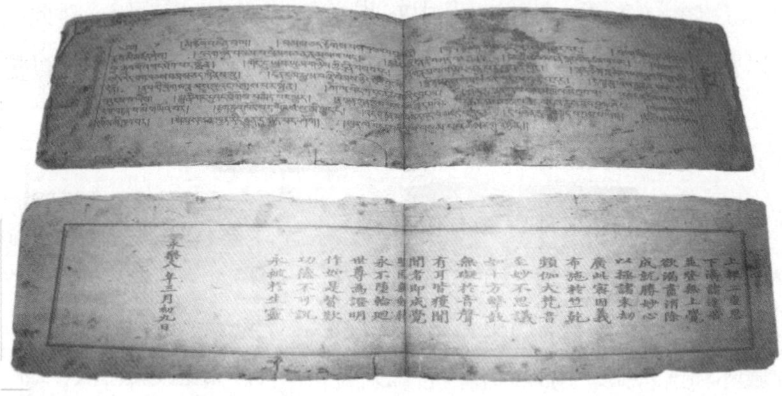
图 25　永乐版《甘珠尔》，1409 年刊印（笔者拍摄）

（十二）山西

山西五台山是藏传佛教黄寺与汉传佛教青庙交相辉映的殊胜道场，藏有大量藏文石碑和古籍文献遗产。譬如，1929 年马仲英率部烧毁以后，现已绝版的卓尼木刻版《甘珠尔》，在五台山十方堂至尊慈氏殿中留存 108 函完整一套。如果我们能够进行整理编目，必将发现新的、更为珍贵的善本。

图 26　山西五台山菩萨顶大文殊院碑（笔者拍摄）

（十三）河北

河北承德避暑山庄内，按照藏族建筑工艺和汉藏合璧式建有“外八庙”，其中最为著名的是仿照拉萨布达拉宫和日喀则扎什伦布寺修建的寺院，素有“小布达拉宫”和“班禅行宫”之称。这些当中不仅藏有重要的藏文古籍文献，还有弥足珍贵的藏文石碑文献遗产。譬如，承德普宁寺碑（1747）、围场县四道沟乡伊逊河边小丘顶上的乾隆《入崖口有作》石碑（1751）、承德避暑山庄内的永佑碑（1752）、围场县新拔乡岱尹梁的《古长城说碑》（1752）、围场县新拔乡骆驼头村月亮沟的乾隆《虎神枪记碑》(1752)、承德普宁寺《平定准噶尔勒铭伊犁之碑》(1755)、承德普宁寺《平定准噶尔后勒铭伊犁之碑》(1758)、承德安元庙西城门内《安元庙瞻礼书事(有序)碑》(1765)、承德普乐寺院内《碑记》(1767)、承德普陀宗乘之庙或者布达拉宫碑亭之《千佛阁碑记》(1770)、承德普陀宗乘之庙或者布达拉宫碑亭之《优恤土尔扈特部众记碑》(1771)、承德普陀宗乘之庙或者布达拉宫碑亭之《土尔扈特全部归顺记碑》(1771)、围场县腰站碑亭子村后山上的乾隆《永安莽喀》诗碑(1774)、承德须弥福寿之庙侧门碑(1779)和承德须弥福寿之庙《碑》(1780)等上面都有藏文记载，在前述北京和五台山等地，这样的藏文碑铭文献还更多。对此我们应该前去调查研究，有利于汉藏关系研究。

图 27　承德永佑寺碑、古长城说碑(笔者拍摄)

(十四)台湾

台北市以“故宫博物院”和“中央研究院”为代表的机构中藏有不少藏文古籍文献遗产。而且，现在台湾地区盛兴藏传佛教，故有许多蒙藏学者的个人文集和唐卡文献遗产仍在刊印发行。

二、国　外

美国国会图书馆、华盛顿图书馆、TBRC 等机构主要藏有《甘珠尔》和《丹珠尔》为主的不同版本的各种丛书以及藏族历代学者个人文集；以英国大英图书馆、牛津大学图书馆和法国国家图书馆、德国、奥地利等欧洲各国藏有敦煌和西域出土的藏文文献为首的珍贵古籍文献；在俄罗斯、印度、蒙古共和国、尼泊尔和不丹等国既有敦煌藏文写卷，亦有历代蒙藏学者个人藏文文集。特别在喜马拉雅山脉很多族群至今沿用藏文，对此进行系统普查，必将有新的发现和突破。除此之外，世界各国凡涉及东方哲学、印度文学、佛学和梵文等研究领域，必然就有藏文古籍文献遗产。囿于篇幅，更为重要的是笔者尚未系统而全面地进行实地调查，故在此不予赘述。

简而言之，藏文古籍的分布面广大，学科门类众多，收藏量浩繁，文献数量居我国少数民族文献之冠。在国家民委古籍办的领导下，《中国少数民族古籍总目提要·藏文卷》在整个藏区开展统一编目工作已经 20 多年，虽然取得了阶段性

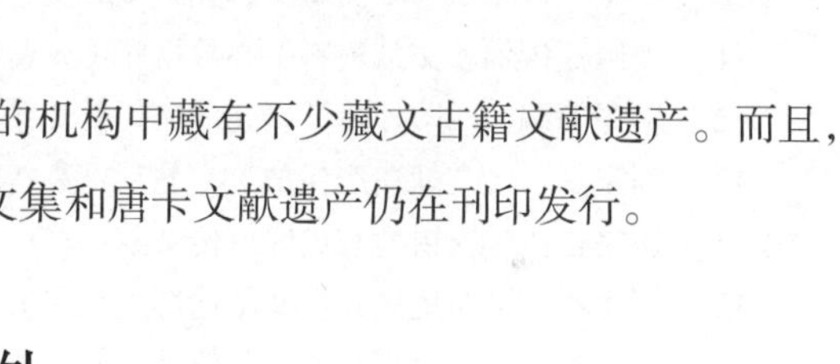

图 28　今巴基斯坦西北边境的斯瓦特语用藏文记载

成果。但是，藏文文献总目仍然处在搜集著录过程中，迄今为止始终未能提供一个清晰而明确的统计数字。因此，撰写藏文古籍文献遗产留存状况，只能从宏观上把握其概况，难以落实到一函一叶的具体问题。

参考文献

［1］中国藏学研究中心大藏经对勘局：《丹珠尔对勘本》（藏文）第1~124卷，《甘珠尔对勘本》（藏文）第1~108卷，北京：中国藏学出版社，1994~2008年。

［2］西北民族大学等编：《法国国家图书馆藏敦煌藏文文献》（藏文）第1~11册，《英国国家图书馆藏敦煌西域藏文文献》（藏文）第1~册，上海古籍出版社，2006~2015年。

［3］布达拉宫文保所编：《布达拉宫典籍目录·格鲁派、噶举派、宁玛派》（藏文），拉萨：西藏人民出版社，1990、2007年。

［4］民族图书馆编：《藏文典籍目录·文集类子目》（第1~3册），成都：四川民族出版社，1984年；北京：民族出版社，1989~1997年。

［5］智华编：《藏文典籍要目》（藏文），西宁：青海民族出版社，1985年。

［6］百慈藏文古籍研究室：《哲蚌寺藏古籍目录》，北京：民族出版社，2004年。

［7］金巴仁青编：《玉树地区名人名著录》（藏文），西宁：青海民族出版社，2008年。

［8］冯骥才主编：《中国唐卡艺术集成》，银川：阳光出版社，2010年。

［9］拥塔拉姆编：《十七世纪一代藏画宗师传世杰作：浪卡杰唐卡》，成都：四川美术出版社，2012年。

［10］恰嘎·旦正：《藏文碑文研究》（藏文），拉萨：西藏人民出版社，2012年。

［11］美国藏传佛教文献资料中心数据库（WWW.TBRC.com）。

［12］王尧等编：《国外藏学研究译文集》（第1~20辑），拉萨：西藏人民出版社，1985~2014年。

［13］刘家真：《文献遗产保护》，北京：高等教育出版社，2005年。

［14］还格吉：《玉树地震灾区口传文献遗产整理研究述略》，《民族学刊》2011年第4期。

［15］拙文：《玉树地区典籍文献遗产类型研究与反思》，《民族学刊》2012年第2期。

［16］还格吉：《巴隆噶举派在玉树地区的历史演变》，《民族学刊》2012年第5期。

第五届中国少数民族古籍文献国际学术研讨会综述

陈时倩

2015年9月11~14日，由北方民族大学、中央民族大学、中国民族古文字研究会共同主办，北方民族大学西夏研究所承办的第五届中国少数民族古籍文献国际学术研讨会在北方民族大学召开。来自俄罗斯、蒙古等国家以及中国教育部、中国社会科学院、台湾中央研究院、中国人民大学、新疆大学、黑龙江大学、中央民族大学、西北民族大学、西南民族大学、大连民族大学以及宁夏大学、宁夏社会科学院、宁夏文物考古研究所、宁夏人民出版社和北方民族大学等20余所国内外高校及科研单位的50余位专家学者参加了本次研讨会。

大会开幕式由北方民族大学西夏研究所所长景永时研究员主持，北方民族大学副校长高岳林教授、中央民族大学张铁山教授、中国民族古文字研究会副会长黄建明教授分别代表主办单位向莅临本次研讨会的专家学者致欢迎辞；俄罗斯科学院 Pang Tatiana（庞小梅）教授，著名民族史学者、宁夏政协原副主席、宁夏大学原党委书记、校长陈育宁教授分别代表中外与会专家致辞。开幕式后，中国人民大学 Solonin Kirill（索罗宁）教授、大连民族大学黑龙教授、云南省少数民族古籍整理出版规划办公室依旺的女士、北方民族大学西夏研究所聂鸿音研究员以及中央民族大学蒙古语言文学系叶尔达教授分别针对西夏文献的解读、《蒙古纪事本末》及其价值、傣族古籍“贝叶经”以及托忒文石刻文献等内容做了大会报告和交流。

本次研讨会共收到学术论文50余篇。按其内容大致可分为：一、西夏文献的整理与研究，包括西夏文献释读、西夏文字研究、西夏文献版本考述等。二、北方少数民族古籍文献的整理与研究，包括对粟特文、回鹘文、契丹文、女真文、蒙古文、满文等中国北方少数民族古籍文献的释读、版本研究以及语言词汇研究等。三、南方少数民族古籍文献及其他文献的整理研究，包括对藏文古典文献遗产留存状况调查、藏文格言诗内容及价值探析、彝书的装帧方式等。现综述如下。

一、西夏文献的整理及相关问题研究

现存的西夏文献中佛经占了大多数，其中绝大部分译自汉文或藏文，将这些西夏文佛经回译，对于西夏文字词、语法的研究以及探索如何更好解读西夏文献都具有重要价值。

台湾中央研究院语言学研究所林英津研究员的《关于西夏文本〈金光明经忏悔灭罪传〉》，在梳

作者简介：陈时倩（1993~　），北方民族大学文史学院硕士研究生。

理西夏文本《金光明经》的著录收藏情况及《忏悔灭罪传》文本流向的基础上，对《金光明经忏悔灭罪传》进行了全文释读，探究了该文献的来源，并谈了自己阅览文献的心得。中国社科院民族学与人类学研究所研究员、北方民族大学西夏研究所兼职研究员孙伯君的《故宫藏西夏文〈高王观世音经〉考释》，对故宫藏明代西夏文刻本《高王观世音经》进行深入研究，论证了明代《高王观世音经》信仰已无西夏时期的盛况，而成为一种民间修行。作者梳理了该佛经的版本流传情况和西夏文刻本《高王观世音经》的研究情况，通过释读西夏文《高王观世音经》全文，指出《高王观世音经》的故宫藏西夏文刻本与俄藏汉文本有渊源关系，并解决了该佛经在翻译过程中“大字、小字并用”现象的西夏语语法问题，最后对佛经所体现的历史信息展开整体讨论。西安交通大学讲师孙飞鹏博士的《中国国家图书馆藏西夏文〈修习止观坐禅法要〉残件考释》，对国家图书馆藏西夏文《大般若波罗蜜多经》的几件西夏文残叶做了重新拼接，考证出这些残页出自西夏文佛经《修习止观坐禅法要》。此外，通过分析残叶的版面特征及字体，推测该佛经为活字印本。贵州民族大学民族学与社会学学院讲师安娅博士的《西夏文“五部经”考略》梳理了西夏文“五部经”的研究情况，通过与藏文“五部经”不同文本的对比，指出西夏文《大真言随持经》是译自藏文本的，而不同于梵文本和汉文本中的《大护明大陀罗尼经》。山西师范大学历史与旅游学院讲师张九玲博士的《西夏本〈消灾吉祥陀罗尼经〉释读》以俄藏 инв.№5402 号文献为底本，参照俄藏、英藏汉文本《消灾吉祥陀罗尼经》，对西夏本《消灾吉祥陀罗尼经》做了译注和完善。沈阳大学讲师、中国社会科学院研究生院博士研究生麻晓芳的《西夏文〈妙法圣念处经〉残卷考释》，认为俄藏黑水城 инв. № 6039 号文献是《妙法圣念处经》的西夏文译本与《大般若涅槃经》《大般若波罗蜜多经》《七佛八菩萨所说大陀罗尼神咒经》《增一阿含经》等 4 部佛经残片拼凑的杂集，并对西夏文《妙法圣念处经》进行了翻译。中国社会科学院研究生院博士研究生李若愚的《西夏文〈佛说圣佛母般若波罗蜜多心经〉译释》，围绕西夏仁宗时期兰山觉行国师德慧奉敕译《佛说圣佛母般若波罗蜜多心经》的翻译问题进行研究，通过与现存诸多汉、藏译本的比较，发现德惠译本至少使用了梵文和藏文两种底本。中国社会科学院研究生院博士研究生王龙的《黑水城出土西夏文〈大庄严论经〉考释》一文公布并释读了黑水城出土西夏文《大庄严论经》全文，并对其中西夏语与汉语的对应关系做了考察。

除对具体西夏文佛经的释读与研究之外，也有关于西夏文佛经发愿文解读、西夏藏传佛教文献研究、西夏文献版本问题考述以及西夏文字等方面的研究。

北方民族大学西夏研究所聂鸿音研究员的《Notes on the Tangut Colophon and Votive Postscript Attached to the Sarva-tathāgata Akṣarāsataka Upadeśa》，对西夏文《一切如来百字要门》发愿文的全文做了释读，指出西夏文《一切如来百字要门》中出现的名字“Lotsaba Master A”所包含的“Ā”应是西夏一位著名僧官 Ānandakīrti 名字的缩写。中国人民大学 Solonin Kirill（索罗宁）教授的《Bka' gdams texts in the Tangut translation》，系统介绍了西夏文译藏传佛教噶当派文献情况。北方民族大学西夏研究所孙昌盛研究员的《西夏文藏传佛经〈吉祥遍至口合本续〉勘误》，对西夏文木活字印本佛经《吉祥遍至口合本续》中存在的形近字混淆、印字重复和前后颠倒的错误进行勘正，并分析、总结了错误的原因和特点。中央民族大学图书馆徐丽华研究员的《两种西夏藏文刻本考释》，对两种西夏藏文刻本文献的刊刻年代做出考证，指出融合汉藏风格版式的《顶髻尊胜佛母陀罗尼咒》为西夏早期刻本，版框为双层四周界栏的《八千颂》是西夏后期刻本。宁夏大学西夏学研究院段玉泉副研究员的《俄藏黑水城 XT67 号藏文文献再考察》对俄藏黑水城 XT67 号藏文文献的版本来源问题进行了研究，指出该文献是《圣观自在大悲心总持功能依经录》《胜相顶尊总持功能依经录》合刻在一起的藏文本。通过对比俄藏 XT67 号藏文本与《西藏大藏经》中卓弥大师释智译本的经题和内容，指出俄藏 XT67 号藏文本为西夏重译本。北方民族大学西夏研究所景永时研究员在《西夏文〈同音〉版本问题再考察》中介绍了西夏文字书《同音》的出土、收藏和刊布情况，深入探讨了义长本与重校本的版本关系，并对各不同版本重校本《同音》的版本特征进行了梳理。宁夏大学西夏学研究院佟建荣副研究员的《黑水城出土诸单行本〈妙法莲华经观世音菩萨普门品第二十五〉考述》，总结了黑水城出土《佛说观世音经》的 10 种宋刊本的版式形制，认为诸单行本皆为不同刊本，并通过考证各刊本的刊刻年代，对比各刊本在字体、字形、文字排列、句读标志等方面的异同，认为黑水城诸宋刊本为翻刻本。中国社会科学院世界宗教研究所孙颖新博士的《西夏文献中的通假》一文在对勘俄藏西夏文《大宝积经》初译本和校译本的基础上，指出西夏文献中存在类似古汉文文献那样的通假现象，并可以利用通假原则解决文献释读的疑难问题。宁夏人民出版社汤晓芳教授的《西夏文文献建筑词汇解析》从多种西夏文文献中辑出近 120 个主要建筑词汇，分析归纳了西夏建筑营造的情况。宁夏大学西夏学研究院彭向前研究员的《中国古代的男女九宫及其在残历定年中的作用》指出：敦煌、西夏出土历日表明，古代男女九宫的推算方法与《三元经》所载并不完全一致，即：女宫推算方法相同，男宫提前一个甲子。但这种差别并不改变男九宫同纪年地支之间的对应关系，根据这一原则，可以将男女九宫用于残历定年研究。北方民族大学西夏研究所王荣飞的《宁夏宏佛塔天宫装藏西夏文木雕版考述》，首先从版料、装帧形式、文字方向、版片尺寸、字体、刻工、版式和行款等方面梳理了宏佛塔西夏木雕版的形制特征，再通过雕版文字的释读，考证出这批木雕版中至少包含了《释摩诃衍论》《别集》《续能□》等 6 种不同的西夏文佛经，并对木雕版中出现的数位历史人物及其历史文化信息做了简要考证。

二、北方少数民族古籍文献及其相关问题研究

历史上，中国北方曾先后兴起过匈奴、鲜卑、突厥、回鹘（回纥）、契丹、女真、蒙古等少数民族，一些民族还创制过自己的文字，留下了大量历史文献典籍。陆上丝绸之路是古代中国与外民族相互交流的主要纽带，因而很多中国古代北方少数民族文献便体现出了文化的交流与碰撞。

粟特文文献研究方面，宁夏固原博物馆苏银梅、王晴的《丝路遗珍：粟特语古信札 II 号文献的主要内容及学术价值》，探讨了粟特语古信札 II 号文献的主要内容以及该文献在研究古丝绸之路上中西方文化交流的史料价值。

回鹘文文献研究方面，中央民族大学少数民族语言与古籍研究所张铁山教授的《回鹘文献版本研究》详细梳理了铭刻类和纸质类回鹘文献。在铭刻类文献方面，主要介绍了《土都木萨里修寺碑》《重修文殊寺碑》《亦都护高昌王世勋碑》《大元肃州路也可达鲁花赤世袭碑》和《莫高窟六体文字碑》等回鹘文碑刻文献。新疆大学人文学院阿依达尔·米尔卡马力教授的《敦煌研究院藏一叶回鹘文〈俱舍论疏〉再研究》认为敦煌研究院藏回鹘文《俱舍论疏》不是某一段落的译文，而是在原文基础上的节译。

俄罗斯圣彼得堡大学 Nikolay N Telitsin（尼克拉维·N. 特里辛）教授的《On the question of "original" manuscripts in Old Uighur Language》从细节形态学和语言句法结构方面对回鹘文手稿中的“原始”写本进行研究，证明其完成于公元 8 世纪末。另外，在察哈台维吾尔文文献研究方面，西北民族大学维吾尔语言文化学院讲师买合苏提·色来木博士的《察哈台维吾尔文〈热希德史〉雅琳版本及其书写特点》对由波斯语翻译而来的文献——雅琳版《热希德史》进行研究，主要分析了该文献中元音和辅音的书写特点。

契丹文文献研究方面，内蒙古大学吴英喆教授的《萧查剌相公契丹文遗言》对《萧旼墓志铭》中志主遗言进行考证，并对契丹文的语音、语义做出相关研究。西南交通大学外国语学院唐均副教授的《契丹文“卯兔”论》梳理了迄今已知的契丹语“卯兔”的 6 种不同文字载体形式以及契丹文字和语音，得出契丹语“兔”的不同语音形式的各自语源地位。女真文文献研究方面，中国农业大学金适教授的《女真大字“劝学碑”文字考》，联系时代背景对黑龙江哈尔滨市阿城区巨源镇出土的金代女真大字“劝学碑”碑刻进行了考证，勾勒了推行女真文的历史面貌。

蒙古文文献及元代历史文献的整理与研究上，中央民族大学少数民族语言与古籍研究所高娃副教授在《清代汉满蒙合璧碑文版本问题研究——以三田渡碑为例》一文中，勘误并复原了三田渡碑碑文中的蒙古文，通过对比该碑满、蒙、汉碑文，从不同文种之间存在的语义及语气差异对文献中的历史文化信息予以解读。俄罗斯圣彼得堡国立大学 Uspenskiy Vladimir（弗拉基米尔·乌斯平斯基）教授的《About the Earliest Mongolian Version of the "Vetala Story"（Siditü kegür-ün qauli）》对收录有食尸鬼传说的圣彼得堡藏 21 章节蒙古文写本的基本情况做了概述。中国社会科学院中国边疆研究所助理研究员乌兰巴根博士的《美国哈佛燕京图书馆藏〈圣经〉蒙文译本评介》，介绍了美国哈佛燕京图书馆藏蒙古文文献的概况，并对《圣经》的蒙古文译本做详细评介。台湾中央研究院历史语言研究所洪金富研究员的《〈元典章〉元刊本的几个问题》，指出《元典章》元刊本存在无凡例、缺少编撰出版信息以及内容讹误等问题，并分享了自己在校订《元典章》过程中的心得体会。大连民族大学黑龙教授的《〈蒙古纪事本末〉及其价值述评》考证了清代学者韩善徵撰《蒙古纪事本末》的史料来源，认为韩氏《本末》引用了部分外国史料和中国文献典籍，并从史料的内容、核心观点、写作手法三个方面介绍了该史料所体现的研究价值。此外，中央民族大学蒙古语言文学系叶尔达教授的《关于托忒文石刻文献》介绍了包括碑文、石经、摩崖文、玛尼石刻文在内的各种托忒蒙古文石刻遗存概况。

满文文献及相关问题研究方面，故宫博物院图书馆春花研究员的《论清代紫禁城武英殿建筑群七幅匾额》探讨了清代紫禁城武英殿建筑群七幅匾额的历史发展过程，并从匾额的文字、印章、边框三方面内容总结出武英殿建筑群匾额的特点。俄罗斯圣彼得堡大学 Pang Tatiana（庞小梅）教授的《Portraits of the Qing dynasty meritorious generals in the Saint-Petersburg museums》展示了圣彼得堡博物馆藏 7 幅清代功勋将领画像，并释译了画像上的满文颂词。黑龙江大学满族语言文化研究中心赵阿平教授的《满文文献社会制度词语语义研究》总结了满文文献中的社会制度词语，包括氏族组织制度词语和政治军事制度词语。通过分析词语语义，对满清的族源和社会组织等问题进行了研究。日本早稻田大学文学研究科祁今馨博士的《顺治朝豪格传记性碑文版本比较与研究》，以《和格诰封碑》与《和硕武肃亲王碑文》为中心，对两通碑文的格式、内容、语言进行比较研究，探讨了顺治朝满语文以及当时诰敕命文体的情况。

三、南方少数民族古籍文献及其他文献研究

藏文、彝文等南方少数民族古籍文献的整理与解读方面，西南民族大学助理研究员益西拉姆的《藏文古籍装帧形式及行文特点的初探》梳理了现存不同版本的藏文古籍文献的装帧形式，其中详细介绍了藏文古籍梵夹装。西南民族大学藏学文献馆夏吾李加教授的《藏文古典文献遗产留存状况简报》总结了国内外不同形态的藏文古典文献遗产的留存状况和研究动态。洛阳外国语学院吕众林教授的《论〈格丹格言〉内容及其哲学思想》仔细分析了藏族格言诗《格丹格言》的内容，指出该诗所蕴涵的崇尚佛法、勤于治学、团结友爱的精神。中央民族大学少数民族语言与古籍研究所黄建明教授的《独具一格的彝书装帧方式——卷册装》详细介绍了彝书的“卷册装”，并对彝书卷册装的不同装帧形式做逐一分析。西南民族大学民族研究院摩瑟磁火副教授的《彝族诺苏支系宗教经籍写本特征概述》以丰富的图片展现了彝族诺苏经籍写本在书写工具、书写特点、装帧方式以及收藏方式中所具有的独特风格。云南省少数民族古籍整理出版规划办公室依旺的女士的《一棵“树”一个“圈”——傣族古籍“贝叶经”与贝叶文化圈浅论》对“广义”的“贝叶经”做出介绍，结合视频资料指出“贝叶经”作为珍贵的佛教文献是促进东南亚南传佛教地区文化交流的纽带。

此外，宁夏文物考古研究所牛达生研究员的《〈直指〉——与中国有关的韩国古籍》，通过研究韩国古籍《直指》上出现的北元年号——“宣光七年”年款，指出当时的高丽除了与中原政权保持藩属地位之外，与北元亦有藩属关系。宁夏大学人文学院胡玉冰教授的《浅谈整理研究清代回族学者马注撰〈清真指南〉的几个问题》，对该文献作者、作者思想、文献版本、成书情况等问题进行考证，着重分析了《清真指南》各部分文本内容的资料来源问题，指出从事文史研究的工作者必须贯彻去伪求真的治学精神。北方民族大学非物质文化遗产研究所讲师马建民博士的《明代固原〈创建城隍庙碑记〉疏证》，分别对《创建城隍庙碑记》和《创修固原城隍庙记》两篇碑记进行考证，经过对比，发现《创建城隍庙碑记》的作者“田旸”与《创修固原城隍庙记》的作者“田赐”是同一人，即《创建城隍庙碑记》中所记的“田旸”一名存在讹误。

本届研讨会在与会专家诚挚的热情和严谨的态度中取得圆满成功，研讨会期间，讨论、交流、互动热烈而充分，当下研究现状及重点、热点、难点得到充分展现，是一次高水平、高平台、高评价的国际学术会议。本届研讨会体现出三个特点：其一，本届研讨会涉及包括粟特文、回鹘文、契丹文、女真文、西夏文、蒙古文（含托忒文）、察哈台维吾尔文、满文、藏文、彝文等多种少数民族文字，具有多样性和丰富性特征，体现了本研讨会“推动中国少数民族古籍文献的整理与研究，促进不同领域学者间的学术交流与友谊”的办会宗旨。其二，无论从参会学者构成还是会议论文数量上，西夏文献的解读与研究方面成果突出，是本届研讨会的亮点与特色。其三，老中青三代学人济济一堂，既有年过八旬的老一辈学者，也有各研究领域中流砥柱的专家，还有初出茅庐的青年科研工作者和博士研究生，体现了中国少数民族古籍文献研究的良好传承。总之，本研讨会为国内外专家学者提供了交流与互动的平台，总结了学术研究的经验与心得，促进了不同领域的沟通与友谊。相信随着学术活动的积极开展、新资料的陆续发掘以及学术研究的不断深入，中国少数民族古籍文献的研究必然会取得更辉煌的成就。